中国拆船协会

China National Shiprecycling Association

中国拆船协会于1991年8月经中华人民共和国民政部批准登记成立，是全国性的拆船行业社团组织。是由废旧船舶回收拆解企业和从事废船贸易、拆船材料加工与再制造、流通、运输、冶金、铸造、环保及拆船设备、技术研发和制造的企业，以及有关研究设计院所、大专院校、地方同业社团组织等有关单位和个人自愿结成的全国性、行业性社会团体，是非营利性社会组织。本会会员分布和活动地域为全国。

本会的登记管理机关是中华人民共和国民政部，党建领导机关是国务院国有资产监督管理委员会党委。中国物流与采购联合会党委具体负责本会的党建工作。本会接受登记管理机关、党建领导机关、有关行业管理部门的业务指导和监督管理。

本会的宗旨是：贯彻执行国家的方针、政策；为会员服务，依法反映意见、建议和要求，维护会员和本行业的合法权益；为政府服务，承担政府购买服务，参与相关政策措施的制定，发挥联系政府与企业的桥梁和纽带作用；引导行业（企业）履行社会责任和行规公约，推进行业信用体系建设；加强国际交流与合作，提升行业的国际影响力和竞争力；参与国家、行业相关标准制定，组织制定社团标准，推动建立企业标准，引导行业践行绿色拆船，保护环境，保障安全生产和职业健康；按照国家生态文明建设、发展循环经济和规范发展拆船业的基本要求，推动行业稳定、协调、健康地发展。

本会遵守宪法、法律、法规和国家政策，遵守社会道德风尚，自觉加强诚信自律建设。

China National Shiprecycling Association (CNSA) was registered and established formally by the approval of the Ministry of Civil Affairs of the People's Republic of China in 1991, and it is a national social organization in Shiprecycling industry. The association is a bridge and link between the governments and enterprises, and domestic and international cooperation communications.

The purpose of the association (CNSA) is to serve enterprises, governmental institutions, the construction of national economy and the development of regional economy, its central task is to help enterprises develop green Shiprecycling and circular economy, to strengthen international cooperation, and to open up domestic and foreign markets in order to guide the Shiprecycling enterprises to unify a plan, rationalize the layout, further advance the stable, coordinative and healthy development of China's shiprecycling industry on a large scale at high level.

规范发展拆船业　实行定点拆解

地址：中国·北京市西城区月坛北街25号
Add.: No.25 Yuetan North Street Beijing,China
邮编（Zip Code）：100834
网址（Web）：http://www.cnsa.com.cn
邮箱（E-mail）：cnsa@cnsa.com.cn

协会名题字：袁宝华

COMPANY INTRODUCTION 30年，专业缔造巨擘传奇

天津天马拆船工程有限公司起步于20世纪80年代，同步改革开放30年，以雄厚实力开辟出拆船业界崭新天地，成为目前华北地区具有独立进口废钢船资质的企业。公司实行现代化企业管理，拥有完善的环境和职业健康安全管理体系，已通过了ISO14001体系认证和OHSMS18001认证，并获得AA级“绿色拆船企业”称号。

多年来，天马公司以专业技术、专注精神完成了10万吨级油轮“摩塞奥”号、俄罗斯“基辅”号航空母舰等一批大型钢铁舰船的购买拆解等项目，受到社会各界广泛关注，并得到了相关合作企业的一致好评。

为满足日益增长的拆解要求，企业在天津临港产业区的拆船基地，拆船水域深10米，可满足每年50万轻吨的拆解要求。

Established in the 1980s,Tianjin Tianma Shipbreaking Co.,Ltd has witnessed "China's reform and opening to the outside world" of past 30 years.With its powerful strength,the company makes a breakthrough in the shipbreaking industry and is the company with the qualification of independent import right for scrap steel ships in North China.The company carries out modern enterprise managment system and sound occupational health,safety and environment management system.The company has passed the accreditation for ISO14001 and OHSMS18001,being one of the few domestic shipbreaking companies that passed such accreditations very early.

For the past many years,with its professional expertise and high devotion,the company has fulfilled the purchasing and shipbreaking works for a great number of large-sized steel ships as a 100,000-ton oil tanker “MUSAIL” and a Russian aircraft carrier “Kiev”.The company has won a great reputation in the society and a high praise from its cooperative companies.

In order to meet the growing dismantling requirements,the company built a new base in Tianjin Lingang Industry Area,the new base with a draft of 10 meters,which can meet an annual capacity of 500,000 tons.

CHINA SHIPRECYCLING YEARBOOK

(2011—2015)

中国财富出版社

图书在版编目（CIP）数据

中国拆船年鉴．2011－2015／中国拆船协会编．—北京：中国财富出版社，2017.3

ISBN 978－7－5047－6440－9

Ⅰ.①中…　Ⅱ.①中…　Ⅲ.①拆船—中国—2011－2015—年鉴　Ⅳ.①U672.8－54

中国版本图书馆 CIP 数据核字（2017）第 049657 号

策划编辑　葛晓雯　　**责任编辑**　戴海林　黄正丽

责任印制　何崇杭　　**责任校对**　杨小静　　**责任发行**　敬　东

出版发行　中国财富出版社

社　　址　北京市丰台区南四环西路 188 号 5 区 20 楼　　**邮政编码**　100070

电　　话　010－52227588 转 2048/2028（发行部）　　010－52227588 转 307（总编室）

010－68589540（读者服务部）　　010－52227588 转 305（质检部）

网　　址　http://www.cfpress.com.cn

经　　销　新华书店

印　　刷　北京京都六环印刷厂

书　　号　ISBN 978－7－5047－6440－9/U·0109

开　　本　880mm×1230mm　1/16　　**版　　次**　2017 年 3 月第 1 版

印　　张　21.25　　**彩　　插**　2　　**印　　次**　2017 年 3 月第 1 次印刷

字　　数　592 千字　　**定　　价**　360.00 元

谨以此：

纪念中国拆船协会成立二十五周年（1991—2016年）！

向为中国拆船业的发展付出辛勤劳动的广大职工，以及做出积极贡献的业内和社会各界人士致敬！

This book is dedicated to the 25th anniversary of China National Shiprecycling Association (1991—2016).

We would like to pay a tribute to our workers who have worked hard to the development of shiprecycling industry, and to people from inside the industry and public who have made great contributions.

前 言

自改革开放以来，我国的拆船业正式驶入快速发展的轨道。三十余年来，通过国家相关法律法规的建立健全和完善、政府部门的管理、各项优惠政策的支持，行业协会的引导协调，我国拆船业基本实现了从小到大，从弱到强，从分散到规模发展，从粗放经营到集约经营，从传统拆船到绿色拆船，从单一拆船到产业延伸发展，从鲜有人知到国内外关注的行业的角色转变。在国务院及各政府部门的领导下，在社会各界的支持下，在全行业的共同努力下，我国拆船业为促进船舶建造、航运、钢铁等产业的技术进步与安全环保、船舶资源循环再利用，建设资源节约型和环境友好型社会做出了重要贡献，在拆解规模、装备设施、工艺技术、安全生产、工人健康和环境保护等方面取得了国际公认的显著进步，不仅使我国成为船舶产业发展的重要参与者和产业链上不可缺少的一部分，同时也发展成为引起世界广泛关注的主要拆船国家之一。

1991 年 12 月，中国拆船协会的正式成立，是我国拆船业发展史上具有里程碑意义的一件大事。二十余年来，中国拆船协会始终坚持以毛泽东思想、邓小平理论、“三个代表”重要思想、科学发展观以及党的十八大确定的方针路线为指导，积极宣传贯彻执行国家各项法律法规，以为企业、行业服务，为政府部门服务，为国民经济建设和区域经济发展服务为宗旨，以帮助企业发展循环经济，提升绿色拆解能力，加强国际合作、开拓国内外市场为中心任务，引导拆船业向统一规划、合理布局、上规模上水平方向迈进，不断推动着行业持续稳定、协调健康发展。

风雨砥砺，岁月如歌。是全行业的上下一心和不懈努力，打造了拆船业不平凡发展的历程。

据不完全统计，1991 年至 2015 年，协会会员企业累计拆解各类废旧船舶 4580 艘，累计 3167 万轻吨，约合 1.5 亿载重吨，为国家经济建设回收可再生金属资源等物质材料超过 2800 万吨。由此，我国拆船业为节能减排所做的贡献（按国内钢铁业平均钢比和废钢单耗初步测算）：节约 3200 万吨精矿粉，减少约 8500 万吨原生铁矿石开采，节约约 1000 万吨标煤、5500 万吨水耗、500 万吨溶剂（石灰石）和 3.7 亿吨运力，减少约 110 万吨废渣和 3500 万吨二氧化碳排放。

中国拆船协会作为国内拆船业的全国性、行业性社会团体，积极倡导绿色拆船，编制完成《绿色拆船通用规范》等多项行业标准，先后有 15 家企业被评定为相应等级的绿色拆船企业；促进行业自律，维护拆船市场的合理秩序，发布了《拆船业行规公约》《拆船业废船贸易及市场秩序自律公约》《中国拆船协会拆解废船买卖标准合同》；发挥政企的桥梁纽带作用，反映行业切实诉求，积极参与了《中华人民共和国循环经济促进法》以及国务院与国家有关部门政策与法规的制定工作，争取到十余年的税收优惠、国内老旧运输船舶定点拆解等政策措施；通过开展各类形式的座谈和调研活动，充分了解行业、企业的实际问题，及时帮助会员排忧解难，维护拆船企业合法权益；组织开展船用制冷剂回收、废船拆解环境无害化管理研究等多个国内外有关拆船项目研究与技术推广工作，先后获得国内贸易部、中国物流与采购联合会的科技进步二等奖；组织开展专业与岗位培训，不断提高会员企业生产经营管理水平与从业人员的职业素质；利用协会自身独特的优势，屡屡拓展对外交往，加强与国外政府、政府组织、国际组织、非政府组织（NGO）以及世界主要海运国家的行业协会和德国劳氏集团（GL）等专业机构的沟通与对话，举办、协办或参加国际性专题研讨会，签署谅解备忘录，组团出访，接待来访，增进了解和互信，推进全球绿色拆船事业，提升中国拆船业的话语权，曾先后参与了国际劳工组织《拆船业安全卫生指南》、国际海事组织《国际安全与无害环境拆船公约》的制定。在加强国际交流与合作的同时，中国拆船协会积极加强与中国船东协会、中国船舶工业行业协会、中国废钢铁应用协会、中国物资再生协会以及中国海事仲裁委员会、中国船级社（CCS）、深圳市华测检测技术股份有限公司（CTI）等国内行业协会和专业机构的携手合作，保持密切联系与沟通；行业宣传和信息服务工作有了长足进步，建立了拆船业的国家统计制度，完善了协会专项统计制度，更新了协会网站，每月定期出版《中国拆船》简报，与《中国船舶报》合作创办“拆船专版”，拓宽了信息交流途径；通过主办、协办或参与有关培训与研讨会、政策说明会和展会，为国内外、业内外、上下游供应链、企业与政府部门间搭建了良好的沟通平台。

在中国拆船协会各届理事会领导下，通过秘书处全体工作人员辛勤耕耘，二十余年来，协会秘书处的自身建设和服务能力得到了进一步强化。期间，协会曾多次获得国家有关部门的表彰和肯定。在民政部首批进行的“中国社会组织评估等级”评定活动中，协会被评为AAA社团组织。2015年8月，协会通过ISO 9001：2008全面质量管理体系认证，成为国务院国有资产监督管理委员会管理的三百余家行业协会商会中，第2家通过全面质量管理体系认证的行业协会。

2011年11月，中国拆船协会第四届会员大会通过了《拆船业发展“十二五”规划》。“十二五”期间，在国内经济增速放缓，钢铁产业产能过剩，下游市场低迷，企业经济效益不佳的情况下，中国拆船协会在全体会员的不懈努力下，完成了拆解各类废船1400艘，累计1076万轻吨，约合5000万载重吨的任务，为解决航运运力过剩，加速老旧运输船舶和单壳油轮淘汰拆解，促进船舶安全环保拆解和可再生资源的循环利用等方面做出了积极贡献，且社会效益显著。

鉴往而知今。为真实记录“十二五”期间国内拆船业发展情况以及协会成立以来的发展轨迹，展现协会的发展成就，彰显整个拆船业在发展循环经济，促进船舶产业链的安全环保与节能减排以及在我国经济发展中的地位和作用，为关心拆船业发展和有心研究拆船的专业人士，提供较为翔实、实用，可引用、考证等参考文献和数据信息，根据《拆船业发展“十二五”规划》中的任务要求，中国拆船协会第四届理事会决定，组织编撰国内首部《中国拆船年鉴（2011—2015）》。

今天，《中国拆船年鉴（2011—2015）》与广大读者见面了。年鉴的出版，惠蒙社会各界的关心，协会理事、会员和拆船业老同志的支持以及协会秘书处全体同人的努力，谨此一并致谢。由于编辑人员编撰经验和水平有限，难免有疏漏和不妥之处，敬请广大读者斧正。

2016年，恰值中国拆船协会成立25周年。冀以年鉴的出版发行，纪念中国拆船协会走过的光辉岁月和不平凡的25个春秋，并衷心祝福中国拆船业一路凯歌前行、不忘初心！

中国拆船协会会长 谢彬勇

2016年12月

目 录

第一篇 拆船业发展报告

第二篇 政策法规文件

第三篇　中国拆船协会大事记（2011—2015）

第四篇　文论与媒体报道

第五篇　中国拆船协会历届会员大会

第六篇　绿色拆船企业

第七篇　会员表彰

第八篇　成交拆解废船信息一览表（2011—2015）

第九篇　职工书画摄影作品选

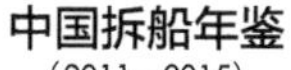

中国拆船年鉴
(2011—2015)
CHINA
SHIPRECYCLING
YEARBOOK
(2011—2015)

第一篇

拆船业发展报告

“十二五”期间中国拆船业发展综述

自 2011 年中国拆船协会发布《拆船业发展“十二五”规划》以来，我国拆船业贯彻中央加快生态文明建设要求，坚持节约资源和保护环境的基本国策，按照国务院“规范发展拆船业，实行定点拆解”的要求，以促进绿色拆解与废船资源循环利用为宗旨，以进一步提高安全环保能力和职业健康水平为重点，积极推进行业基本建设与规范发展，较好地完成了规划中确定的目标和任务。

“十二五”期间，受全球金融及欧债危机影响，国内外经济增长乏力，市场需求疲软，航运业持续不景气，报废船舶数量大幅增加，中国拆船协会会员企业（以下简称：拆船企业）成交拆解国内外废船约 1076 万轻吨，超额完成《拆船业发展“十二五”规划》的拆船任务目标。

五年间，我国拆船业为促进国内外废旧船舶得到安全环保拆解，加速国内老旧运输船舶淘汰、消解过剩运力，促进钢铁、航运等产业节能减排提供了有力支持，做出了积极贡献，并取得了良好的社会效益。但由于国内经济增速放缓，内需拉动有限，制造业景气度下滑，房地产政策调控，钢铁产业结构性过剩，废钢及拆船下游市场供需逆转、需求不旺且价格持续下跌，国际拆船价格居高以及拆船周期等因素影响，拆船企业拆船物资大量积压，资金周转困难，再加上相关费用、劳动用工和财务成本大幅增长，自 2012 年起，拆船企业连续四年呈现较大亏损，整个拆船业经济效益不佳，企业生产经营活动陷入困境。

一、基本运行情况

据统计，2011—2015 年，国内拆船企业累计成交拆解国内外废船 1449 艘，共计 1076.01 万轻吨（见表 1），轻吨量同比增加 70.6%。其中，国内废船约 276 万轻吨，轻吨量同比增加 3.5 倍以上；进口废船约 799 万轻吨，轻吨量同比增加超 40%。年均拆解 290 艘废船，超过 215 万轻吨，是国内拆船业史上最多的五年（见表 2）。年均废船贸易额约为 48 亿元人民币，累计接近 240 亿元人民币。拆解废船数量和轻吨量达到《拆船业“十二五”发展规划》所确定的拆解任务目标的近 1.8 倍。拆船总量约占全球同期拆船总量的 23%。

表 1　“十二五”期间国内拆船企业拆解国内外废船数据

年份	2011	2012	2013	2014	2015	合计
数量（艘）	314	305	400	251	179	1449
拆解量（万轻吨）	225.2	245	250	193.21	162.6	1076.01

表2　“十二五”期间国内拆船企业拆解国内外废船轻吨量　单位：万轻吨

年份	2011	2012	2013	2014	2015
国内废船	7.62	17.70	52.50	108.58	90.40
进口废船	217.58	227.30	197.50	84.63	72.20

国内拆船业“十二五”期间拆解能力得以较好地释放，除了受国际金融危机和欧债危机等因素的影响外，还主要得益于我国政府在“十二五”期间出台了《老旧运输船舶和单壳油轮提前报废更新实施方案》《老旧运输船舶和单壳油轮报废更新中央财政补助专项资金管理办法》，对鼓励国内老旧运输船舶提前淘汰，加快老旧运输船舶和单壳油轮报废更新进程，提供了强有力的政策保障。

为配合国务院印发的《船舶工业加快结构调整促进转型升级实施方案（2013—2015）》以及我国加快老旧运输船舶和单壳油轮淘汰政策的落实，国内拆船企业自2013年起，承担了国内航运企业或船东大量废船的拆解任务，国内废船拆解量迅速增长，2014、2015两年间国内废船拆解量占比均超过当年进口废船量，这在国内拆船业发展三十余年中尚属首次。据不完全统计，国内拆船企业自2013年以来，共计承担了超过300艘，251万轻吨国内老旧运输船舶和单壳油轮的拆解任务。

“十二五”期间，成交废船贸易额接近240亿元人民币，超过“十一五”期间贸易额的一倍以上。

五年间，我国拆船业回收再生金属资源等约1000万吨。从拆船回收废钢、废有色金属材料量的角度分析，为节能减排所做的贡献（按中国钢铁业平均铁钢比和废钢单耗测算）是：节约1100万吨精矿粉；减少2900万吨原生铁矿石开采；节约340万吨标煤、约1870万吨水耗、180万吨溶剂（石灰石）；减少40万吨废渣；节约12400万吨运力；减少1160万吨二氧化碳排放。

二、拆船业经济运行的主要特点

（一）国内废船拆解逐年增多

拆船是解决航运业运力过剩最直接有效的方法。“十二五”期间，受国际金融危机影响，全球航运市场持续低迷，运力严重过剩，为促进船舶产业结构调整，国务院发布了《船舶工业加快结构调整促进转型升级实施方案（2013—2015年）》，国家相关部门大力推进了政策的落实。在鼓励国内老旧运输船舶提前报废更新方面，国家有关部门还出台了《老旧运输船舶和单壳油轮提前报废更新实施方案》《老旧运输船舶和单壳油轮报废更新中央财政补助专项资金管理办法》《船舶报废拆解和船型标准化补助资金管理办法》等文件，为加快老旧运输船舶和单壳油轮提前报废更新提供了强有力的政策保障。由此，“十二五”后期的2014年至2015年，拆船企业成交拆解的国内废船（挂五星旗）两度超过进口废船数量，轻吨量分别占国内外废船轻吨量的56.2%和55%。五年来，我国拆船企业承担的约4500万载重吨各类废船拆解任务，使大量老旧船舶提前报废，得到安全环保拆解，缓解了运力过剩的突出矛盾。同时，使国内航运企业由此获得数十亿元的拆船补贴。

（二）散货船拆解名列前茅

“十二五”期间，反映干散货海运景气度的波罗的海干散货指数（BDI）一直低迷，在拆船企业拆解的各类废船中，散货船（含杂货船）占据首位，约为66.5%。其中，在拆解的国内废船中（挂五星旗），散货船（含杂货船）、油船和集装箱船分别占国内废船总量的65%、11%和19%（见图1），与“十一五”期间比，分别提高21个、1个和-3个百分点；船龄在18年以内（含18年）的船舶轻吨位占国内废船总量的7.5%，而“十一五”期间还不足1%；由我国制造的船舶轻吨位占国内废船总量的45.7%。其中，在拆解的进口废船中，散货船（含杂货船）、油船和集装箱船分别占进口废船总量的68%、5%和8%（见图2），与“十一五”期间比，分别提高35个、-1个和-19个百分点；船龄在18年以内（含18年）的船舶轻吨位占进口废船总量的7.4%，与“十一五”期间比，提高3.8个百分点；由我国制造的船舶轻吨位占进口废船总量的2.1%，与“十一五”期间比，提高1个百分点。另外，“十二五”期间，拆解钻井平台（船）占进口废船总量的2%。

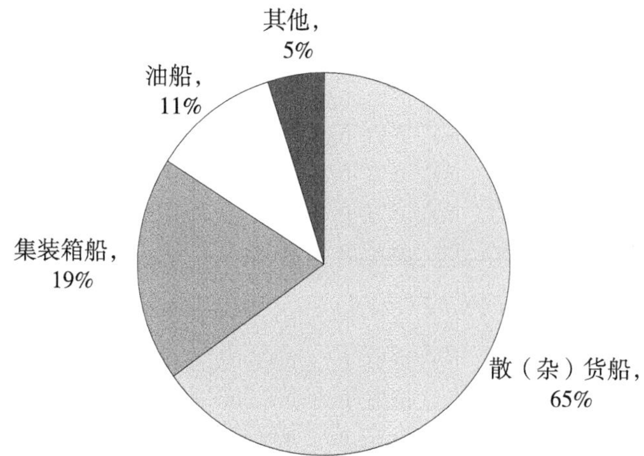

图1 2011—2015年拆解国内废船各船型分布

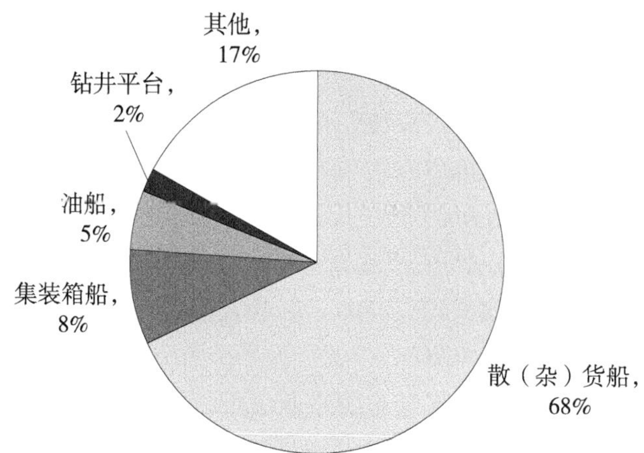

图2 2011—2015年拆解进口废船各船型分布

（三）拆船价格前高后降

“十二五”期间，拆船企业拆解国内外废船价格受国内废钢价格下跌影响，呈现逐年下降趋势。例如，国内废船2011年拆解每轻吨单价在2910元人民币，到2015年已降到每轻吨单价在1239元人民币，降幅57.4%；进口废船2011年成交每轻吨单价在446美元，到2015年已降到每轻吨单价在192美元，降幅56.9%。

虽然“十二五”期间废船成交价格呈较大下行态势，有利于拆船企业降低经营成本，提高盈利水平。但由于此期间国内废钢价格连续下滑且幅度更大，2015 年年底国内废钢价格已连跌七年，创出历史低点。拆船业产品主要是废钢铁，拆船下游市场价格低迷，销售入不敷出，是造成拆船业经营连年亏损的主要原因。

五年间，由于全球经济复苏乏力，需求不旺，钢铁产能过剩、产业政策调整以及成品钢材与废钢价格大起大落等因素影响，国内外废船的平均价格由高向低呈现逐年下降趋势，尤其是 2015 年均价下降幅度较大，由每轻吨约 1900 元人民币下降到约 1300 元人民币，降幅近 1/3。

（四）海工拆解需求增多

近年来，由于受包括原油等国际大宗商品价格持续下跌等因素影响，海工市场受到沉重打击，海工船东开始大量淘汰钻井平台（船）。“十二五”后期，我国拆船企业拆解钻井平台（船）的数量明显增多，共计成交拆解 13 台、18. 8 万轻吨，约占进口废船总量的 2%，特别是 2015 年成交拆解报废的钻井平台（船）数量同比上年增加近 2. 7 倍，约占当年进口废船总轻吨量的 21. 8%。

（五）绿色拆船国际竞争力有限

由于国际废钢价格与国内废钢价格长期倒挂，再加上国内废钢市场受经济换挡期影响，需求不旺，同时受废钢不能出口以及国内安全环保投入大等因素影响，国内拆船价格与南亚拆船国的价差越来越大。据英国克拉克松公司报告显示，“十二五”期间，南亚孟加拉国、印度和巴基斯坦，每轻吨成交废船价格普遍高出我国企业报价 150 ~ 200 美元。巨大的差价使得保有绿色拆船能力的我国企业失去了买船的竞争优势。导致“十二五”中后期，我国拆船企业进口废船数量大幅下降。

（六）继续推进绿色拆船

“十二五”期间，我国拆船业在经济效益不好的情况下，坚持推进开展绿色拆船的研究、推广和管理工作，并且持续投入拆船安全环保设施。包括开展了“拆船业中有毒有害防污漆的安全及环保无害化管理示范项目验收和行业推广实施项目”“船上制冷剂回收设备配型、招投标、分发、人员培训和信息采集报表编制”“企业安全生产岗位证书培训”“可燃性气体测试技术、动火作业审批资格培训”“绿色拆船企业资格评定”“绿色拆船关键标准研究”“绿色拆船通用规范行标升国标”以及中国拆船协会与国际海事组织（IMO）联合在北京成功举办“尽早实施《香港拆船公约》技术标准研讨会”，并与德国劳氏集团（GL）签署合作备忘录，共同推进绿色拆船等工作。同时，国内拆船的第三方监理，得到越来越多的企业推进，引起国际相关组织或机构的关注。

据不完全统计，五年来，我国拆船企业在安全、环保和工人健康等方面，累计投入上千万元人民币。

（七）拆船物资再利用得到重视

拆船业可持续发展，必须走向循环再利用、再制造，加快拆船产品深加工、再利用再制造的研发。“十二五”期间，部分企业积极开动脑筋，瞄准并细分市场需求，尝试提高拆船物资的再利用水平，如广东、江苏和浙江的一些拆船厂按市场和客户需要，加工法兰盘、集装箱箱角、工程或建筑用材等，延伸拆船物资用途，力争提高拆船物资附加值。

（八）苏粤地区领跑拆船业

“十二五”期间，成交并拆解国内外废船轻吨量较多的企业主要集中在江苏、广东、浙江和福建四省，占总轻吨量的九成以上。排名依次为：江苏、广东、浙江、福建、辽宁、天津、安徽、上海和山东（见图3）。

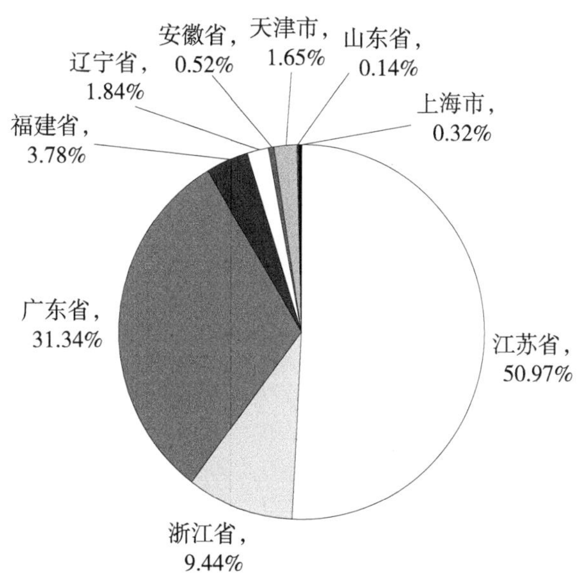

图3　2011—2015年各省市成交废船交易量

（九）拆船业相关政策得到落实

2011年3月，拆船业首次纳入国家发展和改革委《产业结构调整指导目录（2011年本）》，明确了今后拆船业发展中鼓励和淘汰的目录。2013年12月，废船定点拆解纳入交通运输部管理范畴，国务院“实行定点拆解”的要求得到进一步落实。27家会员拆船企业首次被交通运输部列为国内老旧运输船舶和单壳油轮淘汰拆解的定点企业。针对近几年包括拆船业在内的再生资源利用行业发展中遇到的问题和困境，国家有关部门认真听取并调查研究了包括中国拆船协会在内的相关行业协会提出的意见、建议和诉求，2015年6月，财政部、国家税务总局出台了《资源综合利用产品和劳务增值税优惠目录》。同年12月，国务院关税税则委员会印发了《关于2016年关税调整方案的通知》，下调了废船进口关税。这些政策的出台将有利于拆船业健康、规范和可持续发展。

（十）整个行业在困境中艰难前行

与国际航运市场低迷、废船市场活跃、拆船量大增相反，由于国内经济发展增速放缓，自2011年下半年开始，国家固定资产项目投资力度减弱、反映制造业景气度的采购经理指数（PMI）下滑、房地产市场政策调控等因素影响，钢材等生产资料需求关系发生逆转，导致拆船业下游市场的国内废钢市场需求不振，价格跌宕下滑，作为拆解周期较长的拆船企业，处于高位的废船采买价格，远跟不上废钢价格下滑速度，致使拆船企业拆解废钢等物资的积压和资金占用，再加上安全环保投入和劳动力成本等增加，拆船企业逐年亏损。整个“十二五”期间，形成拆船企业的社会贡献突出，经济效益低下，难与社会效益相统一的尴尬结局。

据不完全统计，“十二五”期间，拆船企业营业收入约270亿元人民币；累计经营亏损超过

17亿元人民币。受国内经济增速放缓，钢材市场需求不旺，废钢价格持续下跌等因素影响，拆船业主要产品废钢、废有色金属等物资销售遇阻，库存严重积压，2013年年底拆船企业库存达到峰值，2014年以后随着拆船量的减少，库存量也有所下降，但年均库存量在70万吨以上（见图4），年均占用资金近20亿元人民币。拆船企业拆解废船价格及税费较高、环保投入多、劳动力成本增大、物资销售缓慢、库存占压资金周转率低、融资及财务成本居高，直接影响企业的正常经营，导致企业生产经营压力越来越大，亏损成为企业不得不接受的现实。

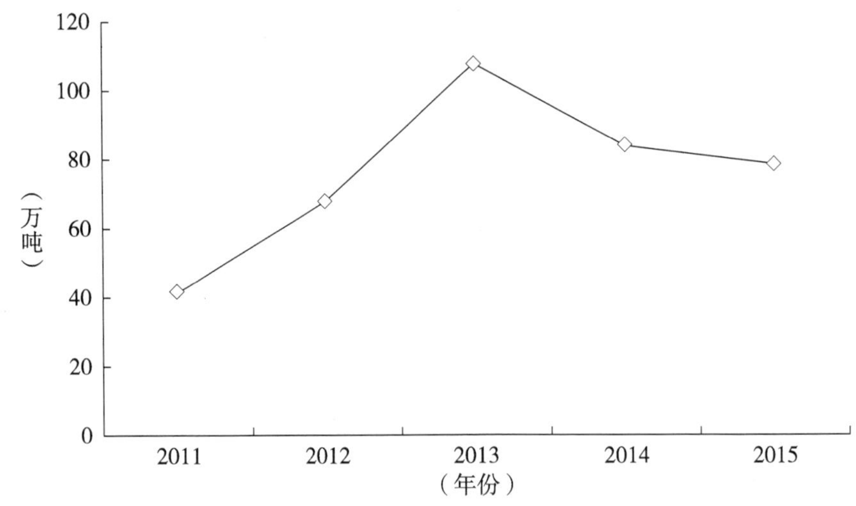

图4　2011—2015年拆船企业物资库存量走势

总之，自2008年国际金融危机爆发以来，废船市场活跃带动拆船市场的复苏和兴旺，催生新一轮投资热潮。资本的驱动，促使国内新的拆船能力大幅增加。但自2011年起，随着国内经济发展驶入“换挡期”，市场供求关系逆转的残酷现实使拆船企业生产经营困难、亏损严重，再加上融资难，致使拆解能力，特别是新增能力难以释放而出现过剩。这是国内拆船业自20世纪80年代发展以来，首次遭遇上游市场（航运运力过剩）活跃，下游市场（钢铁、废钢需求乏力）低迷，导致整个行业面临发展困境的局面。时至“十二五”末期，已有一些拆船企业停拆、转产或寻觅其他发展方向。

三、规范行业发展

2009年，国务院印发《船舶工业调整和振兴规划》中提出“规范发展拆船业，实行定点拆解”的基本要求，商务部等八部委根据国务院这一要求，随后印发了《关于规范发展拆船业的若干意见》，“十二五”期间，中国拆船协会围绕落实国务院的要求和有关部门的意见精神，认真组织开展了一系列加强行业建设与发展工作，取得明显成绩。

（一）行业基本建设

（1）拆船业首次纳入国家《产业结构调整指导目录（2011年本）》，并明确了今后拆船业发展中鼓励和淘汰的目录。

（2）中国拆船协会组织第二批“绿色拆船企业”评定和第一批“绿色拆船企业”复核审定工作顺利开展。目前已有16家拆船企业获颁相应等级称号。

现场考评

颁发证牌

（3）中国拆船协会完成会员拆船企业信息库建立工作。基本掌握国内会员拆船企业拆解能力、设施装备、拆解方式、从业人员等信息，为更好地服务政府、行业和企业打下基础。

（4）在中国海事仲裁委员会的协助下，中国拆船协会组织国内部分拆船企业和业内外专家编制完成并试行《中国拆船协会拆解废船买卖标准合同》。该格式合同文本的制定，改变了国内拆船企业只能选用他国组织或企业版本的历史，也成为迄今为止，世界上首个由拆船国家自己制定的格式合同文本。

《中国拆船协会拆解废船买卖标准合同》新闻发布会

（5）国家统计局《拆船行业统计报表制度》和中国拆船协会的统计报表体系得到进一步完善和施行。

（6）中国拆船协会制定了《拆船业行规公约》，并在常州召开理事会（扩大）会议上举行了签约式，各有关会员单位郑重地在公约上签字，以示共同遵守。

（7）参加《循环经济促进法》修法工作。2015 年 11 月 5 日，中国拆船协会应邀参加全国人大环资委“循环经济促进法修改领导小组”第二次会议。在会上，谢德华会长向全国人大环资委领导、有关部门负责人和专家汇报了国内拆船业发展情况和需要解决的问题，并结合规范拆船活动，对修法提出了建议。

谢德华参加全国人大环资委修法领导小组会并在会上发言

（二）争取拆船税收优惠及拆船补贴延期政策

（1）2015 年 6 月，财政部、国家税务总局印发《资源综合利用产品和劳务增值税优惠目录》，报废船舶纳入销项增值税优惠政策目录。

（2）经中国拆船协会争取，国务院关税税则委员会于 2015 年 12 月公布《2016 年关税调整方案》。原来的废船进口的 3% 关税，获批于 2016 年 1 月 1 日起实行 1% 的暂定税率。

（3）中国拆船协会会同相关船舶行业协会，积极向国家有关部门反映并获批将航运企业或船东淘汰废船“拆船补贴”政策延至 2017 年年底。

（三）落实废船定点拆解

废船定点拆解纳入交通运输部管理范畴，国务院“实行定点拆解”的要求得到进一步落实。交通运输部以及各有关省市交通运输部门根据中国拆船协会的意见，使 27 家协会会员拆船企业先后被交通运输部列为国内老旧运输船舶和单壳油轮淘汰的定点拆解企业。

（四）开展拆船标准、环保项目研究推广与岗位培训

（1）积极参与国际标准组织制定的拆船国际标准 ISO 30000 转换中国国家标准的标准译校审等工作。中国拆船协会会同中国船舶工业综合技术经济研究院等向国家标准委申请并获批“绿色拆船关键标准研究”国家标准项目，中国拆船协会已基本完成项目中所承担的拆船国家标准编制工作。

（2）中国拆船协会先后派人员参与或组织完成联合国工业组织有关废船氟利昂回收项目、联合国开发署环保拆船项目“拆船作业中防污漆无害化管理示范项目”推广工作以及“扶持拆船产业转型升级与废钢船安全管理政策研究”等课题。

“拆船作业中防污漆无害化管理示范项目”推广会

废船制冷剂回收技术培训

（3）五年来，中国拆船协会多次举办企业人员岗位或相关专业培训班，累计有 350 人次参加培训，并取得安全管理、可燃性气体测试技术、动火作业审批以及氟利昂回收技术等职业资格和培训证书。

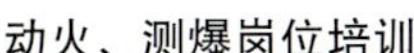
动火、测爆岗位培训

企业安全生产培训

（五）促进拆船国际合作与交流

（1）2012 年 5 月，中国拆船协会与国际海事组织（IMO）联合在北京成功举办"尽早实施《香港拆船公约》技术标准研讨会"，有来自 12 个国家的政府部门、议会、国际组织、行业组织和国内企业的代表出席会议。

中国拆船协会与国际海事组织举办拆船研讨会

（2）中国拆船协会与德国劳氏集团（GL）经过多次协商，于 2012 年 5 月在北京签署了谅解备忘录，旨在共同推进绿色拆船。

德国劳氏集团访问协会

签署谅解备忘录

（3）中国拆船协会应德国劳氏集团邀请，2012 年 10 月组织出访希腊、欧洲议会、欧盟委员会、德国交通部以及德国和挪威船东协会，就推进绿色拆船议题进行了广泛的交流，并与欧洲国家船东或船经纪开展商务交流。

访问德国劳氏集团

访问欧洲议会

访问欧盟委员会环境总司

考察德国柏林危废处理机构

（4）为加强拆船业的国际合作交流，关注香港国际拆船公约签署进程和欧盟拆船法案，2014 年 2 月，交通运输部、环境保护部、工业和信息化部和中国拆船协会共同召开专题会议，会议同意建立“三部一会”联系机制。由中国拆船协会承担机制的日常运作。

香港公约、欧盟法案相关问题工作会

（5）中国拆船协会组织参加了国际海事组织海上环境委员会（IMO - MEPC）会议，贸易风（TradeWinds）举办的迪拜、新加坡拆船论坛、亚洲船东论坛拆船专业会议；与欧盟委员会合作举办“《欧盟拆船新法案》信息说明会”；协办历届“金属循环应用国际研讨会”等国际性会议。

此外，中国拆船协会还与日本海事协会、波罗的海海事公会、欧洲 NGO 组织“拆船论坛”等机构保持良好的沟通和联系渠道。协会通过加强国际间的交流与合作，积极推介中国绿色拆船，表达我国拆船业的意见，建立了我国拆船业国际交流与合作的政府与行业协会工作机制，收到良好效果。

中国拆船协会与欧盟委员会代表团会谈

日本海事协会访问中国拆船协会

亚洲船东协会参观拆船厂

NGO 组织访问拆船厂

谢德华在金属循环利用国际研讨会发言

中国拆船协会访问挪威船东协会

（六）铸建新平台，行业宣传有起色

（1）2011 年 11 月，中国拆船协会应邀做客人民网“品牌强国”系列访谈节目，围绕“行业

中国拆船协会做客人民网

发展与品牌建设”话题，向广大网民介绍中国拆船业发展现状及行业品牌建设等情况。

（2）2013 年，中国拆船协会完成协会网站更新改造，扩展了网页内容，提高了新闻更新速度和更新频率，得到会员单位的肯定；同时，还建立并通过“会员之家”及“信息员之家”微信群或 QQ 群，及时发布政策法规、新闻时讯、通知通告和相关市场信息。

（3）注意舆论引领行业发展。五年来，中国拆船协会与《船舶经济贸易》《资源再生》《中国交通报》《国际商报》《中国冶金报》《中国水运报》《中国贸易报》《中国海事》《冶金经济内参》《中国废钢铁》等媒体报刊以及有关网站，建立了日常联系渠道，大量报道或转载有关拆船业发展的讯息和新闻，为推介企业、宣传行业、扩大行业影响力搭建纸媒平台。2013 年 10 月，中国拆船协会与《中国船舶报》社达成合作意向，携手合作创刊“拆船专版”，每月一期。同年 10 月 16 日，第一期“拆船专版”正式创刊，拆船业就此有了宣传自己、让社会了解拆船业的平面媒体。

4 拆船

塑发展形象 解市场尴尬 创绿色产业

前9月我国进口废船拆船量下降31%

《中国船舶报》“拆船专版”创刊版

中国拆船协会与中国船舶报社合作创办“拆船专版”

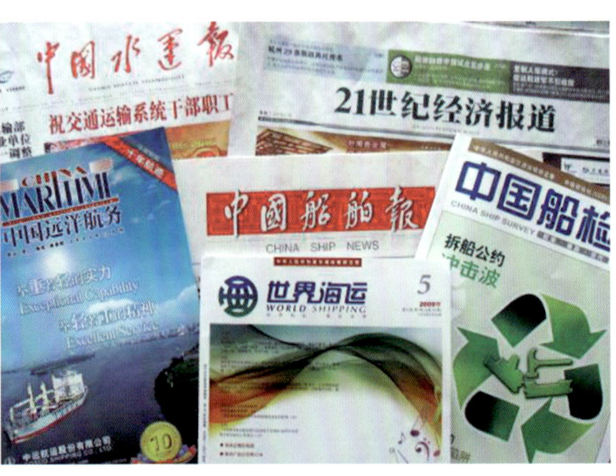

媒体关注拆船业

（4）积极收集信息，反映诉求。五年来，中国拆船协会先后在广东省广州市、江门市新会区，江苏省江阴市、靖江市，浙江省舟山市，福建省福安市等地，多次组织召开区域会员单位座谈会，直接听取会员单位意见和建议，了解诉求。利用理事会议、专题研讨会、座谈会、实地调研以及问卷调查等形式，广泛收集影响行业发展的重点、难点、热点问题。据不完全统计，五年间共受理会员单位的来信、来电所反映的问题百余件；协会向国务院或地方政府有关部门报送各种报告50余件。拆船业的税收优惠政策、国内老旧运输船舶定点拆解等政策措施得到落实；协调并妥善解决了江苏地区部分企业进口废船环节出现的问题。90%以上由会员单位反映的各类问题得到了解决。

（5）中国拆船协会认真组稿，为国家发展和改革委《中国循环经济年鉴》、商务部《中国再

广州座谈会

江阴座谈会

新会座谈会

南京海关与中国拆船协会联合举办政策交流会

福安座谈会

生资源行业发展报告》和《中国船舶工业年鉴》等编写拆船业部分的发展报告，客观地反映了各年度国内拆船业发展的状况以及需要解决的行业发展问题。

“十二五”期间，中国拆船协会通过展览展示、研讨会、座谈会、演讲等各种形式，传播拆船业发展的正能量，展示中国拆船业发展所取得的成绩，消弭社会对拆船活动的误解，积极拓展拆船业作为资源环保产业和循环经济发展的重要组成部分的影响力。2011 年至 2015 年，中国拆船协会积极参与协办历年举办的“中国金属循环应用国际研讨会”；组团参加了 2012 年 6 月在青岛召开的“第二届中国国际循环经济成果交易博览会”“大连海事展新闻沙龙活动”，通过专题发言，精心布置展台，利用文字、图表，全方位宣传展示了近年来我国拆船业发展历程和利用废船资源所取得的成果。这次大会上，由中国拆船协会力荐的第四届名誉会长严鹤鸣荣获“2012 中国再生资源年度荣誉奖”。

参编的各类书刊

协会展览展示

谢德华参加大连海事展新闻沙龙活动

严鹤鸣荣获“2012 中国再生资源年度荣誉奖”

（七）中国拆船协会自身建设有了新起点

在国务院国资委直属机关党委、中国物流与采购联合会党委领导下，五年来，中国拆船协会认真开展了党的群众路线教育实践活动，通过“三严三实”专题教育和“两学一做”学习教育等活动，党建和关心群众思想与生活等工作得到进一步加强。协会认真贯彻中央八项规定，在行业发展困难时期，结合协会工作实际，制定了勤俭办会、增收节支等一系列新的规章制度，并能切实执行。协会各项工作的开展，坚持党政领导班子民主集中制，并形成制度化、规范化。适时调整协会秘书处人员年龄和专业结构，强化日常培训，提高业务素质。积极参与各年度北京地区春季植树造林活动，组织参加职工运动会和乒乓球比赛活动，丰富活跃职工生活。积极加强与兄弟协会的联系沟通，取长补短，共同提高服务能力。严格遵守国家财经纪律，积极配合民政部、国资委财务、税务和资产的审计工作，坚持年度财务等相关审计，定期向理事会报告会费收支和年度预算工作。协会各年度的社团年检均为“合格”。

2011 年 12 月，在国务院国有资产监督管理委员会委管协会负责人会议暨改革发展经验交流会上，中国拆船协会提交的《服务行业提升产业，推动拆船业科学发展》一文，被收编为经验交流材料。2015 年 9 月，中国拆船协会还顺利通过 ISO 9001 质量管理体系认证，成为国务院国资委委管联系的 307 家全国性行业协会商会中，第 2 个通过质量管理体系认证的行业协会。

协会党支部活动

协会植树活动

协会参加职工乒乓球赛

协会获颁 ISO 9001 证书

分年度拆船业发展报告

2011 年中国拆船业发展报告

2011 年，中国拆船业在“十二五”的开局之年取得了较好的成绩。

自 2008 年金融危机后，2011 年的世界经济呈现回暖态势，特别是欧债危机爆发，在国际上，反映干散货运输市场景气度的“波罗的海干散货运价指数（BDI）”再次下行，从 2010 年 5 月的最高点 4209 点，一路下跌到 12 月的 2000 点以下。船东改变惜售心态，老旧船舶淘汰进程加速，废钢船上市量增加。在国内，2011 年，有关落实国务院《船舶工业调整和振兴规划》中“加速淘汰老旧船舶和单壳油轮”的政策出台，老旧船舶淘汰也有所增加。因此，全年废船拆解量较上年同期有较大增长。

一、2011 年中国拆船业发展情况

（一）主要经济指标完成情况

据统计，2011 年中国拆船协会会员企业全年拆解国内外各类废旧船舶总量 317 艘，共计 225.2 万轻吨。拆解废船吨位均比 2010 年增长两成以上。2011 年的拆解量是自 1998 年以来，除 2003 年、2009 年外的较多年份之一。贸易额超过 63 亿元人民币，比上年增加 18 亿元以上；废船进口环节上交关税和增值税超过 12 亿元人民币，比上年增长三成以上。据中国机电产品进口商会船舶分会统计，2011 年主要进口船舶产品中，“供拆解的船舶及其他浮动结构体”位居第一。

（二）废船市场和拆船生产经营特点

1. 废船上市量略高于市场预期

2011 年，欧债危机爆发，以及世界经济发展受挫，严重影响了航运业，BDI 在年中持续下滑，国内外船东开始采取削减运力等措施，规避经营风险，因此，废船上市量和拆解量均有较大增加。

2. 废船价格高企

2011 年，废船价格并没有因废船上市量的增加而大幅下降，主要原因有以下几点：一是船东航运亏损严重，冀望废船高价格售卖；二是印度、孟加拉国等南亚国家采买需求旺盛，政策鼓励，迎合国际船东对废船价格的期望；三是国际废钢铁价格的影响等。据统计，我国 2011 年进口废船均价高达 446 美元/轻吨，比上年增长 23%。由于没有优惠政策，国内废钢价格与国际废钢价格倒挂，加上拆船成本明显高于印度、孟加拉国等主要拆船国家，因此，中国拆船企业在废船交易价

格上没有明显的竞争能力，平均低于印度、孟加拉等国 50～80 美元/轻吨。

3. 拆解船型多为散（杂）货船

由于废船采买价格不占优势，中国拆解的多是中小型船舶和船东要求环保拆解的船舶。

4. 废船拆解的准入许可

自环境保护部《进口废船环境保护管理规定》颁布以后，各级环保机构根据规定，对拆船企业申请进口废船拆解进行审核批准，2011 年共有 18 家企业获准进口废船。交通运输部为落实 2010 年 6 月印发的《促进老旧运输船舶和单壳油轮报废更新实施方案》，2011 年先后两次审定定点船舶拆解企业名单。

5. 废船安全环保拆解水平不断提高

国内各拆船企业不断加大安全环保投入，提高管理、技术水平。如，江阴市夏港长江拆船厂，江门市中新拆船钢铁有限公司、江门市新会双水拆船钢铁有限公司、江苏靖江市新民拆船有限公司、江门市银湖拆船有限公司、江苏泰州伟业拆船有限公司、江苏苏恒海洋工程装备有限公司等企业在开展拆船第三方监理、改善拆船安全环保设施、探索新型拆船工艺等方面，加大了投资建设力度。

（三）节约原生资源，节能减排

按 2008 年中国钢铁业平均铁钢比和废钢单耗测算，以 2011 年拆解废船金属回收量估算，拆船业节能减排贡献如下：节约 340 万吨精矿粉，减少 870 万吨原生铁矿石开采，节约 71 万吨标煤，节约水耗 80 万吨，节约溶剂（石灰石）57 万吨，减少废渣 120 万吨，减少二氧化碳排放 360 万吨。

二、2011 年中国拆船行业建设情况

2009 年，《中华人民共和国循环经济促进法》的颁布实施，从法律的角度明确了中国拆船业基本特征，即为国家发展循环经济重要组成部分。多年来，协会在进一步确定拆船产业发展定位等行业建设方面，取得良好成绩。

（一）拆船业的内容列入国家鼓励发展产业目录

国家发展和改革委员会根据我协会的汇报和申请，组织论证了拆船业纳入鼓励等项目目录的可行性。2011 年 3 月，国家发展和改革委员会颁发 2011 年第 9 号令，向全社会公布了《产业结构调整指导目录（2011 年本）》。至此，中国拆船业正式纳入国家鼓励发展的产业目录。

（二）制定“十二五”发展规划

协会根据国家经济发展和有关行业的发展规划，结合拆船业“十一五”期间各项任务完成情况和当前国内外经济发展趋势，研究提出的《拆船业发展十二五规划》，经会员大会审议通过。

（三）创建绿色拆船企业

根据《绿色拆船通用规范》的要求，协会组织了绿色拆船企业评审认定工作。中国拆船协会向获得相应等级的 9 家企业颁授证牌。

（四）做好行业统计信息工作

为贯彻落实国家统计局和中国物流与采购联合会的有关要求，协会根据行业发展的实际，调整修订了《拆船行业统计报表制度》。2011 年 10 月，国家统计局再次批复了拆船行业统计报表制度。协会秘书处能够按要求及时汇总上报，各有关会员企业都能及时填报各类统计信息和数据。2011 年共有 17 名同志被授予年度“优秀信息（统计）员”称号。

按期完成《中国拆船》简讯编辑出版发行工作；完成《中国船舶工业年鉴（2011）》《中国循环经济年鉴（2010）》《2010 中国再生资源行业发展年度报告》拆船业部分的撰稿任务。还积极为《中国船舶报》《中国水运报》《资源再生》《中国远洋航务》以及国外专业报刊等撰稿或接受采访，推进行业和企业信息的交流。

（五）配合做好行业发展情况的调研

一年来，协会为落实国务院《关于船舶工业调整和振兴规划》和商务部等八部委印发的《关于规范发展拆船业的若干意见》文件精神，认真配合商务部等有关部门，深入江苏和浙江的部分企业调查研究。

（六）积极争取优惠政策

协会认真收集各地企业执行财政部财税〔2008〕157 号和财税〔2009〕119 号文件情况，反映并协调解决有关问题。同时，协会还专门具文财政部、国务院关税税则委员会，就税收优惠政策延续，以及将废船进口关税暂定税率为零等提出了行业意见和建议，阐述行业特点和需要政策扶持的理由。

（七）跟踪国际拆船公约及其导则制定工作

自 2009 年《国际安全与无害环境拆船公约》审议通过以后，协会积极参加国际海事组织（IMO）的研讨会和 TradeWinds 迪拜研讨会等，配合交通部海事局开展 IMO 拆船公约及相关导则的调研，跟踪了解 IMO 有关公约导则审议动态，及时反馈我方意见。

2011 年伊始，严鹤鸣会长率团出访阿联酋、希腊等国家，参加相关会议，访问有关机构和企业，商谈合作机会；友好地接待了来自日本、德国、孟加拉国有关政府、行业组织或机构的访问；协会领导还利用参加国际性会议，积极与有关国家的政府机构、行业协会和企业的代表举行会谈，积极推介了中国拆船业在船舶绿色拆解方面所取得的成绩，加强交流，促进了解，探求合作领域，取得较好成果。

（八）重视企业人员培训工作

2011 年 4 月，协会会同德国劳氏船级社（GL）在上海举办了由部分企业参加的国际拆船公约培训班，取得良好效果，为今后开展这方面的培训积淀了一些经验。同年 8 月，协会与其他协会一道，在武汉举办了废钢铁管理人员培训班。同时，还与德国劳氏船级社、英国劳氏船级社、日本船级社（ClassNK）和中国船舶工业培训中心等机构，就开展相关领域合作进行了协商。

（九）宣传展示行业

2011 年 5 月，协会与其他有关协会一道，在广州举办了“第四届中国金属循环应用国际研讨会”，先后参加了船舶产业基金论坛和国际拆船论坛等活动。严鹤鸣、谢德华等协会领导亲自出席论坛或演讲。同年 11 月，严鹤鸣会长一行应邀做客人民网，向全球网民介绍了中国拆船发展情况和发展中需要解决的问题。此外，为纪念协会成立 20 周年，协会专门制作了宣传画册《足迹》、纪念邮票与首日封、纪念章等。

（十）承担或参与研究课题项目

协会派人员参与了《重点行业节能减排技术评估与应用研究工作》项目船舶行业分项目组和广东省江门地区 2010—2020 年船舶工业发展规划的工作；基本完成废船上氟利昂回收设备技术参数指标调研及设备选型配备工作；参与了 ISO 30000 标准翻译、标准转换和征询意见等相关工作。

三、中国拆船业“十二五”发展面临的形势

“十二五”期间，是中国拆船业在绿色发展的基础上，实现规范和科学发展的重要时期。这一时期，国家将采取各项政策和措施，进一步促进发展循环经济，加快资源节约型和环境友好型社会建设步伐。同时，全球经济受复杂多变因素的影响，正经受诸多困境的煎熬。作为国家发展循环经济的重要组成部分的中国拆船业，应抓住这一战略机遇期，实现规范发展，增强自身实力，创新产业发展。

（一）政策导向

国家关于“十二五”发展的有关政策导向和规划，对中国拆船业来说，是一个重要发展机遇期。这些政策和规划包括：

（1）《国民经济和社会发展第十二个五年规划纲要》。

（2）国家发展和改革委员会《产业结构调整指导目录（2011 年本）》。

（3）国家发展和改革委员会《“十二五”资源综合利用指导意见》。

（4）国务院《船舶工业调整和振兴规划》。

（5）商务部等八部委《关于规范发展拆船业的若干意见》。

（6）《拆船业发展“十二五”规划》。

（7）船舶、钢铁、航运等相关产业的“十二五”发展规划。

（二）航运市场

继金融危机后，欧洲债务危机的爆发令包括中国在内的世界航运业再次面临巨亏的危机。进入 2011 年下半年，航运市场一路萧条。2012 年 2 月，反映干散货航运市场景气度的 BDI，一路下滑到 651 点的历史新低，跌破 2008 年金融危机爆发时的 663 点。尽管 BDI 下跌并不能完全反映航运市场景气度，但航运业的运力过剩是目前航运业亏损的一大因素。运力过剩使航运公司的议价能力明显下降。在整个世界经济环境一时难以改观的情况下，挽救颓势的航运业关键措施之一，就是加大老旧船舶的拆解力度。

（三）造船市场

据中国船舶工业行业协会统计，2011 年，中国造船完工量同比增长 16.9%，新接船舶订单量

却同比下降了51.9%。截至12月底，手持船舶订单量也比2010年年底下降了23.5%。中国船企70%的手持订单是金融危机前，除“交船难、接单难”外，“盈利难”将成为整个行业发展新问题。

当前全球正在进入船舶绿色技术变革的新时代，根据《国际防止船舶造成环境污染公约》（MAPPOL公约）附则Ⅵ有关船舶能效规则的修正案规定，自2013年起签订合同的船舶开始适用船舶能效设计指数（EEDI）。这无疑在释放一种信号：耗油高、维修费用高和港口国检查潜在风险高的老旧船舶已成为市场重点淘汰的对象。

就目前而言，造船行业产能过剩局面已然形成，低成本成为生存的关键，造船业将进入整合时代。

（四）废钢铁供求

据中国废钢铁应用协会预测，“十二五”期间，中国钢铁产业的年废钢供应量应达到1亿~1.6亿吨，如按规划的废钢比超过20%，废钢铁资源缺口超过1000万吨。

按照工业和信息化部发布的《钢铁工业“十二五”发展规划》中，预计到2015年国内粗钢导向性消费约为7.5亿吨。规划中还明确要求，淘汰400立方米及以下高炉、30吨及以下转炉和电炉，大幅度减少钢企数量。

（五）信贷融资

2011年12月召开的中央经济工作会议，明确了继续实施好稳健的货币政策，进一步提高针对性、灵活性和前瞻性，保持社会融资规模合理增长。对符合产业政策的企业特别是小型微型企业，对企业技术改造的信贷支持。有专家建议，2012年货币政策保持稳健，适当放松，下调法定存款准备金率和贷款基准利率，以支持实体经济增长。

（六）拆船公约

2009年5月，《国际安全与无害环境拆船公约》诞生。目前国际海事组织（IMO）正积极审议与公约配套的相关拆船导则，欧盟等正在酝酿制定新的绿色拆船法律文件，要求欧盟成员国的船舶必须送到有授权的拆船设施拆解。

（七）拆船市场

进入“十二五”，国际金融危机的持续发酵，欧债危机的爆发，全球经济增长受挫，航运各项景气指数下行起伏，运输市场的持续低迷，再加上新运力的投入，全球废船的上市量会继续增加，因此国际废船市场仍将处于活跃期。以集装箱船为例，据英国Braemar Seascope咨询公司预计，2012年将有12万TEU（20英尺标准集装箱）集装箱运力拆解，高于2011年50%。

诚然，从2012年年初的市场表现看，废船上市量的增加，但价格变动不大，在国内经济增长趋缓，PMI（采购经理人指数）表明制造业扩张力仍有限，以及钢铁产能过剩、废钢等下游市场表现欠佳的情况下，一定程度上会影响中国废船拆解能力的释放。

四、“十二五”期间中国拆船业的发展

在《国民经济和社会发展第十二个五年规划纲要》中，明确提出国民经济绿色发展的要求。

当今全球经济受国际金融危机和欧债危机的影响正在面临深刻变化，经济增长低迷，国际市场需求减缓。内需扩大有待增强，人民币仍面临升值压力，谨慎的信贷政策的实施，税费、融资和劳动力成本大幅上升，钢铁、废钢铁价格变动的不确定性等，需要中国拆船业密切研究分析与拆船业相关领域的发展动态，厘清机遇和风险，增强抓住机遇、抵御风险的意识和能力，不断适应政策和环境的新变化、新要求。

（一）基本思路

“十二五”拆船业发展基本思路是，坚持循环经济新理念，贯彻节约资源和保护环境的基本国策，以实现绿色拆船为宗旨，以进一步提高安全环保能力和职业健康水平为重点，以拓宽废船再生资源用途为新的经济增长点，切实把拆船业的发展纳入经济效益和社会效益、生产发展和环境保护并重的科学发展轨道。

（二）规范发展

《中华人民共和国循环经济促进法》和《产业结构调整指导目录（2011 年本）》的颁布，使中国拆船行业的地位、产业发展的定位得到了进一步确认，这是拆船业发展的新起点。我们认为，国务院要求“规范发展拆船业”的关注点是，清理打击国内存在的非法拆船现象，通过定点拆解，保护合法生产经营的拆船企业，促进其依法经营和规范发展。

中国拆船协会将从以下三个方面着手开展工作。一是按照国务院“规范发展拆船业，实行定点拆解”的要求，积极协助政府部门做好确定行业准入条件，推进定点拆解，杜绝私拆乱拆；引导拆船业合理布局和适度规模，避免重复建设和产能盲目扩张。二是积极推动加快废旧船舶流向监管和回收拆解循环利用的立法进程，建立国内报废船舶回收体系，确保安全环保拆解。三是推动区域性基地建设，努力创造并形成行业发展的政策环境，争取国家税收、补贴政策或基金扶持，推进企业升级改造和产业化发展进程。

（三）任务目标

《拆船业发展“十二五”规划》中，提出“十二五”期间力争实现 500 万～600 万轻吨拆解废船总量的任务目标。

（四）工作措施

继续开展绿色拆船企业评审认定工作，加大宣传力度，推进绿色行业品牌形象建设；开展行业发展信息化和现代化建设，努力打造信息交流、商贸服务平台和网络体系；组织研究拆船行业劳动岗位责任特点，规范岗位认证和培训，拓宽技能训练和培训渠道，提高队伍整体素质；组织相关标准、技术规范的制定，总结推广绿色拆船工程监理模式，提高废船拆解技术和高值利用水平；创造条件，开展废船资源再利用、再制造的研究；制定《拆船业行规公约》，促进拆船企业履行社会责任目标和诚信体系的建立；密切跟踪《国际安全与无害环境拆船公约》生效及其导则制定进程，维护行业（企业）发展利益和权益；积极争取国际性示范项目建设，并为履行国际拆船公约做好各项准备工作；扩大国际交流，拓宽技术、培训和贸易服务等项目的国内外合作领域，探索拆船技术和管理输出（入）模式。

五、中国拆船业发展需要解决的问题

（一）监管服务

国家和地方政府应制定相应法律法规，加强对船舶运营、退役报废、拆解活动的监管。尽快明确主管机关，避免多头监管，提高行政管理能力，形成监管服务长效机制，制定帮扶措施，提升政府公共服务水平。

（二）综合利用

鼓励在一定标准或规范的基础上，对废船物资（机电设备及零部件）的直接利用或再制造，调整废船物资直接回炉利用的相关政策或措施，既可以提高废船物资的节约利用，促进节能减排，提高社会效益，又可以增强拆船企业拆解动力，提高企业的经济效益。

（三）税收政策

目前，拆船企业拆解进口废船关税和增值税税负水平为废船到岸价格的20.51%，拆解国内废船难以取得进项增值税发票，如再加上所得税等其他各类税费，企业税负水平过重，企业的市场竞争能力显著下降。广东省政协委员、广东海事局局长梁建伟就呼吁，建立拆船产业安全环保投入激励机制，应给予企业税收返还补贴，减轻企业负担，加快产业转型升级进程。借此，我们强烈希望取消3%的废船进口关税，同时也要解决好国内废船拆解税负高的问题。

（四）定点拆解

认真清理、严厉打击非法拆船设施；禁止没有拆船资质或经营范围的船舶类企业从事非法拆解活动；通过各种措施和政策，保障定点拆船企业的合法权益；研究制定老旧船舶拆解的法律法规，强化废船流向管理，实现老旧船舶的定点拆解；制定相应措施，引导拆船企业不断提高安全环保能力和技术条件，不断扶持定点企业的健康发展，实现绿色拆船的目标。

（五）产业支撑

船舶实现绿色拆解，需要造（修）船、航运和拆船循环产业链社会责任体系的形成。通过绿色拆船活动，减少过剩运力，既可以有效促进航运安全和节能减排，还可以增加新船订单，以振兴深陷低迷的造船业。

2012 年中国拆船业发展报告

相对于 2008 年金融危机之后饱受需求疲软和供给过剩的航运业来说，包括中国在内的全球拆船业一改发展颓势，迎来新一轮的发展机遇期。据不完全统计，2008 年 10 月至 2012 年年底，中国拆船业累计拆解各类废旧船舶超过 1500 艘，1000 万轻吨。

第一部分 2012 年拆船经营情况

一、船舶回收拆解业务及经营情况

据不完全统计，截至 2012 年 12 月底，拆解船舶累计 340 艘，共计 255 万轻吨，比上年同期增长 8.8%，废船贸易总额超过 63 亿元人民币。拆解量仅次于历史最高的 2009 年（见表 1）。

表 1 2010—2012 年报废船舶拆解情况

项目	2010 年	2011 年	2012 年
拆解数量（艘）	286	317	340
拆解重量（万轻吨）	187.9	225.2	255

二、拆船业运行特点

2012 年国际航运市场持续低迷，船舶报废数量持续增加，废旧船舶市场依然保持活跃态势，但由于受到国内经济发展增速放缓，制造业和建筑业等行业发展增长乏力，内需拉动又有限，钢材需求不旺，废钢铁市场价格出现大幅下滑，各项费用和税负增加，导致拆船业船舶拆解总量同比有所增长，废船拆解物资大量积压、财务成本居高不下等因素影响，国内拆船企业盈利能力明显下降，经济效益出现负增长，绝大多数企业亏损严重，有的企业甚至亏损上亿元。行业整体呈亏损状态。全年拆船行业运行有以下几个特点。

（1）船龄趋小，吨位趋大。拆解的船舶呈现平均船龄趋小的特征，如集装箱船从 29.5 年降至 25.7 年，油船降至 20.7 年；拆解的散货船更是如此，全年拆解“90 后”建造的散货船就有 18 艘，其中某散货船的运营年限仅为 15 年。此外，拆解废钢船的单船吨位较大，全年拆解 2 万轻吨以上废钢船 15 艘，同比增长 10%。其中，最大的废钢船超过 3.3 万轻吨。

（2）废船价格呈 U 型变化，均价回落。2012 年前 5 个月，月平均成交废钢船价格均在 400 美元/轻吨以上。最低的是 9 月，为 317 美元/轻吨，而 12 月价格回升，至 370 美元/轻吨以上。总体呈现年中较低，年初、年末较高的态势。据测算，2012 年度成交废钢船平均价格 379 美元/轻吨，比上一年下降 14.6%。

（3）散货船拆解量增多。据统计，全年成交并拆解散货船数量占所有船型的82.3%。比2011年增加10个百分点。这也印证了干散货船运市场的低迷程度。

（4）废船拆解的集中度较高。按区域划分，全年废钢船成交并拆解数量主要集中在江苏和广东，其成交拆解数量占总量的90%以上。按企业分析，拆解量主要集中在大型拆船企业，仅前3个企业成交拆解量就占总量的七成。2012年拆解量前十位的企业有：江阴市长江夏港拆船厂、江门市双水拆船钢铁有限公司、江门市中新拆船钢铁有限公司、江苏靖江市新民拆船有限公司、江门市银湖拆船有限公司、江苏靖江市敦丰拆船有限公司、江苏泰州市伟业拆船轧钢有限公司、江苏长荣钢铁有限公司、天津天马拆船工程有限公司和张家港市五友拆船再生利用有限公司。

（5）国内废船拆解数量明显增加。由于交通运输部制定了加大老旧船舶淘汰力度的相关办法等因素影响，据不完全统计，全年成交并拆解国内报废船舶（未含长江流域小型报废船舶）与去年同期相比增长1.15倍。

（6）拆解物资积压严重，企业亏损严重。废船交易活跃的2012年，并没有给国内拆船企业带来更多利好，反而出现买船越多、亏损越大的尴尬的利空局面。据统计，国内会员拆船企业2012年第二季度、第三季度库存拆解废船物资有60万吨，资金占用巨大（约18亿元人民币）。尽管进入9月后，国内废钢铁价格逐步回升，但由于前期价格跌幅较大，加上需求张力不足且震荡走势，企业库存物资减量有限。依全年看，整个拆船行业亏损严重，有的企业亏损超过上亿元。

（7）废船来源相对集中。如进口废船，依国别分析，主要来自东亚国家（包括中国）船东所退役的船舶，占进口拆解总量的60%以上。依悬挂船旗分析，主要来自巴拿马、印尼、中国香港和韩国，占一半以上。

三、节能减排贡献

据不完全统计，自2008年金融危机爆发以来，中国拆船业累计回收利用的可再生金属资源超过850万吨。据测算，这期间拆船业的节能减排贡献是：节约930万吨精矿粉，减少2480万吨原生铁矿石开采；节约20万吨标煤，水耗约1590万吨；减少废渣33万吨；减少二氧化碳排放1028万吨。

总之，2012年在国内废钢市场低迷，企业经济效益负增长的情况下，国内拆船企业克服困难，拆解循环利用了大量废船资源，为加快老旧船舶淘汰、拉动新造船市场、促进船业调整振兴、节能减排和循环经济发展做出了积极的贡献。

第二部分　拆船业主要工作情况

一、进一步加强与政府部门的沟通与联系，为政府服好务

（1）反映行业企业诉求，积极向政府部门反映进口废船和国内废船税收政策问题。2012年4月和8月，为积极配合交通运输部加快老旧船舶和单壳油轮淘汰，促进船舶工业和航运业尽早复苏，结合今年以来拆船业亏损严重的现实情况，协会先后向财政部税政司、国务院关税税则委员会办公室上报了《关于就解决拆解国内废船税收政策的请示》和《关于调整废钢船进口关税的请示》，并多次汇报并邀请有关领导到企业进行调研。协会还配合中国废钢铁应用协会、中国物资再

生协会等，反映解决废钢铁产业税收政策问题，得到工业和信息化部、财政部等部门的支持，已有初步结果。

（2）协会积极配合交通运输部，为举行中欧就欧盟新拆船法案的双边会谈，及时翻译欧盟法案内容，草拟了中方会谈预案文稿，得到部国际合作司和中国海事局有关方面的肯定。

（3）为贯彻落实船舶定点拆解工作，协会向中国海事局书面报告做好定点拆解的意见和建议。

（4）积极配合环境保护部，做好船用氟利昂回收设备选型、招投标、设备进口报关等事宜，以及拆船企业进口废船许可评审（估）、调查及审批工作，共有 21 家企业通过许可审批。

（5）按时向国家统计局或有关部门报送行业统计信息。

二、积极推动拆船业的国际交流与合作

（1）首次举办国际拆船研讨会。2012 年 5 月，协会和国际海事组织共同在北京成功地举办了“尽早实施香港拆船公约技术标准研讨会”。来自欧盟委员会、欧盟议会及欧盟驻华代表处、国际海事组织和法国、丹麦、挪威、希腊、德国政府机构和船东协会的官员、专家和代表，以及波罗的海海事公会、国际独立油轮船东协会和国际航运商会的代表专程莅会。交通运输部、中国海事局、环境保护部的官员和专家，以及国内拆船企业代表参加了研讨会。在会上，宣传了中国拆船业发展以及企业绿色拆船实践，展示了我国船舶安全环保拆解水平和能力。

（2）与德国劳氏集团（GL）签署合作谅解备忘录。协会与德国劳氏集团为推进绿色拆船，经过多次坦诚、务实的协商，决定在组织管理和技术人员培训，开展香港拆船公约试验，推进建立拆船基金等方面开展合作，共同签署了合作谅解备忘录。

（3）组团出访欧洲。2012 年 10 月上中旬，协会应邀赴德国、挪威和比利时，访问了欧盟委员会、欧盟议会、德国交通部、非政府组织（NGO），德国、挪威船东协会和德国劳氏集团（GL）总部，考察了德国船舶和危险废物处理机构。集中介绍中国拆船行业、企业绿色发展情况，就香港拆船公约、欧盟新拆船法案批准与实施以及船舶拆解监管、建立拆船补贴和基金等问题彼此交换了意见，并对欧盟新拆船法案中有关适用范围、拆船厂的必要条件和授权等问题表达了我方意见和建议。意大利政府代表和 NGO 组织等表示赞同建立拆船基金计划。

（4）参加国际性论坛，加强与各有关国际性组织和商业或专业机构的沟通与联系。参加了新加坡贸易风（TredeWinds）拆船论坛和北京金属循环应用国际研讨会等，此外，还与 ClassNK、CCS 以及美国、德国、挪威和中国香港的船经纪、现金买家和专业机构等保持联系，加强信息、技术交流，寻求商贸和技术等方面的合作。

三、继续做好行业宣传和基础建设工作，为企业服好务

（1）制订行规公约。为规范行业、企业履行社会责任行为，制定并向社会公布了《拆船业行规公约》。

（2）积极宣传行业。今年，协会利用国际、国内研讨会和组团出访等机会，通过演讲，推荐年度人物、布展展示等方式，继续推进行业、企业的宣传和推介工作，取得了良好效果。

（3）参与反映行业发展的出版物的编写工作。完成国家发改委编辑出版的《循环经济年鉴》、商务部组编的《再生资源行业发展报告》，以及《中国船舶工业年鉴》和《中国废钢铁产业发展

蓝皮书》等出版物中有关拆船业部分文稿撰写任务。做好《中国拆船》编辑出版任务。

（4）对船用机电设备及零部件再制造的可行性进行调研，并就涉及有关技术和管理政策问题，与中国船级社和国家有关部委进行了协商和汇报，为开展相关性研究打下一定基础。

（5）争取到联合国有关船上氟利昂回收项目100余套设备资助。

（6）启动第二批绿色拆船企业评审认证工作，修订了现场考核表，组成了现场考评小组，已完成部分企业的现场考评。

（7）注重行业标准建设工作。会同中国船舶工业综合技术经济研究院向国家标准委员会申报拆船业标准体系研究课题立项；参与组织协调ISO 30000标准转换国家标准的审校工作。

第三部分　2013年拆船市场展望

展望2013年的拆船市场发展态势，总体评估是喜忧参半，谨慎乐观。因此要认真分析与拆船市场相关领域或行业的发展变化态势，既要看到有利、不利因素，也要注重培育善于把不利因素转化为有利因素的能力。

2013年对拆船业发展有利因素主要有以下几点：一是国际社会对拆船的安全环保要求越来越高。2009年5月，国际海事组织（IMO）外交大会审议通过了《国际安全与无害环境拆船公约》（HKC），直至2012年10月，IMO－MEPC审议完成了HKC六个导则的制定工作。2012年欧盟委员会启动制定欧盟新的拆船法令，新的法令就区域内安全环保拆船提出了新的要求，并欲授权经济合作与发展组织（OECD）以外国家的拆船设施拆解区域内商船。二是全球经济缓慢回暖，可能会推动航运市场需求回升，但是由于近四年来运力净增长累计超过2.6亿载重吨，船队的迅速扩张，导致存量规模巨大，运力供给严重过剩状况短期内难以改观，船东仍会通过停航、减速或拆解等方式缓解运力供给压力。据专家对当前航运市场形势分析，近几年船舶退出航运市场数量仍将保持高位。三是全球将继续加大高能耗高排放船舶的淘汰力度，对在航船舶实施有害物质清单计划，清除石棉等有害物质，一些国家采取措施，严格控制此类船只靠港或营运。此外，按照IMO制定的船舶能效设计指数（EEDI）的新要求，一些国家将会进一步加快淘汰老旧船舶。四是国内经济增长速度预测将略好于2012年。国内外专家预测，2013年我国经济增长速度将超过8%。随着我国推出大规模经济刺激计划，以及固定资产投资规模的适度增加，钢铁等支撑经济发展的重要生产资料以及铁矿砂需求也会有所增大。自2012年10月以来，我国PMI呈现缓慢增长态势，这些因素或许会一定程度上能够带动钢材、废钢铁等的需求。五是人民币汇率升值仍存潜在压力。尽管升值压力小于往年，但全球主要经济体宽松货币政策等因素影响仍在。六是国家节能减排要求越来越高，政府也将陆续制定和完善促进循环经济发展、加快生态文明建设的各项措施。

2013年对拆船业发展的不利因素主要包括：一是废旧船舶的绿色贸易环境尚未形成。国际社会（如国际海事组织、欧盟）日益重视船舶安全环保拆解的技术、工艺、设施和管理，并提出了若干的标准、导则和规范要求。但仅要求拆船厂绿色拆解是不够的，而且是不公平的。如果废旧船舶交易一味追求利益最大化，绿色拆解目标是很难实现的。就目前而言，促进废旧船舶绿色贸易环境形成的重要措施之一是建立绿色拆船基金，以此兼顾、调节船东、拆船商利益的平衡。二是企业的拆解成本越来越高，如检验检疫、拖带、物流、安全环保设施设备、废弃物处置、融资，特别是劳动力成本高企等。三是废钢市场等下游市场波动性大，不确定因素多。国际与国内废钢价格倒挂，国际废船价格的区域性差异大等，加大了拆船企业废船采买、拆解和物资经营的风险。四是税负加重。自2011年1月起，拆船业曾有的一些税收优惠政策全部取消。进口废船除缴纳17%增值税外，还要支付3%关税，税负达20.51%。采买国内废旧船舶无法取得增值税发票，难以抵扣。目前国家正在推进营改增政策，国内船舶业实行此政策的效果如何，尚有待观察。五是国务院要求“规范发展拆船业，实行定点拆解”，尚待进一步落实。2009年12月，商务部等八部委根据国务院的要求，制定了《关于规范发展拆船业的若干意见》，但由于种种原因，并未得到很好地贯彻。如，一些政府机构和航运企业对严格拆船行业准入等要求的理解不一，在定点拆解、拆船供应商招投标等方面，仍然存在并不具有合法拆船资质的企业被列入船舶拆解企业名单等现象。六是制造业增长缓慢，2013年2月以来，PMI呈下行态势，再加上政府对房地产调控力度将进一步加大等。七是拆船产能过剩压力较大。主要是新的拆船设施增加和一些修造船厂试图转产涉足拆船领域。

总之，2013年拆船市场还存在诸多不确定因素，依然是机遇与挑战并存。对拆船企业来说，只要能够多维度地把握影响市场发展的相关因素，就有可能把握市场发展的方向，实现社会效益和经济效益的双增长。

第四部分　2013年工作要点

2013年，是贯彻《拆船业“十二五”发展规划》的关键年。拆船业将认真贯彻党的十八大精神，以服务经济社会转型、产业结构调整发展为目标，以促进绿色发展为核心，进一步夯实行业发展基础，加大行业宣传力度，加强国际交流与合作，发挥协会为政府、行业和企业服好务的纽带和桥梁作用，引导行业的规范发展和科学发展，积极创建品牌行业。主要思路和工作要点是：

一、坚持为政府服好务的思想

继续把加强与政府部门的联系、沟通和汇报作为工作的重点，积极、客观地反映行业和企业的呼声和诉求；密切关注相关政策制定和导向，争取促进行业企业发展的政策和措施。

二、坚持为行业服好务的理念

（1）根据国家发展和改革委《产业结构调整指导目录》，继续会同其他单位，调研有关船用设备及零部件再制造项目，向国家有关部门提出具体方案；组织进行“区域性船舶拆解基地建设”的可行性研究。

（2）适时开展行业标准研发工作。完成拆船国家标准的立项审批，组织标准调研和草拟等工作。跟踪ISO 30000转化为国家标准的进程；结合行业发展实际，组织申请拆船行业标准立项工作。

（3）强化协会行业统计和信息分析功能。根据国家统计局的要求，建立健全各项统计制度，加强信息统计员队伍培训，力争做到信息统计的及时性、完整性，客观反映行业发展现状，为国家制定政策、行业科学发展以及企业生产管理进步提供依据。

（4）进一步加大行业宣传力度。认真总结宣传工作的经验和教训，加强行业的国内国际宣传，不断改进宣传方式，把宣传工作推向一个更高的台阶。

（5）加大香港拆船公约及其导则的宣贯力度。

（6）继续加强与造船、船东、废钢铁、物资再生等行业协会和相关机构的横向交流，共同促进再生资源行业进步与发展。

（7）继续做好会员发展工作。积极创造条件，研究组织行业性研究、文体活动的可行性，以促进行业科研和文化体系建设。

三、坚持为企业服好务的意识

一是引导企业建立质量、环保和职业安全健康管理体系；二是开展技术商贸服务与培训工作；三是密切注意欧盟新拆船法案制定进程，及早会同国内外专业机构做好授权准入技术指导，使符合条件的企业能够列入拆解欧盟船舶的授权名单；四是本着坚持标准条件、宁缺毋滥的原则，完成第二批绿色拆船企业的评审认定等工作；五是积极推进履行社会责任，加强《拆船业行规公约》的宣传，引导企业自觉参与诚信信用体系建设，践行行业自律，构建和谐行业；六是继续认真地协助企业参加国家或地区重大项目的申报和推荐工作，帮助协调解决生产经营管理过程中所遇到的实际问题。

四、坚持强化秘书处自身建设

严格按照有关规定，依法规范运作；建立和完善各项规章制度；调整队伍的专业和年龄结构，建立良性培养聘用、考核激励机制和和谐劳动关系；完成协会网站页面更新工作；发挥党组织和党员模范带头作用，营造团结、富有活力的工作环境，努力打造学习型、研究型、服务型和和谐型协会。

2013 年中国拆船业发展报告

2013 年，受国内外经济发展持续放缓的影响，航运市场低迷依旧，老旧船舶淘汰报废市场活跃，国内拆船企业拆船量虽有 1.6% 的微幅增长，拆船贸易额依旧保持在 50 亿美元以上，拆船数量连续五年高位运行，并继续保持世界主要拆船国前列地位。但是企业生产和经营并未能达到逆转的表现，不仅延续了 2012 年经济效益不佳的状况，而且亏损的局面更加严峻。

一、国内拆船情况

据统计，2013 年协会会员拆船企业拆船量为 351 艘，计 250 万轻吨。至此，“十二五” 前三年，整个行业拆解废船总量已达到 720 万轻吨，已经远远超过《拆船业“十二五”发展规划》五年的拆解总量目标。从这个简单的数据可以反映出，国内外航运市场运力依旧过剩，老旧船舶退市还是比较活跃的。

但是，由于国际金融与欧债危机的爆发，受全球经济发展低迷，国内经济增速放缓，内需拉动乏力的影响，钢铁业的结构性产能过剩，造成废钢需求不旺，价格持续低位震荡，这就使得本来就要承担拆解周期风险的拆船企业承受更大的市场风险。2012 年第四季度国内市场显露回暖苗头后，部分拆船厂签订了一批下年年初交货的废船购买合同，但是进入 2013 年所期待的政策措施和市场变化并没有出现，误判导致重大效益损失。

2013 年的拆船业主要有以下七个方面的特点。

（1）国内、进口废船拆解量增减明显。2013 年，国务院批准了船舶工业加快结构调整促进转型升级方案，国内各航运企业加快了老旧船舶的淘汰更新步伐。由此，拆船企业拆解国内废钢船吨位同比增长 190%，其中 15.2% 的船龄不足 20 年。而进口废钢船吨位则同比大幅减少了 13%。

（2）废钢船量价首扬尾翘。以进口废钢船为例，2013 年年初和年底采买价格较高且数量较大，2 月平均成交单价最高，为 387.8 美元/轻吨，7 月最低为 317.98 美元/轻吨。废船月成交数量，年初和年底均在 25 万轻吨以上，而年中的 5 月至 8 月成交均不足 10 万轻吨。进口废船年均单价同比下降 8.9%，国内废船年均单价同比下降 6.6%。废船成交数量及价格与国内废钢市场走势预期基本吻合。

（3）拆解散货船居多。据统计，2013 年采买、拆解各类废钢船中 62.6% 是散货船（含杂货船），虽比上年同期的 79% 略有下降，但仍占较大比重。此外，企业采买国内废油船，以吨位计首次超过进口船，废集装箱船则基本持平。

（4）拆解规模较为集中。全国拆船量主要集中在江苏和广东两省，占总量的 80% 以上。

（5）拆船物资积压严重。自 2011 年下半年以来，拆船企业拆船物资积压严重，叫苦不迭。据统计，2013 年年末拆船企业拆解回收废船板、废钢、废有色金属等物资期末库存在 100 万吨以上（见图 1）。

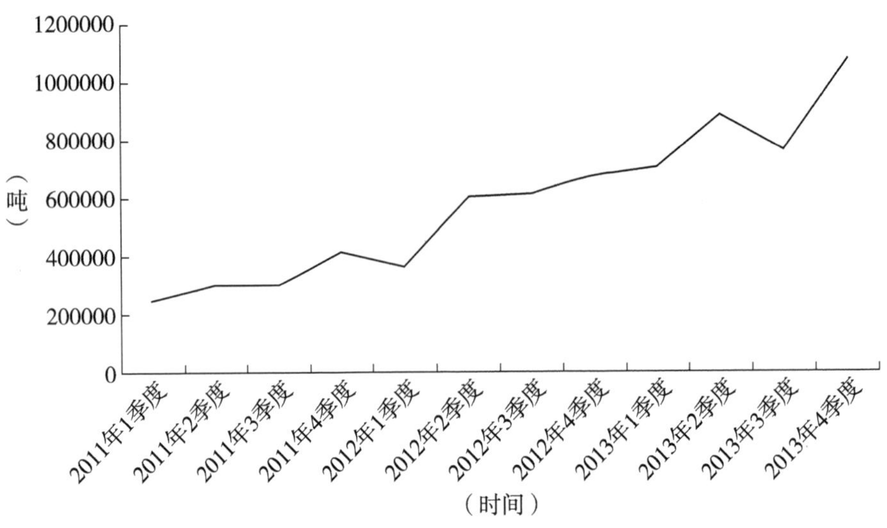

图 1　2011 年 1 季度至 2013 年 4 季度拆船物资库存量走势

（6）全行业亏损。废船交易活跃的 2013 年，不仅没有给国内拆船企业带来经济效益，反而继续延续买船越多、亏损越大的局面。受前期废钢船采买价格偏高，国内废钢市场价格持续下跌等因素影响，拆解废船物资销售乏力，大量库存积压，资金占用大且周转不灵，再加上贷款受限，劳力、相关费用成本大幅增加，企业、行业呈现大面积亏损状态。

（7）企业的环保投入继续加大。尽管拆船厂经济效益不佳，但是，企业仍不放松绿色发展，据不完全统计，2013 年会员企业在安全环保方面上的投入达到 2427 万元，比上年增长 30%。

二、国际拆船综述

自 2008 年金融危机和欧债危机爆发以来，航运业加快了淘汰、更新老旧船舶，世界主要船舶拆解量快速增长。

（一）拆解总量剧增，中国居前位

目前，世界五个主要拆船国家是印度、孟加拉国、中国、巴基斯坦和土耳其，此外，美国、英国、比利时、日本和印尼等一些国家仍有一定的拆船能力，但因拆解量较少和所拆船舶特性，有关数据难以统计。但五个国家的拆船总量足可以反映全球拆船市场的基本信息。

2008 年 10 月金融危机爆发后，使处于低谷的全球拆船业迎来拆船高潮期，据统计，2008 年至 2013 年，在五个主要拆船国家中拆解船舶总量累计超过了 5209 万轻吨（见表 1）。以中国为例，2008 年 1 月至 9 月全国拆船量不足 15 万轻吨，而第四季度的拆船量则超过 54 万轻吨。

表 1　　世界主要拆船国家 2008—2013 年拆船数量　　单位：轻吨

年份	孟加拉国	中国	印度	巴基斯坦	土耳其	总计
2008	1837739	694000	1151303	135550	153000	3971592
2009	2259856	3105000	3067897	870870	298000	9601623
2010	1296775	1890400	2809661	708295	423000	7128131

续　表

年份	孟加拉国	中国	印度	巴基斯坦	土耳其	总计
2011	1868990	2250000	3394226	860061	653000	9026277
2012	2863311	2450000	4358302	1593479	930000	12195092
2013	2289624	2500000	3016315	1560680	803248	10169867

依据表 1 分析，自 2009 年始，中国拆船量均在五个主要拆船国中排名前三位，其中，2009 年位居第一位，除 2012 年外，其他各年始终保持第二位。中国占五个国家拆解总量平均比例超过 24%，最高的是 2009 年为 32%。

（二）拆船价差仍大，中国不占优

在中国，是完全禁止冲滩的，废船进口也是实行许可证制度的，特别是国家对拆船厂的软硬件设施和安全环保管理要求的准入审核等，均有明确的规定。因此，企业的投入大，拆船成本高。相对于国际上仍采用冲滩拆解方式，安全环保要求不高的拆船厂，在废船购买价格上，中国的企业实难有竞争能力。再加上国际上大多数航运企业或船东运力过剩、效益低迷，往往看重老旧船舶售卖价值，由此，废船的流向自然是随价就市。

2013 年，中国拆船价格除了受到国内下游市场低迷，国际废钢价格与国内价格倒挂的影响外，更受到因为拆船成本高的制约和影响，因此，废船价格一直与一些主要拆船国家的拆船价格相差 50～100 美元/轻吨。

（三）推进绿色发展，船业引关注

自 2006 年，船舶业的节能减排、安全航运和绿色发展问题日益引起全球的关注，国际海事组织（IMO）审议制定了若干规范船舶建造、航运以及拆船的公约或技术导则，特别是对建立有害物质清单、船舶排放标准和能效设计指数等方面提出更高的要求，一些国家对船舶建造、材料清单、码头靠港等都采取了严格措施，比如单壳油轮、包含有石棉等有害物质材料的船舶禁止靠港，违者重拳处罚等。

10 月 22 日，欧洲议会投票通过了欧盟新拆船法案，于年底正式生效。新法案规定，欧盟内外的拆船厂申请进入“欧盟清单”的条件，要求悬挂欧盟成员国船旗的船舶仅能在由欧盟授权进入“欧盟清单”的拆船厂进行拆解。

这从法律法规上确立船舶产业链绿色发展的基本方向。应该看到已经有越来越多的国际的航运企业、船东和船经纪（例如丹麦、日本和挪威等）开始重视绿色拆船，中国的国有航运企业也开始关注船舶的绿色拆除，一些企业建立了废船售卖供应商招标审定信息库制度，国家交通管理部门重视船舶定点拆解的管理，等等。当然国际船舶业重视绿色拆船意识仍有待提高，真正形成绿色发展仍将有较长的路子要走。

（四）国际看好中国，交流渐拓宽

中国拆船业的绿色发展，越来越得到国际社会的关注。自 2012 年 5 月，中国拆船协会与国际海事组织成功举办北京国际拆船研讨会，以及 10 月出访欧盟委员会、欧洲议会、德国交通部、NGO 组织以及德国、挪威船东协会后，更加强化了国际间的交流。

（1）欧盟非政府组织拆船论坛（NGO Shipbreaking Platform）组成代表团，2013 年 4 月访问了中国拆船业。对我拆船业的安全环保硬件设施、严格的审批和管理制度，以及绿色拆船的实际推动等方面有了直观认识，并给予了肯定。

（2）欧盟委员会环境总司与欧盟驻华使团组成代表团，2013 年 11 月访问中国有关政府部门、中国拆船协会并举行了会谈，同时还与中国拆船协会举办了“欧盟新拆船法案信息说明会”，介绍了法案的内容，听取并与各有关拆船企业负责人交流了意见。欧盟代表团在参观考察我部分拆船厂以后，希望中方能够同意新法案在中国实施，并准许拆船厂申请“欧盟清单”。

（3）IMO、日本海事协会（ClassNK）、波罗的海海事公会（BIMCO）和德国劳氏集团（GL）等有关国际组织和机构一直保持与中国拆船协会间的沟通与联系，就共同关心的问题交换意见和看法。

国际间的交往，不但能够向世界展示中国拆船业的形象，而且还将促进交流与互信，进而为推动全球绿色拆船尽力。

三、拆船协会的主要工作情况

2013 年，中国拆船协会以加强行业建设、做好服务和自身建设为重点，积极与政府联系沟通，为企业解决实际困难，努力提升服务能力；重视行业培训，加强宣传和对外交流，努力扩大行业影响；完善各项规章制度，适时调整人员年龄和专业结构，努力培育精干有效的干部队伍。

（一）牢固树立服务观念，努力为企业、为政府服好务

（1）积极反映企业诉求，争取政策措施支持。一年来，我们积极与中国废钢铁应用协会、中国物资再生协会等协会一道，两次书面向财政部税政司申请给予废钢加工企业税收优惠政策；2013 年 7 月，向国务院关税税则委员会提交减免 3% 进口废船关税的申请报告，这也是协会连续第 4 年递交书面报告，不断反映企业诉求和行业发展困难，争取政策上的支持。

为解决许多会员拆船企业未能列入交通运输部定点名单问题，协会多次到交通运输部等有关部门汇报，并走访或联系了江苏、广东、福建、辽宁和浙江等省交通、港航部门，说明情况。8 月 5 日，交通运输部办公厅印发了《关于调整和补充老旧运输船舶和单壳油轮定点拆解企业名单的通知》（厅水便〔2013〕168 号），使问题得以解决。

（2）座谈调研走访，了解企业解决实际困难。今年 5 月 13 日、6 月 5 日和 6 月 7 日，协会分别在广东新会、江苏靖江和福建福安召开驻粤、苏沪和闽浙地区拆船企业负责人座谈会，先后有 30 余家企业的 55 人参加座谈会。座谈会上，与到会同志讨论了企业所面临的严峻形势，分析了市场动态和发展趋势，交流了如何调整生产经营策略和措施，学习传达了国家有关文件精神，介绍了国内外拆船领域的新形势、新变化，听取了企业遇到的一些实际问题和对协会工作意见与建议。

（3）宣讲法规政策，及时提醒企业守法经营。个别会员企业受到了监管机关的检查。中国拆船协会得知后，立即到企业实地调查了解情况，转发了有关政策文件，多次到监管机关和企业所在地的市政府说明情况，并积极配合开展自查自纠工作，得到理解和支持，使有关问题有了基本解决方案。期间，协会和南京海关联合在江苏召开了政策交流会，有关市政府领导亲自出席。拆船企业的代表进一步明确了政策界限，受到政策法规的培训教育，取得了很好的效果。

为更好地规范进口废船工作，中国拆船协会还制定了《关于废船进口环节若干行为规范

指引》。

（4）落实联合国资助企业的制冷剂回收设备。为减少氟利昂排放对大气臭氧层破坏，也为企业减少环保设备投入，经历时四年的努力，完成制冷剂回收设备前期调研，设备选型、招投标、设备购置进口报关、分发和配送工作。

（5）举办第二期动火审批与气体测爆培训班。4 月，协会与中国船舶工业安全生产培训中心合作，在上海举办了“第二期可燃性气体测试技术、动火作业审批资格”培训班，共有 63 人获得了相关职业资格证书。

（二）推进规范管理，推进行业建设

（1）基本完成第二批绿色拆船企业资格评定工作。协会绿色拆船企业资格评审认定工作领导小组制定了“评定工作原则和程序”，确定了考评打分细则，组成了现场考评专家组和评委会。在累计的一个多月的时间里，完成了分布在六个省市的 10 个县市的 19 家申评企业现场考评和评议审定工作，评定结果即将向社会公示。

（2）《拆船行业统计报表制度》继续获得国家统计局批准。国家统计局批准继续实施《拆船行业统计报表制度》（国统制〔2013〕88 号）。

（3）积极申请或参与课题研究和标准制定。积极参与了多项与拆船业有关的课题研究和标准制定。

①申请“绿色拆船关键标准研究”综合项目课题。今年协会与中国船舶工业综合技术经济研究院合作，向国家标准委员会提出并获得批准立项。协会作为副组长单位，将组织相关项目的研究工作。

②积极组织相关人员参与了 ISO 30000、ISO 30002 及 ISO 30003 国际标准转化为国家标准的翻译、讨论和审定工作。

③派员参加了交通运输部海事局“扶持拆船产业转型升级与废钢船安全监管政策研究”课题研究和环保部相应课题专家技术论证等工作；对交通运输部组织制定的《船舶高污染风险作业操作规程》标准提出了意见和建议，基本得到了采纳。

（4）提出建立企业准入等行业建设的基础工作。启动研究制定《拆船企业准入条件指导意见（暂定名）》，编制《标准拆船合同》和“建立会员拆船企业数据信息库”工作方案。

（三）加强行业宣传，扩大行业影响力

（1）与《中国船舶报》合作，开辟拆船专版。为了更好地宣传绿色拆船，提高社会公众的认知度，展示行业、企业形象，扩大行业影响力，协会与国内船舶业重要报纸——《中国船舶报》社共同创办“拆船专版”，每月一期。2013 年 10 月 16 日正式创刊，为拆船业和拆船人增添了一个宣传行业、信息交流的平台。

（2）酝酿做好协会网站的更新。在信息化时代，网站是反映行业发展状况的重要媒介和窗口。网站改版更新现已基本完成网页设计、信息录入等前期工作，新网站将开辟英文网页、会员论坛和广告等新栏目，努力以富于时代感的全新面貌，展示拆船业的形象和拆船人的风采，成为服务会员、交流信息、品牌推广、产品发布和提高行业凝聚力的网络平台。

（3）完成有关部委组织编写年鉴、发展报告中拆船业部分的撰写工作。今年，协会先后完成了国家发改委组织编辑出版的《中国循环经济年鉴（2012）》、商务部组织编写的《中国再生资源

行业发展报告》和中国船舶工业年鉴编辑委员会组织编写的《中国船舶工业年鉴——2012》中我国拆船业的发展状况部分的起草和编写任务。

（四）继续加强协会秘书处的自身建设

协会秘书处的自身建设的好坏，决定了服务力、研究力、创新力的高低。一年来，协会在自身建设上主要做了完善和建立各项规章制度，招聘人才、调整队伍年龄和专业结构，初步建立了协会内部工作和培训学习制度。重视党支部建设，积极开展党的群众路线教育实践活动，制定了《加强自身作风建设和自律的若干措施》。

四、2014 年拆船业面临的形势分析

党的十八届三中全会为继续推进改革，以市场决定经济转型、结构调整的政策导向，制定了一系列转变政府职能和机构改革、完善市场经济体系、改革经济管理机制的目标以及政策措施。作为国家发展循环经济重要组成部分的拆船业，认真学习好、把握好、贯彻好会议所确定的新的改革方针、思路、政策和措施，努力在国家推进新的改革中，抓住发展机遇和市场变化节奏，调整战略或策略，实现行业、企业的规范、绿色和可持续发展，是新的一年工作的出发点。

当前，航运市场运力过剩的格局在短期内还难以发生根本性的扭转。国务院为促进船舶、钢铁等几大产业结构性调整，先后颁布了《船舶工业加快结构调整促进转型升级实施方案》《关于化解产能严重过剩矛盾的指导意见》，明确了“保增长，调结构”的经济政策，调整钢铁和制造业等产业结构，淘汰落后产能，鼓励老旧运输船舶提前报废更新。同时，还确定加大对市政建设、棚户区改造、轨道设施改造和建设的投入，逐步推进城镇化建设步伐。这些政策措施，将有助于促进结构调整、扩大进出口业务，拉动内需。从国际拆船领域发展动态看，欧盟率先在香港公约生效前，制定了新的拆船法案，这一法案将有利于推进绿色拆船市场逐步形成；印度卢比的贬值和近期出台的钢铁业新规定将对南亚长期以来所形成的拆船价格优势构成较大影响。预计国内外废船市场仍将处于活跃期。

当然，对国内拆船业来说，不仅将要继续承受如何消化近两年亏损的压力，还将受到错综复杂的国内外经济形势和国内经济下行压力、税费过高、人工和财务成本上升压力、美联储量化宽松政策调整所致人民币汇率等相关市场变化不确定性的影响，因此，需要静观经济和市场发展的动向，既不高估预期，也不能悲观放弃。

进入 2014 年，十二届全国人大二次会议新近审议通过的政府工作报告，确定了国内 GDP（国内生产总值）7.5% 的增长预期，淘汰 2700 万吨钢铁产能等；国内经济数据难如人意，2 月 PMI 回落至 50.2；3 月 7 日，铁矿石期货品种价格全线下跌，创上市 5 个月以来首个跌停；废钢铁市场跌势汹涌；人民币汇率阶段性贬值几近 3% 和长期升值预期削弱；钢贸、钢企资金信贷收紧；拆船企业百万吨拆解物资库存急待消释，且人工和财务成本、税费压力有增无减。

尽管国际航运运力过剩犹存，国内有鼓励老旧船舶淘汰补贴政策，但是当前下游市场的不利表现，将会使得拆船企业进退两难，步履维艰。对中国拆船业来说，2014 年也许是更加困难的一年。

各拆船企业还要认真做好拆船市场下行预期的各项准备工作，坚持绿色发展，谨慎应对，把握市场，有序竞争，挖掘潜力，开源节流，降低库存，管理增效，特别要抓好国家推动的老旧船

舶淘汰拆解补贴政策机遇期，争取在 2015 年前实现减亏少亏。

五、2014 年拆船业工作要点

2014 年是落实《拆船业“十二五”发展规划》的第四年。总的工作思路是围绕行业建设、创新服务两大中心任务，宣贯政策法规，规范企业行为和行业发展，继续倡导绿色拆船，提升行业地位，扩大国际影响，发挥政府和企业间桥梁纽带作用，努力提高行业和协会的凝聚力。

（1）继续做好调查研究，反映问题和诉求，争取政策支持。认真按照党的群众路线教育实践活动的“为民务实清廉”和反四风的基本要求，坚持“一切来自会员，一切为了会员”的基本理念，坚持做好调查研究工作，了解会员的呼声和诉求，调整服务政府和企业的方式和方法，强化为政府、企业服务的作用，为行业争取各项有关政策。

（2）抓好行业基础建设，搞好行业宣传。完成“拆船行业准入条件指导意见”和“标准拆船合同”的编制、起草和审定；调研建立拆船从业人员国家职业资格制度的可行性；进一步做好行业宣传，扩大影响力。办好《中国船舶报》“拆船”专版编辑出版工作；完成协会网站的改版更新上线工作；提高会刊《中国拆船》办刊的实效性、及时性，适时调整出版方式；继续做好行业统计、信息分析工作，强化市场信息服务功能建设，利用行业的重大事件，如绿色拆船企业资格发证授牌等，达到宣传行业、企业，扩大行业影响的目的。

（3）不断提高服务力，继续为会员和会员单位服好务。利用座谈会、培训班等各种机会，组织会员单位学习贯彻好国家各项法律法规和文件精神，引导企业守法经营；组织做好企业安全岗位人员证书和制冷剂回收设备人员专项培训；完成拆船企业信息库的建立，做好向国内外推荐企业工作。

（4）继续做好交流与合作。继续跟踪欧盟新拆船法规实施和建立拆船基金的动向，与欧盟委员会和国内政府部门建立良好的沟通机制，在国内拆船企业得到欧盟授权等方面，反映我方的立场和建议，以利于中国拆船业发展；创造条件，组织落实与国外机构所达成合作意向；加强与国内外相关政府组织、协会、NGO 组织和有关专业机构的联系，开展交流合作，共同促进全球绿色拆船事业。

（5）继续加强协会秘书处的自身建设。按照党的群众路线教育实践活动的基本要求，为会员办好事、办实事，做到务实清廉；要加强制度建设，逐步建立良性的运行机制；认真做好年轻人的培养工作和人才招聘工作，加强业务知识学习，提高工作业务水平和应对能力，尽快使队伍适应行业发展的需要；进一步坚持为政府服务、为企业服务的根本，以饱满的责任心和事业心努力开拓新的服务领域，把工作完成好，把行业的事办好。

2014 年中国拆船业发展报告

2014 年，我国拆船业在船舶拆解量上继续稳居世界第二位。大量的废旧船舶得到安全环保拆解，为加速国内老旧运输船舶淘汰、消解过剩运力、促进航运节能减排提供了有力支持，拆船业贡献了良好的社会效益。但受国内经济增速放缓，内需拉动有限，制造业景气度下滑，钢铁产业结构性过剩，废钢及拆船下游市场需求不旺且价格持续下跌等因素影响，拆船业的经济效益则表现不佳，企业拆船物资大量积压，资金周转困难，用工和财务成本大幅增长，已经导致连续三年处于亏损状态。

一、拆船业经济运行基本情况

（一）废船成交情况

2014 年，国内拆船企业拆解国内外各类废船 251 艘 193 万轻吨（约合 830 万载重吨），同比下降 22.4%。其中，国内废船 109 万轻吨，同比增长 111.8%；进口废船 85 万轻吨，同比下降 57.2%。据海关总署统计，进口废船贸易额为 2.93 亿美元，同比下降 62.1%。

（二）拆船节能减排的贡献

2014 年，国内拆船业回收可再生金属资源约为 180 万吨。按照中国钢铁业平均铁钢比和废钢单耗测算，其为节能减排所作贡献是：节约 198 万吨精矿粉；减少 526 万吨原生铁矿石开采；节约 63 万吨标煤、300 万吨水耗和 33 万吨溶剂；减少 210 万吨二氧化碳排放。

（三）废船船型及船龄情况

拆解国内废船的主要船型是散货船（含杂货船）、油船和集装箱船，分别占总量的 58.6%、10.2% 和 26.7%。船龄在 20 年以内（含 20 年）的船舶轻吨位占总量的 27.7%，同比增加 10 个百分点。其中由我国制造的船舶占近四成。

2014 年拆解进口废船的主要是散货船（含杂货船）、油船和集装箱船三大船型，分别占总量 48.4%、16.9% 和 11.2%。其中，散货船由上年占总量的近七成降到近五成。船龄在 20 年以内（含 20 年）的船舶轻吨位占总量的 43.6%，同比增加 16 个百分点，进口废船提前报废的数量明显增加。

（四）拆船物资库存与企业盈利能力

2014 年，拆船企业库存中废船板、废钢、废有色金属和其他拆解物资数量预计为 90 万吨。拆船物资库存总量同比略有下降，但仍居高位，积压严重，近 20 亿元人民币资金被占用。

据不完全统计，2014 年，国内拆船企业总营业收入将超过 40 亿元人民币；经营亏损近 4 亿元

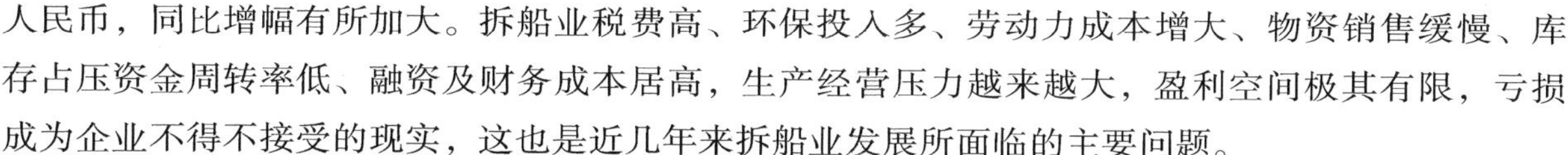

人民币，同比增幅有所加大。拆船业税费高、环保投入多、劳动力成本增大、物资销售缓慢、库存占压资金周转率低、融资及财务成本居高，生产经营压力越来越大，盈利空间极其有限，亏损成为企业不得不接受的现实，这也是近几年来拆船业发展所面临的主要问题。

二、拆船业发展的主要特征

（一）提前完成拆船业“十二五”发展规划所确定的拆解任务

在2011年至2014年的四年间，国内拆船业共拆解各类废船总量达到913万轻吨，远远超过《拆船业发展“十二五”规划》确定的实现拆解废船总量600万轻吨的规划目标。

（二）继续加强行业基础建设

组织起草《拆船厂准入条件指导意见》；与中国海事仲裁委员会合作，组织编制《拆船标准合同》；建立会员企业信息库，组织拆船业拆解能力调查，基本摸清了会员企业基本情况，如环评拆解能力、拆解岸线、场地面积以及新增船舶拆解能力等相关信息。

（三）继续推进绿色拆船

我国拆船业的绿色拆船实践，一直得到了国际社会的肯定。应该看到，一些国际大型航运企业并没有一味追求废船的价值，而是把船定向中国，施行安全环保拆船。

推进开展绿色拆船研究与推广，如，“拆船业中有毒有害防污漆的安全及环保无害化管理示范项目验收和行业推广实施项目”“船上制冷剂回收设备配型、招投标、分发、人员培训计划和信息采集报表编制”和“扶持拆船产业转型升级与废钢船安全监管政策研究”，以及与国内有关船舶院所合作，启动“绿色拆船关键标准研究”项目课题立项、前期准备和实施工作。

举办岗位培训班。协会在上海举办“拆船企业安全生产人员岗位培训班”，近40人取得岗位证书；在舟山、芜湖举办“船上制冷剂回收设备使用培训班”，先后近50家企业的60余人取得结业证书。

“绿色拆船企业”资格评定。完成首批5家获得“绿色拆船企业”资格企业的复核认定工作；完成第二批“绿色拆船企业”资格组织评审认定工作，还有11家企业成为不同等级的“绿色拆船企业”。

（四）政策支持老旧运输船舶报废更新

自国家鼓励国内老旧运输船舶提前报废更新后，有关部门出台了《老旧运输船舶和单壳油轮提前报废更新实施方案》《老旧运输船舶和单壳油轮报废更新中央财政补助专项资金管理办法》，协会协助有关部门做好船舶定点拆解企业名单确定工作，先后两批予以公布。这些政策措施，为加快老旧运输船舶和单壳油轮提前报废更新，提供了强有力的政策保障。2014年，拆船企业成交拆解的国内废船，首次超过进口废船，占总成交量的56.2%（以轻吨量计）。

（五）企业亏损依旧

2014年，拆船企业成交国内外废船平均单价呈下降趋势。国内废船年末均价为每轻吨人民币1638.5元，比年初下跌20.2%，比上年同期下降了25.7%。进口废船年末均价为每轻吨271.3美元，比年初下跌 19%，比上年同期下降了 24.9%。年内废船成交价格呈下行态势，似有利于增大拆船的盈利能力，但由于拆船的主要产品——废钢等物资的销售价格，其跌幅远远超过废船价格。下游市场需求如此乏力的表现，使得绝大多数拆船企业只能望市兴叹。

（六）企业融资难和能力难释放

自 2008 年国际金融危机以来，拆船市场的复苏和兴旺，引发投资热潮，资本的驱动，促使新的拆船能力大幅增加，这些增量主要来自新建拆船厂（包括其他企业转型或改建）和一些现有的拆船厂的增加拆船设施。据不完全统计，截至 2014 年年底，国内拆船企业经环评后的拆解能力比 2008 年前增长超过 80%。然而，罕见的不景气的下游市场，使得拆解能力的大幅增加，并没有带来预期的经济利益，投入产出效应相悖，投资回报率很低，再加上融资难且成本高，新增的拆船能力难以释放且出现过剩。

当然，正是由于各相关市场因素的不利变化和倒逼，国内船舶拆解能力增长在 2014 年得到了一定的遏制。

（七）企业关注延伸发展与服务

2014 年，国内拆船企业延续了自 2012 年以来“拆得越多，亏损越大”的尴尬局面。2012 年至 2014 年三年间，全行业年均拆船量超过 200 万轻吨，销售不畅导致大量拆船物资积压。在此情况下，一些企业并没有坐以待毙，而是积极开动脑筋，瞄准并细分市场需求，尝试提高拆船物资的再利用水平，如广东、江苏、浙江和天津的一些拆船厂按市场和客户需要，加工法兰、箱角、工程或建筑用材等，延伸拆船物资使用用途，提高了拆船物资附加值；有的企业还充分利用和发挥现有设施的优势，积极开展物流或其他多种经营活动；有的企业正在谋划“走出去”的发展战略，等等。

（八）为宣传行业搭建平台

协会对原有网站及时进行更新，完成年中上线工作。通过新网站及时发布政府要闻、行业情势、市场动态和会员工作等信息，为企业免费刊登物资交易信息，受到业界的好评；认真组织办好《中国船舶报》“拆船专版”，丰富版面内容，及时宣传、反映国内拆船业发展情况；继续做好每月一期《中国拆船》（内部刊物）的编发工作。

三、2014 年全球拆船业的基本情况

据国际海事组织（IMO）2014 年统计，自 2004 年至 2013 年间，全球有拆船活动的国家近 80 个，拆解总量约为 3745 万总吨（GT），其中印度、孟加拉国、巴基斯坦、土耳其和中国就占 95% 以上的拆解份额。

据不完全统计，2014 年，印度、孟加拉国、巴基斯坦、土耳其和中国拆船总量为 845 万轻吨，比上一年下降 16.9%。其中印度为首，达 209.5 万轻吨，其他国家依次为中国、孟加拉国、巴基斯坦和土耳其。

2014 年全球拆船业发展的主要特点是：

（1）全球废船市场依旧活跃。国际金融危机、欧债危机的持续效应，使得全球经济复苏预期

几乎成为泡影，航运业受到巨大的冲击，反映航运市场各项数据指数下行震荡起伏，运力过剩压力增大，大量低龄船舶不得已退出航运市场。仅从我国拆船的数据看，2014 年拆解船龄在 20 年以下就占到 35.7%，比上一年增加 13 个百分点。再看国内航运市场，在国家加速老旧船舶和单壳油轮淘汰政策的激励下，航运企业淘汰船舶力度有所增强，我国拆船企业拆解国内废船量也首次超过进口废船拆解量。

（2）国际废船价格高位运行。由于国际废钢价格与国内废钢价格长期倒挂，再加上国内废钢市场受经济换挡期影响需求不旺、废钢不能出口以及安全环保投入巨大等原因，国内拆船价格与南亚拆船国的价差越来越大。据初步统计，国内拆船企业 2014 年进口废船均价在每轻吨约 309 美元，而孟加拉国和印度废船均价约在每轻吨 465～480 美元。巨大的差价，使得保有绿色拆船能力的中国企业失去了买船的竞争优势。绝大部分上市的废船流入到出价高的南亚地区的拆船厂。这也是我国拆船业 2014 年进口废船同比下降接近六成的主要原因。

（3）一些发展中国家根据国内经济发展的需要以及富余劳动力，开始关注劳动密集型的拆船业，有的已经有组织地开展拆船活动，如印度尼西亚等国。

（4）绿色拆船发展继续得到关注。IMO 积极推动签署《国际安全与无害环境拆船公约》（简称香港公约，HKC）和生效进程；欧盟委员会为尽早实施《欧盟新拆船法案》（EU SRR），正在组织制定欧盟清单申请指南；一些国际组织、政府和 NGO 组织就一直呼吁禁止冲滩拆船。

但是，由于航运业低迷，船东或航运企业步履维艰，再加上一些船东环保拆船意识尚待提高，国际上大量大型船舶流入到冲滩等被公认难以达到绿色要求的拆解设施进行拆解，而选择环保拆船设施（如船坞或码头等）则因拆解成本过高等原因，市场竞争力仍处弱势。

中国是目前世界上较早施行禁止冲滩拆船的国家之一。2014 年，交通运输部、环境保护部、工业和信息化部和中国拆船协会对 HKC、EU SRR 等进行了专门讨论，并建立了“三部一会”工作联系机制。

四、预测和建议

2015 年，世界经济增长动力不足的局面依旧难以得到改变，国际环境依然充满复杂性和不确定性。国际货币基金组织（IMF）预测，2015 年全球经济增速为 3.5%，继续低于过去 20 年 5.4% 平均增速。2014 年年底，中央经济工作会议确定 2015 年我国经济将围绕“稳增长、调结构、惠民生”，坚持稳中求进的总基调。GDP 增长将低于 2014 年的 7.4%，我国经济由高速进入中速发展的“新常态”。

从废船供应市场分析，近几年国内外航运业仍然是低迷徘徊，运力过剩状况难以扭转，加上香港公约（HKC）、欧盟拆船法案（EU SRR）、船舶能效设计指数（EEDI）的生效以及新船交接等影响，国际老旧船舶退出市场的脚步短时间内不会停止。在我国，加速老旧运输船舶淘汰等政策的继续实施，2015 年地方航运企业依旧会有大量的废船面临淘汰拆解。

不过，从国内拆船下游市场分析，情况则不甚乐观。目前世界大宗商品价格（如铁矿石）大幅下跌，国内生产价格指数（PPI）与居民消费价格指数（CPI）背离且长时间停留在“负时代”，加上产能过剩，制造业低迷，内需拉动乏力，通缩风险加大，国内废钢价格与国际废钢价格倒挂等因素叠加，国内废钢及拆船下游市场供求关系虽会依据国内经济发展变化而有所起伏，但在新的一年里发生根本性转变的可能性不大。

综上所述，预计国内拆船业 2015 年废船拆解量仍将继续呈现下滑的态势，预计将回落 20% 以上。

进入 2015 年，国家正抓紧规划建设“一带一路”发展战略，大力推进铁路、公路、机场、水利等重大基础设施建设，促进高速铁路和过剩产能走出国门，启动政府和市场“双引擎”，助推中国经济的稳定、健康和可持续发展。

拆船业作为船舶产业链上的重要产业，同样面临进入“新常态”的发展选择。第一，要加强拆船行业准入管理、标准规范等基础建设，防止产能的进一步扩张，促进企业或企业间自主选择有利于自身发展的经营模式，走转型和规模化发展之路，化解过剩的拆解能力，适度提升产业的集中度。第二，积极争取国家对再生资源行业税收优惠政策的支持。第三，按照新的《环境保护法》和《安全生产法》的要求，确保安全环保和职业健康，继续推进绿色拆船。第四，在新形势下，企业要审时度势，开展多种经营、拆船物资的深加工和再制造，提高产品附加值，同时要加强内部管理，努力增加收入。第五，抱团取暖，鼓励企业竞合发展，诚信和守法经营，防止和杜绝不正当或恶性竞争。第六，加强企业人员岗位培训，以及国际公约、新法规和新标准规范的专业培训，不断增强企业适应新发展、新变化的综合实力。

2015 年中国拆船业发展报告

我国拆船业目前主要分布在江苏、广东、辽宁、天津、山东、浙江、福建等沿海和江河流域地区。除少数国有性质的企业外，集体控股和自然人控股的有限责任公司性质企业约占 80%。1991 年 8 月，中国拆船协会经民政部批准注册成立，现有会员百余家，其中会员拆船企业 50 余家。截至 2015 年年底，已有 27 家会员拆船企业（以下简称拆船企业）通过 ISO 14001、OHSMS 18001 管理体系认证；23 家企业通过了 ISO 9001 质量体系认证；1 家企业为国家发展循环经济试点单位；16 家企业被中国拆船协会评定为 A 至 AAAA 等级的“绿色拆船企业”。全行业年拆解废船能力超过 500 万轻吨，为世界主要拆船国家之一，在拆解废船工艺技术、安全与无害环境管理水平方面处于世界领先地位。

第一部分　2015 年国内拆船业经济运行综述

一、经济运行情况

受世界经济增长乏力、航运业持续低迷以及国内继续加大鼓励老旧船舶提前报废政策等因素影响，航运企业和船东继续削减过剩运力或产能，大量老旧船舶退出市场。近几年，国内拆船业拆解各类废船数量虽逐年减少，但 2015 年仍是历史上较好的年份之一。

（一）主要经济指标

据统计，2015 年，国内会员拆船企业成交拆解国内外各类废船 179 艘，累计 162.6 万轻吨，与 2014 年相比，成交废船艘数减少 28.7%，轻吨量下降 16%。其中，国内废船 90.4 万轻吨，艘数同比减少 28.1%，轻吨量同比下降 17%；进口废船 72.2 万轻吨，艘数同比减少 29.4%，轻吨量同比下降 15%。

受废船价格下降、成交量减少等因素影响，2015 年废船贸易额约合人民币超过 21 亿元，延续 2011 年以来的下降态势。上交进口关税和增值税合计约 4 亿元人民币。

在世界主要拆船五国中，我国拆船业拆解量列孟加拉国和印度之后，由上年度的第二位，退居第三位。自 2009 年以来，国内拆船企业拆船艘数和轻吨量已连续七年在高位运行，为国家和地区经济发展循环利用了大量可再生金属资源，社会效益显著。

（二）拆船节能减排的社会贡献

2015 年，国内拆船业回收可再生金属资源约为 150 万吨。按照中国钢铁业平均铁钢比和废钢单耗测算，其为节能减排所做的贡献是：节约 165 万吨精矿粉；减少 438 万吨原生铁矿石开采；节约 52 万吨标煤、280 万吨水耗和 27 万吨溶剂；减少 175 万吨二氧化碳排放。为促进我国节能减排、减少过剩航运运力和产能、促进船舶工业调整振兴以及循环经济发展做出了贡献。

（三）船舶拆解活动运行特点

（1）国内废船拆解量占比多。据统计，2015 年拆船企业成交国内废船 102 艘，合计 90.4 万轻吨；成交进口废船 77 艘，合计 72.2 万轻吨。国内废船占当年总轻吨量的 55.5%，占比虽与上一年有所收窄，但仍是国内拆船业 30 余年发展以来的第二个超过进口废船的年份。

（2）废船船龄"年轻化"。2015 年成交各类废船中，有约 37% 的进口废船和约 32% 的国内废船的船龄在 20 年以内（含 20 年）此外，国内废船中有 55.4% 是中国制造，同比增加一成以上。

（3）废船成交均价下降。统计显示，2015 年成交国内外废船平均单价呈现下降趋势（见图 1、图 2），其中，成交国内废船均价逐月下降更为明显：1 月成交均价为每轻吨 1573.5 元人民币，到 12 月成交均价下跌至每轻吨 1043.4 元人民币，降幅达 33.7%。

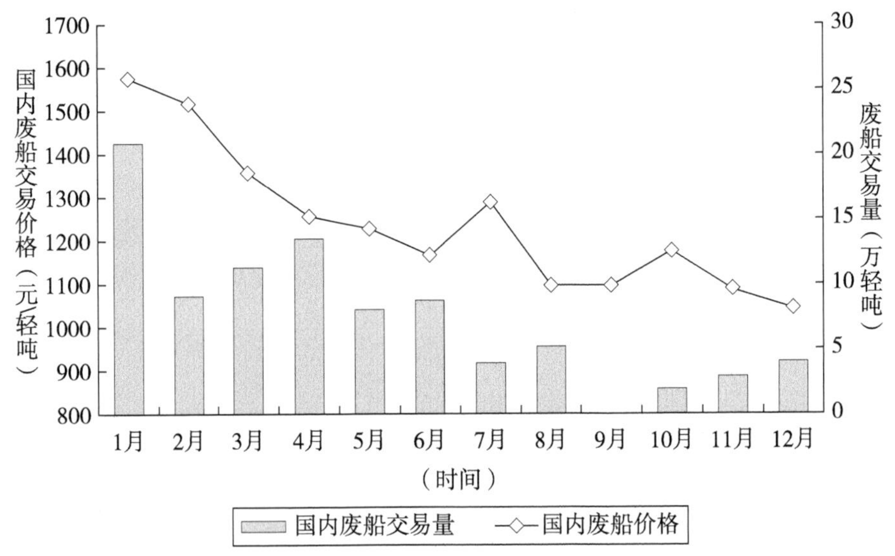

图 1　2015 年国内废船交易走势

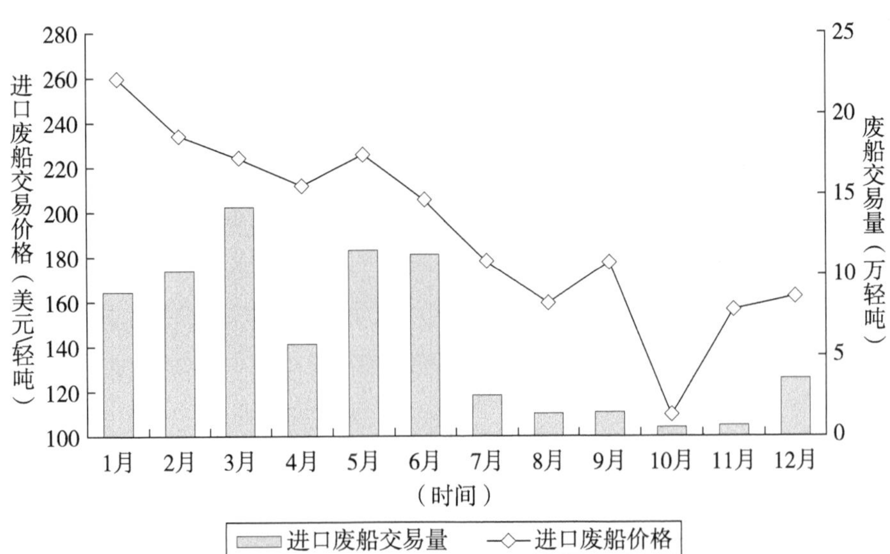

图 2　2015 年进口废船交易走势

（4）废船船型同比变化明显。由于石油等全球大宗商品价格提振乏力等因素影响，散货运输、海工市场低迷。统计显示，2015 年成交国内和进口废船中散货船（含杂货船）分别占 80. 5% 和 40. 8%，其中，成交国内散货型废船同比增加二成以上。成交海工平台（船）轻吨量占进口废船总轻吨量的 21. 8%，同比增加 18 个百分点。

（5）苏粤浙为主要拆船地区。2015 年，国内拆船企业成交国内外废船轻吨量除江苏、广东继续领跑外，浙江省成交拆解废船轻吨量同比增加明显，苏粤浙三省约占总成交轻吨量的九成。

（6）拆船物资严重积压。由于继续受采购废船价较高，国内废钢价格持续下跌等因素影响，拆船企业废船物资持续大量滞销积压。截至 2015 年年底，拆解回收废船板、废钢、废有色金属等物资库存近 80 万吨，占用资金达 10 亿元人民币以上。

（7）拆船企业全面亏损。2015 年，拆船量虽然仍居较高水平，但受废钢价格下跌，融资、人工、环保成本以及税负高等因素影响，拆船企业自 2012 年以来经济效益下滑乃至亏损的局面依旧没有扭转，亏损面逐年扩大。据不完全统计，2015 年国内拆船企业亏损额在 5 亿元人民币以上，企业经营与运行形势严峻。

（8）拆船能力过剩显现。拆船业连续四年的亏损，直接导致 2015 年部分企业中止拆船活动，个别企业已另谋发展生路。

二、拆船业管理与建设等情况

（一）国家适时调整涉及拆船的税收政策

（1）报废船舶纳入增值税优惠政策。2015 年 6 月，财政部、国家税务总局正式发布的《关于印发〈资源综合利用产品及劳务增值税优惠政策目录〉的通知》（财税〔2015〕78 号）中，首次将“报废船舶”纳入目录之中。按其规定，从 2015 年 7 月 1 日起，凡符合条件的拆船企业所拆解、加工报废船舶的有色金属、废钢可享受销项增值税退税 30%。

（2）关税减免。2015 年 12 月，国务院关税税则委员会在发布的《关于 2016 年关税调整方案的通知》（税委会〔2015〕23 号）中，从 2016 年 1 月起，进口废船关税暂定税率由原 3% 最惠国税率调整为只征收 1% 的暂定税率。由此拆船企业可减少 2. 34% 的进口税负。

（二）拆船协会积极参与有关法规、政策制定活动

（1）参与《循环经济促进法》修法工作。协会向全国人大环资委循环经济法修改领导小组，就拆船业发展中的问题作了专题报告。

（2）积极参与环境保护部、交通运输部和农业部落实国务院“水十条”，制定有关拆船环境保护工作的实施意见。

（3）拆船业首次纳入商务部《再生资源回收体系建设中长期规划（2015—2020 年）》中。

（4）协会作为交通运输部、环境保护部、工业和信息化部和中国拆船协会共同组成的拆船工作协调机制办公室，继续做好推进批准国际拆船公约进程等日常性工作。

（5）参与调研和汇报，落实国内老旧运输船舶和单壳油轮定点拆解企业名单，争取到国内老旧运输船舶和单壳油轮淘汰补贴延至 2017 年年底的政策。

（三）继续做好行业基本建设

（1）通过召开会长（扩大）会议和区域会员单位负责人座谈会等形式，及时传达宣贯中央国务院有关文件精神。认真听取、收集会员单位的意见，了解并解决行业发展中的一些情况和问题。

（2）会同中国海事仲裁委员会，完成《中国拆船协会拆解废船买卖标准合同》文本编制工作。该格式合同文本的发布，为引导企业规范发展，规避废船买卖交易风险，维护企业的合法权益提供了保障。

（3）完成会员拆船企业基本信息库建设，摸清拆船产能等会员企业基本情况。

（4）完成《拆船业统计报表制度》修订报批工作，2015 年 12 月，国家统计局批准新的《拆船行业统计报表制度》。定期通过《中国船舶报》、协会网站和简报等发布行业统计数据和分析预测。

（5）认真组织做好企业相关人员培训工作。在上海举办了拆船企业第三期动火、测爆培训班；在舟山组织召开了“拆船作业中防污漆无害化管理示范项目成果推广会”，取得良好效果。

（6）落实习总书记有关安全生产的讲话或批示精神，及时向会员企业发出《关于确保安全生产的通知》，提醒并呼吁企业加强安全生产管理，消除安全生产隐患，切实做到防止和减少安全生产事故的发生。

（四）为行业宣传创建平台

（1）实时更新网站内容，及时发布政府要闻、行业情势、市场动态和会员工作等信息。网站运行不足两年，点击率超过 95 万次。

（2）办好《中国船舶报》每月一刊的“拆船专版”工作，受到企业的欢迎，行业影响力有了提高。

（3）完成《中国拆船》内部月刊的编发工作；完成国家发改委编印的《中国循环经济年鉴》、商务部编印的《中国再生资源行业发展报告》以及中国船舶工业年鉴编辑委员会编印的《中国船舶工业年鉴》中拆船业部分的起草工作。

（五）开展 ISO 9001 认证，强化协会秘书处自身建设

为更好服务行业、企业、会员以及政府，适应新形势发展和市场经济的要求，促进秘书处自身建设与发展，协会组织开展 ISO 9001 质量管理体系认证工作，建立了协会《质量手册》。2015 年 9 月协会正式取得 ISO 9001 质量管理体系证书。

第二部分　2015 年国际拆船基本特点

印度、孟加拉国、巴基斯坦、土耳其和中国是目前世界上主要拆船国家，占全球船舶拆解总量的 95% 以上。2008 年金融危机爆发后，2009 年至 2015 年五个拆船国家共计拆解废船超过 5500 万轻吨，年均拆船量约为 785 万轻吨。

（1）全球减运力、去产能仍为主旋律。全球经济复苏缓慢，航运业依旧低位运行，反映航运市场各项数据指数下行震荡起伏，过剩运力倒逼大量船舶退出航运市场，特别是石油、铁矿石等大宗商品价格持续低迷，迫使大量钻井平台、散货船闲置。2015 年全球拆解废船艘数和轻

吨量虽比上一年有较大降幅，但拆解废船绝对量依旧可观。

据国际有关机构统计，2015 年，孟加拉国、印度、巴基斯坦、土耳其和中国拆船总量为 768 艘，合计 712.87 万轻吨。孟加拉国取代上年度的印度，拆船艘数和轻吨量位居第一位，分别为 209 艘和 223.88 万轻吨，其他依次为印度、中国、巴基斯坦和土耳其（见表 1）。

表 1　　2015 年世界拆船五国船舶拆解数据

国家	孟加拉国	印度	中国	巴基斯坦	土耳其	合计
数量（艘）	209	196	179	71	113	768
拆解量（万轻吨）	223.88	174.96	162.6	91.23	60.2	712.87

（2）国际废船价格高位回落。由于全球大宗商品需求下降，2015 年国际钢材、铁矿石、原油、煤炭以及废钢价格开始走低，直接导致国际废船价格下跌，印度、孟加拉国等国拆船价格由最高超过 500 美元/轻吨，下降至年末的 300 美元/轻吨左右。

（3）国际拆船量大幅下降。据统计分析，2015 年国际拆船艘数比上一年下降 27.68%，轻吨量下降 15.59%。

（4）全球环保拆船意识尚待提高。由于市场低迷，船东或航运企业步履维艰，绝大多数航运企业或船东十分关注废船价格，追求其价值最大化，因此，国际上大量大型废船流向拆船价格较高的拆船国家拆解，而环保拆解方式并非是首选项。

在我国，拆船价格虽亦随国际废船价格大幅下跌而下降，但与南亚拆船国的价差并没有缩小，据初步估算，2015 年国内拆船企业采买废船均价与其差价有所收窄，但仍在 120 美元/轻吨以上。保有绿色拆船能力的国内拆船企业依旧难现国际废船交易的竞争优势。

（5）签署《2009 香港国际安全与无害环境拆船公约》进程缓慢，截至 2015 年年底，只有法国、意大利、荷兰、土耳其等几个国家签署或批准了公约。据悉，巴拿马等一些国家正在或准备启动签约工作，但按该公约生效条件，距离公约正式生效尚需时日。

（6）欧盟委员会为推进盟内各成员国绿色拆船，2013 年制定了《欧盟新拆船法案》。为尽早使法案付诸实施，欧盟委员会着手组织制定欧盟船旗废船拆解清单申请指南，以便盟外国家符合法案条件的拆船厂申请进入欧盟清单，但受各方面因素影响，进展缓慢。

（7）一些国际组织、政府、NGO 组织和专业机构积极呼吁全球禁止冲滩拆船。挪威船东协会 2015 年明确提出该国船东禁止在不符合安全环保的拆船设施拆解报废船舶的倡议。

为提高一些拆船国家安全环保拆船标准，国际海事组织（IMO）会同巴塞尔、鹿特丹和斯德哥尔摩公约秘书处以及挪威发展合作署与孟加拉国政府协同工作和努力，2015 年 IMO 与孟加拉政府启动了“孟加拉国安全与无害环境拆船”新项目。

第三部分　整个行业在困境中艰难前行

“十二五”期间，国内拆船业回收可再生金属资源（废钢、废有色金属等）约为 1000 万吨。按照中国钢铁业平均铁钢比和废钢单耗测算，其为节能减排所作贡献是：节约 1100 万吨精矿粉；减少 2900 万吨原生铁矿石开采；节约 340 万吨标煤、1870 万吨水耗和 180 万吨溶剂；减少 1160 万吨二氧化碳排放。为促进我国节能减排、减少过剩航运运力和产能、促进船舶工业调整振兴以及循环经济发展做出了贡献。

但是，与国际航运市场低迷、废船市场活跃、拆船量大增相反，由于国内经济发展增速放缓，自 2011 年下半年开始，国家固定资产项目投资力度减弱、反映制造业景气度的 PMI 下滑、房地产市场政策调控等因素影响，钢材等生产资料需求关系发生逆转，导致拆船业下游市场的国内废钢市场需求不振，价格跌宕下滑。作为拆解周期较长的拆船企业，处于高位的废船采买价格，远跟不上废钢价格下滑速度，致使拆船企业拆解废钢等物资的积压和资金占用，再加上安全环保投入和劳动力成本等增加，拆船企业逐年亏损。整个“十二五”期间，形成拆船企业的社会贡献突出，经济效益低下，难与社会效益相统一的尴尬结局。

自 2008 年国际金融危机爆发以来，废船市场活跃带动拆船市场的复苏和兴旺，催生新一轮投资热潮。资本的驱动，促使国内新的拆船能力大幅增加。但随着国内经济发展驶入“换挡期”，以及市场供求关系逆转的残酷现实，使拆船企业生产经营困难、亏损严重，再加上融资难，致使拆解能力，特别是新增能力难以释放而出现过剩。这是国内拆船业自 20 世纪 80 年代发展以来，首次遭遇上游市场（航运运力过剩）活跃，下游市场（钢铁、废钢需求乏力）低迷，导致整个行业面临发展困境的局面。时至“十二五”末期，已有一些拆船企业停拆、转产或寻觅其他发展方向。

第四部分　行业预测与政策建议

一、行业预测

2016 年召开的十二届全国人大三次会议，审议通过《国民经济和社会发展第十三个五年规划纲要》，纲要中提出树立循环利用资源观，大幅提高资源利用综合效益，做好工业固废等大宗废弃物资资源化利用，规范发展再制造和实行生产者责任延伸制度。2016 年国家还将进行《循环经济促进法》修法工作。同时，全面实行“营改增”，以及包括拆船在内的再生资源利用税收（增值税、关税等）优惠政策的实施，对拆船业“十三五”发展仍将有一定的宏观政策支撑。此外，随着全球推进绿色拆船，安全环保拆船意识日益增强，特别是欧盟拆船新法案的实施，为符合欧盟准入标准条件的拆船企业一定程度上增添了商机。

可以预测，“十三五”前期，由于国际航运市场尚难复苏，我国加速老旧运输、渔业船舶淘汰更新政策的持续运作，船舶能效设计指数（EEDI）的新要求以及新船投入倒逼老旧船舶淘汰，海工市场低迷等因素的影响，国内外仍会有相当数量的各类船舶退出市场。但必须清醒地看到，2009 年以来全球大量航运运力的淘汰，废船船龄“年轻化”以及船东观望惜售等因素存在，废船上市数量将逐年萎缩，淘汰废船船型也会发生变化。

同时，国内拆船企业更不能忽视影响“十三五”期间拆船业发展的诸多其他因素，一是如何化解过去五年来企业的沉重包袱；二是如何处理好废船上市逐年递减与拆解能力过剩问题；三是随着国家狠抓“大气十条”“水十条”落实，以及即将推出的“土十条”的新要求，所带来的提升安全环保管控政策调整的预期；四是拆船下游市场波动性大，提振的不确定因素多；五是国际与国内废钢价格倒挂，国际废船价格的区域性差异大的局面难有根本性改变；六是国内外废旧船舶的绿色贸易环境尚未形成，等等。

因此，2016 年乃至“十三五”期间，全球经济复苏动力与向好态势，以及影响拆船业的国内外各要素市场发展态势依然存在诸多不确定性因素，经历了过去五年艰难前行的国内拆船企业应保持清醒头脑，冷静客观地分析和把握有利和不利因素，审时度势，采取灵活且有效的经营管理

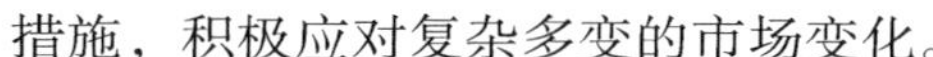

措施，积极应对复杂多变的市场变化。

二、政策建议

（1）国务院“规范发展拆船业，实行定点拆解”应落在实处。尽早解决在定点拆解、拆船供应商招投标等方面，仍然存在并不具有拆船资质的企业被列入船舶拆解企业名单等现象。

（2）各类船舶拆解标准准入应统一。解决目前国内运输船舶、渔业船舶、舰船、海工平台以及其他类船舶的运营管理分属不同部门，其船舶拆解要求、规范和管理要求也不尽相同等问题。

（3）《产业结构调整调整目录（2011 年本）》确定的废船上的“废旧机电设备和零部件再制造”，“区域性废旧船舶资源循环利用基地建设”等鼓励类项目的研发，需要国家有关部门的协同运作。

（4）建立拆船基金。建议参照国家废弃电器电子产品处理办法，建立废旧船舶处理基金，以此兼顾、调节航运企业（船东）、拆船企业利益的平衡。

第二篇
政策法规文件

重要法规文件目录

1.《中华人民共和国循环经济促进法》
2.《中华人民共和国环境保护法》
3.《中华人民共和国安全生产法》
4.《中华人民共和国海洋环境保护法》
5.《中华人民共和国固体废物污染环境防治法》
6.《中华人民共和国大气污染环境防治法》

中共中央、国务院文件

1. 中共中央国务院《关于加快推进生态文明建设的意见》（中发〔2015〕12 号）

2. 中共中央国务院《生态文明体制改革总体方案》（中发〔2015〕25 号）

3. 国务院《大气污染防治行动计划》（国发〔2013〕37 号）

4. 国务院《水污染防治行动计划》（国发〔2015〕17 号）

5. 国务院《关于印发循环经济发展战略及近期行动计划的通知》（国发〔2013〕5 号）

6. 国务院《关于印发船舶工业加快结构调整促进转型升级实施方案（2013—2015）》（国发〔2013〕29 号）

7. 国务院《船舶工业调整和振兴规划》（国发〔2009〕21 号）

8. 国务院《防止拆船污染环境管理条例》（国发〔1988〕31 号）

（注：国务院国发〔2014〕44 号文件和国务院令第 666 号对该条例作了部分修改）

9. 国务院《防治船舶污染海洋环境管理条例》（国务院令第 561 号）

（注：国务院令第 638、第 645、第 653 号对第 561 号令作了部分修改）

国务院有关部门文件

国家发展和改革委员会

1.《2015 年循环经济行动计划》（发改环资〔2015〕769 号）

2.《关于印发国家循环经济教育示范基地管理办法的通知》（发改办环资〔2015〕2071 号）

3.《关于印发“十二五”资源综合利用指导意见和大宗固体废物综合利用实施方案的通知》（发改环资〔2011〕2919 号）

4.《产业结构调整指导目录（2011 年本）》（2011 年第 9 号令）

5.《中国资源综合利用技术政策大纲》（2010 年第 14 号公告）

6.《关于推进再制造产业发展的意见》（发改环资〔2010〕991 号）

环境保护部

1.《进口废船环境管理规定（试行）》（2010 年第 69 号公告）

2.《限制进口类可用作原料的固体废物环境保护管理规定》（2015 年第 70 号公告）

3.《固体废物进口管理办法》（2011 年第 70 号公告）

4.《关于开展进口固体废物专项整治的通知》（环办〔2013〕18 号）

5.《关于开展固体废物进口许可证申请网络试报工作的通知》（环办函〔2014〕539 号）

交通运输部

1.《关于修改〈中华人民共和国船舶污染海洋环境应急处置管理规定〉的决定》（2015 年第 6 号令）

2.《中华人民共和国海事行政许可条件规定》（2015 年第 7 号令）

3.《中华人民共和国海上海事行政处罚规定》（2015 年第 8 号令）

4.《中华人民共和国内河海事行政处罚规定》（2015 年第 9 号令）

5.《关于印发船舶与港口污染防治专项行动实施方案（2015—2020 年）的通知》（交水发〔2015〕133 号）

6.《关于修改〈老旧运输船舶管理规定〉的决定》（2014 年第 14 号令）

7.《中华人民共和国船舶及其有关作业活动污染海洋环境防治管理规定》（2010 年第 7 号令）

8.《关于修改〈中华人民共和国船舶及其作业活动污染海洋环境防治管理规定〉的决定》（2013 年第 13 号令）

9.《关于印发老旧运输船舶和单壳油轮提前报废更新实施方案的通知》（交水发〔2013〕729 号）

10.《关于延续老旧运输船舶和单壳油轮提前报废更新政策实施有关事项的通知》（交水办〔2014〕239 号）

11.《关于公布老旧运输船舶和单壳油轮拆解企业名单的通知》（厅水字〔2013〕306 号）

12.《关于公布第二批老旧运输船舶和单壳油轮拆解企业名单的通知》（交办水〔2014〕134 号）

商务部

1.《关于规范发展拆船业的若干意见》（商产字〔2009〕614 号）

2.《再生资源回收体系建设中长期规划（2015—2020）》（商流通发〔2015〕21 号）

财政部、国家税务总局和国务院关税税则委员会

1.《关于印发〈资源综合利用产品和劳务增值税优惠目录〉的通知》（财税〔2015〕78 号）

2.《关于 2016 年关税调整方案的通知》（税委会〔2015〕23 号）

3.《关于简并增值税征收税率政策的通知》（财税〔2014〕57 号）

4.《关于全国实施增值税转型改革若干问题的通知》（财税〔2008〕170 号）

其他部门

1. 国家统计局《关于批准执行生产资料流通行业统计报表制度等五项统计报表制度的函》（国统制〔2015〕91 号）

2. 工业和信息化部《部分工业行业淘汰落后生产工艺装备和产品指导目录（2010 年本）》（2010 年第 122 号公告）

3. 工业和信息化部《废钢铁加工行业准入条件》（2012 年第 47 号）

4. 工业和信息化部《关于印发〈废钢铁加工行业准入公告管理暂行办法〉的通知》（工信部节〔2012〕年 439 号）

5. 农业部办公厅《关于远洋渔船境外报废拆解工作的通知》（农办渔〔2013〕90 号）

6. 农业部办公厅《关于印发〈海洋捕捞渔船拆解操作规程（试行）〉的通知》（农办渔〔2012〕104 号）

7. 海关总署《关于进口供拆解用废船的油箱剩余燃料油、船上机电设备及设施、物品税收和管理问题的通知》（署税函〔2002〕324 号）

8. 最高人民法院　最高人民检察院《关于办理环境污染刑事案件适用法律若干问题的解释》

（法释〔2013〕15 号）

涉及拆船标准和体系认证文件

1. 《绿色拆船通用规范》（WB－T1022—2005）

2. 《进口可用作原料的固体废物环境保护控制标准—供拆卸的船舶及其他浮动结构体》（GB 16487—2005）

3. 《进口可用作原料的固体废物环境保护控制标准—供拆卸的船舶》（GB 16487. 11—2005）

4. 《防止船舶货舱及封闭舱缺氧危险作业安全规程》（GB 16993—1997）

5. 《危险废物焚烧污染控制标准》（GB 18484—2001）

6. 《危险废物贮存污染控制标准》（GB 18597—2001）

7. 《危险废物填埋污染控制标准》（GB 18598—2001）

8. 《危险废物鉴别标准通则》（GB 5085. 7—2007）

9. 《焊接与切割安全》（GB 9448—1999）

10. 《石棉作业职业卫生管理规范》（GBZ/T 193—2007）

11. 《质量管理体系认证》（ISO 9001）

12. 《环境管理体系认证》（ISO 140001 或 GB/T 24001）

13. 《职业健康安全管理体系认证》（OHSMS 18001 或 GB/T 28001）

中国拆船协会有关文件

1. 《拆船业发展“十二五”规划》（中拆船协字〔2012〕33 号）

2. 《拆船业行规公约》（中拆船协字〔2012〕20 号）

3. 《拆船业废船贸易及市场秩序自律公约》（中拆船协字〔2009〕12 号）

4. 《绿色拆船企业资格评审认定规定（试行）》（中拆船协字〔2010〕25 号）

5. 《绿色拆船企业资格复核管理规定（试行）》（中拆船协字〔2013〕38 号）

6. 《关于废船进口环节若干行为规范指引》（中拆船协字〔2013〕30 号）

7. 《关于印发〈中国拆船协会拆解废船买卖标准合同〉的通知》（中拆船协字〔2016〕10 号）

8. 《宣传信息统计工作实施办法》（中拆船协字〔2016〕1 号）

9. 《关于表彰优秀会员的决定》（中拆船协字〔2011〕32 号）

10. 《关于表彰优秀信息（统计）员的决定》（中拆船协字〔2011〕31 号）

11. 《关于表彰宣传信息统计工作先进单位和个人的通知》（中拆船协字〔2016〕2 号）

12. 《授予中国拆船基地称号管理办法（试行）》（中拆船协字〔2007〕16 号）

13. 《关于转发〈财政部　国家税务总局关于全国实施增值税转型改革若干问题的通知〉的通知》（中拆船协字〔2014〕9 号）

14. 《关于转发〈最高人民法院　最高人民检察院关于办理环境污染刑事案件适用法律若干问题的解释〉的通知》（中拆船协字〔2013〕5 号）

重要法规文件

国务院《防止拆船污染环境管理条例》

（国发〔1988〕31号）

第一条 为防止拆船污染环境，保护生态平衡，保障人体健康，促进拆船事业的发展，制定本条例。

第二条 本条例适用于在中华人民共和国管辖水域从事岸边和水上拆船活动的单位和个人。

第三条 本条例所称岸边拆船，指废船停靠拆船码头拆解；废船在船坞拆解；废船冲滩（不包括海难事故中的船舶冲滩）拆解。

本条例所称水上拆船，指对完全处于水上的废船进行拆解。

第四条 县级以上人民政府环境保护部门负责组织协调、监督检查拆船业的环境保护工作，并主管港区水域外的岸边拆船环境保护工作。

中华人民共和国港务监督（含港航监督，下同）主管水上拆船和综合渔港区水域拆船的环境保护工作，并协助环境保护部门监督港区水域外的岸边拆船防止污染工作。

国家渔政渔港监督管理部门主管渔港水域拆船的环境保护工作，负责监督拆船活动对沿岸渔业水域的影响，发现污染损害事故后，会同环境保护部门调查处理。

军队环境保护部门主管军港水域拆船的环境保护工作。

国家海洋管理部门和重要江河的水资源保护机构，依据《中华人民共和国海洋环境保护法》和《中华人民共和国水污染防治法》确定的职责，协助以上各款所指主管部门监督拆船的防止污染工作。

县级以上人民政府的环境保护部门、中华人民共和国港务监督、国家渔政渔港监督管理部门和军队环境保护部门，在主管本条第一、第二、第三、第四款所确定水域的拆船环境保护工作时，简称“监督拆船污染的主管部门”。

第五条 地方人民政府应当根据需要和可能，结合本地区的特点、环境状况和技术条件，统筹规划、合理设置拆船厂。

在饮用水源地、海水淡化取水点、盐场、重要的渔业水域、海水浴场、风景名胜区以及其他需要特殊保护的区域，不得设置拆船厂。

第六条 设置拆船厂，必须编制环境影响报告书（表）。其内容包括：拆船厂的地理位置、周围环境状况、拆船规模和条件、拆船工艺、防污措施、预期防治效果等。大中型拆船厂的环境影响报告书（表），报所在地的省级环境保护部门批准；小型拆船厂的环境影响报告书（表），经所在地的县级环境保护部门审查，报上一级环境保护部门批准。未经批准者，不得设置拆船厂；拆船公司不得对其提供废船。

环境保护部门在批准环境影响报告书（表）前，应当征求各有关部门的意见。

第七条　监督拆船污染的主管部门有权对拆船单位的拆船活动进行检查，被检查单位必须如实反映情况，提供必要的资料。

监督拆船污染的主管部门有义务为被检查单位保守技术和业务秘密。

第八条　对严重污染环境的拆船单位，限期治理。

对拆船单位的期限治理，由监督拆船污染的主管部门提出意见，通过批准环境影响报告书（表）的环境保护部门，报同级人民政府决定。

第九条　拆船单位应当健全环境保护规章制度，认真组织实施。

第十条　拆船单位必须配备或者设置防止拆船污染必需的拦油装置、废油接收设备、含油污水接收处理设施或者设备、废弃物回收处置场等，并经批准环境影响报告书（表）的环境保护部门验收合格，发给验收合格证后，方可进船拆解。

第十一条　拆船单位在废船拆解前，必须清除易燃、易爆和有毒物质；关闭海底阀和封闭可能引起油污水外溢的管道。垃圾、残油、废油、油泥、含油污水和易燃易爆物品等废弃物必须送到岸上集中处理，并不得采用渗坑、渗井的处理方式。

废油船在拆解前，必须进行洗舱、排污、清舱、测爆等工作，经港务监督检查核准后，方可拆解。

第十二条　在水上进行拆船作业的拆船单位和个人，必须事先采取有效措施，严格防止溢出、散落水中的油类和其他漂浮物扩散。

在水上进行拆船作业，一旦出现溢出、散落水中的油类和其他漂浮物，必须及时收集处理。

第十三条　排放洗舱水、压舱水和舱底水，必须符合国家和地方规定的排放标准；排放未经处理的洗舱水、压舱水和舱底水，还必须经过监督拆船污染的主管部门批准。

监督拆船污染的主管部门接到拆船单位申请排放未经处理的洗舱水、压舱水和舱底水的报告后，应当抓紧办理，及时审批。

第十四条　拆下的船舶部件或者废弃物，不得投弃或者存放水中；带有污染物的船舶部件或者废弃物，严禁进入水体。未清洗干净的船底和油柜必须拖到岸上拆解。

拆船作业产生的电石渣及其废水，必须收集处理，不得流入水中。

船舶拆解完毕，拆船单位和个人应当及时清理拆船现场。

第十五条　发生拆船污染损害事故时，拆船单位或者个人必须立即采取消除或者控制污染的措施，并迅速报告监督拆船污染的主管部门。

污染损害事故发生后，拆船单位必须向监督拆船污染的主管部门提交《污染事故报告书》，报告污染发生的原因、经过、排污数量、采取的抢救措施、已造成和可能造成的污染损害后果等，并接受调查处理。

第十六条　拆船单位关闭或者搬迁后，必须及时清理原厂址遗留的污染物，并由监督拆船污染的主管部门检查验收。

第十七条　违反本条例规定，有下列情形之一的，监督拆船污染的主管部门除责令其限期纠正外，还可以根据不同情节，处以1万元以上10万元以下的罚款：

（一）未持有经批准的环境影响报告书（表），擅自设置拆船厂并进行拆船的；

（二）发生污染损害事故，不向监督拆船污染的主管部门报告也不采取消除或者控制污染措施的；

（三）废油船未经洗舱、排污、清舱和测爆即行拆解的；

（四）任意排放或者丢弃污染物造成严重污染的。

对未持有经批准的环境影响报告书（表），擅自在第五条第二款所指的区域设置拆船厂并进行拆船的，除依据前款规定予以罚款外，按照分级管理的原则，由县级以上人民政府责令限期关闭或者搬迁。

第十八条 违反本条例规定，有下列情形之一的，监督拆船污染的主管部门除责令其限期纠正外，还可以根据不同情节，给予警告或者处以1万元以下的罚款：

（一）拒绝或者阻挠监督拆船污染的主管部门进行现场检查或者在被检查时弄虚作假的；

（二）未按规定要求配备和使用防污设施、设备和器材，造成环境污染的；

（三）发生污染损害事故，虽采取消除或者控制污染措施，但不向监督拆船污染的主管部门报告的；

（四）拆船单位关闭、搬迁后，原厂址的现场清理不合格的。

第十九条 罚款全部上缴国库。

拆船单位和个人在受到罚款后，并不免除其对本条例规定义务的履行，已造成污染危害的，必须及时排除危害。

第二十条 对经限期治理逾期未完成治理任务的拆船单位，可以根据其造成的危害后果，责令停业整顿或者关闭。

前款所指拆船单位的停业整顿或者关闭，由作出限期治理决定的人民政府决定。责令国务院有关部门直属的拆船单位停业整顿或者关闭，由国务院环境保护部门会同有关部门批准。

第二十一条 对造成污染损害后果负有责任的或者有第十八条第（一）项所指行为的拆船单位负责人和直接责任者，可以根据不同情节，由其所在单位或者上级主管机关给予行政处分。

第二十二条 当事人对行政处罚决定不服的，可以在收到处罚决定通知之日起15日内，向人民法院起诉；期满不起诉又不履行的，由作出处罚决定的主管部门申请人民法院强制执行。

第二十三条 因拆船污染直接遭受损害的单位或者个人，有权要求造成污染损害方赔偿损失。造成污染损害方有责任对直接遭受危害的单位或者个人赔偿损失。

赔偿责任和赔偿金额的纠纷，可以根据当事人的请求，由监督拆船污染的主管部门处理；当事人对处理决定不服的，可以向人民法院起诉。

当事人也可以直接向人民法院起诉。

第二十四条 凡直接遭受拆船污染损害，要求赔偿损失的单位和个人，应当提交《污染索赔报告书》。报告书应当包括以下内容：

（一）受拆船污染损害的时间、地点、范围、对象，以及当时的气象、水文条件；

（二）受拆船污染损害的损失清单，包括品名、数量、单价、计算方法等；

（三）有关监测部门的鉴定。

第二十五条 因不可抗拒的自然灾害，并经及时采取防范和抢救措施，仍然不能避免造成污染损害的，免予承担赔偿责任。

第二十六条 对检举、揭发拆船单位隐瞒不报或者谎报污染损害事故，以及积极采取措施制止或者减轻污染损害的单位和个人，给予表扬和奖励。

第二十七条 监督拆船污染的主管部门的工作人员玩忽职守、滥用职权、徇私舞弊的，由其所在单位或者上级主管机关给予行政处分；对国家和人民利益造成重大损失、构成犯罪的，依法追究刑事责任。

第二十八条 本条例自1988年6月1日起施行。

备注：

本条例是1988年5月18日由国务院印发的。后经二次修订：

（1）2014年11月，国务院印发国发〔2014〕44号文件，国务院决定调整或明确为后置审批的工商登记前置审批事项目录，其中“拆船厂设置环境影响报告书审批”改为后置审批。

（2）2016年2月6日国务院发布第666号令，对条例做出以下修改：

第六条第一款修改为：“设置拆船厂，必须编制环境影响报告书（表）。其内容包括：拆船厂的地理位置、周围环境状况、拆船规模和条件、拆船工艺、防污措施、预期防治效果等。未依法进行环境影响评价的拆船厂，不得开工建设。”

删去第十七条第一款第一项。第二款修改为：“违反本条例规定，擅自在第五条第二款所指的区域设置拆船厂并进行拆船的，按照分级管理的原则，由县级以上人民政府责令限期关闭或者搬迁。”增加一款，作为第三款：“拆船厂未依法进行环境影响评价擅自开工建设的，依照《中华人民共和国环境保护法》的规定处罚。”

海关总署《关于进口供拆解用废船的油箱剩余燃料油、船上机电设备及设施、物品税收和管理问题的通知》

（署税函〔2002〕324号）

广东分署、天津、上海特派办，各直属海关：

最近，中国拆船协会和部分海关来函，要求明确拆船企业进口废船时，船上有关物品如何征税和管理的问题。经研究，并商国家经贸委、财政部同意，现就有关问题明确如下：

一、进口废船时，下列货物和物品已包括在废船总价内的，不另行计征关税和进口环节增值税；其价格单独计算的，海关应按规定归类、征税：

（1）从国外航行至我国口岸的废船，船上油箱内剩余的不超过油箱容量30%（含30%）的自用燃料油；

（2）从香港、澳门、台湾地区航行至内地口岸的废船，船上油箱内剩余的不超过油箱容量5%（含5%）的自用燃料油；

（3）船上原已固定安装的机器、仪器仪表等机电设备和船上设施等。

二、从国外航行至我国口岸的废船，船上油箱剩余的燃料油超过油箱容量30%的，从香港、澳门、台湾地区航行至内地口岸的废船，船上油箱内剩余的燃料油超过油箱容量5%的，应对全部剩余燃料油征税，并申请进口许可证件。

三、本通知第一项（3）所指船上的机器、仪器仪表等机电设备和船上设施，应该是与废船状态相符的使用过的设备和设施。

经海关确认，船上使用、安装的机器、仪器仪表等机电设备属于八成新以上的设备，海关应按规定归类、审价、征税。属于实行进口管理的，应按规定申领进口许可证件。

四、经海关核定单独征税的物品，其价格包含在废船总价内的，应相应扣减废船价格。单独征税的物品税款不得纳入增值税先征后返范围。

单独征税的物品如属于实行进口管理的，应按规定申领进口许可证件。

五、上述单独征税的燃料油、机电设备和物品等应该按照《中华人民共和国海关审定进出口货物完税价格办法》（海关总署令第95号）的规定审核完税价格。

六、利用拆解废船夹带国家限制进口货物及其他货物进口的，应依照《海关法》有关规定进行处罚。情节严重的，依法追究刑事责任。

七、本通知自下达之日起执行。海关总署《关于拆解进口废船征税问题的通知》［（88）署税字第4号］同时废止。

2002年6月19日

商务部、国家发展和改革委员会、工业和信息化部、财政部、环境保护部、交通运输部、农业部、海关总署《关于规范发展拆船业的若干意见》

（商产发〔2009〕614号）

各省、自治区、直辖市、计划单列市及新疆生产建设兵团商务主管部门、发展改革委、工业和信息化厅（局）、财政厅（局）、环保厅（局）、交通厅（局）、渔业厅（局），各直属海关：

拆船业是船舶产业链的重要环节，发展拆船业有利于保护海洋等水域环境，加快废旧船舶淘汰，实现资源循环利用，促进船舶工业健康持续发展。我国拆船业起源于上世纪八十年代进口废船的拆解处理，经过多年的发展，已逐步由粗放型向集约型转变，在拆解规模、机械装备、工艺技术、安全生产、环境保护和保障工人健康等方面取得了一定成效。在进口废船拆解处理取得长足进展的同时，国内报废船舶拆解处理发展滞后，行业面临集中度低、部分企业环保治理能力差、拆船管理法规制度不健全、拟拆解船舶交易不规范、非法拆解严重等问题，亟需完善政策、规范管理。

2008年下半年以来，受国际金融危机影响，世界贸易大幅减少，海运需求快速萎缩，老旧船舶淘汰速度加快，拆船业发展面临新的机遇，但由此带来的环保问题不容忽视。规范发展拆船业，实行定点拆解，有利于提高行业环保水平，加快老旧船舶淘汰更新，扩大新船需求空间，促进船舶工业持续健康发展。根据国务院《船舶工业调整和振兴规划》的总体要求，现提出如下意见：

一、指导思想和发展目标。

（一）指导思想。深入贯彻落实科学发展观，建设资源节约型、环境友好型社会，坚持发展循环经济，提高拆船业安全环保能力，实现绿色拆船。逐步规范拆船业发展，切实把拆船业的发展纳入经济效益和社会效益、生产发展和环境保护并重的科学发展轨道。

（二）发展目标。加强废船流向监管，实行定点拆解；完善拆船业循环经济的基本模式；开展清洁生产，实施绿色拆解；加快各类人才培养、引进，提高拆船业队伍整体素质。

二、严格行业准入，提高环保水平。

（三）建立拆船行业准入标准和退出机制，将拆解技能、安全环保投入、场地设施要求和科学化管理等作为审核的重要指标，促进拆船企业增强环保治理能力、提高技术与管理水平，实现优胜劣汰。

（四）各级环保、海事、渔业等部门要按照环境保护有关规定，严格审核船舶拆解企业的选址、环保设施、污染治理能力，做好环境风险评估。逐步淘汰简易船坞拆解，禁止冲滩拆解。各地要对本地的船舶拆解场所进行专项整顿，对非法拆解点和污染严重的拆船厂坚决予以取缔。

三、完善强制报废制度，实行定点拆解。

（五）进一步完善老旧船舶报废制度，禁止已达到报废标准的船舶从事生产、运输活动。对已达到报废标准的船舶或经检验不满足安全技术要求的老旧船舶，船检机构不予核发船舶检验证书，各有关管理机构不予签证和办理船舶登记手续、不予核发船舶营运证件等。各船舶管理机构要研究制定管理办法，严格监管废船流向，对报废船舶实行跟踪管理，防止废船流入非法拆解渠道，清除安全和环境污染的隐患。

（六）对国内各类船舶拆解处理企业进行统一规划，实行定点管理。引导企业以国际市场为主向国内外市场并重发展，鼓励以优势拆解企业为主体对行业进行整合。禁止非定点企业拆解处理废船。

（七）研究国内报废船舶定点拆解优惠政策，运用经济手段引导老旧船舶到定点企业进行拆解，规范废船交易，降低环保安全隐患，促进拆船业持续健康发展。

四、加强进口管理，监控废船流向。

（八）建立废船进口预警机制。综合国内拆船业发展规模、布局、技术、环保水平、国际国内废船市场供需关系以及国内环境承载能力等因素，对年度废船进口进行评估和预警，并根据情况适时调控。环境保护部根据相关规定，为企业办理进口批准文件。企业持有关进口批准文件到海关办理废船进口的通关手续。检验检疫机构要加强对废船进口的检疫监管。

（九）加强行业自律，推行废船进口代理制，规范进口秩序。综合企业对外议价能力、拆解能力、环保水平等因素，对符合条件的企业授予进口代理资质。严格监控进口废船流向，防止流入非法拆解渠道。

五、倡导绿色拆船，鼓励循环利用。

（十）拆船企业要建立环境管理体系、职业安全健康管理体系和质量管理体系，对环境、安全、健康、质量进行规范管理。开展循环经济试点工作，建立考核拆船企业发展循环经济的指标评价体系。参照国际海事组织《国际安全与无害环境拆船公约》和国际劳工组织《拆船业安全卫生指南》，结合《绿色拆船通用规范》行业标准，开展创建绿色拆船厂活动。

（十一）严禁利用废船拆解的旧设备拼装造船；鼓励拆船企业加大对下游产品的开发力度，对废船拆解的旧材料进行深加工。

六、强化工作落实，发挥协会作用。

（十二）切实抓好各项政策措施的落实工作。各有关部门要密切配合、形成合力，抓紧落实各项政策，制订完善相关规划、标准和管理办法；各地要结合当地实际，细化操作程序，加强监督执法。工作中遇到的新情况、新问题及意见建议，及时向有关部门反映。

（十三）发挥行业协会联系政府、服务企业、促进行业自律的功能，协助政府加强行业管理，加强调查研究，反映企业诉求和行业情况，组织制定技术标准、环保标准、劳工保护标准等行规行约，督促企业履行社会责任。

2009 年 12 月 30 日

国家发展和改革委员会《产业结构调整指导目录（2011年本）》（节选）

（中华人民共和国国家发展和改革委员会令 第9号）

为加快转变经济发展方式，推动产业结构调整和优化升级，完善和发展现代产业体系，根据《国务院关于发布实施〈促进产业结构调整暂行规定〉的决定》（国发〔2005〕40号），我委会同国务院有关部门对《产业结构调整指导目录（2005年本）》进行了修订，形成了《产业结构调整指导目录（2011年本）》，现予公布，自2011年6月1日起施行。《产业结构调整指导目录（2005年本）》同时废止。法律、行政法规和国务院文件对产业结构调整另有规定的，从其规定。

国家发展和改革委员会主任：张平

2011年3月27日

《产业结构调整指导目录（2011年本）》涉及拆船业部分目录节选如下：

鼓励类：

三十八、环境保护与资源节约综合利用

5. 区域性废旧汽车、废旧电器电子产品、废旧船舶、废钢铁、废旧木材等资源循环利用基地建设

28. 再生资源回收利用产业化

29. 废旧电器电子产品、废印刷电路板、废旧电池、废旧船舶、废旧农机、废塑料、废橡胶、废弃油脂等再生资源循环利用技术与设备开发

30. 废旧汽车、工程机械、矿山机械、机床产品、农业机械、船舶等废旧机电产品及零部件再利用、再制造，墨盒、有机光导鼓的再制造（再填充）

淘汰类：

（十一）船舶

1. 废旧船舶滩涂拆解工艺

财政部　国家税务总局关于印发《资源综合利用产品和劳务增值税优惠目录》的通知

（财税〔2015〕78号）

各省、自治区、直辖市、计划单列市财政厅（局）、国家税务局，新疆生产建设兵团财务局：

为了落实国务院精神，进一步推动资源综合利用和节能减排，规范和优化增值税政策，决定对资源综合利用产品和劳务增值税优惠政策进行整合和调整。现将有关政策统一明确如下：

一、纳税人销售自产的资源综合利用产品和提供资源综合利用劳务（以下称销售综合利用产品和劳务），可享受增值税即征即退政策。具体综合利用的资源名称、综合利用产品和劳务名称、技术标准和相关条件、退税比例等按照本通知所附《资源综合利用产品和劳务增值税优惠目录》（以下简称《目录》）的相关规定执行。

二、纳税人从事《目录》所列的资源综合利用项目，其申请享受本通知规定的增值税即征即退政策时，应同时符合下列条件：

（一）属于增值税一般纳税人。

（二）销售综合利用产品和劳务，不属于国家发展改革委《产业结构调整指导目录》中的禁止类、限制类项目。

（三）销售综合利用产品和劳务，不属于环境保护部《环境保护综合名录》中的“高污染、高环境风险”产品或者重污染工艺。

（四）综合利用的资源，属于环境保护部《国家危险废物名录》列明的危险废物的，应当取得省级及以上环境保护部门颁发的《危险废物经营许可证》，且许可经营范围包括该危险废物的利用。

（五）纳税信用等级不属于税务机关评定的C级或D级。

纳税人在办理退税事宜时，应向主管税务机关提供其符合本条规定的上述条件以及《目录》规定的技术标准和相关条件的书面声明材料，未提供书面声明材料或者出具虚假材料的，税务机关不得给予退税。

三、已享受本通知规定的增值税即征即退政策的纳税人，自不符合本通知第二条规定的条件以及《目录》规定的技术标准和相关条件的次月起，不再享受本通知规定的增值税即征即退政策。

四、已享受本通知规定的增值税即征即退政策的纳税人，因违反税收、环境保护的法律法规受到处罚（警告或单次1万元以下罚款除外）的，自处罚决定下达的次月起36个月内，不得享受本通知规定的增值税即征即退政策。

五、纳税人应当单独核算适用增值税即征即退政策的综合利用产品和劳务的销售额和应纳税额。未单独核算的，不得享受本通知规定的增值税即征即退政策。

六、各省、自治区、直辖市、计划单列市税务机关应于每年2月底之前在其网站上，将本地区上一年度所有享受本通知规定的增值税即征即退政策的纳税人，按下列项目予以公示：纳税人名称、纳税人识别号，综合利用的资源名称、数量，综合利用产品和劳务名称。

七、本通知自2015年7月1日起执行。《财政部 国家税务总局关于资源综合利用及其他产品增值税政策的通知》（财税〔2008〕156号）、《财政部 国家税务总局关于资源综合利用及其他产品增值税政策的补充的通知》（财税〔2009〕163号）、《财政部 国家税务总局关于调整完善资源综合利用及劳务增值税政策的通知》（财税〔2011〕115号）、《财政部 国家税务总局关于享受资源综合利用增值税优惠政策的纳税人执行污染物排放标准的通知》（财税〔2013〕23号）同时废止。上述文件废止前，纳税人因主管部门取消《资源综合利用认定证书》，或者因环保部门不再出具环保核查证明文件的原因，未能办理相关退（免）税事宜的，可不以《资源综合利用认定证书》或环保核查证明文件作为享受税收优惠政策的条件，继续享受上述文件规定的优惠政策。

附件：资源综合利用产品和劳务增值税优惠目录

资源综合利用产品和劳务增值税优惠目录

类别	序号	综合利用的资源名称	综合利用产品和劳务名称	技术标准和相关条件	退税比例
一、共、伴生矿产资源	1.1	油母页岩	页岩油	产品原料95%以上来自所列资源	70%
	1.2	煤炭开采过程中产生的煤层气（煤矿瓦斯）	电力	产品燃料95%以上来自所列资源	100%
	1.3	油田采油过程中产生的油污泥（浮渣）	乳化油调和剂、防水卷材辅料产品	产品原料70%以上来自所列资源	70%
二、废渣、废水（液）、废气	2.1	废渣	砖瓦（不含烧结普通砖）、砌块、陶粒、墙板、管材（管桩）、混凝土、砂浆、道路井盖、道路护栏、防火材料、耐火材料（镁铬砖除外）、保温材料、矿（岩）棉、微晶玻璃、U型玻璃	产品原料70%以上来自所列资源	70%
	2.2	废渣	水泥、水泥熟料	1. 42.5及以上等级水泥的原料20%以上来自所列资源，其他水泥、水泥熟料的原料40%以上来自所列资源； 2. 纳税人符合《水泥工业大气污染物排放标准》（GB 4915—2013）规定的技术要求	70%
	2.3	建（构）筑废物、煤矸石	建筑砂石骨料	1. 产品原料90%以上来自所列资源； 2. 产品以建（构）筑废物为原料的，符合《混凝土用再生粗骨料》（GB/T 25177—2010）或《混凝土和砂浆用再生细骨料》（GB/T 25176—2010）的技术要求；以煤矸石为原料的，符合《建设用砂》（GB/T 14684—2011）或《建设用卵石、碎石》（GB/T 14685—2011）规定的技术要求	50%

续 表

类别	序号	综合利用的资源名称	综合利用产品和劳务名称	技术标准和相关条件	退税比例
二、废渣、废水（液）、废气	2.4	粉煤灰、煤矸石	氧化铝、活性硅酸钙、瓷绝缘子、煅烧高岭土	氧化铝、活性硅酸钙生产原料25%以上来自所列资源，瓷绝缘子生产原料中煤矸石所占比重30%以上，煅烧高岭土生产原料中煤矸石所占比重90%以上	50%
	2.5	煤矸石、煤泥、石煤、油母页岩	电力、热力	1. 产品燃料60%以上来自所列资源； 2. 纳税人符合《火电厂大气污染物排放标准》（GB 13223—2011）和国家发展改革委、环境保护部、工业和信息化部《电力（燃煤发电企业）行业清洁生产评价指标体系》规定的技术要求	50%
	2.6	氧化铝赤泥、电石渣	氧化铁、氢氧化钠溶液、铝酸钠、铝酸三钙、脱硫剂	1. 产品原料90%以上来自所列资源； 2. 生产过程中不产生二次废渣	50%
	2.7	废旧石墨	石墨异形件、石墨块、石墨粉、石墨增碳剂	1. 产品原料90%以上来自所列资源； 2. 纳税人符合《工业炉窑大气污染物排放标准》（GB 9078—1996）规定的技术要求	50%
	2.8	垃圾以及利用垃圾发酵产生的沼气	电力、热力	1. 产品燃料80%以上来自所列资源； 2. 纳税人符合《火电厂大气污染物排放标准》（GB 13223—2011）或《生活垃圾焚烧污染控制标准》（GB 18485—2014）规定的技术要求	100%
	2.9	退役军用发射药	涂料用硝化棉粉	产品原料90%以上来自所列资源	50%
	2.10	废旧沥青混凝土	再生沥青混凝土	1. 产品原料30%以上来自所列资源； 2. 产品符合《再生沥青混凝土》（GB/T 25033—2010）规定的技术要求	50%
	2.11	蔗渣	蔗渣浆、蔗渣刨花板和纸	1. 产品原料70%以上来自所列资源； 2. 生产蔗渣浆及各类纸的纳税人符合国家发展改革委、环境保护部、工业和信息化部《制浆造纸行业清洁生产评价指标体系》规定的技术要求	50%

续 表

类别	序号	综合利用的资源名称	综合利用产品和劳务名称	技术标准和相关条件	退税比例
二、废渣、废水（液）、废气	2.12	废矿物油	润滑油基础油、汽油、柴油等工业油料	1. 产品原料90%以上来自所列资源； 2. 纳税人符合《废矿物油回收利用污染控制技术规范》（HJ 607—2011）规定的技术要求	50%
	2.13	环己烷氧化废液	环氧环己烷、正戊醇、醇醚溶剂	1. 产品原料90%以上来自所列资源； 2. 纳税人必须通过ISO 9000、ISO 14000认证	50%
	2.14	污水处理厂出水、工业排水（矿井水）、生活污水、垃圾处理厂渗透（滤）液等	再生水	1. 产品原料100%来自所列资源； 2. 产品符合《再生水水质标准》（SL 368—2006）规定的技术要求	50%
	2.15	废弃酒糟和酿酒底锅水，淀粉、粉丝加工废液、废渣	蒸汽、活性炭、白碳黑、乳酸、乳酸钙、沼气、饲料、植物蛋白	产品原料80%以上来自所列资源	70%
	2.16	含油污水、有机废水、污水处理后产生的污泥，油田采油过程中产生的油污泥（浮渣），包括利用上述资源发酵产生的沼气	微生物蛋白、干化污泥、燃料、电力、热力	产品原料或燃料90%以上来自所列资源，其中利用油田采油过程中产生的油污泥（浮渣）生产燃料的，原料60%以上来自所列资源	70%
	2.17	煤焦油、荒煤气（焦炉煤气）	柴油、石脑油	1. 产品原料95%以上来自所列资源； 2. 纳税人必须通过ISO 9000、ISO 14000认证	50%
	2.18	燃煤发电厂及各类工业企业生产过程中产生的烟气、高硫天然气	石膏、硫酸、硫酸铵、硫黄	1. 产品原料95%以上来自所列资源； 2. 石膏的二水硫酸钙含量85%以上，硫酸的浓度15%以上，硫酸铵的总氮含量18%以上	50%
	2.19	工业废气	高纯度二氧化碳、工业氢气、甲烷	1. 产品原料95%以上来自所列资源； 2. 高纯度二氧化碳产品符合（GB 10621—2006），工业氢气产品符合（GB/T 3634.1—2006），甲烷产品符合（HG/T 3633—1999）规定的技术要求	70%
	2.20	工业生产过程中产生的余热、余压	电力、热力	产品原料100%来自所列资源	100%

续 表

类别	序号	综合利用的资源名称	综合利用产品和劳务名称	技术标准和相关条件	退税比例
三、再生资源	3.1	废旧电池及其拆解物	金属及镍、钴、锰氢氧化物、镍钴锰酸锂、氯化钴	1. 产品原料中95%以上利用上述资源； 2. 镍、钴、锰氢氧化物符合《镍、钴、锰三元素复合氢氧化物》(GB/T 26300—2010）规定的技术要求	30%
	3.2	废显（定）影液、废胶片、废像纸、废感光剂等废感光材料	银	1. 产品原料95%以上来自所列资源； 2. 纳税人必须通过ISO 9000、ISO 14000认证	30%
	3.3	废旧电机、废旧电线电缆、废铝制易拉罐、报废汽车、报废摩托车、报废船舶、废旧电器电子产品、废旧太阳能光伏器件、废旧灯泡(管)，及其拆解物	经冶炼、提纯生产的金属及合金（不包括铁及铁合金）	1. 产品原料70%来自所列资源； 2. 法律、法规或规章对相关废旧产品拆解规定了资质条件的，纳税人应当取得相应的资质	30%
	3.4	废催化剂、电解废弃物、电镀废弃物、废旧线路板、烟尘灰、湿法泥、熔炼渣、线路板蚀刻废液、锡箔纸灰	经冶炼、提纯或化合生产的金属、合金及金属化合物(不包括铁及铁合金)，冰晶石	1. 产品原料70%来自所列资源； 2. 纳税人必须通过ISO 9000、ISO 14000认证	30%
	3.5	报废汽车、报废摩托车、报废船舶、废旧电器电子产品、废旧农机具、报废机器设备、废旧生活用品、工业边角余料、建筑拆解物等产生或拆解出来的废钢铁	炼钢炉料	1. 产品原料95%以上来自所列资源； 2. 炼钢炉料符合《废钢铁》(GB 4223—2004）规定的技术要求； 3. 法律、法规或规章对相关废旧产品拆解规定了资质条件的，纳税人应当取得相应的资质； 4. 纳税人符合工业和信息化部《废钢铁加工行业准入条件》的相关规定； 5. 炼钢炉料的销售对象应为符合工业和信息化部《钢铁行业规范条件》或《铸造行业准入条件》并公告的钢铁企业或铸造企业	30%

续 表

类别	序号	综合利用的资源名称	综合利用产品和劳务名称	技术标准和相关条件	退税比例
三、再生资源	3.6	稀土产品加工废料，废弃稀土产品及拆解物	稀土金属及稀土氧化物	1. 产品原料95%以上来自所列资源； 2. 纳税人符合国家发展改革委、环境保护部、工业和信息化部《稀土冶炼行业清洁生产评价指标体系》规定的技术要求	30%
	3.7	废塑料、废旧聚氯乙烯（PVC）制品、废铝塑（纸铝、纸塑）复合纸包装材料	汽油、柴油、石油焦、碳黑、再生纸浆、铝粉、塑木（木塑）制品、（汽车、摩托车、家电、管材用）改性再生专用料、化纤用再生聚酯专用料、瓶用再生聚对苯二甲酸乙二醇酯（PET）树脂及再生塑料制品	1. 产品原料70%以上来自所列资源； 2. 化纤用再生聚酯专用料杂质含量低于0.5毫克/克、水分含量低于1%，瓶用再生聚对苯二甲酸乙二醇酯（PET）树脂乙醛质量分数小于等于1μg/g； 3. 纳税人必须通过ISO 9000、ISO 14000认证	50%
	3.8	废纸、农作物秸秆	纸浆、秸秆浆和纸	1. 产品原料70%以上来自所列资源； 2. 废水排放符合《制浆造纸工业水污染物排放标准》（GB 3544—2008）规定的技术要求； 3. 纳税人符合《制浆造纸行业清洁生产评价指标体系》规定的技术要求； 4. 纳税人必须通过ISO 9000、ISO 14000认证	50%
	3.9	废旧轮胎、废橡胶制品	胶粉、翻新轮胎、再生橡胶	1. 产品原料95%以上来自所列资源； 2. 胶粉符合（GB/T 19208—2008）规定的技术要求；翻新轮胎符合（GB 7037—2007）、（GB 14646—2007）或（HG/T 3979—2007）规定的技术要求；再生橡胶符合（GB/T 13460—2008）规定的技术要求； 3. 纳税人必须通过ISO 9000、ISO 14000认证	50%
	3.10	废弃天然纤维、化学纤维及其制品	纤维纱及织布、无纺布、毡、黏合剂及再生聚酯产品	产品原料90%以上来自所列资源	50%

续 表

类别	序号	综合利用的资源名称	综合利用产品和劳务名称	技术标准和相关条件	退税比例
三、再生资源	3.11	人发	档发	产品原料90%以上来自所列资源	70%
	3.12	废玻璃	玻璃熟料	1. 产品原料95%以上来自所列资源； 2. 产品符合《废玻璃分类》（SB/T 10900—2012）的技术要求； 3. 纳税人符合《废玻璃回收分拣技术规范》（SB/T 11108—2014）规定的技术要求	50%
四、农林剩余物及其他	4.1	餐厨垃圾、畜禽粪便、稻壳、花生壳、玉米芯、油茶壳、棉籽壳、三剩物、次小薪材、农作物秸秆、蔗渣，以及利用上述资源发酵产生的沼气	生物质压块、沼气等燃料，电力、热力	1. 产品原料或者燃料80%以上来自所列资源； 2. 纳税人符合《锅炉大气污染物排放标准》（GB 13271—2014）、《火电厂大气污染物排放标准》（GB 13223—2011）或《生活垃圾焚烧污染控制标准》（GB 18485—2001）规定的技术要求	100%
	4.2	三剩物、次小薪材、农作物秸秆、沙柳	纤维板、刨花板，细木工板、生物炭、活性炭、栲胶、水解酒精、纤维素、木质素、木糖、阿拉伯糖、糠醛、箱板纸	产品原料95%以上来自所列资源	70%
	4.3	废弃动物油和植物油	生物柴油、工业级混合油	1. 产品原料70%以上来自所列资源； 2. 工业级混合油的销售对象须为化工企业	70%
五、资源综合利用劳务	5.1	垃圾处理、污泥处理处置劳务			70%
	5.2	污水处理劳务		污水经加工处理后符合《城镇污水处理厂污染物排放标准》（GB 18918—2002）规定的技术要求或达到相应的国家或地方水污染物排放标准中的直接排放限值	70%
	5.3	工业废气处理劳务		经治理、处理后符合《大气污染物综合排放标准》（GB 16297—1996）规定的技术要求或达到相应的国家或地方水污染物排放标准中的直接排放限值	70%

备注：

1. 概念和定义。

“纳税人”，是指从事表中所列的资源综合利用项目的增值税一般纳税人。

“废渣”，是指采矿选矿废渣、冶炼废渣、化工废渣和其他废渣。其中，采矿选矿废渣，是指在矿产资源开采加工过程中产生的煤矸石、粉末、粉尘和污泥；冶炼废渣，是指转炉渣、电炉渣、铁合金炉渣、氧化铝赤泥和有色金属灰渣，但不包括高炉水渣；化工废渣，是指硫铁矿渣、硫铁矿煅烧渣、硫酸渣、硫石膏、磷石膏、磷矿煅烧渣、含氰废渣、电石渣、磷肥渣、硫黄渣、碱渣、含钡废渣、铬渣、盐泥、总溶剂渣、黄磷渣、柠檬酸渣、脱硫石膏、氟石膏、钛石膏和废石膏模；其他废渣，是指粉煤灰、燃煤炉渣、江河（湖、海、渠）道淤泥、淤沙、建筑垃圾、废玻璃、污水处理厂处理污水产生的污泥。

“蔗渣”，是指以甘蔗为原料的制糖生产过程中产生的含纤维50%左右的固体废弃物。

“再生水”，是指对污水处理厂出水、工业排水（矿井水）、生活污水、垃圾处理厂渗透（滤）液等水源进行回收，经适当处理后达到一定水质标准，并在一定范围内重复利用的水资源。

“冶炼”，是指通过焙烧、熔炼、电解以及使用化学药剂等方法把原料中的金属提取出来，减少金属中所含的杂质或增加金属中某种成分，炼成所需要的金属。冶炼包括火法冶炼、湿法提取或电化学沉积。

“烟尘灰”，是指金属冶炼厂火法冶炼过程中，为保护环境经除尘器（塔）收集的粉灰状及泥状残料物。

“湿法泥”，是指湿法冶炼生产排出的污泥，经集中环保处置后产生的中和渣，且具有一定回收价值的污泥状废弃物。

“熔炼渣”，是指有色金属火法冶炼过程中，由于比重的差异，金属成分因比重大沉底形成金属锭，而比重较小的硅、铁、钙等化合物浮在金属表层形成的废渣。

“农作物秸秆”，是指农业生产过程中，收获了粮食作物（指稻谷、小麦、玉米、薯类等）、油料作物（指油菜籽、花生、大豆、葵花籽、芝麻籽、胡麻籽等）、棉花、麻类、糖料、烟叶、药材、花卉、蔬菜和水果等以后残留的茎秆。

“三剩物”，是指采伐剩余物（指枝丫、树梢、树皮、树叶、树根及藤条、灌木等）、造材剩余物（指造材截头）和加工剩余物（指板皮、板条、木竹截头、锯沫、碎单板、木芯、刨花、木块、篾黄、边角余料等）。

“次小薪材”，是指次加工材（指材质低于针、阔叶树加工用原木最低等级但具有一定利用价值的次加工原木，按《次加工原木》（LY/T 1369—2011）标准执行）、小径材（指长度在2米以下或径级8厘米以下的小原木条、松木杆、脚手杆、杂木杆、短原木等）和薪材。

“垃圾”，是指城市生活垃圾、农作物秸秆、树皮废渣、污泥、合成革及化纤废弃物、病死畜禽等养殖废弃物等垃圾。

“垃圾处理”，是指运用填埋、焚烧、综合处理和回收利用等形式，对垃圾进行减量化、资源化和无害化处理处置的业务。

“污水处理”，是指将污水（包括城镇污水和工业废水）处理后达到《城镇污水处理厂污染物排放标准》（GB 18918—2002），或达到相应的国家或地方水污染物排放标准中的直接排放限值的业务。其中，城镇污水是指城镇居民生活污水，机关、学校、医院、商业服务机构及各种公共设施排水，以及允许排入城镇污水收集系统的工业废水和初期雨水。工业废水是指工业生产过程中产生的，不允许排入城镇污水收集系统的废水和废液。

“污泥处理处置”，是指对污水处理后产生的污泥进行稳定化、减量化和无害化处理处置的业务。

2. 综合利用的资源比例计算方式。

（1）综合利用的资源占生产原料或者燃料的比重，以重量比例计算。其中，水泥、水泥熟料原料中掺兑废渣的比重，按以下方法计算：

①对经生料烧制和熟料研磨阶段生产的水泥，其掺兑废渣比例计算公式为：掺兑废渣比例 =（生料烧制阶段掺兑废渣数量 + 熟料研磨阶段掺兑废渣数量）÷（除废渣以外的生料数量 + 生料烧制和熟料研磨阶段掺兑废渣数量 + 其他材料数量）×100%；

②对外购水泥熟料采用研磨工艺生产的水泥，其掺兑废渣比例计算公式为：掺兑废渣比例 = 熟料研磨阶段掺兑废渣数量 ÷（熟料数量 + 熟料研磨阶段掺兑废渣数量 + 其他材料数量）×100%；

③对生料烧制的水泥熟料，其掺兑废渣比例计算公式为：掺兑废渣比例 = 生料烧制阶段掺兑废渣数量 ÷（除废渣以外的生料数量 + 生料烧制阶段掺兑废渣数量 + 其他材料数量）×100%。

（2）综合利用的资源为余热、余压的，按其占生产电力、热力消耗的能源比例计算。

3. 表中所列综合利用产品，应当符合相应的国家或行业标准。既有国家标准又有行业标准的，应当符合相对高的标准；没有国家标准或行业标准的，应当符合按规定向质量技术监督部门备案的企业标准。

表中所列各类国家标准、行业标准，如在执行过程中有更新、替换，统一按最新的国家标准、行业标准执行。

4. 表中所称“以上”均含本数。

国务院关税税则委员会关于2016年关税调整方案的通知（节选）

（税委会〔2015〕23号）

海关总署：

《2016年关税调整方案》已经国务院关税税则委员会第六次全体会议审议通过，并报国务院批准，自2016年1月1日起实施。

特此通知。

附件：2016年关税调整方案

国务院关税税则委员会

2015年12月4日

附件：

2016年关税调整方案

一、进口关税税率。

（一）最惠国暂定税率：

在2015年实施的暂定税率基础上，增加对毛制上衣等商品实施暂定税率；降低太阳镜等商品暂定税率水平；调整电控柴油喷射装置及其零件等商品名称和范围；取消止回阀等商品暂定税率，恢复实施最惠国税率；提高喷气织机等商品暂定税率水平。调整后实施暂定税率的商品见附表1。

（二）协定税率及特惠税率：

根据我国与有关国家或地区签署的贸易或关税优惠协定，对原产于冰岛的27个税目商品、原产于瑞士的5923个税目商品、原产于哥斯达黎加的247个税目商品、原产于秘鲁的1802个税目商品、原产于新西兰的92个税目商品实施进一步降税；增加对原产于香港、澳门特别行政区且已制定优惠原产地标准的各2个税目商品实施零关税。调整后有关协定的协定税率见附表2（一）。对原产于东盟成员国、亚太贸易协定其他成员国（孟加拉国、印度、老挝、韩国、斯里兰卡）、巴基斯坦、新加坡、智利和中国台湾地区的商品继续实施协定税率，协定税率的商品范围和税率水平维持不变；对原产于埃塞俄比亚、贝宁、布隆迪等国家的商品继续实施特惠税率，特惠税率的商品范围和税率水平维持不变。见附表2（二）。

二、出口关税税率。

降低高纯生铁等商品出口关税，对磷酸等商品不再征收出口关税。调整后征收出口关税的商品见附表3。

三、税则税目。

对部分税则税目进行调整，见附表4。调整后，2016年税目数共计8294个。

四、实施时间。

以上方案，自2016年1月1日起实施。

附表：1. 进口商品暂定税率表（摘录）

序号	EX①	税则号列	商品名称	最惠国税率（%）	2016年暂定税率（%）
694		89080000	供拆卸的船舶及其他浮动结构体	3	1

注：①“EX”表示实施暂定税率的商品应在该税号范围内，以具体商品描述为准。

2.（一）进口商品协定税率表（略）

（二）进口商品协定税率、特惠税率表（略）

3. 出口商品税率表（略）

4. 进出口税则税目调整表（略）

最高人民法院 最高人民检察院关于办理环境污染刑事案件适用法律若干问题的解释

（法释〔2013〕15号）

（2013年6月8日最高人民法院审判委员会第1581次会议、
2013年6月8日最高人民检察院第十二届检察委员会第7次会议通过）

为依法惩治有关环境污染犯罪，根据《中华人民共和国刑法》《中华人民共和国刑事诉讼法》的有关规定，现就办理此类刑事案件适用法律的若干问题解释如下：

第一条 实施刑法第三百三十八条规定的行为，具有下列情形之一的，应当认定为“严重污染环境”：

（一）在饮用水水源一级保护区、自然保护区核心区排放、倾倒、处置有放射性的废物、含传染病病原体的废物、有毒物质的；

（二）非法排放、倾倒、处置危险废物三吨以上的；

（三）非法排放含重金属、持久性有机污染物等严重危害环境、损害人体健康的污染物超过国家污染物排放标准或者省、自治区、直辖市人民政府根据法律授权制定的污染物排放标准三倍以上的；

（四）私设暗管或者利用渗井、渗坑、裂隙、溶洞等排放、倾倒、处置有放射性的废物、含传染病病原体的废物、有毒物质的；

（五）两年内曾因违反国家规定，排放、倾倒、处置有放射性的废物、含传染病病原体的废物、有毒物质受过两次以上行政处罚，又实施前列行为的；

（六）致使乡镇以上集中式饮用水水源取水中断十二小时以上的；

（七）致使基本农田、防护林地、特种用途林地五亩以上，其他农用地十亩以上，其他土地二十亩以上基本功能丧失或者遭受永久性破坏的；

（八）致使森林或者其他林木死亡五十立方米以上，或者幼树死亡二千五百株以上的；

（九）致使公私财产损失三十万元以上的；

（十）致使疏散、转移群众五千人以上的；

（十一）致使三十人以上中毒的；

（十二）致使三人以上轻伤、轻度残疾或者器官组织损伤导致一般功能障碍的；

（十三）致使一人以上重伤、中度残疾或者器官组织损伤导致严重功能障碍的；

（十四）其他严重污染环境的情形。

第二条 实施刑法第三百三十九条、第四百零八条规定的行为，具有本解释第一条第六项至第十三项规定情形之一的，应当认定为“致使公私财产遭受重大损失或者严重危害人体健康”或者“致使公私财产遭受重大损失或者造成人身伤亡的严重后果”。

第三条 实施刑法第三百三十八条、第三百三十九条规定的行为，具有下列情形之一的，应当认定为“后果特别严重”：

（一）致使县级以上城区集中式饮用水水源取水中断十二个小时以上的；

（二）致使基本农田、防护林地、特种用途林地十五亩以上，其他农用地三十亩以上，其他土地六十亩以上基本功能丧失或者遭受永久性破坏的；

（三）致使森林或者其他林木死亡一百五十立方米以上，或者幼树死亡七千五百株以上的；

（四）致使公私财产损失一百万元以上的；

（五）致使疏散、转移群众一万五千人以上的；

（六）致使一百人以上中毒的；

（七）致使十人以上轻伤、轻度残疾或者器官组织损伤导致一般功能障碍的；

（八）致使三人以上重伤、中度残疾或者器官组织损伤导致严重功能障碍的；

（九）致使一人以上重伤、中度残疾或者器官组织损伤导致严重功能障碍，并致使五人以上轻伤、轻度残疾或者器官组织损伤导致一般功能障碍的；

（十）致使一人以上死亡或者重度残疾的；

（十一）其他后果特别严重的情形。

第四条　实施刑法第三百三十八条、第三百三十九条规定的犯罪行为，具有下列情形之一的，应当酌情从重处罚：

（一）阻挠环境监督检查或者突发环境事件调查的；

（二）闲置、拆除污染防治设施或者使污染防治设施不正常运行的；

（三）在医院、学校、居民区等人口集中地区及其附近，违反国家规定排放、倾倒、处置有放射性的废物、含传染病病原体的废物、有毒物质或者其他有害物质的；

（四）在限期整改期间，违反国家规定排放、倾倒、处置有放射性的废物、含传染病病原体的废物、有毒物质或者其他有害物质的。

实施前款第一项规定的行为，构成妨害公务罪的，以污染环境罪与妨害公务罪数罪并罚。

第五条　实施刑法第三百三十八条、第三百三十九条规定的犯罪行为，但及时采取措施，防止损失扩大、消除污染，积极赔偿损失的，可以酌情从宽处罚。

第六条　单位犯刑法第三百三十八条、第三百三十九条规定之罪的，依照本解释规定的相应个人犯罪的定罪量刑标准，对直接负责的主管人员和其他直接责任人员定罪处罚，并对单位判处罚金。

第七条　行为人明知他人无经营许可证或者超出经营许可范围，向其提供或者委托其收集、贮存、利用、处置危险废物，严重污染环境的，以污染环境罪的共同犯罪论处。

第八条　违反国家规定，排放、倾倒、处置含有毒害性、放射性、传染病病原体等物质的污染物，同时构成污染环境罪、非法处置进口的固体废物罪、投放危险物质罪等犯罪的，依照处罚较重的犯罪定罪处罚。

第九条　本解释所称“公私财产损失”，包括污染环境行为直接造成财产损毁、减少的实际价值，以及为防止污染扩大、消除污染而采取必要合理措施所产生的费用。

第十条　下列物质应当认定为“有毒物质”：

（一）危险废物，包括列入国家危险废物名录的废物，以及根据国家规定的危险废物鉴别标准和鉴别方法认定的具有危险特性的废物；

（二）剧毒化学品、列入重点环境管理危险化学品名录的化学品，以及含有上述化学品的物质；

（三）含有铅、汞、镉、铬等重金属的物质；

（四）《关于持久性有机污染物的斯德哥尔摩公约》附件所列物质；

（五）其他具有毒性，可能污染环境的物质。

第十一条　对案件所涉的环境污染专门性问题难以确定的，由司法鉴定机构出具鉴定意见，或者由国务院环境保护部门指定的机构出具检验报告。

县级以上环境保护部门及其所属监测机构出具的监测数据，经省级以上环境保护部门认可的，可以作为证据使用。

第十二条　本解释发布实施后，《最高人民法院关于审理环境污染刑事案件具体应用法律若干问题的解释》（法释〔2006〕4号）同时废止；之前发布的司法解释和规范性文件与本解释不一致的，以本解释为准。

财政部　国家税务总局《关于全国实施增值税转型改革若干意见的通知》

（财税〔2008〕170 号）

各省、自治区、直辖市、计划单列市财政厅（局）、国家税务局，新疆生产建设兵团财务局：

为推进增值税制度完善，促进国民经济平稳较快发展，国务院决定，自 2009 年 1 月 1 日起，在全国实施增值税转型改革。为保证改革实施到位，现将有关问题通知如下：

一、自 2009 年 1 月 1 日起，增值税一般纳税人（以下简称纳税人）购进（包括接受捐赠、实物投资，下同）或者自制（包括改扩建、安装，下同）固定资产发生的进项税额（以下简称固定资产进项税额），可根据《中华人民共和国增值税暂行条例》（国务院令第 538 号，以下简称条例）和《中华人民共和国增值税暂行条例实施细则》（财政部　国家税务总局令第 50 号，以下简称细则）的有关规定，凭增值税专用发票、海关进口增值税专用缴款书和运输费用结算单据（以下简称增值税扣税凭证）从销项税额中抵扣，其进项税额应当记入“应交税金——应交增值税（进项税额）”科目。

二、纳税人允许抵扣的固定资产进项税额，是指纳税人 2009 年 1 月 1 日以后（含 1 月 1 日，下同）实际发生，并取得 2009 年 1 月 1 日以后开具的增值税扣税凭证上注明的或者依据增值税扣税凭证计算的增值税税额。

三、东北老工业基地、中部六省老工业基地城市、内蒙古自治区东部地区已纳入扩大增值税抵扣范围试点的纳税人，2009 年 1 月 1 日以后发生的固定资产进项税额，不再采取退税方式，其 2008 年 12 月 31 日以前（含 12 月 31 日，下同）发生的待抵扣固定资产进项税额期末余额，应于 2009 年 1 月一次性转入“应交税金——应交增值税（进项税额）”科目。

四、自 2009 年 1 月 1 日起，纳税人销售自己使用过的固定资产（以下简称已使用过的固定资产），应区分不同情形征收增值税：

（一）销售自己使用过的 2009 年 1 月 1 日以后购进或者自制的固定资产，按照适用税率征收增值税；

（二）2008 年 12 月 31 日以前未纳入扩大增值税抵扣范围试点的纳税人，销售自己使用过的 2008 年 12 月 31 日以前购进或者自制的固定资产，按照 4% 征收率减半征收增值税；

（三）2008 年 12 月 31 日以前已纳入扩大增值税抵扣范围试点的纳税人，销售自己使用过的在本地区扩大增值税抵扣范围试点以前购进或者自制的固定资产，按照 4% 征收率减半征收增值税；销售自己使用过的在本地区扩大增值税抵扣范围试点以后购进或者自制的固定资产，按照适用税率征收增值税。

本通知所称已使用过的固定资产，是指纳税人根据财务会计制度已经计提折旧的固定资产。

五、纳税人已抵扣进项税额的固定资产发生条例第十条（一）至（三）项所列情形的，应在当月按下列公式计算不得抵扣的进项税额：

不得抵扣的进项税额＝固定资产净值×适用税率

本通知所称固定资产净值，是指纳税人按照财务会计制度计提折旧后计算的固定资产净值。

六、纳税人发生细则第四条规定固定资产视同销售行为，对已使用过的固定资产无法确定销售额的，以固定资产净值为销售额。

七、自2009年1月1日起，进口设备增值税免税政策和外商投资企业采购国产设备增值税退税政策停止执行。具体办法，财政部、国家税务总局另行发文明确。

八、本通知自2009年1月1日起执行。《财政部　国家税务总局关于印发〈东北地区扩大增值税抵扣范围若干问题的规定〉的通知》（财税〔2004〕156号）、《财政部　国家税务总局关于印发〈2004年东北地区扩大增值税抵扣范围暂行办法〉的通知》（财税〔2004〕168号）、《财政部　国家税务总局关于进一步落实东北地区扩大增值税抵扣范围政策的紧急通知》（财税〔2004〕226号）、《财政部　国家税务总局关于东北地区军品和高新技术产品生产企业实施扩大增值税抵扣范围有关问题的通知》（财税〔2004〕227号）、《国家税务总局关于开展扩大增值税抵扣范围企业认定工作的通知》（国税函〔2004〕143号）、《财政部　国家税务总局关于2005年东北地区扩大增值税抵扣范围有关问题的通知》（财税〔2005〕28号）、《财政部　国家税务总局关于2005年东北地区扩大增值税抵扣范围固定资产进项税额退税问题的通知》（财税〔2005〕176号）、《财政部　国家税务总局关于东北地区军品和高新技术产品生产企业实施扩大增值税抵扣范围有关问题的通知》（财税〔2006〕15号）、《财政部　国家税务总局关于2006年东北地区固定资产进项税额退税问题的通知》（财税〔2006〕156号）、《财政部　国家税务总局关于印发〈中部地区扩大增值税抵扣范围暂行办法〉的通知》（财税〔2007〕75号）、《财政部　国家税务总局关于扩大增值税抵扣范围地区2007年固定资产抵扣（退税）有关问题的补充通知》（财税〔2007〕128号）、《国家税务总局关于印发〈扩大增值税抵扣范围暂行管理办法〉的通知》（国税发〔2007〕62号）、《财政部　国家税务总局关于印发〈内蒙古东部地区扩大增值税抵扣范围暂行办法〉的通知》（财税〔2008〕94号）、《财政部　国家税务总局关于印发〈汶川地震受灾严重地区扩大增值税抵扣范围暂行办法〉的通知》（财税〔2008〕108号）、《财政部　国家税务总局关于2008年东北中部和蒙东地区扩大增值税抵扣范围固定资产进项税额退税问题的通知》（财税〔2008〕141号）同时废止。

国家统计局《拆船行业统计报表制度》（2015 年版）

（节录自国家统计局国统制〔2015〕91 号文件）

经审核，批准你会执行《拆船行业统计报表制度》，有效期 2 年。有效期届满需要继续执行或在有效期内进行重大修订时，须重新办理审批手续。

请将正式文件及统计制度报我局统计设计管理司 2 份，并将调查所取得的有关资料及时提供我局贸易外经统计司、城市社会经济调查司。

相关数据发布应遵照国务院有关规定执行。

国家统计局

2015 年 10 月 15 日

拆船行业统计报表制度

（中国物流与采购联合会制定

中华人民共和国国家统计局批准

2015 年 10 月）

本报表制度根据《中华人民共和国统计法》的有关规定制定。

《中华人民共和国统计法》第七条规定：国家机关、企业事业单位和其他组织以及个体工商户和个人等统计调查对象，必须依照本法和国家有关规定，真实、准确、完整、及时地提供统计调查所需的资料，不得提供不真实或者不完整的统计资料，不得迟报、拒报统计资料。

《中华人民共和国统计法》第九条规定：统计机构和统计人员对在统计工作中知悉的国家秘密、商业秘密和个人信息，应当予以保密。

一、总说明

（一）为了解我国拆船行业的基本情况和经营状况，及时监测、分析拆船资源回收利用的发展变化及运行趋势，更好地发挥统计的信息、咨询与监督作用，促进拆船业更好、更快地发展，依照《中华人民共和国统计法》的有关规定，特制定《拆船行业统计报表制度》。

本制度是行业统计调查制度，由中国物流与采购联合会制定，并经国家统计局审查批准。根据国家统计局等部委联合签发的“国经贸产业〔2001〕128 号”文件精神，授予中国物流与采购联合会行业统计职能，中国拆船协会（中国物流与采购联合会代管协会）负责本制度报表数据的搜集、整理、审核、汇总和分析，并将结果报送国家统计局，并抄送中国物流与采购联合会。

（二）考虑到拆船行业统计调查对象的多样性和不稳定性，行业统计调查方法以重点调查为主。重点企业由中国拆船协会推荐，经上级有关部门审核确定。本制度统计调查对象：1. 具有独立法人资格、从事废旧船舶拆解回收经营活动的各种经济类型的资格认定企业；2. 获得国家资格认定的废旧船舶拆解回收企业；3. 中国拆船协会会员单位。

（三）本制度调查的主要统计内容包括：采购各类废船的艘数及轻吨位，废船拆解各类物资的进、销、存吨位，企业拆船业务的累计（当年初至报告期）总产值、销售收入、利润总额、安全环保支出及税费支出，企业从业人员、设备、设施情况等。

（四）为确保统计工作时效性，采用电子邮件和传真形式传送报表。受表单位：中国物流与采购联合会，受托单位：中国拆船协会，联系人：管建军，地址：北京市西城区月坛北街 25 号，邮编：100834，联系电话：010 －68391762，传真：010 －68521716，报表邮箱：tjb@ cnsa. com. cn。报表样式可从 http：//www. cnsa. com. cn/news. php？ id =439 下载。填表要求数据及时、准确、完整，不留空项，并加盖单位公章。

（五）统计报表主要数据于每季度后 25 日及年后 3 月 25 日，以季报方式通过中国拆船协会官方网站公布。

（六）废旧船舶拆解回收经营统计调查结果除报送国家统计局、商务部、财政部外，并向调查对象企业提供纸质版统计结果。

二、报表目录

表号	表名	报告期别	填报范围	报送单位	报送时间日期及方式	页码
物联统表（4）—1	废旧船舶拆解回收经营统计报表	季报	行业内获得国家资格认定的废旧船舶拆解回收法人企业	废旧船舶拆解回收重点企业	季报为季后 20 日。年报时季报代年报，上报时间为年后 2 月 28 日前。报送方式为电子邮件和传真	3

三、调查表式

废旧船舶拆解回收经营统计报表

表　　号：物联统表（4）—1
制表机关：中国物流与采购联合会
批准机关：国家统计局
批准文号：国统制〔2015〕91 号
有效期至：2017 年 10 月

单位名称：　　　　201　年　第　　季

指标名称	计量单位	代码	采购量	
			本季度	累计
甲	乙	丙	1	2
废旧船舶采购合计	艘	01		
	万轻吨	02		
进口：1. 散货船	艘	03		
	万轻吨	04		
2. 油船	艘	05		
	万轻吨	06		
3. 集装箱船	艘	07		
	万轻吨	08		
4. 其他船型	艘	09		
	万轻吨	10		
国内：1. 散货船	艘	11		
	万轻吨	12		
2. 油船	艘	13		
	万轻吨	14		
3. 集装箱船	艘	15		
	万轻吨	16		
4. 其他船型	艘	17		
	万轻吨	18		

续表一

指标名称	计量单位	代码	年初库存	拆解量		销售量		期末库存
				本季度	累计	本季度	累计	
甲	乙	丙	3	4	5	6	7	8
拆解物资合计	吨	19						
废船板	吨	20						
废钢	吨	21						
废有色	吨	22						
其他	吨	23						

续表二

指标名称	计量单位	代码	数量
甲	乙	丙	9
一、企业拆船业务数据：	—	—	—
1. 累计工业总产值	万元	24	
2. 累计销售收入	万元	25	
3. 累计利润总额	万元	26	
4. 累计安全环保支出	万元	27	
5. 累计缴纳税款及有关费用	万元	28	
二、企业相关资料：	—	—	—
1. 从业人员年平均数	人	29	
2. 拆解外包	人	30	
3. 拆船浮吊	台	31	
4. 其他起重设备	台	32	
5. 运输车辆	辆	33	
6. 剪板机	台	34	
7. 油污水处理设备	套	35	
8. 焚烧炉	座	36	
9. 围油栏	米	37	
10. 氟利昂回收设备	套	38	
11. 企业其他经营项目名称：（1）		（2）	

单位负责人： 填报人： 联系电话： 填报日期：201 年 月 日

填表说明：1. 本表1至3季度报送时间为季后20日前，4季度表代年报，报送时间为年后2月28日前。

2. 表中“万轻吨、万元和吨”的数值，保留小数点后两位。

3. 本表中的“累计”泛指从第一季度到本季度的累计。

4. 本表中各栏目对应关系：01 = 03 + 05 + 07 + 09 + 11 + 13 + 15 + 17，02 = 04 + 06 + 08 + 10 + 12 + 14 + 16 + 18；8 = 3 + 5 − 7，19 = 20 + 21 + 22 + 23。

5. 本表中“—”处，免填。

6. “企业相关资料”内容，在当年4季报时填写。

四、主要指标解释

1. 单位名称：按工商等登记主管机关登记的名称填写。填写时要求与单位公章所使用的名称完全一致。凡经登记主管机关核准或批准，具有两个或两个以上名称的单位，要求填写一个法人单位名称，同时用括号注明其余的单位名称。

2. 采购量：指报告期内采购各类废旧船舶（以下简称废船）的数量。

3. 年初库存：指上年度拆解废船物资尚未销售的库存数量。

4. 拆解量：指报告期内拆解废船物资的数量。

5. 销售量：指报告期内销售废船物资的数量。

6. 期末库存：指报告期末尚未销售废船物资的数量。

7. 轻吨（轻排水量吨）：指船舶不包括非金属固定压载在内的空船重量。

8. 其他船型：指除散货船（含杂货船）、油轮、集装箱船以外的各类船舶及结构浮动体。

9. 废船物资中“其他”项：指除废船板、废钢、废有色金属外的其他拆船物资。

10. 累计工业总产值（当年价格）：指企业在本报告期内生产的以货币表现的工业产品（拆解废船物资）和提供相关劳务活动的总价值量。

11. 累计销售收入：指企业在本报告期累计销售废船物资、提供相关劳务所产生的收入总额。

12. 累计利润总额：指企业在本报告期累计拆船收入扣除相关耗费后的盈余（亏损用“—”号表示）。

13. 累计安全环保支出：指企业在本报告期累计发生用于安全生产、环境保护的支出额（含绿化支出）。

14. 累计缴纳税款及有关费用：指企业在本报告期累计拆船缴纳的各项税金及有关费用，如进口关税、增值税、营业税、城建税、教育附加等税费。

15. 从业人员年平均数：指在本企业工作并取得劳动报酬的年末实有人员平均数。年平均人数＝（年初从业人员数＋年末从业人员数）÷2。

拆船业行规公约

（中国拆船协会，中拆船协字〔2012〕20号）

第一章 总则

第一条 为建立自律性管理约束机制，规范从业者行为，推动拆船行业诚信体系建设，促进拆船产业规范、科学发展，依照国家有关法律、法规，结合本行业实际，制定本公约。

第二条 公约适用于从事废旧船舶回收拆解、贸易、废旧船舶设备及零部件再制造、废旧船舶物资综合利用以及其他与拆船相关的生产设备制造、检验检测、科研教育、技术咨询与贸易服务等活动的企事业单位（以下简称拆船从业者）。

第二章 自律内容

第三条 应自觉遵守国家法律、法规及职业道德，诚信守法，立足安全环保和职业健康的管理，努力促进行业诚信体系建设，维护国家和行业发展的整体利益。

（一）依法承担安全生产、环境保护、职业安全健康等方面的社会责任，维护社会公共利益。

（二）推进循环经济发展，增强节能减排意识，提高废船资源回收利用率，开展清洁生产，减少废弃物的排放。

（三）维护职工合法权益，按照国家和当地政府规定，签订劳动合同；为职工办理养老、医疗、失业、工伤、生育保险及住房公积金等社会统筹保险；保障职工收入不低于当地最低工资标准；重视劳动保护，对相关岗位人员定期体检；开展岗位培训，持证上岗。

（四）建立健全生产流通各项规章制度，规范作业流程，推广现代化管理方式，保证生产流通质量，不损害消费者的合法权益。

（五）严格合同管理，依法订立、变更、解除合同，认真履行合同义务和权益。

（六）遵守财政税收政策和法律法规，依法按时足额纳税，不拖欠、不逃避金融债务。

（七）遵守进口废船环保规定，不倒卖或变相倒卖进口许可证，不异地拆解，不将废船物资销售给不符合环保要求的利用企业。

（八）依法诚信经营，反对使用不正当手段进行竞争。不以排挤竞争对手为目的，不蓄意抬高废船采买价格；不通过缔结垄断协议、滥用市场支配地位等方式，排除、限制其他经营者的公平竞争；不捏造、散布虚假事实，损害竞争对手的商业信誉；不以不正当手段获取竞争对手商业秘密，不违反约定或者违反权利人有关保守商业秘密的要求，披露、使用或者允许他人使用其所掌握的商业秘密。

（九）维护本行业内专业技术和管理人才的正常流动秩序，在聘用业内其他单位人员为本单位服务时，不侵犯其原单位的知识产权和商业秘密。

第四条 自觉接受社会各界的监督，共同抵制和纠正行业不正之风。

第三章　公约实施

第五条　中国拆船协会组织实施本公约，及时向拆船从业者传递有关法律、法规、政策及行业自律信息，向政府有关部门反映拆船从业者的意愿和要求，在本公约范围内对行业的重大事项进行调查研究，并提出表彰或协调处理的意见。

第六条　拆船从业者应自觉履行本公约。

第七条　拆船从业者之间发生争议时，应以协商的方式解决。协商不成时，双方可以提请中国拆船协会调解。

第八条　拆船从业者违反本公约的，任何单位和个人均有权及时向中国拆船协会举报。

第九条　拆船从业者有权对执行本公约的公正性进行监督，有权向相关部门检举违反本公约的行为。

第十条　对遵守国家政策法规和本公约的模范拆船从业者，可以以不同形式给予公开宣传或表彰；对违反本公约，造成不良影响，经查证属实的，可根据有关规定给予批评警示、限期改正、内部通报、公开通报等处分，并记录企业不良信用信息。

第四章　附则

第十一条　本公约经中国拆船协会理事会审议通过后，报民政部、国务院国有资产监督管理委员会备案，并向社会公布。

第十二条　本公约由中国拆船协会秘书处负责解释。自 2013 年 1 月 1 日起施行。

2012 年 12 月 20 日

拆船业废船贸易及市场秩序自律公约

（中国拆船协会，中拆船协字〔2009〕12号）

为更好地适应国际、国内废旧船舶市场变化，鼓励拆船企业开展公平竞争，加强安全环保管理，规范贸易行为和市场竞争秩序，维护拆船企业利益，建立自律性行业约束机制，推进中国拆船企业责任体系建设，根据国家有关法律、法规，结合拆船业实际制定本自律公约。

一、自律内容。

自觉遵守国家法律、法规及职业道德，遵守废船贸易规则和拆解规定，履行中国拆船业自律义务：

1. 鼓励有序竞争，禁止哄抬废船价格。坚决杜绝不正当竞争行为，维护市场公平竞争秩序。

2. 进口废船应按规定程序申办许可证和代理进口，不得在没有取得进口废船许可证的情况下，私自进口废船。更不可变相倒卖。

3. 不应以任何方式将有效资源和场地、设施等，提供给没有资质的拆解点（自然人或法人），从事船舶拆解活动。

4. 守信用、讲信誉，要按照《合同法》签订合同，合同一经签订必须严格履行，不得随意变更。

5. 按照《绿色拆船通用规范》要求，不断完善安全环保设施，实践绿色拆船。

二、公约的执行与监督。

1. 企业之间对采买废船发生争议时，应本着互谅互让原则，以协商方式解决；协商不成时，可提请公约监督机构进行调解。

2. 中国拆船协会是本公约监督机构。根据需要，在北方（黑、辽、津、鲁等）、东方（苏、浙、闽、徽）、南方（粤）三大地区设立市场信息交流和价格协调小组（非常设机构）。及时对相应地区市场状况、价格信息进行分析和研究，协调解决有关争议。

3. 企业违反本公约的，任何企业和个人均有权及时向公约监督机构进行举报，要求进行调查，公约监督机构也可以直接展开调查。企业有权对公约监督机构执行本公约的公正性进行监督，有权向相关部门检举公约监督机构或其工作人员违反本公约的行为。

4. 为保证本公约的有效实施，公约监督机构定期或不定期进行公约执行情况的检查、评价及总结。对违反本公约，造成不良影响，经查证属实的企业，可视其违反情况，采取批评警示、行业通报、记入企业不良诚信信息库、社会公开通报，或向国家行政执法机关报告，依法查处。

5. 中国拆船协会负责本公约的实施与监督。在本公约范围内对废船贸易、流向及秩序进行调研，及时将自律情况向政府有关部门报告，同时反映拆船企业意愿和诉求。

三、附则。

1. 拆船企业间要加强市场供需情况和价格信息的沟通和交流，正确分析市场变化，加强价格信息调研。要认真落实《反垄断法》和《价格法》，不得损害消费者利益。

2. 拆船企业内部要建立价格管理制度和价格管理机构，包括建立及时、准确的市场价格信息收集和分析系统，以及科学、有效的定价机制和决策管理系统，减少价格确定的随意性和盲目性。

3. 加强市场开拓和销售渠道建设，建立稳定的废船物资销售渠道和网络。不断提高物资的直接循环利用率，增加企业效益。

4. 中国拆船协会每年适时召开地区市场信息交流和价格协调小组会议，协调地区小组工作。在市场出现较大波动和国家政策发生重大调整时，要及时通报有关情况，研究行业经济运行的重大问题，制定稳定市场的措施。

5. 本自律公约经中国拆船协会第三届第五次理事会讨论通过，国内拆船企业遵照执行。

6. 本自律公约由中国拆船协会负责解释。

2009 年 5 月 25 日

关于废船进口环节若干行为规范指引

（中国拆船协会，中拆船协字〔2013〕30号）

为了进一步指导、规范进口废船相关环节的若干行为，便于废船交易和拆解活动依法进行，根据海关总署、环境保护部和交通运输部等有关规定，结合拆船行业、企业的实际情况，特作以下指引。

一、进口废船的许可申请。

按照环境保护部〔2010〕第69号公告中的《进口废船环境保护管理规定（试行）》和〔2011〕第23号公告《进口可用作原料的固体废物环境保护管理规定》的内容和要求，由企业按规定程序申请。经审批获得许可的企业，在核准的数额和有效期内，从事进口废船的购进和拆解活动。当年核准数额不足或超过有效期的，应重新申请增加核准数额。

二、进口废船的完税价格。

根据海关总署的有关规定，废船成交后，必须按合同约定的价格，足额缴纳关税和增值税，各企业应严格执行按海关的完税价格规定办理报关事项。同时，企业特别要注意完税价格包括且不限于：在废船进口通关前所发生的代理费、拖船费、封舱费等一切由此产生并支付的相关费用，无论是以何种货币支付的，均应向当地海关申报纳税。

三、进口废船剩余燃料油量的控制。

按照《海关总署关于进口供拆解用废船的油箱剩余燃料油、船上机电设备及设施、物品税收和管理问题的通知》（署税函〔2002〕324号）文件通知执行。鉴于按现行燃料油进口管理规定，企业在进口废船时，应严格控制剩余燃料油量，即，从国外航行至我国口岸的废船，船上油箱内剩余自用燃料油不得超过油箱容量30%（含），从港澳和台湾地区航行至内地口岸的废船，船上油箱内剩余自用燃料油的不得超过油箱容量5%（含）。超出部分由售卖废船的船东自行处理。

四、废船进口环节其他应注意的问题。

1. 废船保险费。凡是废船购买合同约定为CIF的，废船保险费均由船东支付，无需申报纳税。为避免纳税歧义，拆船企业在签订CIF合同时，请务将保险费明确表述在合同内。由企业支付废船保险费的，需向海关申报纳税。

2. 废船购进价格。企业须按合同约定的购船价格申报纳税。瞒报或故意低价申报纳税的，属违法行为。对一些确属因废船老旧程度或质量较差（轻）等原因，购船价格低于海关某个时期货物进口指导价格的，企业应当向海关说明情况（需要时，亦可函告协会协办），取得同意后，按合同约定价格申报纳税。

3. 剩余燃料油等货物和物品。现在使用中的废船交易格式合同，是已将海关总署署税函〔2002〕324号文件第一条之规定的货物和物品，包含在废船总价内。因此，若企业如对这些货物和物品（无论以何种方式）另行约定计价，或签署合同的。均必须向海关申报纳税。

4. 废船进口放行。凡是按规定报关纳税后，方可取得海关的“废船进口放行单”。考虑到缩短拆解周期、规避经营风险以及减少财务成本支出等，企业可向海关说明情况，尽早获准放行。

5. 进口许可证。企业经批准取得的进口废船许可证明，仅限本企业买船、拆解使用。转让、倒卖或变相倒卖进口许可证属违法行为。

6. 废船拆解。企业购得进口废船必须在海关等部门监管下予以完全拆解。不得在本企业以外的拆船场地拆解，不得作为二手船或改、拼装船再使用或买卖。拆解后的部分废船船体或设备、设施作为本企业直接使用的，需报经政府主管部门批准。

7. 进口废船环保要求。进口的废船舶必须符合 GB 16487. 11—2005 环境保护控制标准，企业应当以环境无害化方式对进口废船进行拆解利用。

五、各拆船企业应自觉学习贯彻执行国家有关法律法规，遵循《拆船业行规公约》，做好安全生产、环境保护强化管理和依法经营。

六、本指引非司法解释，仅供企业从事废船交易和拆解活动时参考。如与国家法律法规及解释不一致的，均遵法依规执行。工作中有何建议或遇有其他问题，请及时告知协会秘书处。

2013 年 12 月 10 日

《中国拆船协会拆解废船买卖标准合同》

（2015 年版，中英文）

编制说明

为贯彻国务院“规范发展拆船业，实行定点拆解”的指示精神，落实《拆船业“十二五”发展规划》，中国拆船协会会同中国海事仲裁委员会，依据国内有关法律法规和国际公约，结合相关仲裁案例和企业废船买卖实践，联合组织编制了《中国拆船协会拆解废船买卖标准合同》。

中国是世界上的主要拆船国家。三十余年来，中国的拆船企业与国内外航运企业或船东、船经纪或现金买家有着良好的废船买卖、拆解的贸易往来和技术交流合作，特别是中国拆船业所倡导的绿色拆船，得到越来越多的船业企业或国际社会的关注和认可。遗憾的是，国内拆船企业在废船买卖交易、绿色拆解活动中，一直缺有自己的标准格式合同文本。

应国内拆船企业的要求，本着符合国际规则和中国法律，引导国内外废旧船舶绿色交易、拆解行为，践行绿色拆船，以及严谨、缜密、全面、平等和合理原则，充分考虑合同在拆解废船买卖实务中施行的可操作性，最大限度地规避废船买卖纠纷或风险，切实保护买卖双方的合法权益，我们向全社会正式推出《中国拆船协会拆解废船买卖标准合同》，欢迎广大拆船企业、国内外航运公司或船东、船经纪或现金买家选用。

在此，对中国海事仲裁委员会的领导和专家学者、最高人民法院民四庭和有关高等院校的专家，以及深圳市粤航进出口有限公司、江阴市夏港长江拆船厂、天津天马拆船工程有限公司、大连船舶重工集团船务工程有限公司、江苏苏恒海洋工程装备有限公司、浙江宏鹰拆船有限公司、北京中环绿舟科贸发展有限责任公司、江门市中新拆船钢铁有限公司和江门市银湖拆船有限公司等单位及有关同志，为编写、编审所作出的贡献，致以深深的谢意！

编制《中国拆船协会拆解废船买卖标准合同》是一项崭新而又富有创新性的工作，由于编制工作的组织者以及编写（审）人员的局限性，在其试行期间，如有不妥之处或修改意见，敬请不吝指教和批评指正。

中国拆船协会拆解废船买卖标准合同

合同代码：CNSA FORM－01

合同编号：01

下列定义适用于本合同。

“船舶”：系指任何类型的船舶，包括潜水器、浮动艇筏、浮动平台、自生式平台、浮式存储装置以及浮式生产、存储和卸载装置，也包括被拆除设备的船舶或被拖船舶。

“废船”：可供拆解的船舶及其他浮动金属结构体。

“银行工作日”：本合同指定的卖方银行和买方银行及中间行都正常营业的日期和时间。

“有关管理部门”：指由当事国指定的，在特定地理范围或技术领域内承担船籍管理、废船进口许可、检验等与本合同项下交易相关职责的一个或多个政府部门。

“有害物质清单”：简称IHM，是指船舶结构和设备中的有害物质、操作产生的废料和物料三个方面的有害物质一览表（如在国际海事组织IMO2011 MEPC. 197. 62附录1中有害物质清单导则和其他一系列修订本中所做的定义），清单还包含这些物质的分布和重量。

“拆船设施计划”：简称SRFP，是拆船厂实施安全无害环境拆船的技术、操作和管理计划（见国际海事组织相关导则）。

“拆船设施”：指在某一特定的区域内，按照安全环保的要求进行设计、管理、运营并通过环保、海事和工商等相关管理部门批准进行拆船工作的拆船场地和设施。

“拆船计划”：简称SRP，是一项无害环境拆船技术和操作计划，且其中包含有害物质清单里列出的不同种类和数量的有害物质的处理方案（见国际海事组织相关导则）。

“拆解完毕确认书”：拆船厂提供的拆解完毕确认书。

“拆解监理”：由双方协商或卖方委托第三方机构或专业人员现场监理拆船的整个活动。

“轻吨”：指废船不包括非金属固定压载在内的空船重量，以长吨为其计量单位，以船舶稳性计算书的数据为准（对于某些有固体压载的船，要注意压载的材质。水泥等非金属须扣除）。

轻吨以长吨为其计量单位，1长吨＝1. 01605公吨。

“文件交接”：按船籍国法律规定的有关证书，其中包括但不限于国籍证书、登记检验证书、所有权证书、无债务证明、船舶查验证书、船舶建造/改装图纸、丈量证书及后续的注销证书等文件交接。

“备交通知书”：废船到达交船港并做好交船准备后，卖方或其代理以书面形式通知买方准备交船；买方收到卖方的备交通知后，组织人员对标的船进行检验；经买方确认后，双方在备交通知书上共同签字的书面文件。

“实船交接”：卖方收到买方支付的全额船款后，向船长或卖方代理发出交船通知，双方代表在废船交接文件上签字，卖方向买方实际移交船舶产权及其风险的过程。

“解约日期”：合同约定的交船日期的最后一天即为解约日起算日期。

“影印件”：复印件、照片、传真件、彩色扫描件、邮件等。

“书面形式”：书面形式是指合同书、信件和数据电文（包括电报、电传、传真、电子数据交换和电子邮件）等可以有形地表现所载内容的形式。

卖方	**买方**
全称：	全称：
法定代表人：	法定代表人：
地址：	地址：
邮编：	邮编：
电话：	电话：
传真：	传真：
电子邮箱：	电子邮箱：

本合同由买卖双方在平等自愿的基础上，经协商一致，共同签订。买方同意以废船（以下称标的船）购买，用于拆解；卖方同意其拥有所有权的标的船，以拆解为唯一目的，出售给买方并就具体条款达成如下协议：

1. 确认买卖双方

1.1 确认卖方

在签订合同以前，卖方应向买方出示以下文件，并在合同签订后买方支付预付款前，将这些文件交予买方：

（a）公司注册证明文件；

（b）船舶所有权登记证书、船舶国籍证书；

（c）指定卖方代表或代理的授权委托书，声明其对标的船拥有所有权和处置权，并授权其实船交接并签署标的船交接书或其他相关的文件；

（d）根据卖方公司章程的规定由其股东会或董事会做出的同意出售标的船的决议；或卖方拥有标的船所有权人做出关于出售标的船的决议。若出售的标的船涉及国有资产，应当按照国有资产转让的相关规定取得相关的批准文件。

1.2 确认买方

在签订合同前，买方应向卖方出示以下文件，并在合同签订后交船前，将这些文件交予卖方：

（a）公司注册证明文件；

（b）指定买方代表或代理的授权委托书，授权其实船交接，签署标的船交接书或其他相关文件。

2. 确认标的船

2.1 船舶概况

船名

曾用名

船旗（船籍国）

船籍港

船级

船舶呼号

船级号码

国际海事组织（IMO）号码

船籍国注册号

国际海事卫星通信号码

建造完工时间

建造者

船舶类型

总长

两柱间长（垂线间长）

型宽、型深

总吨/净吨/载重吨

空载/满载最大吃水（方型系数）

轻吨/长吨/公吨

扣除重量

合同重量（轻吨重量－扣除重量）

船舶主/辅机型号、燃油规格、油耗与台数

工作桨（重量/数量/材质/型式）

备用桨（重量/数量/材质/型式）

备用艉轴

备用锚（重量/数量）

船吊（类型/起重能力/数量）

有无改装（时间/船厂/内容）

有无移除

永久性压载物/数量

单船壳/双船壳

重大毁损事故情况

2.2 移走物品清单及除外物品

移走物品清单

除外物品：

(a) 船长和船员的私人物品；

(b) 办理船舶注销证书所需的文件和证书；

(c) 餐用器皿、刀具、餐巾；

(d) 航海日志、技术文件、计划书和手册、公司简介、信函、文具、图书馆内的书籍等。

自合同签订之日起，除移走物品清单所记载的设备和物品及除外物品外，卖方无权移走或替换船上的任何其他设备和物品。

交船时，除移走物品清单内记载的设备和物品及除外物品外，卖方应将标的船及船上所有设备和物品一并交予买方并附带其清单。

2.3 保证标的船在交船时轻吨数据与本合同相符

卖方在交船时需提供能够证明标的船轻吨的原始稳性计算书或舱容图及其他可以接受的能证明标的船轻吨数据的证明文件。如果标的船有非金属永久固定压载，或有设备、设施、部件的拆除，或其他任何影响原有轻吨的情况，应根据市场实际价格在合同总价中扣除。

2.4 保证标的船合法

卖方保证标的船符合拆船厂所在地有关法律、行政法规之规定。如违反本条规定导致本合同解除而给买方造成的任何损失、损害和责任，均由卖方向买方给予赔偿。

2.5 标的船的有害物质清单与拆解监理（可选项）

2.5.1 双方同意按照《2009 年香港国际安全与无害环境拆船公约》，或通过监理方式实施拆解的标的船，卖方应在本合同签订之日起____日内向买方提供标的船有害物质清单或其指定的第三方监理人员的名单。

2.5.2 买方同意：

（a）依据卖方所提供的有害物质清单等，编制并获得卖方认可的拆船计划；

（b）提供一份拆船设施计划或一份拆船厂有拆船设施计划的证明；

（c）如卖方要求，可提供第三方监理人员驻厂的必要工作场所；

（d）标的船拆解完毕后____周内向卖方提供拆解完毕确认书；

（e）标的船拆解将按照拆船设施计划和拆船计划执行。

2.5.3 如需在交船后甄别编制标的船有害物质清单，由此产生的费用由卖方承担。

2.5.4 标的船有害物质的去除或处置，由买方负责。

2.5.5 标的船交接前，卖方应向买方提供第三方监理人员名单和工作计划，以便买方及时落实相关事宜。第三方监理人员的一切费用均由卖方承担。

3. 价格

价格指卖方在买方拆船厂码头/锚地交船的价格。

（a）单价：

单价为____元整（美元/人民币）/轻吨。

（b）总价：

总价按合同重量（轻吨）乘以单价计算，本船总价为____元整（美元/人民币）。

4. 付款

4.1 银行

（a）卖方银行

名称：

地址：

账号：

银行国际代码（Swift 码）：

（b）买方银行

名称：

地址：

账号：

银行国际代码（Swift 码）：

4.2 付款期限及比例

买方应在双方签署本合同后的____个银行工作日内支付购船款的____%，即____元整（美元/人民币）到卖方指定的银行账户，作为购船的定金。

卖方在合同规定的解约日期前，将标的船行驶至合同规定的交船地，双方共同签字确认备交通知书，交换并签字本合同条款6中所规定的正本文件后的____个银行工作日内，买方将购船款的余款支付到卖方指定的银行账户，并将银行水单复印件以传真或电子邮件的方式发给卖方。

电汇购船款的银行手续费由卖方承担。

卖方需在收到全额船款后的____小时内指示代理或船长将标的船在约定的交船地点移交给买方指定人员。

因银行原因造成付款延误，不影响本合同效力。

4.3 付款方式

经双方一致同意，选择以下付款方式：

(a) 电汇付款。

买方必须在本合同条款4.2中规定的付款期限内将双方约定的定金和余款，以电汇方式汇至合同指定的卖方银行账户。

(b) 其他方式银行付款：____。

5. 交船

5.1 交船地

交船地港口及安全泊位名称：____。

交船地港口的安全泊位经纬度：东经：____北纬：____。

5.2 交船日期

交船日期：____年____月____日至____年____月____日，具体日期由双方商定。

5.3 解约期和解约权

因卖方原因在____年____月____日未能交船，买方可选择解除本合同或者选择延期交船。如选择延期交船，具体日期由双方商定。

5.4 交船时标的船的船况

标的船应按照本合同条款2约定的状况交船，且标的船应符合完整、空载，并能够安全地漂浮于合同指定的交船地点，船上压载水调至合理范围的条件。

标的船的状况和条件在合同规定的解约日期没有达到合同的要求，则买方有权选择解除本合同或者继续履行本合同。

如买方选择取消本合同，卖方应于收到买方书面通知后的____个银行工作日内返还定金；如买方选择接受延期履行本合同，卖方应支付买方因此而产生的费用和损失，计算方式为每推迟5天按合同总价的1%支付，少于5天按5天计算。

5.5 安全与卫生管理

在交船时，标的船应符合交船地有关管理废船的法律或行政法规之规定。如交船地管理部门要求对标的船采取洗舱或测爆等措施，卖方应负责安排并承担相关的费用，并向买方提交相关的合格证明。

5.6 无随船债务

卖方保证交船时不存在涉及标的船的未竟租约、抵押、船舶优先权、海事留置权、拖欠的税费或工资以及其他任何未清偿的债务或索赔。由于交船之前的原因而产生的针对标的船的任何索赔，均由卖方负责，因此而给买方造成的任何损失、损害和责任，均由卖方向买方给予赔偿。

5.7 标的船上剩余物资的处理

除买卖双方另有约定外，在交船时标的船上剩余的燃料、润滑油、仓储以及已用完或已使用的备件（包括备用艉轴和备用桨、被替换的设备或零件），尚未使用的备件、储藏品、物料、设备及备用设备，均为买方财产，应随标的船交付给买方，且无须买方支付任何额外的费用。

卖方保证，在交船时标的船上至少存有足以供标的船使用3天的主机用油和足以供标的船使用7天的辅机用油，其余的剩余油量不得超过交船地海关的规定，否则由卖方按照相关的规定自行处理。

如船上还存有其他属于海关监管的设备、生活日用品、烟、酒等一切物品，均由卖方按照相关的规定自行处理。

卖方保证，交船时标的船上未载有交船地相关的法律和行政法规规定的走私物品、违禁物品等一切禁止载有的物品，标的船上剩余的物资种类和数量不超出交船地相关的法律和行政法规规定的标准，否则买方有权拒绝接收标的船，且因此而给买方造成的任何损失、损害和责任，均由卖方向买方给予赔偿。

6. 文件交接

文件交接地：

地址：

邮编：

卖方在提交备交通知书之前____个银行工作日内，应向买方提供以下文件的影印件；在实际交船时，应向买方提供这些文件的正本：

（a）由卖方董事长签署，以买方为受益人的船舶所有权转让法律文件，声明卖方拥有标的船的全部所有权并将其转让给买方，同时标的船不存在未竟的租约、抵押、船舶优先权、海事留置权、拖欠的税费或工资以及其他任何未清偿债务。该文件应经过合法的公证或认证。

（b）普通商业发票____份（含增值税），说明标的船的购买单价和总价，并包含本合同规定的标的船概况。

（c）由标的船的船籍国有关管理部门签发的标的船所有权登记证书，证明标的船的所有权归属。

（d）由标的船船籍国有关管理部门签发的无债务证明，证明标的船不存在租约、抵押、船舶优先权、海事留置权、拖欠的税费或工资以及其他任何未清偿债务。该证明的签发日期应为卖方提交备交通知书之前____天内。

（e）卖方股东会或董事会决议，声明股东会或董事会决定或同意出售标的船给买方，该决议应由卖方股东会或董事会签署并经过合法的公证或认证。

（f）指定卖方代表或代理的授权委托书，声明其对标的船拥有所有权和处置权，授权其进行实船交接并签署标的船交接协议书或其他相关文件，该委托书应经过合法公证或认证。

（g）卖方保证书一，卖方保证标的船在交船时不存在租约、抵押、船舶优先权、海事留置权、拖欠的税费或工资以及其他任何未清偿债务。

（h）卖方保证书二，卖方保证在收到船款后____小时内，通过传真/邮件指示卖方代理或船长将标的船移交给在交船地点的买方代表或代理或其他买方指定人员。

（i）卖方保证书三，卖方保证在交船后自费在船籍国办理标的船的船籍登记注销证明和标的船的船舶所有权登记注销证明，并于____天内将前述证明的正本递交给买方。

（j）卖方董事在职证明或其他列明卖方董事的公司文件。

(k) 标的船船籍国颁发的信誉良好证明。

以上文件所使用的语言应与本合同所使用的语言一致，如卖方提交的文件语言既非中文又非英文，则应同时提供经认证的中文和英文译本。

7. 实际交船

7.1 交船预报通知

合同签订后，卖方应及时告知买方预计交船时间，并向买方递交15天、10天、7天、3天的交船预报通知和1天的交船确报通知。若卖方延迟发出上述交船预报通知，则买方有权相应顺延等量的时间接受备交通知书以及支付船款的时间。若卖方未向买方发出上述交船预报通知，则因此而给买方造成的任何损失、损害和责任，均由卖方向买方给予赔偿。

7.2 买方代表登船

在买方按照合同约定向卖方支付了购船预付款后，卖方应允许买方最多派____位代表登船，但登船时间不应早于预计交船日期前____天。

买方应向卖方出具书面保证，保证买方及其代表登船后不会干涉标的船的运营；买方代表登船的风险、责任和费用由买方承担。如买方要求对船况进行必要的了解，卖方应给予协助和解释。若由于买方代表登船后的故意或过失行为给卖方带来任何损失、损害和责任，买方应负责给予卖方赔偿。

7.3 备交通知书

当标的船符合本合同规定的交船条件，卖方应向买方提交备交通知书，除非买卖双方在合同中另有约定，否则备交通知书应在交船地的正常工作时间内提交，且需一并提交以下文件:

(a) 标的船的稳性计算书正本和舱容图正本。如果卖方不能提交上述文件的原件，该文件的影印件亦可接受，但需要经船级社原始背书、盖章和签字。

(b) 由标的船船长和船员签名并盖章的声明文件，声明船长和其他船员对卖方和标的船无任何未竟的索赔。

(c) 由卖方代表或代理在交船地提供的声明文件，声明标的船在交船时对外无应付而未付的费用。

买方应在收到上述文件后1个银行工作日内书面通知卖方接受或者不接受备交通知书，如买方未发出前述通知，则视为买方接受备交通知书。买方如不接受备交通知书，则应在前述书面通知中说明理由。买方不接受备交通知书时，卖方可做相应修正后再次提交。

7.3.1 标的船按照中国之规定，由当地口岸、海关、边防、卫检、动检、海事等有关部门联检验收。

7.3.2 标的船按照原始建造图纸、稳性计算书或合同约定的条款验收。改装船舶需经船级社提供最后一次改装图纸、稳性计算书经核准验收。

7.3.3 标的船的状况如与建造图纸或合同要求不符，或夹带国家违禁品，买方有权选择解除合同，一切损失均由卖方承担。

7.4 交船

在买方向卖方支付全额购船款后，卖方应在24小时内向买方书面确认已收到全额购船款，并以传真或邮件的方式通知卖方代理或标的船船长，在交船地向买方或其代表或代理实际交付标的船。卖方确认收到全额购船款后，双方代表即应签署标的船交接协议书，其上载明标的船交接的准确时间和地点。

标的船的所有权将于购船款全额支付之时转移至买方。

交船时，卖方应将标的船现有的船检证书、图纸或其他技术文件无偿提供给买方。若买方提出要求，卖方应将该船现有的其他技术文件交给买方。如卖方无法提供上述文件的原件，则应向买方提供影印件或允许买方复制。

7.5 交船后协助工作

在交船时，如果买方提出要求，则卖方应在一段合理的时间内安排船员留在标的船上协助买方工作，但协助天数、每日费用金额及支付方式由双方另行商定。

在卖方船员留船协助买方工作期间，卖方应保证船员的各项保险持续有效，买方应保障卖方免受任何因交船后的协助工作而造成的损失、损害和责任；但因卖方船员在协助工作中的故意或过失而给买方造成的损失、损害和责任，均由卖方向买方给予赔偿。

经合同双方商定：

(a) 所需卖方船员在船协助工作的天数为：____。

(b) 卖方船员在船协助工作期间每天费用为：____。

7.6 风险转移

除本合同另有约定外，标的船在实际交接前的一切风险、责任、费用由卖方承担；标的船在实际交接后的一切风险、责任、费用由买方承担。如果实际交接后发生的风险、责任、费用是因实际交接前的原因而产生的，则由卖方承担。

7.7 其他费用分担

标的船行驶至交船地前所有相关的费用，包括但不限于诸如船舶代理费、关税、拖轮费、引水费、熏舱费、洗舱、测爆费等费用及船员的遣返费皆由卖方承担。

实际交船前产生的费用由卖方承担，交船后产生的费用由买方承担。

8. 违约责任

8.1 免责条款

交船前，如由于地震、火灾、海啸、战争、政府征收或征用以及其他不可抗力的原因，造成标的船全损、结构全损或其他致使卖方无法履行合同，本合同自动解除，双方均无须向对方承担责任。

在上述情况下，如买方已支付全部或部分购船款，则卖方应立即退还买方已支付的购船款，但无须支付利息。

8.2 买方违约责任

8.2.1 未按约定支付定金

如买方未在合同规定的期限内支付定金（因银行原因导致付款延误的除外），则卖方有权以书面形式通知买方解除本合同，且买方需对由此而给卖方造成的可以证明的损失、损害和责任，给予卖方赔偿。

8.2.2 未按约定支付购船剩余款

如买方未按照合同的约定支付剩余的购船款，则卖方有权解除合同并没收买方已支付的定金，且买方对由此而给卖方造成的可以证明的超出定金部分的损失、损害和责任，给予卖方赔偿。如买方支付的定金金额超出了其因此给卖方造成的可以证明的损失、损害和责任，卖方在解除合同后的____个银行工作日内将超出部分的金额返还给买方。

8.3 卖方违约及其责任

8.3.1 未按合同规定交船

如果卖方未在合同规定的解约日期前做好交船准备，则买方有权以书面形式通知卖方解除本合同。卖方应在收到买方解除合同的通知后3个银行工作日内，将买方已经支付的购船款及其自付款之日起至还款之日止的按照买方首次付款之日的卖方银行贷款利率计算的利息一并返还给买方。

无论买方是否解除本合同，如果是因卖方不能免责的原因导致不能按时交船，由此给买方造成的所有可以证明的损失、损害和责任，均由卖方给予买方赔偿。

8.3.2 延误交船

如卖方无法在解约日前交船，卖方应以书面形式告知买方预计可交船的日期，并提出新解约日期建议。买方可根据合同的约定，在收到该通知后的2个银行工作日内解除本合同，或者接受卖方提出的新解约日期并通知卖方。如果买方在收到卖方通知后的2个银行工作日内未做出选择，或者买方接受卖方提出新的解约日期，则卖方所新建议的解约日期则成为新的解约日期。

买方解除或不解除本合同的决定不影响买方就因此而遭受的损失、损害或责任向卖方提出索赔的权利。

9. 标的船无法到达交船地点

若标的船由于非卖方本身的任何原因，如港口堵塞等而无法在解约日期前航行至交船地点，则买方在接到卖方的通知后，需重新指定一个易于抵达的就近安全地或安全锚地进行交船，该重新指定的交船地须经卖方事先确认。若买方在接到卖方通知后24小时之内无法指定新的交船地点，则标的船停泊等候区将被视为交船地点。

卖方根据第9条款交船视为和按照合同正常交船一样完全履行其义务。

10. 争议处理

凡因本合同引起的或与本合同有关的任何争议，均应提交中国海事仲裁委员会，按照申请仲裁时该委员会现行有效的仲裁规则进行仲裁。

仲裁裁决是终局的，对双方均有约束力。

11. 法律适用

本合同适用中华人民共和国法律。

12. 保密

买卖双方均应对本次交易及内容包括价格和其他细节等负有严格的保密义务。

13. 通知

本合同签订和执行过程中，任何由一方发给另一方的通知，均应以书面形式提出，可以通过电子邮件、传真、航空快递等方式，传送或直接送达。

14. 送达

按本合同列明的卖方和买方的地址寄送的文件，均视为有效送达。

15. 合同文本

本合同为中、英文两种版本，具有同等法律效力。在合同文字解释上若有歧义，则应以中文版本为准。买卖双方经协商后，可选用同一语言版本的合同，而与该合同有关的各种合同附录、协议、通知以及交接的文件，应使用与该合同相同的语言。如提交文件的语言既非中文又非英文，则应同时提供经认证的中文和英文译本。

本合同经买卖双方授权代表签字并加盖公章后生效，扫描后邮件签署或传真签署同样有效。合同生效后，各方需据此执行。

本合同壹式____份，双方各执____份。本合同未尽事宜，买卖双方可以通过协商并签订补充协议；补充协议与本合同具有同等法律效力。除经买卖双方或双方代表签署的书面修改外，其他任何形式对本合同的修改对买卖双方没有约束力。

卖方：　　　　　　　　　　买方：

代表：　　　　　　　　　　代表：

日期：　　　　　　　　　　日期：

CHINA NATIONAL SHIPRECYCLING ASSOCIATION STANDARD CONTRACT FOR SCRAPPING AND RECYCLING OF VESSELS

Contract Code: CNSA FORM – 01

Contract No: 01

Definitions in this contract:

"Vessel" means any type of vessels including submersibles, floating craft, floating platforms, jack – up platforms, floating storage unit (FSUs), and floating production, storage and offloading unit (FPSOs), the vessel from which the equipments have been dismantled and the vessel being towed.

"Vessel for scrapping and recycling" means the vessels and other floating metal structures for scrapping and recycling.

"Banking days" means the same working days of the banks on sides of the Sellers, the Buyers and the intermediary.

"Relevant authorities" means in the specific geographical area or technical area, the relevant department designated and authorized by the government of state concerned which is in charge of relevant business under this contract including vessels' registry, import licensing and inspection of vessels for scrapping and recycling etc.

"Inventory of Hazardous Materials" (IHM) means a list of hazardous materials including hazardous materials in the ship's structure and equipment, wastes and materials generating in the operations (for example the definition of IMO2011 MEPC. 197. 62 Appendix 1 for guideline of hazardous materials list and other series of modification), and the distribution and weight of these substances as well.

"Ship Recycling Facility Plan" (SRFP) means a implementing plan of technology, operation and management for safe environment scrapping which should apply by the shipyard during scrapping (refer to the relevant guidelines of IMO).

"Scrapping and recycling facility" means a place and facility in a particular region that is designed, managed and operated in accordance with the requirements for safety and environmental protection. The place and facility shall be approved by the relevant administrative departments such as environmental protection department, maritime safety administration and industrial and commercial authorities.

"Ship Recycling Plan" (SRP) means an harmless scrapping technology and operating plan for environmental protection. SRP includes the treatment plan for difference types and quantity of hazardous materials in the hazardous materials list (refer to the relevant guidelines of IMO).

"Confirmation for completed scrapping" means a letter confirming the scrapping has been furnished by the scrapping shipyard.

"Supervision of scrapping and recycling" means the third party or experts appointed by the Sellers or both the parties to supervise the whole process of scrapping on the spot.

"Light displacement ton" (LDT) means the pure weight of a vessel in long ton excluding any non – metallic permanent ballast. LDT shall be calculated in accordance with the vessel's trim and stability table (some non - metallic solid ballast, for example cement ect., must be deducted from LDT).

LDT measures in long ton, 1 long ton = 1.01605 metric ton.

"Delivery of Documents" means delivery of the certificates requested by the law of the vessel's flag state including but not limited to certificate of nationality, certificate of registry, registry and survey certificate, certificate of ship ownership, certificates of encumbrance, ship inspection certificate, ship construction / modification drawing, certificate of measurement and the deletion certificate ect.

"Notice of Readiness" means a notice in writing sent by the Sellers or their agent to the Buyers to inform that the vessel has arrived at the port of delivery and is ready in all respects for delivery. The Buyers shall arrange the inspection of the vessel after they received the notice. Both the parties shall sign in the Notice of Readiness after the Buyers confirmed the notice accordingly.

"Vessel transfer" means the process that the Sellers instruct the Captain to deliver the vessel to the Buyers after they receiving the full payment for the vessel, and the title of the vessel together with all the risks attached thereby shall be transferred to the Buyers, soon after the representatives of both the parties have signed the delivery documents.

"Cancelling date" means the last date of delivery in accordance with this contract.

"Photocopy" means any copy, photo, telefax, color scanning, mail, and ect.

"Written form" means a form such as a written contractual agreement, letter, electronic data text (including a telegram, telex, fax, electronic data exchange and email) that can tangibly express the contents contained therein.

Sellers	**Buyers**
Full Name of the Company:	Full Name of the Company:
Legal representative:	Legal representative:
Address:	Address:
Zip Code:	Zip Code:
Tel:	Tel:
Fax:	Fax:
Email:	Email:

This contract is signed by the Sellers and the Buyers on the basis of equality and voluntary. The Buyers agree to buy and the Sellers agree to sell the vessel for scrapping and recycling (hereinafter referred to as "the vessel") as the sole purpose and subject to the terms and conditions as the following:

1. Confirming the identities of the Sellers and the Buyers

1.1 Confirming the Sellers identity

Before signing the contract, the Sellers shall show the following documents to the Buyers. After signing the contract, the Sellers shall deliver the same documents to the Buyers, but no later than the Buyers pay the advance payment. Such documents are as follows:

(a) Document certifying company registration;

(b) Ship Ownership Registration Certificate, Certificate of Nationality of Ship;

(c) Power of attorney to designate the representative or agent of the Sellers, which declares the ownership and the right to dispose the vessel, and authorize the representative or agent to deal with the delivery of the vessel and to sign the protocol of delivery and acceptance and other documents concerned on behalf of the Sellers;

(d) The resolution made by the shareholders or the board of directors from the Sellers company consent to sell the vessel in accordance with the regulation of the articles of incorporation, or by the individual who own the vessel consent to sell the vessel. If the vessel involves state - owned asset, the consentient documents shall be obtained in light of the related regulation of transfer of state - owned assets.

1.2 Confirming the Buyers identity

Before signing the contract, the Buyers shall show the following documents to the Sellers, and after signing the contract the same documents shall be handed over to the Sellers but no later than delivery of the vessel. Such documents are as follows:

(a) Document certifying company registration;

(b) Power of attorney to designate / authorize the representatives or the agent of the Buyers to deal with the matters of physical delivery of the vessel and signing the protocol of delivery and acceptance and other relevant documents.

2. Identification the vessel

2.1 Description of the vessel:

Vessel's name

Ex name

Flag (flag state)

Port of Registry

Class

Call sign

Number of class

International Maritime Organization number

Flag state registration number

International Maritime Satellite Communication numbers

Build time

Builder

Vessel's Type

Length Overall

Length between perpendiculars (LBP)

Breadth, depth

Gross tonnage (GT) / Net ton (NT) / Deadweight ton (DWT)

Laden / ballast at maximum draft (block coefficient)

LDT / long ton / meter ton

Deduction weight

Contracts weight (LDT - Deduction weight)

Type of M/E and A/E, fuel specifications, fuel consumption figures and the number of units

Working propeller (weight / quantity / material / type)

Spare propeller (weight / quantity / material / type)

Spare tail shaft

Spare anchor (weight / quantity)

Vessel's crane (type / lifting capacity / quantity)

Conversion (time / shipyard / content)

Remove item

Permanent ballast / quantity

Single hull / double hull

Major damage record

2. 2 List of removable items and excluding items

List of removable items.

List of excluding items:

(a) Personal belongings of Captain and crew members;

(b) Documents and certificates requested by the application for deletion certificate;

(c) Tablewares, cutlery, napkins;

(d) Logbooks, technical documents, plans and manuals, company profiles, correspondence, stationery, books in the vessel's library.

Since the date of signing the contract, the Sellers can not remove or replace all the matters including any equipments and supplies on board the vessel except the excluding items mentioned above.

At the time of delivery the vessel, the Sellers shall deliver to the Buyers the vessel with all the equipments and supplies on board together with an attached inventory list which itemises all the items thereof, except the excluding items noted in the list of removable items.

2. 3 The LDT of the vessel on delivery must be consistent with the description of the contract

At the time of delivery, the Sellers shall furnish the original trim and stability booklet or capacity plan or other documents evidencing the data of LDT of the vessel.

The deduction shall be made according to the market price of such removed items from the contract price accordingly in case of the vessel has non – metallic solid permanent ballasts or removed equipments, facilities, parts, as well as any other material which may affect the caculation of LDT.

2. 4 The Sellers guarantee the legality of the vessel

The Sellers guarantee that the vessel is compliant with relevant local laws and dministrative regulations. The Sellers shall take all the responsibility and fully compensate the Buyers should any loss and / or damage arise from breaching of this clause for cancelling the contract.

2. 5 The hazardous materials inventory list of the vessel and the supervision for scrapping and recycling (optional)

2. 5. 1 The Sellers and the Buyers mutually agreed to scrapping and recycling the vessel in accordance with "Hong Kong International Convention for the Safe and Environmentally Sound Recycling of Ships, 2009" or the under supervision. The Sellers should furnish hazardous materials inventory list or a designated third – party supervisors list to the Buyers within _____ day (s) on signing the contract.

2. 5. 2 The Buyers consent:

(a) Make the SRP in accordance with the IHM provided by the Sellers. This SRP shall be agreed by the Sellers;

(b) Furnish a SRFP or a certificate of the SRFP;

(c) The working space in the scrapping shipyard shall be provided for the third – party supervisors if the Sellers request;

(d) Upon the scrapping has been completed, the confirmation for completed scrapping shall be submited to the Sellers within ________ week(s);

(e) The scrapping and recycling vessel shall be carried out according to the SRFP and SRP.

2. 5. 3 All the costs and fees incurred from examining and distinguishing the IHM after delivery of the vessel shall be on the account of the Sellers.

2. 5. 4 The Buyers shall be responsibable for removing and disposal of hazardous materials from the vessel.

2. 5. 5 For enabling the Buyers to implement the relevant matters timely, the Seller shall provide to the Buyers a name list of the third – party supervisors and working plan before delivery of the vessel. All the costs in respect of the third – party supervision shall be on the account of the Sellers.

3. Price

The price is on the basis that the Sellers deliver the vessel at the scrapping and recycling dock / anchorage appointed by the Buyers.

(a) Unit price:

________ (USD / RMB) / LDT.

(b) Total price:

Total price is caculated according to the LDT multiplied by unit price. The vessel's total price is ________ (USD / RMB).

4. Payment

4. 1 The Bank

(a) The Sellers' Bank

Bank's name:

Address:

Account number:

SWIFT Code:

(b) The Buyers' Bank

Bank's name:

Address:

Account number:

SWIFT Code:

4. 2 Terms and proportions of Payment

The Buyers shall pay ________% of the purchase price of the vessel i. e. ________ (USD / RMB) as deposit to the bank account designated by the Sellers within ________ banking day(s) after the date of signing the contract.

The Buyers shall pay the balance purchase price to the bank account designed by the Sellers and provide to the Sellers the bank slip by fax or email after ________ banking day(s) from the time when the vessel arrived at the delivery place before the cancelling date as stipuated in this contract, and the Sellers and the Buyers have jointly signed the Notice of Readiness, exchanged and signed all the original documents in accordance with Clause 6.

The Bank charges incurred by telegraphic transfer shall be borne by the Sellers.

The Sellers shall instruct their Agent or the Captain to deliver the vessel to the representative authorized by the Buyers at the delivery place stipulated in this contract within ________ hour(s) after the Sellers received the full purchase price of the vessel.

In case the payment delay is caused by the Bank, it does not affect the contract validness.

4.3 Payment method

The Buyers and the Sellers have agreed the following payment method:

(a) Telegraphic Transfer

The Buyers shall remit the deposit and the balance price by telegraphic transfer during the period in accordance with clause 4.2 to the account designed by the Sellers in this contract.

(b) Other method of payment: ________________

5. Delivery of the vessel

5.1 Delivery place

The port and the safe berth in the delivery place:

The longitude and latitude of the safe berth in the port of the delivery place:

Longitude: ________ Latitude: ________

5.2 Time of Delivery

Time of Delivery: ________/________/________—________/________/________, the definite and exact date shall be mutually agreed by the Sellers and the Buyers.

5.3 Cancelling date and the right of cancelling

In case the Sellers can not deliver the vessel on or before ________/________/________, the Buyers have the option either to cancel the contract or accept the delivery in a period of delayed time. If the Buyers accept a delayed delivery, the new delivery date shall be designated by the Buyers and the Sellers.

5.4 The condition of the vessel at the time of delivery

The vessel shall be delivered in accordance with Clause 2 in this contract. The vessel shall be substantially intact, free of cargo and safely afloat at the delivery place stipulated in the contract and the ballast water shall be adjusted to a reasonable range.

If the status and condition of the vessel does not fulfill the requirements of the contract, the Buyers have the option to either cancel the contract or continue to implement of this contract.

If the Buyers elect to cancel this contract, the Sellers shall refund the deposit within ________ banking day (s) after receiving the notice in writing from the Buyers. If the Buyers elect to accept the delayed delivery, the Sellers shall pay the Buyers for the losses and corresponding expenses arising by such delay as 1% of the contract price for each five (5) days delayed. Less than five (5) days shall be calculated at five

(5) days.

5. 5 Safety and Health Control

At the time of delivery, the vessel shall meet the requirements for scrapping ships by relevant laws or administrative regulations. If the competent authorities in the delivery place request the vessel to clean tanks or take gas free inspection ect. , the Sellers shall arrange them and pay relevant expenses accordingly. The Sellers shall furnish to the Buyers the related qualification certificates thereof.

5. 6 Free from Encumbrance

The Sellers warrant that the vessel is free from all charters, mortgages, maritime liens, taxes or wage arrears or any other debts or claims whatsoever at the time of delivery. The Sellers shall take responsibility for any claim arising untill the vessel has been delivered. The Sellers hereby undertake to indemnify the Buyers against all consequences of claims and damage made against the vessel, which have been incurred prior to delivery of the vessel.

5. 7 Spares / Stores / Bunkers, Etc.

Unless otherwise agreed, the Sellers shall deliver the vessel to the Buyers with all the remaining bunkers, lubricating oil, stores, spares used or unused on board including spare tail shaft (s) and / or spare propeller (s) / propeller blade (s), equipments, parts, if any, at the time of delivery without extra payment by the Buyers.

The Sellers warrants, at the time of delivery, the vessel shall have sufficient bunkers at least for three (3) days for the main engine consuming and sufficient for seven (7) days for the auxiliary engines consuming. The extra quantity of the remaining bunkers, lubricating oil, hydraulic oils and greases cannot be in excess of the quantitative limit allowed by the customers in the delivery place. Otherwise, the Sellers shall be responsible for disposing the excess quantity of the bunkers, lubricating oil, hydraulic oils and greases by themselves.

If any equipments, daily necessities, tobacco, wine or other goods under customs supervision on board, the Sellers shall dispose by themselves in accordance with relevant regulations.

The Sellers warrant that the vessel does not have smuggled goods, contraband goods or any other goods prohibiting by the local law or administrative regulations on board at the time of delivery. The quantity of the goods on board shall not be in excess of the limitation in accordance with the local law or administrative regulations. Otherwise, the Buyers have the option to cancel this contract and the Sellers shall compensate all the losses and / or damages incurred to the Buyers.

6. Delivery of Documents

The place of delivery:

Address:

Zip Code:

The Sellers shall furnish the copy of documents mentioned below ________ banking day(s) before they submit the Notice of Readiness to the Buyers. And the Sellers shall furnish the Buyers, at the delivery of the vessel, the original documents as following:

(a) An originals Bill of Sale duly executed by chairman of the Sellers board and notarized or legalized to transfer all the shares of the vessel and her appurtenances to the Buyer free from all charters, encumbrances, mortgages, maritime liens and other debts whatsoever.

(b) Commercial invoice (plus value added tax, VAT) indicating the vessel's unit price, total price, and the vessel's description in accordance with the contract.

(c) Certificate of ship registry evidencing the vessel's ownership issued by the competent national government authorities of the vessel's flag.

(d) Certificate issued by the competent national government authorities of the vessel's flag evidencing the vessel is free from mortgages and encumbrances and proving the vessel is free from all charters, encumbrances, mortgages, maritime liens, taxes, wage arrears and other debts whatsoever. The date of issuing such certifcate shall be ________ day(s) before the Sellers sumit the Notice of Readiness.

(e) The duly notarized and legalized solution made by the Shareholders meeting or Board of Directors of the Sellers, which is granting the deal of saling the vessel to the Buyers.

(f) The duly notarized or legalized original Power of Attorney issued by the Sellers authorizing the named representative(s) or agent to act on behalf of the Sellers to deal with the sale and transfer of the vessel to the Buyers, signing the protocol of delivery and acceptance or other relevant delivery documents.

(g) The No. 1 guarantee of the Sellers, which undertakes that the vessel is free from all charters, encumbrances, mortgages, maritime liens, taxes, wage arrears and other debts whatsoever at the time of delivery.

(h) The No. 2 guarantee of the Sellers, which undertakes that the Sellers shall instruct their agent or Captain, through a fax or an email within ________ hour(s) after the Sellers received the full payment of the purchase price, to deliver the vessel to the representatives or other people designated by the Buyers at the delivery place according to the contract.

(i) The No. 3 guarantee of the Sellers, which undertakes to delet the registry of the vessel and the vessel's ownership registry as well at their own expenses. Such original certificates of deletions shall be effected and provided to the Buyers within ________ day(s) after delivery of the vessel.

(j) The incumbency certificate of the Sellers directors or the documents certifying the qualifications of all the directors from the Sellers company.

(k) The good reputation evidence certificate issued by the government authorities of the vessel's registry.

The language used in the documents mentioned above should be consistent with the contract. In case the language used in the documents is neither in Chinese nor in English, the Sellers shall funish the Chinese version and English version of the same documents translated by a qualified and certified translator.

7. Physical Delivery of the vessel

7.1 Delivery notice

The Sellers shall give the Buyers fifteen (15), ten (10), seven (7), three (3) days' notices for the expected time of the vessel's delivery and one (1) day's notice for the definite time of delivery. If the Sellers delay to notice the expected time of delivery, the Buyers have the option to postpone the same amount of time to accept the Notice of Readiness and pay the purchase price accordingly. The Sellers shall compensate the Buyers the losses and / or damages due to that they fail to give the notice of the expected time of delivery. If the Sellers delay the delivery of the above mentioned shipping forecast notice.

7. 2 The Buyers representatives boarding the vessel

After the deposit has been lodged, the Buyers have the right to assign no more than ________ representative(s) boarding the vessel. The date of boarding shall not be earlier than ________ day(s) of expected time of delivery of the vessel.

The Buyers shall warrant in writing that the Buyers representatives shall not interfere in any respect with the operation of the vessel. The risk and expense for the Buyers representatives on board shall be afford by the Buyers. The Sellers shall assist and explain for the Buyers representatives on their request. The Buyers shall compensate the Sellers if any loss and / or damage caused by the intentional act or negligence of the Buyers representatives while they are on board the vessel.

7. 3 Notice of Readiness

When the vessel is satisfied with the delivery conditions in accordance with this contract, the Sellers shall give the Buyers a Notice of Readiness. Unless otherwise agreed, the Notice of Readiness shall give in the working time at the delivery place, and the documents which shall be furnished by the Sellers are as following:

(a) The original trim and stability booklet and the capacity plan. If the Sellers fails to furnish the original documents, the copy of the same with the stamp and signature of the Classification Society concerned are acceptable as well.

(b) The statement issued by the Captain and other crew that they do not have any claim for the vessel as well as the Sellers and with their signatures and stamp.

(c) The statement issued by the Sellers representatives or their agent that at the place of delivery, there is no outstanding fee of the vessel.

The Buyers shall inform the Sellers whether to accept or not the Notice of Readiness within one (1) banking day after they received the Notice of Readiness. If the Buyers fail to give such information, it shall be deemed the Buyers accept the Notice of Readiness. If the Buyers do not accept the Notice of Readiness, they shall explain the reason in written on the Notice of Readiness. In the event the Buyers do not accept the Notice of Readiness, the Sellers could do relevant amendment and give the Notice of Readiness thereafter.

7. 3. 1 The vessel shall pass the joint survey which carry out by the Chinese port authorities, Customs, Immigration, Sanitary quarantine, Animal quarantine, Maritime safety authority etc.

7. 3. 2 The vessel will be inspected and accepted in accordance with the original construction plans, trim and stability booklet or the clauses of this contract. If the vessel had been converted, the inspection and acceptance shall be carried out in accordance the last conversion plans and trim and stability booklet provided by the Classification Society.

7. 3. 3 If the condition of the vessel is not satisfied with the requirements of the construction plan or the relevant clauses of this contract, or the vessel has the contraband on board, in which case, the Buyers have the right to cancel the contract and all the losses shall be borne by the Sellers.

7. 4 Delivery of the vessel

After the Buyers paid the full purchase price, the Sellers shall confirm that they have received the same payment in writing within 24 hours. At the same time, the Sellers shall instruct the captain or their agent by email or fax to deliver the vessel to the Buyers or the Buyers representatives. After the Sellers confirm they have received the full purchase price, the representatives of the both parties shall sign the protocol of delivery and acceptance which records the delivery time and place.

The ownership of the vessel shall be transferred to the Buyers upon they pay the full purchase price.

At the time of delivery, the Sellers shall provide to the Buyers all the documents of the vessel without fee including the class certificates, drawing and other technical documents. The Sellers shall provide other technical documents on the request of the Buyers. If the Sellers cannot provide original documents aforesaid, the Sellers shall provide the copies or granting the Buyers to copy such documents.

7.5 Assistance after delivery of the vessel

At the time of delivery, the Sellers shall arrange their crew remain on the vessel for reasonable period to assist the Buyers work if the Buyers so request. The period for the assistance and the daily fees as well as the payment method shall be mutually agreed by the both of the parties.

During the Sellers crew remaining on the vessel for assistance, the Sellers shall warrant the insurances for the crew members are still valid. The Buyers shall ensure the Sellers are free from any loss and / or damage causing by the assistance work after the vessel is delivered to the Buyers. However, the Sellers shall compensate the Buyers if the loss and damage are causing by the intentional act or negligently of the crew members.

Both of the parties agreed that:

(a) The crew members of the Sellers are requested to remain on the vessel for assistance for ________ day(s).

(b) The daily fee for the assistance of these crew members are ________ per day.

7.6 Risk transfer

Unless otherwise agreed, the vessel with everything belonging to her shall be at the Sellers' risks and expenses until she is delivered to the Buyers. After delivery of the vessel, the vessel with everything belonging to her shall be at the Buyers risks and expenses. If the risks and expenses are caused by the reason before the delivery of the vessel, such risks and expenses shall be borne by the Sellers.

7.7 Other fees

All the expenses incurred prior to delivery of the vessel including but not limited to vessel agent fee, customs duty, towage, pilotage, fumigation expenses, tank cleaning charge, blast measure fee, severance payments shall be borne by the Sellers.

The expenses incurred prior to delivery of the vessel shall be borne by the Sellers and the expenses incurred after delivery of the vessel shall be borne by the Buyers.

8. Liability for breach of the contract

8.1 Exemptions

In the event that the contract can not be performed due to an actual, constructive or compromised total loss of the vessel caused by earthquake, fire, tsunami, outbreak of war, expropriating by government or force majeure which occurred before the delivery, neither the Sellers nor the Buyers shall be responsible for cancelling the contract.

If the Buyers have paid part or full purchase price of the vessel, such payment shall be refunded immediately by the Sellers without interest.

8.2 Liability of the Buyers for breach of contract

8.2.1 Deposit not be paid in accordance with the contract

In case the deposit is not paid in the time stipulated by the contract, the Sellers have the right to cancel this contract by informing the Buyers in writing, in which case the Sellers shall be entitled to claim compensation from the Buyers for any proved loss and expenses.

8.2.2 The balance purchase price unpaid in accordance with the contract

In case the Balance Purchase Price is not paid in the manner provided for in this contract, the Sellers have the right to cancel the contract and forfeit the prepaid deposit. If the deposit does not cover their loss, the Sellers shall be entitled to claim further compensation for their proved losses. The Buyers shall pay the further compensation within ________ banking day (s) after the cancelling of the contract. If the Sellers' loss and damage are less than the deposit, the rest of the amount shall be refunded within ________ banking day (s) to the Buyers.

8.3 Liability of the Sellers for breach of contract

8.3.1 Fail to deliver the vessel in accordance with this contract

In case the Sellers do not get ready to deliver the vessel in accordance with this contract, the Buyers shall have the option to cancel this contract by notice in writing. In the event the Sellers shall refund the deposit together with the interest earned therefrom in three (3) banking days after the Sellers receive the notice in writing from the Buyers.

Cancellation or non - cancellation by the Buyers in accordance with the contract shall be without prejudice to any claim for loss and / or damage the Buyers may have against the Sellers under this contract, unless the exemptions clause shall apply.

8.3.2 Delayed delivery

If the Sellers anticipate that the vessel will not be ready for delivery by the Cancelling Date, they may notify the Buyers in writing stating the date when they anticipate that the vessel will be ready for delivery, and propose a new cancelling date. Upon receipt of such notification, the Buyers shall have the option of either canceling this contract within two (2) banking days or of accepting the proposal of new cancelling date. If the Buyers have not declared their option within two (2) banking days from the receipt of the Sellers' notification or if the Buyers accept the new date, the new cancelling date proposed by the Sellers through their notification shall be deemed to be the new cancelling date.

Cancellation or non - cancellation by the Buyers in accordance with the contract shall be without prejudice to any claim for loss and / or damage the Buyers may have against the Sellers under this contract.

9. The vessel is unable to reach the delivery place

In case the vessel is unable to reach the delivery place before cancelling date for the reason of port congestion ect. which beyond the Sellers' control, the Buyers shall reassign an accessible, safe place or anchorage which is nearby the initial delivery place to be the new delivery place after they receive the Sellers' notice. The new delivery place shall be confirmed by the Sellers in advance. If the Buyers cannot reassign the new delivery place after 24 hours from they receiving the notice of the Sellers, the waiting place for a berth shall be deemed as the delivery place.

That the Sellers deliver the vessel in accordance with the clause 9 shall be deemed to fufill their obligations of the delivery under the contract.

10. Disputes resolution

Any dispute arising from or in connection with this contract shall be submitted to China Maritime Arbitration Commission (CMAC) for arbitration which shall be conducted in accordance with the CMAC's arbitration rules in effect at the time of applaying for arbitration. The arbitral award is final and binding upon both the Sellers and the Buyers.

11. Application of law

This contract shall be governed by and construed in accordance with the laws of the People's Republic of China.

12. Private and Confidential

This deal and transaction business shall be kept strictly for private and confidential including the price and all the other details by both the Buyers and the Sellers.

13. Notice

In the course of the execution of this contract, any notice sent by one party to the other of this contract shall be given in writing and transmitted directly through email, fax, registered or by personal service.

14. Documents delivery

The documents sent to the addresses in accordance with this contract shall be deemed as effective delivery.

15. Contract text

This contract in Chinese and English versions are equally authentic and have the same legal effect. Should any ambiguity on the contract's literal interpretation, the Chinese version shall prevail. After consultation by both parties, the Sellers and the Buyers shall elect one of the versions, and all the documents relevant to the contract including appendix, protocol and notifications shall use the same language as the selected version. If the language of the providing documents is neither Chinese nor English, the Chinese and English versions thereof shall be provided by a certified translation.

The contract takes effect upon countersigning by the authorized representatives from the Sellers and the Buyers and affix sealing. The countersigned and sealed the contract by scanned or fax is also effective.

After the contract comes into effect, both of the parties shall execute it.

The contract is made in ________ copies, each party hold ________ copy / copies.

Both of the parties hereto may sign addendum through negotiation for the matters not mentioned herein. Only the countersigned addendum and this contract have the same legal effect.

Sellers:	Buyers:
By:	By:
Title:	Title:
Date:	Date:

拆船业发展“十二五”规划

（中国拆船协会，中拆船协字〔2011〕33号）

依照国家“十二五”发展规划和相关行（产）业的发展规划，结合拆船业发展的实际状况，制定本规划。

一、“十一五”期间拆船业发展回顾

“十一五”期间，我国拆船业按照科学发展观和循环经济理念，以绿色拆船、规范发展为主线，把握国际经济发展变化，抓住机遇，努力开拓国内外废船资源循环利用市场，促进企业取得了较好的经济效益和社会效益，为国家经济发展做出了一定的贡献。

（一）循环利用废船资源，促进节能减排

“十一五”初期，会员企业累计拆解进口和国内各类废船1314艘，630余万轻吨，拆解量超过“十一五”目标的14.5%。贸易额约115亿元人民币。为节能减排所做的贡献是：节约725万吨精矿粉，减少1845万吨原生铁矿石开采；节约15万吨标煤、水耗约1184万吨、溶剂（石灰石）118万吨；减少废渣25万吨；节省近8000万吨运力；减少769万吨二氧化碳排放。

（二）明确产业定位，规范行业发展

2009年8月，《中华人民共和国循环经济促进法》的颁布，使拆船业成为循环经济组成部分有了法律依据。2009年2月，国务院在《船舶工业调整和振兴规划》中，明确提出“规范发展拆船业，实行定点拆解”。同年12月，商务部、国家发展和改革委员会、工业和信息化部、财政部、环境保护部、交通运输部、农业部和海关总署八部委联合印发了《关于规范发展拆船业的若干意见》。2009年11月，经国家统计局批准，拆船业纳入国家统计报表制度序列。2010年9月，环境保护部颁布了《进口废船环境保护管理规定》。这些法律法规及文件的出台，为拆船业发展提供了良好环境。

（三）税收政策支持，促进企业发展

“十一五”期间，拆船业享受了国家给予的税收优惠政策。2006年1月1日至2008年12月31日，给予拆船业废船进口环节增值税先征17%后返8%的优惠政策；2009年1月1日至2010年12月31日，给予拆船业销售再生资源缴纳的增值税实行先征再按规定比例后退政策。这些政策的实施，调动了企业的积极性，循环利用的国内外废船资源大增，为国家扩大了税收。

（四）推进规范管理，创建绿色拆船企业

（1）组织实施绿色拆船企业评审认定工作。根据《绿色拆船通用规范》（WB/T 1022—2005）的要求，在全行业内启动创建绿色拆船企业活动。共有9家企业被评审认定为首批相应等级的绿色拆船企业。

（2）推进环境、安全、健康、质量体系建设。“十一五”期间，先后有18家企业通过了ISO 14001和OHS 18001管理体系认证，7家企业通过了ISO 9001质量管理体系认证。

（3）开展循环经济试点工作。江门市新会双水拆船钢铁有限公司是国家开展循环经济首批试点单位，该公司认真按照批准的实施方案，探索发展循环经济模式，开拓新的经济增长点，得到全国人大环资委、国家与地方有关部门的肯定。

（4）拆船工程监理得到重视。江阴市夏港长江拆船厂、江门市中新拆船钢铁有限公司尝试废船拆解第三方监理模式，在建立有害物质甄别和去除、严格拆解工艺流程等方面积淀了经验。

（五）加强国际交流，促进全球绿色拆船

“十一五”期间，中国拆船业积极参与了国际海事组织（IMO）有关制定国际公约的各项活动，两次协办了“IMO 地区拆船研讨会”，参与组织公约研讨会、文本起草和实地考察测评等活动，为 IMO 通过《国际安全与无害环境拆船公约》做出努力。期间，还参加了 BIMCO 航运论坛、IMO 拆船外交大会、TradeWinds 迪拜和北京拆船论坛。接待了国外相关机构的代表团来访，出访了十余个国家和地区，开展了交流，增强了互信，推进了合作。

（六）强化服务，重视协会自身建设

“十一五”期间，中国拆船协会确定了“服务、创新、提高、和谐”的工作方针，注重提升服务功能和秘书处自身建设。

（1）加强行业宣传。制定《加强拆船业宣传工作若干意见》和《宣传与信息（统计）工作实施细则》。办好会刊，利用有关报刊、网络媒体，报道反映拆船业发展情势。完成了《中国船舶工业年鉴》《再生资源行业年度报告》和《中国循环经济年鉴》中各年度拆船业发展的报告。参加了全国人大、有关部委和协会组织的各类研讨会（论坛）。协办了“中国废钢铁大会”“中国废钢铁电子交易论坛”和“TradeWinds 北京拆船论坛”，设置展位，专题演讲，推介行业，扩大影响。

（2）为会员服好务。“十一五”期间，中国拆船协会组织开展走访调研活动，取得明显成效。组织开展的国内废船拆解现状、废船氟利昂回收、拆船业产排污系数等课题研究，得到国家有关部门重视，有的作为法律法规制定的依据，有的被有关部门审核确认或列为合作项目，《废船拆解环境无害化管理研究》还荣获中国物流与采购联合会 2006 年度科技进步奖二等奖。期间，协助会员企业解决了通关、纳税、监管码头设置、增容环评、到岸商检、申请受信额度证明以及申请进口许可证等各类问题。还举办了多期安全环保专题研讨班以及测爆、动火审批岗位培训。

（3）完善建立秘书处各项规章制度，制定《和谐公约》，创建服务型团队。2009 年，协会被民政部评为 AAA 协会。

二、“十二五”期间拆船业面临的基本形势

“十二五”时期，不仅是金融危机后的全球经济发生深刻变化的时期，也是我国国民经济和相关市场形势发生新变化，出现新特点的重要时期。我们必须密切研究分析与拆船业发展相关领域的发展动态，增强抓住机遇、抵御风险的意识和能力，积极适应政策和环境的新变化、新要求，推动行业发展再上新台阶。

（一）绿色发展成为经济和社会发展的必然选择

“十二五”期间，国家明确提出绿色发展，建设资源节约型、环境友好型社会的要求，强调大力发展循环经济，健全资源循环利用回收体系，推动产业循环式组合，构筑链接循环产业体系。确立了资源综合利用、废旧商品回收体系示范、“城市矿山”示范基地、再制造产业化等循环经济重点工程建设方向。

拆船业是我国发展循环经济重要组成部分。拆船业与造船业、航运业构成船舶循环产业链，是实现废旧船舶资源循环利用、促进航运业发展及造船工业调整振兴的重要环节。根据国务院的要求，“十二五”期间，必将成为拆船业实现规范发展，实行定点拆解的关键时期。

（二）国际社会积极推动安全环保拆船

2009年5月，国际海事组织（IMO）《国际安全与无害环境拆船公约》诞生。目前，IMO将继续制定公约各项技术导则，并推动国际公约的尽早生效。

随着宣贯国际拆船公约的深入，会有越来越多的国际组织、政府间组织和NGO组织以及拆船、航运、造船的国家政府部门、法律机构和相关企业，关注船舶的安全环保拆解问题。我国拆船业一贯倡导绿色拆船，安全环保和职业健康管理能力日益提高，已得到国际社会各界的肯定，并引起广泛关注。

（三）相关市场预测

据中国废钢铁应用协会估算，中国每年废钢铁资源需求缺口超过1000万吨。按《废钢铁业“十二五”规划建议》所提出的，中国钢铁产业的年废钢供应量应达到1亿~1.6亿吨以及废钢比超过20%。由此废钢铁资源缺口会更大。

据中国钢铁工业协会预测，目前，我国国内铁矿石资源保障能力快速下降，铁矿产量低于炼铁产量增长需求，对国外铁矿石依赖度高。缺口有一半以上的铁资源需要由进口的铁矿石、废钢或钢材补充。

后金融危机时期，由于世界经济仍存有不确定性因素，专家认为，造船市场可能长期面临有效需求不足局面，全球造船能力过剩已成定局。干散货和油船运力过剩日益严重，预计到2013年年底，名义运力过剩率分别约为22%和21%。随着新船成交、运输市场的变化，运力更新将会加快，仍有老旧船舶将进入报废市场。在我国，有35%以上运营船舶船龄超过25年。2010年6月，交通运输部等四部委就落实国务院《船舶工业调整和振兴规划》，制定了促进老旧运输船舶和单壳油轮报废更新的实施方案。

因此，我国拆船业在“十二五”发展期间，既有许多发展机遇，也有诸多挑战。

三、“十二五”时期拆船业的发展

（一）指导思想

“十二五”期间，中国拆船业将依照商务部等八部委所确定的规范发展拆船业的指导思想，按照科学发展观的要求，深入贯彻节约资源和保护环境的基本国策，以实现绿色拆船为目标，以进一步提高拆船业安全环保能力和职业健康水平为重点，以拓宽废船再生资源用途为新的经济增长点，坚持循环经济理念，切实把拆船业的发展纳入经济效益和社会效益、生产发展和环境保护并重的科学发展轨道。通过拆船业发展，改善航运业供需结构，带动造船、航运业复苏和发展。

（二）发展目标

加强立法建设，规范废船流向，实行定点拆解，杜绝非法拆船；实施绿色战略，开展清洁生产，推进绿色拆船品牌建设；积极宣传，推进循环经济，建设利于拆船业发展的平台和网络体系；加快行业劳动岗位体系建设和培训步伐，提高队伍整体素质；注重国内外废船拆解循环利用，提高废船资源供给能力和高值利用水平。力争实现拆解废船总量500万~600万轻吨目标。

（三）任务和措施

（1）切实落实国务院规范发展拆船业的要求，推进产业化发展进程。积极协助政府部门做好打击非法拆船活动，杜绝私拆乱拆；确定行业准入条件，推进定点拆解工作；引导拆船业逐步形成合理布局和规模，避免重复建设和产能过剩；推动区域性废船资源循环利用基地建设。

（2）继续推动国家加快拆船业立法进程，制定废旧船舶回收拆解循环利用管理办法（或条例），强化对废旧船舶流向的监管，确保安全环保拆解。

（3）根据国家《产业结构调整指导目录（2011 年本）》，努力创造并形成行业发展的政策环境，组织开展国内外船舶拆解政策和废船物资循环利用研究，继续争取国家税收、补贴政策或基金扶持。

（4）加强行业建设的信息服务和宣传工作。探讨建立行业信息服务网络体系，及时反映行业动态、企业诉求和行业发展中的有关问题。

（a）创造条件，提高行业相关数据采集和统计分析能力，适时建立行业统计直报体系。

（b）尝试建立拆船行业年度报告制度。

（c）研究废旧船舶淘汰和拆解市场的特点，探讨建立市场变动指数定期公报制度可行性。

（d）建立行业信息平台，发挥网站、简报作用，实现信息资源共享，提供相关市场动态，为企业提供信息服务。

（e）举（协）办适合行业发展和企业需要的国内或国际性的研讨会、展示会和商贸洽谈会，为行业宣传、企业生产服务。

（f）进一步扩大媒体的交流和互动，宣传我国倡导的绿色拆船理念，扩大行业的社会影响。重点宣传典型或优秀的企业，曝光非法拆船现象，树立和维护拆船业的产业地位和良好形象。

（5）强化整个行业队伍建设。“十二五”期间，要组织研究拆船行业劳动岗位责任特点，建立拆船行业重点岗位责任、规范和上岗条件标准，推行持证上岗制度。加强岗位培训，每年举办 1 ~2 期国内外业务培训班，力争行业内各有关岗位的持证上岗率达到 100%。

（6）积极创造条件，会同有关机构，有选择地组织开展废旧船舶的机电设备和零部件再制造的研究，解析再制造的技术、工艺和管理的条件，为提高废船资源的高值利用积淀经验。

（7）积极推进绿色拆船形象和品牌建设。

（a）继续推动企业开展质量管理、环境管理和职业安全健康管理体系认证工作。

（b）继续宣贯《绿色拆船通用规范》，开展创建绿色拆船企业活动，做好绿色拆船企业评审认定工作。

（c）总结拆船工程监理模式，积极引进或研发新型拆解技术工艺和装备。

（d）探讨制定《拆船企业社会责任规范》，尽早确立拆船企业社会责任目标和诚信体系。

（8）密切跟踪、推动国际拆船公约生效进程和技术导则制定。继续加强与国内、国际有关政府部门、组织和相关机构的交流与合作，参与研讨，维护权益；积极开展国际公约宣贯工作，努力推进 IMO 在我国进行国际公约试点立项，为履行国际公约做准备；坚持“走出去、请进来”的方针，努力拓宽贸易、培训和技术等方面的合作领域，与国内外相关机构建立中长期合作关系。

（9）加强行业发展的基础建设。

（a）推进标准化建设，组织新的标准、规范的编制工作。

（b）积极组织行业发展课题研究工作。力争 1 ~3 个部委级课题立项。开展与有关科研机构、大专院校合作，就行业发展中的一些专项问题开展调研。通过课题研究，为争取政策、加强规范管理和解决行业（企业）的突出问题，提供科学依据。

（c）研究构建公平、规范、有序的废船交易和拆解市场环境及运行体系。推进建立废船电子信息交易平台，引导废旧船舶的合理流向和环保拆解。

（d）结合行业特点，讨论制定拆船业行规行约。积极创建拆船业社会诚信信用体系。

（10）加强协会自身建设，提高行业凝聚力。坚持按章程办事，完善民主办会制度；重点抓好观念和内部机制转变，逐步调整队伍的专业结构、年龄结构和知识结构；发展会员，积极搭建会员交流平台，增强交流，增进友谊，活跃生活；推进品牌建设工作，不断提升服务行业能力，提高协会为政府、行业、会员服务水平，力争进入民政部AAAA级协会行列。

总之，“十二五”时期是拆船业实现规范发展的重要时期。我们必须按照国家建设资源节约型和环境友好型社会的要求，积极应对世界经济和国内经济建设形势的新变化、新特点，抓住机遇，迎接挑战，创新产业，增强实力，在行业内开展树立绿色拆船品牌形象活动，开创拆船行业实现绿色发展、规范发展、科学发展、和谐发展和持续发展的新局面。

2011年12月6日

绿色拆船企业资格评审认定规定（试行）

（中国拆船协会，中拆船协字〔2010〕25号）

根据商务部等八部委《关于规范发展拆船业的若干意见》精神和《绿色拆船通用规范》要求，结合协会《关于贯彻落实〈绿色拆船通用规范〉的通知》（中拆船协字〔2006〕32号）和拆船业实际，现就绿色拆船企业资格评审认定，作如下规定。

一、绿色拆船企业。

应是遵循和体现《绿色拆船通用规范》（WB/T 1022—2005）的要求，运用安全、环保、健康理念，规范组织生产经营，全面实施绿色拆船；确保拆船过程安全，防止污染环境和保障人体健康；做好回收和再生物资的循环利用以及对有害物质进行无害化处理，严格履行社会责任的企业。

绿色拆船企业划分为五个A级。标识分为A级、AA级、AAA级、AAAA级、AAAAA级五个等级。AAAAA级为最高级。

A级

表示企业符合国家安全生产、环境保护、职业健康等方面法律法规；具备安全生产、环境保护工作条件和必要设施及拆解规模；获得环境管理和职业安全健康管理体系认证；在安全、环保和职业健康等方面具备绿色拆船的基本条件。

AA级

表示企业能达到国家安全生产、环境保护、职业健康等方面法律法规的要求；拆船场地建设规范，建有安全环保设施，具备一定的拆解规模；获得环境管理和职业安全健康管理体系认证；在开展绿色拆船方面取得显著成效。

AAA级

表示企业达到国家安全生产、环境保护、职业健康等方面法律法规的要求；拆船场地建设规范，安全、环保设施装备齐全，具备一定的拆解能力及规模；获得环境管理和职业安全健康管理体系认证；努力实践绿色拆船，在环境保护和再生物资循环利用等方面取得卓有成效的进步。

AAAA级

表示企业在达到AAA级标准基础上，达到《绿色拆船通用规范》的标准要求；获得质量管理、环境管理和职业安全健康管理体系认证；遵纪守法、诚信经营；安全环保、职业健康和创新意识较强，社会公信度较高；具备较强的拆解能力及规模；符合国际相关组织制定的公约、技术导则或规范要求。

AAAAA级

表示企业在达到AAAA级标准基础上，完全达到《绿色拆船通用规范》的标准要求；获得质量管理、环境管理和职业安全健康管理体系认证；达到较强的拆解能力及规模；具有示范效应，在国内外拆船企业中处于领先地位；具有先进的企业生产经营模式，科学规范的管理制度，现代化的生产机械设施与拆解工艺技术以及不断创新的各项举措，获得国内外同行和相关组织的认可。

二、评定方法。

（1）设立绿色拆船企业资格评审认定工作领导小组（下称领导小组）及办公室，负责评审认定组织工作。

（2）根据创建绿色拆船企业实施办法，绿色拆船企业资格的评审认定，采取自下而上的方法。先由企业对照《绿色拆船通用规范》，结合本企业组织创建绿色拆船企业活动情况，写出申请报告（不少于5000字，须附企业获得相关奖励、认证等证牌或文件复印件），并填写《绿色拆船企业资格评审认定申请表》（一式十五份，见附件），报送领导小组办公室审核。

（3）领导小组按有关规定组建现场考评专家组，承担申评企业现场考核及初评工作。

（4）成立绿色拆船企业资格评审认定委员会（下称认定委）。认定委根据现场考评专家组考核结果进行评议表决，评定出绿色拆船企业。

（5）领导小组对认定委评审结果进行审核，确定公示名单，在协会网站上公示。

（6）网站公示20天后，无异议的，即为绿色拆船企业。

（7）绿色拆船企业资格评审认定工作原则上每两年进行一次。

三、评审认定和管理。

（1）评审认定为绿色拆船企业的单位由中国拆船协会授牌。

（2）绿色拆船企业标志牌的有效期为三年。绿色拆船企业标志牌统一制作、颁发，任何单位或个人未经授权或许可，不得擅用。

（3）对已经评审认定为绿色拆船企业的单位，每三年进行一次复核（复核办法另文规定）。期间，企业可申请晋级评审认定。

（4）企业在使用标志期间，一经发现与标准不符或给消费者带来直接的、间接的利益损害的行为，视情节轻重，分别给予警告、降级、摘牌等处理。

四、本规定的解释权归领导小组办公室。

五、本规定经领导小组审议通过后试行。

附件：绿色拆船企业资格评审认定申请表（略）

2010年12月28日

绿色拆船企业资格复核管理规定（试行）

（中国拆船协会，中拆船协字〔2013〕38号）

为确保绿色拆船企业资格评审认定工作制度化、规范化，根据中国拆船协会印发的《绿色拆船企业资格评审认定规定（试行）》（中拆船协字〔2010〕25号），结合行业发展的实际情况，制定本办法。

第一章　复核范围和程序

第一条　获得相应等级的绿色拆船企业资格的企业，由中国拆船协会统一制发证书和牌匾，有效期为三年。届满三年，其资格须按规定程序进行复核。

第二条　复核程序。

一、获证牌有效期届满三年的企业，须提前三个月，对照本规定第二章确定的复核内容，向协会绿色拆船企业资格评审认定工作领导小组办公室（以下简称“领导小组办公室”）提交书面复核申请（不少于1500字）和证书原件。

二、领导小组办公室对申请企业所报材料进行初审和检查，并提出复核的初步意见，报领导小组。

三、领导小组根据实际情况，采取会议、通信会议或其他方式对企业进行审议复核，必要时也可选派专家进行现场复核。

四、审议复核结果在协会网站予以公示10个工作日。公示结束后，协会以文件形式予以确认通告。

五、对审议复核通过的企业，由协会在证书背面予以签章确认，其资格有效期可延续三年。未予签章确认的，其资格不再延续，收回证牌。

第二章　复核内容

第三条　复核内容主要是获得相应等级绿色拆船企业资格后，企业在以下六个方面的情况。

一、获得认证证书方面。

1. 企业环境管理体系和职业健康安全管理体系认证的有效性。

2. 企业环境评估和各级环保批文的有效性。

二、环境保护方面。

1. 企业增加环保投入总金额；原有和新增环保设备设施及运行情况。

2. 是否发生过环境污染事故，或受到环保部门的处罚和司法追究。

3. 对现场考评和评审认定期间所发现问题的改进情况。

三、安全生产方面。

1. 安全生产以及应急设备设施投入总金额；原有和新增设备设施及运行情况；设备维护和保

养专门记录和档案管理情况；安全生产工序，废油、油污泥清理、测爆和动火等重要作业应符合安全生产管理要求，岗位人员持证上岗等情况。

2. 是否发生过安全生产事故，或受到安监部门的处罚和司法追究。

3. 对现场考评和评审认定期间所发现问题的改进情况。

四、职业健康方面。

1. 新增职业健康防护装备和设施使用情况；按工种要求进行职业病检查，健康档案管理符合要求情况。

2. 是否发生过职业病案例，或受到卫生防疫等部门的处罚和司法追究。

3. 对现场考评和评审认定期间所发现问题的改进情况。

五、管理与培训方面。

1. 各项规章管理制度、场地标识建立和完善情况。

2. 有健全的管理机构和专（兼）职人员配备；管理与专业岗位人员法规、业务定期培训记录情况。

3. 对现场考评和评审认定期间所发现问题的改进情况。

六、其他。

1. 企业生产经营中，未有给相关利益方带来直接、间接的利益损害行为。

2. 废船贸易中未有偷税漏税、走私、擅自变更废船用途、倒卖或变相倒卖进口许可证等违法违规行为，未受到司法追究和处罚。

3. 遵守协会章程和行规公约，足额缴纳会费，履行会员义务。

第三章　其他规定

第四条　对三次书面告知后，仍未按规定时间提出复核申请的企业，一律视为自动放弃所获得绿色拆船企业资格，收回证牌，并对外予以公布。

第五条　申请复核企业未能遵守协会章程和行规公约，未按期足额缴纳会费的，或有被安监、环境、海事、海关执法检查和刑事立案审查的，延缓复核。但延缓复核期不超过 6 个月（以获得证牌到期日算起）。

第六条　具有下列严重违规违法行为之一的企业，取消其绿色拆船企业资格。

1. 发生安全事故造成 3 人及以上工伤或 1 人及以上死亡的。

2. 企业或其主要负责人因环境保护、安全生产等企业违法行为被依法追究刑事责任和处罚的。

3. 其他受到有关部门查处，严重违法违规行为的。

第七条　被取消绿色拆船企业资格的企业，自取消资格公布之日起，两年内不得申请绿色拆船企业相应等级的评审认定。两年期满后，可按有关规定重新申评。

第四章　附则

第八条　本规定经协会绿色拆船企业资格评审认定工作领导小组审议通过后，自印发之日起试行。

2013 年 9 月 18 日

宣传信息统计工作实施办法（试行）

（中国拆船协会，中拆船协字〔2016〕3号）

为做好行业宣传、信息交流与数据统计工作，贯彻落实国家统计局《拆船行业统计报表制度》和协会理事会有关宣传信息统计工作的要求，特制订本实施办法。

一、宣传信息工作平台和统计报表制度。

1. 协会网站（www. cnsa. com. cn）。实时发布和报道国家有关法规政策和政府信息、行业与会员工作动态、拆船相关市场趋势、统计资料与分析、行业发展研究以及国际相关领域动态等信息。

2. 《中国船舶报》“拆船专版”。每月一版。版面报道内容：行业新闻、工作研究与国内外同业信息、市场分析等内容。

3. 《中国拆船》（简报）。每月一刊，月末发行。主要内容有：政策动态、媒体链接、市场信息、协会工作动态等。

4. 《废旧船舶拆解回收经营统计报表》（国家统计局报表，季报）。

5. 《进口/国内废船情况统计表》（协会报表，月报）。

6. 《拆船企业相关情况统计表》（协会报表，年报）。

二、宣传信息统计工作的组织。

1. 协会理事会负责制定宣传信息统计工作方针，监督检查其实施情况。

2. 协会秘书处是具体实施宣传信息统计工作的职能机构，具体工作由相关部室承担。

3. 会员单位及单位信息员，负责宣传信息的采集以及本单位经济数据统计及报送工作。

单位信息员应由了解本单位生产经营管理等情况，具备一定的统计专业技能的人员担任。各会员单位应在时间、经费等方面保证信息员工作的开展。

4. 协会秘书处建立信息员管理档案。如有人员变更，各会员单位应及时告知协会秘书处。

5. 协会根据工作需要，适时（原则上每两年一次）以适当方式召开宣传信息统计培训、研讨及表彰等工作会议。

三、宣传信息工作的实施。

宣传行业、加强信息交流、扩大行业的影响力和社会认知度是行业宣传信息统计工作的宗旨。把宣传信息统计工作办实、办好、办活和可信，需要得到协会全体会员、社会关心拆船业发展的各界人士以及会员单位信息员的鼎力支持。

1. 信息采集

信息采集是宣传信息工作的基础。基本要求是：综合性、准确性、即时性和实效性。

2. 信息采集主要内容

规范发展拆船业和绿色拆船的宣传报道；国内外经济运行、发展趋势和拆船相关市场运行态势；国内外拆船市场动态及相关数据分析报告；拆船技术工艺、安全、环保、健康及企业管理方面经验交流与课题研究；拆船企业重大经营活动及获奖等情况信息；反映行业员工工作、生活风貌。

3. 信息采集方式

（1）征（组）稿。在行业和企业内、从事船舶拆解研究或关心拆船工作的社会各界人士或单位内征（组）集。由媒体记者、信息员和协会相关工作人员负责组织、征集相关稿件。

（2）撰稿。由信息员、会员单位及协会工作人员撰写的稿件。

（3）投稿。业内外人士投稿。

通过以上方式采集的各类稿件，如可能涉及所在行业、单位生产管理经营等内部资料，需得到相关单位领导的书面同意；如涉及相关著作权（知识产权）的，需得到授权引用或标注出处。

（4）协会秘书处收稿电子邮箱：tjb@ cnsa. com. cn。

4. 刊发与付酬

（1）对观点明确、论据充分、数据可靠、文理通顺、理论联系实际的稿件，经协会审核通过后，可在协会宣传信息相关平台上刊发。

（2）稿件作品无论是否发表，文稿请自留底稿，原作者享有著作权。未采用稿件，原稿恕不退还。

（3）稿酬。来稿一经采用，即付稿酬。稿酬参照新闻出版稿酬标准执行。属于商业广告性质及主要摘编自互联网、报刊等媒体的文章资料以及协会工作人员的职务性稿件等，可作完成工作量及评选先进的考核依据，不另付酬。

四、统计工作的实施。

统计工作是一个行业基本建设的重要内容。通过搜集、汇总、分析统计数据，可以客观反映行业发展规律，判断发展方向和态势，是争取行业发展政策的重要依据。

1. 统计数据采集的基本要求是：准确性、及时性和完整性。其中，准确性是统计数据采集的核心，及时性是统计数据价值的体现，完整性是统计指标计算和分析的需要。

2. 统计数据采集方式：普查、抽样调查和重点调查等。

3. 统计工作的主体责任。

（1）会员企业单位责任。单位领导要重视统计工作，督促本单位信息员完成国家统计局及协会相关统计报表和信息交流工作。

（2）信息员工作责任。及时准确报送相关统计报表和企业动态信息。

（3）协会秘书处工作责任。完成国家统计局授权协会负责汇总上报工作和协会理事会通过的各类信息数据统计表以及相关统计研究分析工作。

（4）相关报表下载地址见协会网站“表单下载”栏。

（5）协会秘书处收集统计报表电子邮箱：tjb@ cnsa. com. cn，传真：010－68521716。

五、宣传信息统计工作先进单位和个人的评选。

为激励各会员单位和信息员认真做好行业和本单位的宣传信息统计工作，鼓励先进，及时交流经验与好的做法，协会组织“宣传信息统计工作先进单位和个人”评选活动。

（1）单位奖项为：宣传信息统计工作先进单位。

（2）个人奖项为：宣传信息统计先进工作者。

（3）颁奖时间：在协会组织召开宣传信息统计工作会议期间。

（4）奖励形式：先进单位颁发证书和奖牌，先进工作者颁发证书和适当奖品。

六、试行组织“中国拆船业年度贡献奖”评选。

为了贯彻落实国务院“规范发展拆船业”的指示，树立行业形象，扩大社会影响，促进行业可持续发展。借鉴国内外通行的经验和做法，结合中国拆船行业发展实际，从2016年起，在会员单位内试行组织开展“中国拆船业年度贡献奖”（暂定名）评选活动。

（1）评选依据。各会员企业单位填报的国家统计局《废旧船舶拆解回收经营统计报表》（季报）、协会《进口/国内废船情况统计表》（月报）和《拆船企业相关情况统计表》（年报）以及会员单位的综合评价。

（2）综合评价。从会员单位规模、成长性、稳健性、盈利性、技术工艺引进与开发、管理创新与进步、行业发展课题研究、履行社会责任和社会贡献等综合指标，进行评估和评价。

（3）评选流程。信息统计与相关材料报送、信息统计数据审查、推荐推选、理事会批准、公示与发布等。

（4）评定数量。一般为5家，最多不超过10家。

（5）奖励。凡当选单位，由中国拆船协会统一颁发证牌。

（6）具体可行方案及评选细则由协会秘书处提出，经理事会批准后实施。

七、本办法自发布之日起施行。

2016年1月15日

第三篇

中国拆船协会大事记（2011—2015）

2011 年

●1 月 16—17 日，中国拆船协会在石家庄召开第三届第七次理事会会议。会议审议通过各项议案。审议同意广东省金属回收公司张雄文、上海新华钢铁有限公司刘喜武为协会理事、副会长，何卫国、周林不再担任理事、副会长职务。

●1 月 25 日，中国拆船协会举办在京拆船离退休老同志春节团拜会。

●3 月 27 日，国家发展和改革委员会发布第 9 号令，公布《产业结构调整指导目录（2011 年本）》，拆船业首次纳入目录，并确定拆船业发展的鼓励项和淘汰项。

●3 月，严鹤鸣一行出席在阿联酋迪拜举办的“TradeWinds 拆船论坛”并访问希腊。

●4 月 8 日，环境保护部、商务部、发改委、海关总署和质检总局发布第 12 号令，颁布《固体废物进口管理办法》。

●4 月 21 日，江苏、浙江和上海部分拆船企业的有关人员参加了德国劳氏船级社和 CTI 在上海举办的国际拆船公约技术培训班。谢德华参加培训班并讲话。

●4 月 26 日，谢德华与到访我会的中国物流信息中心总经济师何辉等一行，就如何共同做好拆船行业统计工作取得共识。

●4 月 28 日，严鹤鸣等参加在人民大会堂举行的“第二届中国工业大奖表彰大会”，并出席中国工业经济联合会五届四次理事会。

●5 月 9—20 日，严鹤鸣等协会领导分赴广东省江门市新会区、福建省福安市和江苏省江阴市、泰州市和靖江市等地，为获得首批“绿色拆船企业”资格认定的企业颁发牌证。

●5 月 12—14 日，由中国钢铁工业协会、中国有色金属工业协会和中国废钢铁应用协会共同主办，中国拆船协会等单位协办的“第四届中国金属循环应用国际研讨会”在广州市召开。严鹤鸣、谢德华、翁文戈、尤长荣等协会领导参加论坛。谢德华做了题为“推进绿色拆船，循环利用废船资源”主旨演讲。

●5 月 20 日，谢德华就废旧船舶拆解再利用等首次列入《产业结构调整指导目录（2011 年本）》鼓励类，接受《中国船舶报》记者的采访。

●6 月 22 日，中国物流与采购联合会党委召开的庆祝中国共产党成立 90 周年和表彰大会。谢德华、黄兆立分别被授予“优秀共产党员”和“优秀党务工作者”称号。

●6 月 28 日，谢德华参加“2011 日中船舶产业交流会”，并同日本海事协会副会长松井敏友等有关负责人就船舶循环再利用等方面内容交换了意见。

●7 月 1 日，严鹤鸣等出席美国 GMS 公司在上海举办的废船贸易交流活动。

●7 月 7 日，谢德华等会见来访的德国劳氏船级社（GL）拆船事务全球负责人 Gerhard Aulbert 先生，双方愿在有关领域开展有益的交流与合作。

●7 月 11 日，中国船舶工业安全生产培训中心有关负责人到访协会，双方就开展企业人员岗位培训工作进行了会商。

●7 月 11—15 日，国际海事组织（IMO）海上环境保护委员会（MEPC）第 62 次会议在英国伦敦 IMO 总部召开。谢德华随中国代表团参加了会议。此次会议审议的拆船议题主要是审议拆船设施导则（亦称安全与无害环境拆船导则）、拆船计划制定导则（SRP）和拆船设施批准（授权）导则，以及“有害材料清单制定导则”（IHM）的修正和拆船公约的履行等。

●7 月 26 日，严鹤鸣等应邀出席日本国际贸易促进协会在京举办的“中日物流交流恳谈会”。

●7 月 27—29 日，中国拆船协会在西安市召开第三届第八次理事会会议。会议主要议题是审议协会换届筹备方案、“十二五”发展规划草案等事项。

●8 月 26—29 日，由中国废钢铁应用协会、中国物资再生协会、中国再生资源回收利用协会、中国拆船协会共同主办的“废钢铁产业管理人员培训班开学典礼暨全国废钢铁加工配送工作会议”在湖北省武汉市召开。严鹤鸣等出席并走访了武汉港航管理局，考察交通部列入定点企业的湖北省武汉市华夏船务有限公司。

●9 月 8 日，日本海事协会（ClassNK）副会长松井敏友先生一行访问我协会。谢德华等与日方就 IMO 国际拆船公约及其导则的制定、未来的履约事项和双方对 IMO 国际拆船公约实施准备及推进工作等交换了意见。

●9 月 16 日，国家环境保护部固体废物管理中心在京召开进口废物环境保护管理工作座谈会。座谈会主要议题是：国家对拆船、修船业相关管理规定实施后拆修船产生的物资、废钢流向及对环境保护的要求。座谈会上，各参会拆船企业代表就拆解物资、废钢流向作了汇报，并提出了执行国家有关文件中产生的问题和建议。谢德华等协会负责人出席会议。

●9 月 16 日，中国拆船协会在京召开了进口废船拆船企业座谈会。谢德华在会上通报了近期协会工作情况，分析了当前经济形势，并对做好进口废船安全环保拆解工作提出了要求。

●10 月 11 日，中共中国物流与采购联合会第三次代表大会在京召开，差额选举产生了新一届党委会和纪委会，谢德华当选党委委员。25 日，中共国务院国资委直属机关委员会批复中国物流与采购联合会第三届党委、纪委一次全会选举结果。

●10 月 19 日，中国拆船协会名誉会长丁俊发到江阴市夏港长江拆船厂考察工作。

●10 月 25 日，吴军陪同由商务部牵头，交通部、环保部、农业部等部门参加的调研组，到江浙地区有关拆船企业调研。

●10 月，中国拆船协会参与编写的《中国船舶工业年鉴——2011》正式出版发行，文中介绍展示了 2010 年度中国拆船业的发展运行情况。

●11 月 10 日，严鹤鸣、谢德华、谭洋、吴军等协会领导以及江门市新会双水拆船钢铁有限公司黎勒副总经理一行应邀做客人民网“品牌强国”系列访谈节目，围绕“行业发展与品牌建设”话题，向广大网民介绍了中国拆船业发展现状及行业品牌建设情况。

●11 月 29 日，中国拆船协会第四届会员大会暨成立 20 周年纪念会在北京召开。大会选举产生了由 37 人组成的第四届理事会，并选举产生了协会负责人。谢德华当选会长，黄兆立、吴军当选为专职副会长。秘书长由吴军兼任。陈灿郎、陈锡才、刘丛生、李洪卫、刘喜武、梁焯权、潘霞、谭洋、翁文戈、王照虎、尤长荣、张先平、张雄文当选兼职副会长。

国务院国资委行业协会联系办公室主任武爱河、中国物流与采购联合会党委副书记余平到会讲话。原国家物资部副部长陆江、应文华，原国家国内贸易局副局长丁俊发，以及国家发展和改革委员会、财政部、商务部、环境保护部、交通运输部等有关部门的负责同志出席。大会宣读了

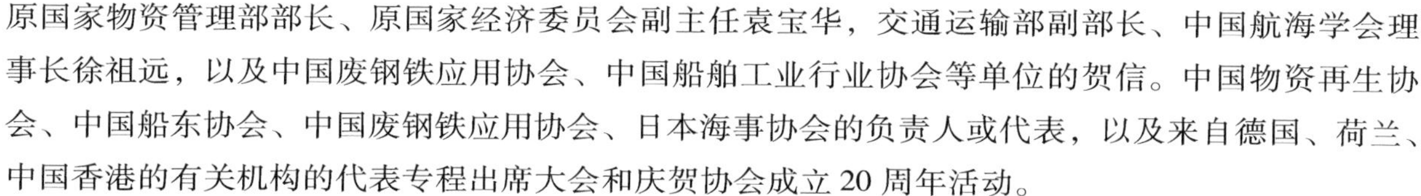

原国家物资管理部部长、原国家经济委员会副主任袁宝华，交通运输部副部长、中国航海学会理事长徐祖远，以及中国废钢铁应用协会、中国船舶工业行业协会等单位的贺信。中国物资再生协会、中国船东协会、中国废钢铁应用协会、日本海事协会的负责人或代表，以及来自德国、荷兰、中国香港的有关机构的代表专程出席大会和庆贺协会成立20周年活动。

大会邀请了来自各地的中国拆船协会的老领导、拆船业的老同志一同参加了大会和协会成立20周年活动。

大会决定授予30家会员单位“中国拆船协会优秀会员”的荣誉称号，授予17名同志“优秀信息（统计）员”的荣誉称号，并在大会上获颁奖杯或证书。

●12月6日，中国拆船协会印发《拆船业发展“十二五”规划》。

●12月6—9日，谢德华到江苏江阴、靖江的部分会员单位调研，期间还陪同国家有关司局领导和央企负责人到江阴市夏港拆船厂调研考察。

●12月20日，中国拆船协会印发《拆船业行规公约》。

●12月29日，国务院国资委召开的“委管协会改革发展经验交流会暨负责人会议”。中国拆船协会在会上作题为《服务行业 提升产业 推动拆船业科学发展》的书面交流，并收编于国资委印发的经验交流材料之中。

2012 年

●1 月 5 日，黄兆立参加环境保护部外经办召开的“工商制冷维修企业和拆船企业配备制冷剂回收设备采购项目招标采购评标会议”。

●1 月 10 日，谢德华、黄兆立、潘霞与中国船舶工业综合技术经济研究院有关负责同志商谈拆船标准国家立项研究工作。

●1 月 17 日，吴军等与中国船舶工业行业协会有关部门负责同志商讨行业统计工作。

●1 月 19 日，中国拆船协会举办在京拆船离退休老同志春节团拜会。

●1 月，中国拆船协会参与编写的《中国循环经济年鉴——2011》正式出版发行。年鉴中介绍了 2010 年度中国拆船业发展循环经济的基本情况。

●2 月 17 日，谢德华会见到访的中国船级社罗海东处长一行，双方就宣贯国际拆船公约及其导则，推动拆船业相关标准、体系认证等进行了会商。吴军参加了会见。

●2 月 23 日，黄兆立参加民政部召开的“全国社会组织在创先争优活动中开展基层组织建设年视频会”。

●2 月 27 日—3 月 2 日，国际海事组织（IMO）海上环境保护委员会（MEPC）第 63 届会议在英国伦敦 IMO 总部召开。IMO 成员国和政府间组织、非政府组织和专门机构的代表出席了会议。我国由交通运输部、外交部、国家发展和改革委员会、工业和信息化部、财政部以及行业协会、科研机构、院校、造船和航运企业代表组成的中国代表团出席了本次会议。吴军随团参加会议。会议进一步对拆船设施导则（安全和环境无害化拆船导则）、授权导则（拆船设施授权导则）、检验导则（船舶检验和发证导则）和船舶检查导则（简称 PSC 导则）以及部分国家相关提案中有争议性的条款进行了讨论。

●2 月 29 日，谢德华会见来访的中国国际经济贸易仲裁委员会李虎副秘书长、中国海事仲裁委员会陈波副秘书长，双方就国际贸易仲裁方面的合作事宜进行了探讨。中国拆船协会名誉会长、中国海事仲裁委员会副主任丁俊发参加会谈并作重要指示。

●3 月 8 日，谢德华、吴军会见来访的日本海事协会（ClassNK）的代表平田纯一先生，双方就有关绿色拆船等相关事宜交换了意见。

●3 月 12—13 日，谢德华率团出席在新加坡举办的“TradeWinds 拆船论坛”。论坛就增强船舶拆解的有害物质材料的防范和处置监管，船东提高绿色拆船的意识，香港国际拆船公约的尽早生效，以及金融危机和欧债危机后的航运、废船市场的形势等进行了讨论和分析。黄兆立、梁焯权以及广东、江苏等地部分拆船企业的代表参加了论坛。

●3 月 21 日，谢德华、吴军等会见到访的德国劳氏集团全球拆船项目负责人 Gerhard Aulbert 先生一行。会谈中，双方分析了当前拆船形势和面临的挑战，特别是香港国际拆船公约及其导则制定过程中，对全球拆船业界的影响，并就推进履行香港国际拆船公约开展合作，进行了坦诚、

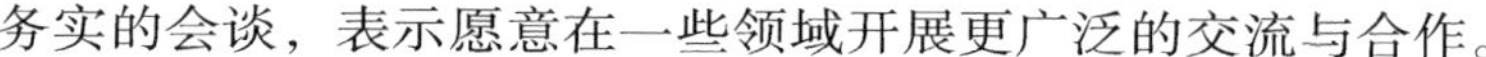

务实的会谈，表示愿意在一些领域开展更广泛的交流与合作。

●4 月 11 日，谢德华接受《中国交通报》记者的采访。

●4 月 20 日，谢德华参加在湖北省武汉市召开的中国物流与采购联合会第 11 次代管社团负责人工作会议。国务院国资委行业协会联系办公室副主任张涛出席并讲话。

●5 月 10 日，谢德华应邀参加中国钢铁工业协会、中国废钢应用协会、中国拆船协会等单位在京举办的“第五届中国金属循环应用国际研讨会”，并做主旨演讲。

●5 月 4 日，谢德华、吴军等到天津大学胡运昌船舶与海洋结构拆解技术研究中心，与天津大学副校长余建星和中心负责人等就绿色拆解技术研究等事宜交换意见。

●5 月 4 日，谢德华拜访中华人民共和国天津海事局。向刘福生局长等领导交流了国内拆船业发展、安全环保拆船以及相关情况。吴军和协会理事、天津天马拆船工程有限公司董事长杨桂旺等参加。

●5 月 30 日，潘霞参加工信部节能司在京召开的《船舶行业节能减排技术评估与应用》分课题验收会。

●5 月 30 日，中国拆船协会与德国劳氏集团共同在北京举行合作谅解备忘录签字仪式。

中国拆船协会与德国劳氏集团为推进绿色拆船，依照香港拆船公约和其他适用的国际拆船原则，经过多次坦诚、务实的协商，决定共同签署双方合作谅解备忘录，借此在人员培训等一些领域开展交流与合作，共同促进拆船业的健康可持续和绿色发展。

中国拆船协会会长谢德华、德国劳氏集团副总裁兼大中华区总经理 Evgennios Koumoudhis、全球拆船业务总监 Gerhard Aulbert 和分别在谅解备忘录上签字。国际海事组织防止海洋污染和拆船部主任 Nikos Mikelis 作为见证人也在备忘录上签字。Nikos Mikelis，Evgennios Koumoudhis 和谢德华先后在仪式上致辞。

德国驻华使馆能源、环境和气候政策负责人 Cordula Geiniz 女士，中国交通运输部、财政部和中国海事局的官员，中国物流与采购联合会崔忠付副会长兼秘书长以及协会名誉会长严鹤鸣，副会长黄兆立和吴军等出席了签字仪式。

●5 月 30—31 日，中国拆船协会与国际海事组织共同举办“尽早实施《香港拆船公约》技术标准研讨会”在北京湖南大厦召开。本次研讨会的目的是介绍中国政府对拆船业发展的管理情况，宣传中国拆船企业绿色拆船实践，展示船舶安全环保拆解水平和能力；欧盟委员会（EU）的代表介绍即将颁布的有关拆船新的立法情况，并举行中国和欧盟政府级双边会谈，探讨授权中国拆船企业拆解欧盟报废船舶的操作程序和实施办法。

谢德华作主旨演讲并回答了国内外与会代表的提问。国际海事组织 Nikos Mikelis 博士、挪威环保部专家主任 Sveinung Oftedal 先生等分别做专题演讲，并主持了专门研讨。来自欧盟委员会、欧盟议会及欧盟驻华代表处、国际海事组织和法国、丹麦、挪威、希腊、德国政府机构和船东协会官员、专家和代表，以及波罗的海海事公会、国际独立油轮船东协会、国际航运商会和德国劳氏集团的代表专程莅会。中国交通运输部、中国海事局，环境保护部的官员和专家以及国内部分拆船企业代表参加了研讨会。

●5 月 31 日下午，中国交通运输部、环境保护部与欧盟举行双边会谈，就有关香港拆船公约实施、开展绿色拆船和授权等事宜进行了协商和讨论。中国拆船协会谢德华、吴军等一同参加了双边会谈。

●6 月 1—2 日，研讨会还组织与会的国外代表赴广东、江苏等地的有关拆船厂参观考察。

●6 月 8 日，首届中国再生资源产业发展高峰论坛在青岛召开。黄兆立做了主题演讲；中国拆船协会在“首届中国再生资源产业博览会”上设展。通过博览会和高峰论坛的平台，广泛宣传展示了拆船业在国家循环经济和再生资源产业发展中的作用和贡献，取得了良好的效果。在论坛上，经中国拆船协会推荐，论坛组委会评定，严鹤鸣获颁“2012 中国再生资源年度荣誉奖”。

●6 月 29 日，谢德华应邀出席浙江宏鹰拆船有限公司试投产仪式，并代表中国拆船协会致辞。浙江舟山市委常委、常务副市长马国华，市人大副主任周松宽、市各委办局及岱山县委县政府、人大、政协等各级领导出席了仪式。在投产仪式上，谢德华还接受了舟山电视台的采访。

●7 月 6—7 日，中国拆船协会在北京召开秘书处全体人员学习培训及工作会议。会议期间，认真系统地学习了《中国拆船协会章程》《拆船业发展“十二五”规划》《绿色拆船通用规范》《国际安全与无害环境拆船公约》和欧盟新近拟定的绿色拆船新的法律草案，以及国家发展和改革委员会、环境保护部、商务部、交通运输部等部委的文件和规定；总结秘书处上半年工作情况；座谈研讨、布置下半年主要工作。

●7 月 19 日，黄兆立陪同浙江省环保部门的领导和专家考察省内部分拆船企业。

●7 月 24 日，吴军等参加中国工业经济联合会在京举办的“2012 中国行业协会发展论坛”。

●7 月 29 日，严鹤鸣、姜学思和谢德华等应邀出席中国废钢铁应用协会授予江门市新会双水拆船钢铁有限公司“废钢铁加工配送中心示范基地”的揭牌仪式。

●9 月 4 日，谢德华、黄兆立等会见到访的挪威 Grieg Green 公司首席执行官（CEO）Petter Heier 先生。

●9 月 4 日，吴军陪同工业和信息化部有关部门领导到江阴市夏港长江拆船厂调研。

●9 月 7 日，谢德华、吴军等访问中国船级社，与朱恺副总裁等负责同志就双方开展绿色拆船合作等事宜交换了意见。

●9 月 8 日，农业部办公厅印发《海洋捕捞渔船拆解操作规程（试行）》。

●10 月 6—18 日，谢德华率中国拆船协会赴欧访问团应邀前往德国、挪威和比利时，访问了德国劳氏集团（GL）总部、欧盟委员会环境总司、欧洲议会、德国交通部、非政府组织（NGO）和德国、挪威船东协会，考察了德国船舶和危险废物处理机构。协会理事、天津天马拆船工程有限公司董事长杨桂旺、江苏苏恒海洋工程装备有限公司董事长叶逸，以及浙江宏鹰拆船有限公司董事长虞元杏等随团访问。

●10 月 9 日，中国拆船协会职工参加了由中国物流与采购联合会举办的第二届职工运动会，展示良好的精神风貌。

●10 月 19 日，吴军接受《中国船舶报》记者采访。

●11 月 7 日，谢德华在北京会见了到访的德国劳氏集团（GL）全球拆船业务总监 Gerhard Aulbert 先生一行。会见中，双方表示将继续围绕今年 5 月签署合作谅解备忘录的基本框架，深化合作基础，共同促进船舶绿色拆解事业。吴军等参加会见。

●11 月 11 日，在江苏泰州市召开绿色拆船企业评审认证现场考评专家会，谢德华、黄兆立、翁文戈、陈锡才等协会领导参加会议。随后，专家组成员先后到在苏有关企业进行现场考评。

●11 月 21 日，谢德华应邀参加在江苏省江阴市举办的“庆祝长江村建企 40 周年庆典”活动。

●11 月 23 日，谢德华应邀出席中国废钢铁应用协会理事会会议，并共同为舟山长宏金属资源利用有限公司颁授“中国废钢铁应用协会废钢加工中心示范基地”。

●11 月 30 日—12 月 1 日，中国拆船协会在广西南宁市召开第四届第二次理事会（扩大）会议，审议通过秘书处各部室负责人聘任等各项议程。

●11 月，中国拆船协会参与编写的《中国船舶工业年鉴——2012》正式出版发行。书中介绍展示了 2011 年度中国拆船业的发展运行情况。

2013 年

●1 月 18 日，吴军参加国务院国资委举办的行业协会管理培训。

●1 月 22 日，谢德华、吴军等会见到访的挪威 Grieg Green 公司首席执行官（CEO）Petter Heier 先生等。

●1 月，中国拆船协会参与编写的《中国循环经济年鉴——2012》正式出版发行。书中介绍展示了 2011 年度中国拆船业发展循环经济的基本情况。

●2 月 25 日，谢德华应邀出席上海波罗的海海事公会中心揭幕仪式暨国际航运高峰论坛。在仪式和论坛期间，谢德华与出席会议的 BIMCO（波罗的海国际航运公司）主席、秘书长和上海中心的负责人，以及来自有关方面的到会嘉宾进行了广泛交流。出席仪式和论坛后，谢德华先后拜访了德国劳氏集团、挪威 Grieg 公司驻华机构；与中国船舶工业安全生产培训中心负责人就培训合作交换了意见；走访了在沪、苏的部分会员单位。

●3 月 5 日，中国远洋运输（集团）总公司安监部经理陈吉和中远国际船舶贸易有限公司的有关部门的负责人到访协会，协商建立报废船舶拆解供应商信息库等事宜。

●3 月 19 日，谢德华会见了到访的日本海事协会（ClassNK）的松井敏友副会长一行。松井副会长一行介绍了 ClassNK 围绕香港国际拆船公约（HKC）所做有害物质清单（IHM）、拆船设施计划（SRFP）和拆船计划（SRP）等工作的实施情况，表达了推进双方建立良好关系以及合作的意愿。吴军等参加会见。

●3 月 21 日，谢德华、吴军等会见到访我协会的中国船级社（CCS）副总裁朱恺一行。在会谈中，双方就宣贯国际拆船公约以及开展相关工作事宜进行了友好会商，同意加强相关信息交流与技术合作等问题交换了意见。

●4 月 16 日，由中国拆船协会主办的“第二期拆船业可燃性气体测试技术和动火作业审批资格”岗位培训班在上海正式开班。有来自各地 34 家企业的 63 名的安全监督管理岗位人员参加了此次培训。

●4 月 22 日，谢德华应邀出席在京召开的中国船东协会五届七次理事会暨成立二十周年回顾活动，并与中国船东协会会长、中国远洋运输（集团）总公司董事长魏家福交流了国内航运业发展现状以及解决运力过剩等所面临的困境；对中远集团建立拆船供应商名单的做法表示赞赏，希望与船东协会、船舶工业行业协会等兄弟协会加强彼此间的交流，共同推进船业振兴和绿色发展。

●4 月 22—25 日，欧盟非政府组织“拆船论坛”（NGO Shipbreaking Platform）访问团应邀参观考察中国拆船业。吴军代表中国拆船协会专程赴上海欢迎、陪同访问团的来访和考察。NGO Shipbreaking Platform 在访问期间，先后走访了江苏苏恒海洋工程装备有限公司、江阴市夏港长江拆船厂、浙江宏鹰拆船有限公司、舟山长宏国际船舶再生利用有限公司等企业。访问活动结束后，吴军和 Patrizia Heidegger 女士一致认为，今后有必要进一步加强双方的沟通交流合作，共同推进全

球绿色拆船事业的进步与发展。

●4 月 26 日，谢德华参加中国物流与采购联合会在兰州市召开的第 12 次代管协会负责人工作会议。

●5 月 8—17 日，中国拆船协会绿色拆船企业资格评定专家组分赴粤、闽、浙、沪的申报企业进行现场考评。

●5 月 10 日，谢德华访问深圳市华测技术股份有限公司总部，并与船舶事业部的负责人就有关工作进行了交流和研讨。

●5 月 17—19 日，吴军到江苏的部分拆船企业调研。

●5 月 21 日，黄兆立应邀参加中国海事局在广东江门市召开的《扶持拆船产业转型升级与废钢船安全监管政策制度研究》开题与研讨会。

●5 月 26 日，黄兆立参加中国工业经济联合会在京举办的“2013 中国工业经济行业企业社会责任报告发布会暨社会责任评价指标体系发布仪式”。

●6 月 5 日和 6 月 7 日，协会分别在江苏省靖江市、福建省福安市召开驻苏沪和闽浙地区拆船企业负责人座谈会。共有 22 家企业的 42 人参加座谈会。谢德华出席并讲话。吴军主持座谈会。李洪卫、陈灿郎和尤长荣等协会领导分别参加了两地座谈会。福建省福安市副市长郑源等领导还专程参加了闽浙地区座谈会。

●6 月 14 日，谢德华接受 IHS Fairplay 记者的采访。

●6 月 18 日，江苏省靖江市人民政府赵叶市长会见在苏调研的谢德华和吴军，双方就当前拆船企业面临的形势和规范拆船企业活动等交换了意见。

●6 月 20 日，中国拆船协会转发《最高人民法院、最高人民检察院关于办理环境污染刑事责任案件适用法律若干问题的解释》。

●6 月 25 日上午，中华人民共和国南京海关与中国拆船协会在江苏省靖江市的扬子江船业集团公司总部，共同召开“南京海关、中国拆船协会政策交流会”。南京海关副关长兼缉私局局长司永胜、法制二处处长陶宏，泰州海关关长叶家德、缉私分局局长秦敬兵等有关领导，以及谢德华、吴军莅会。谢德华代表协会和会员拆船企业，对南京海关、泰州海关以及地方政府领导对拆船业给予的理解、关心、支持和所付出的辛劳表示衷心的感谢，并要求驻苏的会员企业严格执行国家的有关法律法规，在拆船的各项活动中，要善于通过各种渠道，积极沟通和反映企业贸易、拆解活动中遇到的各类问题，自觉接受执法、监管部门的管理。

●7 月 2 日，谢德华、吴军等前往中国海事仲裁委员会，与李虎副秘书长等就有关合作事宜进行了会谈。

●7 月 12 日，中国拆船协会党支部召开支部大会，传达学习贯彻习近平总书记讲话和中央有关文件精神，研究了协会加强自身作风建设和自律的措施。

●7 月 17 日，谢德华、潘霞等赴天津参加有关国际拆船标准转换研讨会。

●7 月 24 日，中国拆船协会召开党的群众路线教育实践活动动员会。中国物流与采购联合会党委委员、副会长、督导组组长任豪祥，督导组成员、纪委副书记张祚岭出席动员会并作重要讲话。协会领导班子成员、支部全体党员和秘书处全体职工参加了会议。

会上，任豪祥传达了中央、国资委领导讲话和中国物流与采购联合会党委开展党的群众路线教育实践活动的基本精神，并对拆船协会搞好教育实践活动提出了明确要求。谢德华主持动员会并表示，协会党政班子将会认真按照教育实践活动内容和督导组的要求，虚心听取群众意见，开展批评与自我批评，不断改进工作作风，扎实推进我会教育实践活动。会上，中国物流与采购联合会党委对协会党政领导班子进行了民主测评活动。

●7 月 31 日，国务院印发《船舶工业加快结构调整转型升级实施方案（2013—2015）》，要求“加快淘汰更新老旧远洋、沿海运输船舶”。

●8 月 1—8 日，谢德华等一行到驻鲁、辽地区的会员企业走访调研，听取意见。

●8 月 8 日，中国物流与采购联合会副会长、第二督导组组长任豪祥等领导来我会听取开展党的群众路线教育实践活动的意见。

●8 月 20 日，谢德华接受《中国船舶报》记者采访。

●8 月 26 日，黄兆立到环境保护部对外合作中心参加项目评标会议。

●8 月 27 日，协会党支部组织党员干部和群众听取中共中央党校梁妍慧教授有关党的群众路线教育活动的专题讲座。

●8 月 28 日，谢德华、吴军等会见来访的中国船舶工业安全生产培训中心的有关负责人和专家。

●8 月 28 日，协会召开领导班子民主生活会。中国物流与采购联合会纪委副书记、群众路线教育实践活动第二督导组成员张祚岭莅会指导。

●9 月 6 日，国家统计局发出《关于执行生产资料流通行业统计报表制度等五项统计制度的函》（国统制〔2013〕88 号）批准执行《拆船行业统计报表制度》，有效期为 2 年。

●9 月 9 日，《中国船舶报》采编中心副主任甘丰录等到访我协会，就共同开辟“拆船”专版等相关事宜达成共识。共同商定从今年 10 月起，中国拆船协会与《中国船舶报》社在《中国船舶报》开辟“拆船专版”，每月一期，以期加强拆船业宣传和报道工作。

●9 月 16 日，谢德华会见日本海事协会副会长松井敏友一行，他对松井敏友一行再次访问中国拆船协会表示欢迎。会谈中，双方就共同关心的问题进行了广泛交流。吴军等参加会见。

●9 月 17 日，谢德华参加中国物流与采购联合会党委召开的“开展党的群众路线教育实践活动”征求意见会。

●9 月 29 日，黄兆立参加由广东海事局主办的“扶持拆船产业转型升级与废钢船安全监管政策研究”课题组会议。

●10 月 9 日，谢德华接受《中国船舶报》记者的采访。

●10 月 9 日，谢德华、吴军会见到访的欧盟驻华代表团环境事务一等参赞 Heidi Hiltunen 女士一行。Heidi Hiltunen 女士介绍了不久前欧盟理事会通过欧盟新拆船法案的情况，表示访问中国拆船业的愿望。谢德华表示，中国拆船协会曾在欧盟制定新拆船法案的进程中，与欧盟委员会和议会就此进行多次接触和交流，表达了我方的关切、意见和建议。会谈中，双方就开展交流、研讨的方式等问题进行了协商。

●10 月 18 日，协会召开全体职工大会，审议通过协会部分规章制度。

●10 月 22 日，谢德华、吴军会见了来访的德国劳氏集团全球拆船业务总监 Gerhard Aulbert 先生。

●11 月 8—9 日，谢德华出席在福州市举办的中国物流学会五届四次理事会和第十二届物流学术年会。

●11 月 14 日，吴军等参加交通运输部有关拆船工作会议。

●11 月 18 日，黄兆立参加中国物流与采购联合会“党的群众路线教育实践活动”领导班子

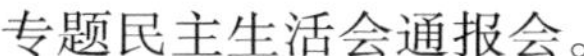

专题民主生活会通报会。

●11 月 27 日，中国拆船协会在江苏常州市召开第四届第三次理事会（扩大）会议，审议通过各项议案。会议期间，还举行签署《拆船业行规公约》仪式，与会的各会员单位的负责人或代表在公约文本上签字。

●11 月 28 日，欧盟拆船新法案信息说明会在江苏常州市举办。此次说明会是由中国拆船协会和欧盟委员会环境总司会商后决定召开的。由欧盟委员会环境总司废物管理处处长 Julio Garcia Burgues、政策官员 Emilien Gasc，以及欧盟驻华使团一等环境参赞 Heidi Hiltunen 和环境处冯梅等官员组成的欧盟代表团到会。出席协会四届三次理事（扩大）会的会员企业代表参会。中国海事局和中国船级社的代表也参加了会议。谢德华会长在致辞中表示，中国拆船协会将继续加强与欧盟委会的紧密联系和沟通，积极协调配合国家有关部门，努力为国内拆船企业营造更广阔、更便捷的市场环境。

●11 月 29 日，中国拆船协会和欧盟代表团在江苏常州市举行会谈。谢德华还就建立畅通的信息交流和沟通机制、认证授权环节实施以及设立欧盟拆船基金等问题，表达了意见和建议。黄兆立、吴军等以及欧盟代表团成员参加了会谈。

●11 月，拆船协会参与编写的《中国船舶工业年鉴——2013》正式出版发行。年鉴中介绍了 2012 年度中国船舶拆解业的发展运行情况。

●12 月 5 日，交通运输部等四部委印发《老旧运输船舶和单壳油轮提前报废实施方案》。

●12 月 10 日，交通运输部办公厅印发《关于公布老旧运输船舶和单壳油轮拆解企业名单的通知》。

●12 月 10 日，中国拆船协会印发《关于废船进口环节若干行为规范指引》。该“指引”旨在规范进口废船拆解企业买船、签订合同、报关纳税以及废船上机电设备、燃料油处置等活动。

●12 月 12 日，协会秘书处召开全体人员会议，学习传达中组部、国资委关于清理领导干部兼职（任职）工作的文件，并布置年度工作总结等。

●12 月 13 日，吴军接受《中国船舶报》记者的采访。

●12 月 25 日，农业部办公厅印发《关于远洋渔船境外报废拆解工作的通知》。

●12 月，中国拆船协会参与编写的《中国循环经济年鉴——2013》正式出版发行。年鉴中介绍了 2012 年度中国拆船业发展循环经济的基本情况。

2014 年

●1 月 13 日，谢德华、吴军访问中国海事仲裁委员会，就有关工作事宜与李虎副秘书长等负责人交换意见。

●1 月 14 日，协会秘书处举办“船舶基础知识”业务讲座。

●1 月 17 日，谢德华、吴军等到人力资源和社会保障部职业技能鉴定中心联系工作。

●1 月 23 日，协会秘书处召开 2013 年工作总结会议，总结经验，找出差距，总结落实四届三次理事会批准的 2014 年工作要点。

●3 月 5 日，谢德华、吴军等一行应邀访问了中国船东协会。双方在会谈讨论中一致认为，加强船舶上下游紧密关联的三个行业组织的沟通联系十分必要，并表示愿意共同推进这一机制的形成。

●3 月 19 日，谢德华、吴军应邀出席在大连举办的“亚洲船东论坛（ASF）船舶资源回收委员会（SRC）第 17 次中期会议”。ASF - SRC 主席卢峯海博士表示，希望与中国拆船协会建立联系，增强拆船市场信息交流。

●4 月 4 日，中国拆船协会全体人员到北京房山区参加了义务植树活动，共同为绿化首都环境、净化北京的蓝天做出了一份努力。同时，还组织参观了“平西抗日战争纪念馆”，了解平西地区抗日历史，缅怀革命先烈。

●4 月 11 日，中国拆船协会在广州市召开驻粤会员企业负责人座谈会。

●4 月 14 日，中国拆船协会驻苏沪皖会员企业负责人座谈会在江苏省江阴市夏港长江拆船厂召开。

●4 月 15—18 日，中国拆船协会与中国船舶工业安全培训中心在上海联合举办安全生产岗位人员培训班。来自 21 家单位的 38 人通过考试，取得了资格证书。

●4 月 24—25 日，中国拆船协会会同国家环境保护部对外合作中心在浙江省舟山市举办了“拆船企业制冷剂回收设备使用技术培训班”。来自广东、福建、浙江、山东、天津和大连等地区的 23 家企业主要负责人或工作人员近 40 人参加了首批培训。国家环保部对外合作中心项目履约官员钟志锋，以及谢德华参加开班式并讲话，黄兆立主持。

●5 月 8 日，环境保护部办公厅印发《关于开展固体废物进口许可证申请网络试报工作的通知》。

●5 月 17 日，黄兆立在北京人民大会堂参加“第三届中国工业大奖表彰大会”。

●5 月 20 日，谢德华、吴军应邀出席在北京举办的“2014 年中国再生资源产业发展论坛暨展示交易大会”开幕式，并参加了展览展示活动。这次大会是由中国物资再生协会主办，中国拆船协会是协办单位之一。

●6 月 6 日，《中国船舶报》李忠社长率王学军副总编、甘丰录主任等一行访问中国拆船协会。谢德华对《中国船舶报》开辟“拆船专版”，给予拆船业的关注和广泛宣传表示衷心感谢，着重介绍了近期中国拆船业发展现状、面临的困难和问题以及协会着手行业建设，积极反映诉求，争取各项政策等情况，并希望继续深化双方合作，共同办好“拆船专版”。

●6 月 11 日，中国拆船协会印发《关于转发〈财政部国家税务总局关于全国实施增值税转型改革若干问题的通知〉的通知》。

●6 月 27 日，中国拆船协会在安徽省芜湖市举办了“第二期拆船企业制冷剂回收设备使用技术培训班”。来自上海、江苏和安徽等地区的企业主要负责人或技术人员参加了培训。

●6 月 30 日，交通运输部办公厅印发《关于公布第二批老旧运输船舶和单壳油轮拆解企业名单的通知》。

●6 月 30 日—7 月 3 日，黄兆立等到江苏地区的会员企业走访调研。

●7 月 4 日，财政部税政司王晓华副司长听取谢德华、吴军等关于报废船舶纳入调整完善资源综合利用产品及劳务增值税政策的汇报。

●7 月 16—18 日，黄兆立等到广东地区的会员企业走访调研。

●7 月 22 日，国家发改委等六部门印发《关于整顿规范进出口环节经营性服务和收费的通知》。

●8 月 8 日，中国拆船协会秘书处召开 2014 年上半年工作总结和下半年工作布置会。大家一致表示，要密切联系会员，虚心听取会员意见，不断改进工作作风，不断提高服务能力和水平。坚定信心，变压力为动力，克服困难，苦练内功，积极开展有益和建设性工作，更好地为企业、行业服好务，不辜负会员的重托和期望。

●8 月 26 日，协会召开职工大会，讨论通过秘书处起草的《中国拆船协会勤俭办会厉行节约的若干措施》。

●8 月 26 日，协会秘书处召开业务学习交流研讨会。协会秘书处负责信息统计和财务工作的同志分别向全体员工做了上半年拆船业经济运行情况、国内外未来经济形势的分析报告和财税知识及国家全面实施增值税转型改革等涉及拆船业有关财税政策的讲座。大家围绕当前经济热点、政策与市场走向、增值税转型、营改增等问题进行了热烈的讨论，踊跃发表见解，并希望今后经常组织类似的学习交流活动，以不断提高服务行业企业和政府的能力和业务素质。

●8 月 28 日，谢德华、吴军应邀出席中国废钢铁应用协会五届三次会员大会、协会成立 20 周年庆祝活动以及“第七届中国金属循环应用国际研讨会”。

●10 月 21—22 日，在第 11 届中国大连国际海事展览会举办期间，《中国船舶报》社在展览会中央讲堂开办了“发展海洋经济，建设海洋强国新闻沙龙”活动。谢德华应邀出席沙龙活动并回答了媒体记者的提问。工业和信息化部装备工业司调研员陈颖涛、中国船舶工业行业协会顾问王锦连、中国船东协会常务副会长张守国、中国造船工程学会副理事长方书甲等也一同参加了沙龙活动。《中国船舶报》社社长李忠主持沙龙活动。期间，谢德华还参加了《船舶经济贸易》杂志第四届理事会第一次会议。

●10 月 23 日，DNV GL① 集团全球拆船业务总监 Gerhard Aulbert 先生等一行访问我协会。谢德华、吴军等热情欢迎并与 Gerhard 先生进行了友好会谈。在会谈中，双方各自介绍了中国拆船业

① DNV GL：挪威船级社（DNV）与德国劳氏船级社（GL）宣布正式合并，于 2012 年 12 月 20 日签署合同，新公司更名为 DNV GL Group。

发展近况和 DNV、GL 合并及业务开展等情况，就香港公约、欧盟拆船新法案、落实双方 2012 年签订合作谅解备忘录所确定的各项工作以及共同关心的问题深入、坦率、广泛地交换了意见。

●10 月 27 日，黄兆立等参加环境保护部污染防治司召开的“十三五”环保规划调研会。

●10 月 31 日，谢德华参加工信部船舶标准研究项目工作会。

●11 月 2 日，吴军等到交通运输部参加老旧运输船舶提前报废更新政策评估分析座谈会。

●11 月 8—12 日，谢德华参加在上海召开的中国物流学会理事会和学术年会，会后到江苏省部分拆船企业调研。

●11 月 21 日，谢德华到天津市部分会员单位调研。

●12 月 10 日和 15 日，协会秘书处先后召开职工大会，传达国资委有关文件精神，并就近期协会工作做出安排。

●12 月，中国拆船协会参与编写的《中国船舶工业年鉴——2014》正式出版发行。文中介绍展示了 2013 年度中国拆船业的发展运行情况。

2015 年

●1 月 9 日，中国拆船协会在安徽合肥市召开四届四次理事会（扩大）会议。会议同意张先平、张雄文不再任协会理事、副会长之职；同意聘任崔雪为协会副秘书长。审议通过协会秘书处提交的各项议案。

●1 月 28 日，日本海事协会（ClassNK）执行委员、拆船业务负责人高野裕文等一行访问我协会。

●1 月 30 日，中国拆船协会召开 2014 年工作总结和 2015 年工作布置会。

●2 月 3—16 日，谢德华率协会领导班子成员分别拜访了中国船东协会、中国废钢铁应用协会。受到中国船东协会张守国常务副会长、宁德伟秘书长，以及中国废钢铁应用协会王镇武名誉会长、李树斌常务副会长兼秘书长等的热情欢迎。期间，双方介绍了过去一年来各自行业发展和协会的主要工作情况，交流了行业发展中所遇到的问题和困难，研讨了疏困解难的途径和意见。一致认为，有必要建立船舶业、废钢铁业的各相关协会间的常态联系机制，不断加强上下游产业的沟通和信息交换，增进业内相关产业链间的相互了解，以及行业发展政策争取与实施的协调和互动，共同谋求和拓展行业发展的空间。

●3 月 16 日，谢德华、吴军会见到访的 DNV GL 全球拆船总监 Gerhard Aulbert 先生。

●3 月 18 日，协会秘书处组织业务专题学习会，传达近期中央领导的重要讲话，并布置近期工作。

●3 月 18 日，谢德华等专程拜访了《中国船舶报》社。与社长李忠、总编辑范国荣及副总编辑王学军等就进一步办好“拆船专版”进行了交流。

●3 月 23 日，谢德华、黄兆立等到天津天马拆船工程有限公司调研并颁发“绿色拆船企业”证牌。

●3 月 25—27 日，中国拆船协会在上海举办了“可燃气体测试技术、动火作业审批岗位资格培训班”。这是自 2011 年协会组织开展此培训工作后的第三次培训，每两年举办一次。此次培训活动再次得到了中国船舶工业安全生产培训中心的通力合作。共有来自近 30 个会员企业的 51 人参加了培训，并取得岗位资格证书。

●4 月 10 日，中国拆船协会在北京组织召开了专项工作研讨会，分别就拆船国家标准研究项目和《标准拆船合同》编写等工作进行了研讨。中国海事仲裁委员会副处长王英民等参加了《标准拆船合同》研讨活动。

●4 月 17 日，中国拆船协会组织员工到北京市怀柔区参加义务植树活动。

●4 月 22 日，协会组织全体员工业务学习会。学习领会新《安全生产法》《环境保护法》的新要求和新变化；对今年一季度国内拆船活动情况、拆船企业现状以及国内外相关市场信息进行了分析；通报了近期国务院制定的“水十条”行动计划精神以及协会工作安排；对 4 月 10 日专题会议初审的拆船格式合同文本内容再行讨论，形成送审稿。

●5 月 15 日上午，受环保部外经办委托，中国拆船协会在舟山长宏国际船舶再生利用有限公司召开“拆船作业中防污漆无害化管理示范项目成果推广会”。来自 23 家会员拆船船企业的代表，中国海事局、环保部污防司、浙江海事局、舟山海事局的有关领导以及中国船舶工业综合技术经济研究院的专家应邀参加了项目推广活动。谢德华、黄兆立、吴军、刘丛生和潘霞等协会领导参加推广会活动。

●5 月 15 日下午，中国拆船协会部分地区会员企业座谈会在浙江省舟山市新华侨饭店召开。来自部分地区 23 家拆船企业的负责人或代表 35 人参加了会议。中国海事局、环保部污防司、浙江海事局、舟山海事局和舟山市环保局等有关领导出席了会议并讲话。谢德华会长在会上向与会代表介绍了近期行业发展和协会工作情况；传达了中央、国务院加快推进生态文明建设以及涉及拆船业发展的文件精神；分析了国家宏观经济形势及走向，以及当前影响拆船行业发展诸多因素；指出了当前拆船工作要坚持一业为主与抱团取暖，坚持绿色拆船与依法经营，坚持强化技术进步与科学管理的必要性，并就当前拆船业可能出现或应注意的相关问题，提出了具体的意见和要求。会上，与会代表对目前行业所面临的形势和企业生产经营中遇到的困难和问题，特别是对“船舶注销证书”滞后影响拆船工期；采买国内废船无法取得增值税发票，难以抵扣进项税；船舶拍卖无准入规定，导致非正规拆船企业或个人从中渔利，以及非法拆船依然存在等问题，反映尤为突出。吴军主持，黄兆立、刘丛生、潘霞等协会领导莅会。

●5 月 29 日，黄兆立参加中国物流与采购联合会“三严三实”专题教育动员会。

●5 月，中国拆船协会参与编写的《中国循环经济年鉴——2014》正式出版发行。文中介绍了 2013 年度中国拆船业发展循环经济的基本情况。

●6 月 12 日，环境保护部污染防治司在京召开“进口固体废物加工利用行业工作座谈会”。行业协会的负责人受邀参加了会议并发言。谢德华简要介绍了中国拆船业发展现状、进口废船拆解、推动绿色拆船以及国际地位等情况，并就如何通过环保措施助力钢铁产业结构调整和转型升级，减少对铁矿石依赖；尽早组织修订国务院拆船管理条例，建立健全并完善废船监管和拆解管理制度和体系；统一国内各类船舶（运输船舶、渔业船舶、公务船舶、舰船、走私罚没船舶等）环保拆解准入标准、交易规范和监管要求；开展废钢出口可行性研究，为企业纾困解难以及如何切实发挥行业协会作用等，表达了相关意见和建议。黄兆立、吴军一同参会。

●6 月 12 日，财政部、国家税务总局印发《资源综合利用产品和劳务增值税优惠目录》（财税字〔2015〕78 号），自 2015 年 7 月 1 日起，拆船业符合条件的企业可享受销项增值税即征即退优惠。

●6 月 30 日，中国拆船协会领导班子及党支部联合召开“三严三实”专题教育会。会上，认真组织学习了《中共中央办公厅印发〈关于在县处级以上领导干部中开展“三严三实”专题教育方案〉的通知》、国务院国资委党委《关于在国资委直属机关处级以上领导干部中开展“三严三实”专题教育实施方案》，以及中国物流与采购联合会党委有关实施意见；传达了习近平等中央领导近期有关反腐倡廉、纠正“四风”问题和严格执行“八项规定”等的重要讲话精神。

●7 月 16—17 日，谢德华等陪同国家有关部门领导同志到广东地区部分会员单位就进口废船关税情况进行调研。

●7 月 20 日，中国拆船协会与中国废钢铁应用协会、中国再生资源回收利用协会、中国物资再生协会，以及中国钢铁工业协会、中国循环经济协会和全联中小冶金企业商会等联合在北京主办“2015 废钢铁行业大会”。谢德华在发言中表示，国家有关部门将报废船舶正式纳入目录是符合《循环经济促进法》《固体废物污染环境防治法》等有关法律法规的基本要求的。他指出，一个好的政策关键在于落实，而政策执行的好坏，需要政府部门的实施和监管，堵塞漏洞，严防寻租与腐败，打击借机乱收费乱摊派现象；需要行业组织加强政策宣传，发挥协调与纽带作用，服务好政府与企业；需要企业自律与规范运作，更需要全社会的监督。黄兆立、吴军和秘书处的有关负责人，以及来自天津、广东、浙江和江苏等地的部分会员拆船企业负责人或代表参加会议。

●8 月，中国拆船协会参与编写的《中国船舶工业年鉴——2015》正式出版发行。文中介绍展示了 2014 年度中国拆船业的发展运行情况。

●9 月 7 日，谢德华、黄兆立参加环境保护部污染防治司召开的由交通运输部、农业部参加的有关拆船工作研讨会。

●9 月 7 日，吴军参加中国物流与采购联合会召开的有关行业协会与行政机关脱钩工作会。

●9 月 18 日，协会秘书处组织专题业务学习会。集中学习中央有关行业协会与行政机关脱钩文件、ISO 9001 质量管理体系及协会《质量手册》等。会上，结合消防安全器材实物，专门做了消防安全知识的培训。

●10 月 15 日，国家统计局发出《关于执行生产资料流通行业统计报表制度等五项统计制度的函》（国统制〔2015〕91 号）批准执行《拆船行业统计报表制度》，有效期为 2 年。

●10 月 15 日，国务院国资委在北京召开“国资委行业协会脱钩及试点工作动员会”，中国拆船协会被列入首批试点单位之一。吴军参加会议。

●10 月 16 日，北京世标认证中心有限公司向中国拆船协会颁发了“ISO 9001：2008 质量管理体系认证”证书。经过审核认证，北京世标认证中心有限公司 9 月 18 日签发了认证证书。北京世标认证中心有限公司总裁李永波亲自到协会祝贺并向谢德华会长颁发了证书。

●10 月 30 日—11 月 2 日，谢德华、吴军赴江苏、广东调研。

●11 月 3 日，中国物流与采购联合会传达中央组织部全国社会组织党建工作会议精神。

●11 月 5 日，全国人大环资委召开“循环经济促进法修改领导小组第二次会议”。会议主要内容是听取有关专家学者对循环经济促进法修改的意见建议。会议由全国人大环资委副主任委员王云龙主持。黄小晶、蒋巨峰、张宝顺、王庆喜和袁驷副主任委员以及部分委员出席了会议。全国人大环资委法案室主任翟勇、法工委以及中央编办等的有关领导参加了会议。谢德华应邀出席了会议并作专题发言，汇报拆船业发展情况以及对修法意见和建议。

●11 月 13 日，国务院国资委传达《行业协会商会与行政机关脱钩总体方案》相关配套文件及精神。

●11 月 16 日，谢德华会见来访的挪威 Grieg Green 首席执行官 Petter Heier 等一行。双方就当前国际废船市场动态、安全环保拆解以及国际或区域拆船发展现状等话题深入交换了意见。Petter Heier 先生介绍了 Grieg Green 开展船舶 IHM（有害物质清单）审核及石棉清除、国际废船（海工平台）绿色交易及拆解监理等情况，肯定了中国拆船企业的绿色拆船能力。他还介绍了欧盟、挪威推动绿色拆船情况以及其他拆船国家的发展动态，表达了在绿色拆船等方面，继续加强与中国拆船协会的交流与合作的意愿。

●11 月 17 日，环境保护部发布 2015 年第 70 号公告，颁布《限制进口类可用作原料的固体废物环境保护管理规定》。

●11 月 30 日，民政部在北京举办“2015 年全国性行业协会商会脱钩试点工作培训班”。会上，“行业协会商会与行政机关脱钩联合工作组”公布了2015年全国性行业协会商会脱钩试点名单。民政部党组成员、国家民间组织管理局局长詹成付在会上做了“精心组织，周密部署，扎实推进全国性行业协会商会脱钩试点工作”的讲话。国家发改委、中央组织部、中央编办、外交部、财政部、国管局以及国家信息中心等有关机构的负责人就做好脱钩工作进行了政策宣讲和培训。包括中国拆船协会在内的148家协会商会列为2015年首批试点单位。国务院国资委近期还印发了《国资委行业协会脱钩试点实施方案》。按计划，于2016年7月底前完成首批试点工作。

●12月4日，国务院关税税则委员会印发《关于2016年关税调整方案的通知》。自2016年1月1日起，国内拆船企业进口废船实行关税暂定税率为1%。由此拆船企业进口废船减交税率为2.34%。

●12月4—5日，中国拆船协会在福建省福州市召开协会会长（扩大）会议。会议由谢德华主持。会上，学习传达了中共中央办公厅、国务院办公厅及有关部委关于全国性行业协会与行政机关脱钩工作文件精神，研究了我协会定位和发展问题；通报了今年前三季度国内拆船活动及协会工作情况；讨论通过了协会秘书处拟提交四届五次理事会审议的相关议案；座谈分析了当前拆船企业面临的形势及相关市场发展趋势，以及制定“十三五”拆船业发展规划的意见。会议一致认为，协会作为中国拆船业的社会组织，是联系政府与企业的重要纽带，是指导行业发展的需要，希望全体会员无论在何种情况下，都要一如既往地支持协会及秘书处的工作，要认真贯彻执行协会负责人会议和理事会的各项决议。会议对本届理事会和秘书处的工作给予了肯定，并希望协会在行业发展困难时期，更好地发挥“领头羊”的作用，积极为会员争取更多有利于行业发展的政策，凝心聚力，攻坚克难。在座谈讨论中，与会负责人还对行业目前所面临的严峻市场形势、企业生产经营困难以及应对措施发表了各自的意见和建议。

●12月29—30日，国务院国有资产监督管理委员会在广东省深圳市举办第一批试点协会培训班。来自国资委第一批与行政机关脱钩试点的57家委管全国性行业协会商会的负责人或代表参加了培训。国资委研究局（行业协会联系办公室）、人事局、机关事务服务局、直属机关党委、外事局等有关领导出席会议。谢德华参加了培训学习和讨论活动。

第四篇
文论与媒体报道

新闻媒体是搞好行业宣传工作的重要平台之一。自2006年以来，中国拆船协会十分重视并加强了行业的宣传工作。期间，制定了行业宣传工作的实施细则，认真做好协会内部简报《中国拆船》的编印出版工作，更新了协会网站，表彰一批宣传信息工作先进单位和个人。2013年10月，中国拆船协会与《中国船舶报》社合作，在《中国船舶报》上正式创刊了每月一刊的“拆船专版”。

十余年来，协会加强行业宣传工作活动，引起业内人士和新闻媒体的关注。《中国船舶报》《中国水运报》《中国交通报》《国际商报》《中国冶金报》《21世纪经济报道》《中国产经新闻》《中国贸易报》《资源再生》《中国远洋航务》《中国海事》《世界海运》《物流技术》《中国船检》《国际船艇》《船舶经济贸易》《中国航务周刊》《HIS Fairplay》《TradeWind》等国内外报纸杂志，国务院发展研究中心《经济要参》以及《冶金经济内参》《中国废钢铁》等先后刊登发表了多篇新闻报道和重要文章，为正名拆船业、促进拆船业的发展，发挥了积极而重要的宣传作用。

本《年鉴》收录了部分文论和2011年11月第四届会员大会以来，在有关报刊刊登发表的部分新闻报道和主要文章，以飨广大读者。

拆船人的社会责任

放眼世界，绿色经济是21世纪产业发展的主旋律。作为承载着资源循环再利用、减少或消除废船污染等重要社会责任，始终倡导绿色拆船的中国拆船业，同样不能例外。在船舶生命周期的最后环节，拆船业对废旧船舶的安全环保处理负有最终责任，这是拆船人的光荣使命，更是拆船人的社会责任！

中国拆船业的绿色发展之旅

我国拆船业真正得到发展始于20世纪80年代的改革开放。改革开放初期，为解决国内钢铁、废钢资源的不足，振兴国民经济，国家采取了若干积极政策措施。通过规范管理，我国船舶拆解业借以拆解进口船舶，积淀了作业经验，践行了绿色拆船，取得了长足发展。

经过20余年的实践，中国拆船企业已基本掌握了所有类型船舶（除核动力船舶以外）的拆解技术。企业的拆解设施设备比较完善，机械化程度高，拆解速度大幅提高，拆解时间大大缩短，资源回收率显著提高。在环保安全健康方面，通过与专业公司的合作，较好地解决了污水、污油收集与处理，以及石棉、PCBs（多氯联苯）和其他有害物质的处理问题。船舶拆解方式已经由冲滩拆解，改变为更加安全环保的码头或船坞拆解。企业所建成的拆船场地、拆解设备及环保设施（包括油污水处理装置、围油栏、石棉拆解装备、焚烧炉以及防污应急设备库等）达到环保部门的要求。工人获得良好培训，安全健康、劳动保护、保险均得到保障，基本做到了安全、环保与健康。现在，国内许多船舶拆解企业通过了环境管理体系ISO 9001、ISO 14001或职业安全健康管理体系OHSMS 18001认证。

据不完全统计，截至2007年年底，我国船舶拆解企业共拆解2100余艘国内外废船，回收了2150多万吨废钢、废有色金属资源。为我国节约原生资源、充分利用国际国内可再生资源、弥补国内废钢铁资源不足、促进经济发展起到了积极作用。同时，船舶拆解业的发展，为社会特别是农村富余劳动力提供了近10万个就业岗位，同时也带动了轧钢、家具、铸造、金属加工、修造船等关联产业的发展。

国内不足百家的船舶拆解企业，主要分布于沿海沿江的十余个省、市、自治区。这些企业均是在经过环保风险评估后，依照国家相关法律法规设立的。它们严格按照《中华人民共和国固体废物污染环境防治法》《防止拆船污染环境管理条例》《危险废物焚烧污染控制标准》《危险废物填埋污染控制标准》《含多氯联苯废物污染控制标准》等有关行业标准、导则处置废旧船舶。

目前，报废船舶或作为报废处理的船舶的主要来源是，交通运输的货船和客船、渔船、军队舰船、非机动船舶（趸船、工程船、驳船、浮动结构体等）、专用船舶（如科学实验船和救捞船等）、私人游艇、损毁沉没和走私罚没的各类船舶。

据统计资料分析预测，未来10～15年，我国各类运输船舶年均淘汰或报废量也将超过500万载重吨。海洋捕捞机动渔船到“十一五”末期，将要减少2.3万艘，93.39万千瓦。

拆船人履行社会责任的重要意义

拆船业是资源环保型产业，是循环经济的组成部分。国际上称之为“船舶再循环工业”。行业本身就具有社会综合效益大于企业经济效益的特点，同时，拆船业是敏感度较高的行业，在社会上，“污染”“赚钱”的误解一直存在。因此，拆船人必须更加关注社会责任，关注企业的相关利益者，真正负起应有的责任。一个没有社会责任感的厂长、经理或企业，他以及他所经营的企业将难以实现永续经营，同样，没有社会责任感的行业就可能会失去可持续发展的机会和条件。因为一个行业（企业）的成长绝不是孤立的，正是与相关行业（企业）的相关利益者的互动，协调、促进的结果。

不可否认，废旧船舶的处置过程，将不同程度地产生含有对环境和人体健康有毒有害的物质，如石棉、重金属、PCBs、废油和油泥、有基锡、废油漆和涂料等，这些有害物质量虽不大（仅占1%～2%），可一旦处理不好，危害程度却会很大。

而一个具有社会责任感的成功的拆船企业，不仅能够化解废船污染，而且能够为发展循环经济和建设两型社会做出巨大贡献。一方面，废旧船舶可循环利用的资源量大、价值高。船舶经拆解可获得大量金属材料、机电设备等。经测算，拆解1轻吨废船可回收金属量0.9吨以上（其中拆船板约占49%、型钢约占25%、废钢约占20%、有色金属约占1%、机电设备约占5%）。这些金属资源可直接利用、再制造或循环利用，可减少矿产资源的开采和铁矿石的进口量。另一方面，废旧船舶资源本身即为载能体、载矿体。据专家测算，利用废钢炼钢代替铁矿石炼铁炼钢，可将能量使用降低47%～74%，空气污染减少85%，水污染减少96%，采矿废弃物的排放减少90%等。每拆解1轻吨废旧船舶可以节约0.4吨标准煤、2.66吨矿石和0.891吨焦炭，减少10.3吨废水、5.04吨固体废弃物和0.02吨二氧化硫的排放。

事实证明，变废为宝是拆船业生存与发展的根本。我国进入“十一五”发展期间，明确提出发展循环经济、建设资源节约型和环境友好型社会。如何切实采取有效措施，做好废旧船舶回收和安全环保拆解，充分循环利用废船资源，解决废旧船舶拆解所带来的资源、环境和社会问题，规范船舶拆解业的健康发展，已经成为我国经济发展过程中，必须面对和妥善解决的大问题。因此，拆船人的企业社会责任既是拆船业生存的根本，更是拆船业发展的机遇。

拆船人如何履行企业社会责任

2005年4月18日，《广州日报》刊发了《拆掉220艘旧轮船“榨”出330万吨钢》的记者署名报道，报道称，该公司多年来，在发展生产、提高效益的同时，从所得利润中提取部分资金，在镇内建立了绿化广场、图书馆、双水大道，把双水镇变成了环境优美，人们安居乐业的好地方，同时还带动了镇内100余家企业的发展，形成以废船拆解业为龙头、以拆解物资循环利用和深加工为产业的产业集群，解决近万人的劳动就业。这种一业带百业、一业兴百业旺的局面，形成了双水镇拆船业的“榕树效应”。江阴夏港长江拆船厂、江门中新拆船钢铁有限公司等国内拆船企业，不惜重金，投资建成了日处理近千吨油污水处理装置，以及石棉、漆皮处理回收设施等，这正是拆船人践行社会责任的典范！

时至2008年下半年，国际金融风暴的大背景，在客观上使我国上游废船资源日益丰富，而拆船企业在获得资源和效益的同时，决不能以污染和破坏环境、危害工人健康和牺牲社会利益为代价。那么我们应该怎样做来达到企业社会责任的要求呢？

第一，加强企业内部经营管理，开展清洁生产，规范生产行为，防止拆船污染环境，贯彻《绿色拆船通用规范》行业标准，积极推进绿色拆船实践活动，舍得投入，创建绿色拆船厂。把绿色的理念深入到拆船人人心，让社会知晓拆船人对国家、地区的经济社会发展所作的努力。

第二，搞好行业或企业的发展规划。国家有五年规划，我们也要有。2006 年，中国拆船协会制定了《拆船业发展“十一五”规划》，规划中明确提出，争取在“十一五”期间创建我国第一批绿色拆船企业，经过 5 年的努力和发展，培植和扶持更多的绿色拆船企业的典型。发展的目标有了，实现目标的措施有了，关键在实践和落实。

第三，我们在不断提高自身的管理水平和技术水平的同时，要善于学习、吸收国外先进的管理思想和模式，引进发达国家的先进工艺装备和环保技术，以不断提高我国拆船业的整体水平，增强参与市场的核心竞争力。

第四，拆船企业要根据当前拆船业规范的要求，认真组织对本单位拆船的安全生产、环境保护和人员健康开展全面的自查工作。根据检查结果，认真整改并制定具体整改意见。

第五，要抓紧开展企业管理人员、专业技术人员和生产一线工人的专业和技术经常性培训工作，做到持证上岗。要努力形成完整系统的培训制度。

第六，强化宣传，提出拆船人自己的社会责任目标，提高社会影响力。作为废船舶拆解加工产业，它的存在旨在减少或消除船舶废弃后对海洋水域环境的污染；实现钢铁、有色金属等资源循环利用，是资源环保型产业。这不仅是拆船人的共识，更应该成为社会共识。

事实上，若干年来，中国拆船人在环境保护、安全生产、职业健康以及国际间的交流所作出的努力实实在在：我们制订了国内乃至世界第一部行业标准——《绿色拆船通用规范》；2001 年，我们积极参与了国际劳工组织《拆船业安全卫生指南》的制定；2005 年，江门新会双水拆船钢铁有限公司成为我国第一批国家发展循环经济的试点企业；从 2006 年起，我们积极配合中国海事局，参与国际海事组织《国际安全与环境无害化拆船公约》的制定，协办了国际海事组织在珠海召开的“IMO 地区拆船研讨会”；2002 年，中国国家环保总局与荷兰环境部签订了谅解备忘录，将大型船舶的清洁拆除列入了合作项目；迄今为止，中国的拆船企业已与荷兰、丹麦、德国、英国、美国、挪威、日本、韩国、希腊、俄罗斯等国家以及国内的航运或船公司开展了绿色环保清洁拆除合作，等等。

这些，都是中国拆船人值得引以为傲的经历！

挪威著名的戏剧家易卜生讲过这样一句话：“社会犹如一条大船，船上的每一个人都要有掌舵的准备。”就拆船业而言，这里的“掌舵”应该指的是责任。今天的中国正处于经济、社会发展的转型变革期，今日的中国拆船业正迎来新的发展机遇，这为拆船业的每个人提供了“掌舵”的平台。我相信，只要拆船人认认真真地、脚踏实地地做应做的事情，敢于承担起历史赋予的责任，中国的拆船业一定会有更大的发展，而且一定会对国家经济、社会的发展做出自己应有的贡献。

（作者：谢德华。本文根据作者在广东新会举办的拆船企业培训班上讲话整理而成，刊登于《中国船检》杂志 2008 年第 12 期）

拆船业与船舶工业的调整振兴

最近，国务院常务会议审议并原则通过的《船舶工业调整振兴规划》，是在受国际金融危机的影响，国内船舶市场供求关系出现逆转，与前几年航运市场火爆时需求增长而直接导致造船基础设施能力成倍增长，形成巨大反差的形势下出台的。这份为时三年的规划，明确了船舶工业调整振兴的“保订单、扩内需、调结构、提素质”的基本原则，提出了立足长远发展的具体措施。“造船业—航运业—拆船业”是一条完整的循环产业链，协调解决当前造船市场和航运市场供需关系的重要措施之一，就是规范发展拆船业。

1. 加快淘汰老旧船舶，促进造船、航运业与拆船业发展

在过去的几个月内，“交船难、接单难、融资难”成为船舶工业艰难发展的重要表现。据专家预测，2009 年全球宏观经济环境将更加恶化，世界海运量增速更加趋缓，航运市场新增运力加速，运力过剩加剧。国际船舶市场的“卖方市场”格局行将结束，船用钢材产能过剩的矛盾将显现。专家担心，大量的过剩产能与船板价格的下滑极容易形成恶性循环，不仅会造成宝贵资源的浪费，而且会诱发无序竞争，造船用钢企业发展将面临大起大落的风险。

如何有效解决船舶工业以及与之相关产业（如钢铁产业）目前遇到的困难和难题呢？造船、航运和拆船循环产业链作为一个不可分割的整体被写入《船舶工业调整振兴规划》，从某种意义上说，规划已经在政策层面上对解决困难和问题做出了安排。比如，鼓励船舶制造企业实施兼并重组，今后 3 年暂停现有船舶生产企业新上船坞、船台扩建项目；抓紧研究出台鼓励老旧船舶报废更新和单壳油轮船强制淘汰政策；规范发展拆船业，实行定点拆解，等等。这对于巩固和提升我国船舶工业的国际地位，实现由大变强的转变，具有重要的战略意义。

船舶工业发展，对钢铁、装备制造、电子信息等重点产业发展具有较强的带动作用。笔者认为，要确保船舶产业平稳较快发展，加快老旧船舶的淘汰是关键措施之一。据航运业内人士分析估计，从 1999 年至今，我国航运企业一直在迅速扩张船队，很少淘汰船舶，我国船龄在 25 年以上的老旧船舶至少占到 35%。如果这些老旧船舶得以拆解，则有利于促进新船的投入使用，进而稳定船舶建造企业的生产，扩大船用钢材的需求；有利于调整运力结构，促进航运复苏，引发航运企业新造船需求；有利于调动拆船企业的积极性，促进废旧船舶的绿色拆解，保障航运运输安全和环境安全。

拆船业是劳动密集型产业，可吸纳大批人员就业。自国际金融危机爆发以来，我国就业压力剧增。去年金融危机爆发以来，拆船业复苏。国内拆船企业用工计划大增。据不完全统计，截至 2009 年 3 月底，国内拆船企业增加用工量是 2008 年 9 月底的一倍还多。

据有关企业测算分析，每拆一万轻吨废旧船舶，就可直接或间接吸纳 1000 余人就业。由于我国有广阔的内需市场，拆船物资产品范围广、用途多，可以促进和带动修船业、废钢铁综合利用业、家具业和小五金等关联实体经济的发展，由此会扩展更多的劳动就业渠道。

2. 我国拆船业的发展和遇到的问题

拆船业是资源环保型产业。改革开放以来，在国家一系列政策扶持下，国内拆船企业从小到大，优胜劣汰，不断壮大，有了一支安全环保意识强、拆解技术较高的拆船队伍，初步形成了以珠江三角洲和长江三角洲为主、部分沿江沿海地区少量拆船厂为补充的产业格局和年拆解 350 万轻吨的能力。这些企业按照国家有关规定和《绿色拆船通用规范》行业标准要求，突出绿色拆船理念，加大了拆船场地改造、拆解设备及环保设施（油污水处理装置、围油栏、石棉拆解装备、焚烧炉以及防污应急设备库等）投资建设力度。现已有 13 家大中型拆船企业通过了 ISO 14001、OHSMS 18001 的资格认证。中国拆船业的安全环保与职业健康体系建设的实践已得到国际组织（IMO、ILO、BC 和 BIMCO）的认可，许多技术操作和实践成为这些组织制订相关拆船国际公约、技术导则和指南的重要依据。

然而，我国的拆船业是否能在这次船舶工业调整振兴过程中，发挥其应有的作用呢？应该说，国内的拆船企业对于即将到来的老旧船舶淘汰高峰期，却是存有疑虑和无奈的。因为，目前我国老旧船舶回收拆解仍然存在诸多问题，主要表现在以下几个方面。

（1）报废船舶处置监管缺位。调查表明，船舶被宣布“死亡”后，按何种程序或规范进行有效处置，国家尚没有明确的强制性规定。废船销向非法拆解渠道现象严重。

（2）正规拆船企业税负过重，经营风险大。正规拆船企业收购废船，因无法取得进项增值税发票，难以抵扣，税负重。再加上船舶拆解具有安全环保投入大，采买资金占用量大，拆解周期较长等特点，拆船企业受下游市场变化影响较大，故经营风险较大，极易造成亏损。如果只要求拆船企业承担社会责任（效益），而忽视其对经济效益的追求，与企业存在理由相悖。

（3）废船交易行为不规范。主要是废船买卖以及拆解材料销售的现金交易还大量存在。即便通过拍卖市场交易废船，由于没有准入制度，竞标者混杂，正规拆船企业大多流拍。

（4）资源环保意识淡薄。金属材料是永续循环利用的战略资源。我国属原生资源有限的国家，通过船舶拆解是可以得到大量废金属资源的。有迹象表明，我国大型船舶报废后，废船交易受利益驱动，很少留在国内拆解，有的甚至流向一些安全环保较差的国外拆船企业。

自 2004 年起，我国拆船业已低迷 4 年之久。如果在这次国家调整振兴船舶工业期间，大量老旧船舶继续流入非法拆解渠道，或者销往安全环保较差的国外拆船厂，带来的不仅是公共安全与环境的潜在危险（害），而且中国的正规拆船企业很可能仍然是无船可拆，拆船设备将大量闲置，企业生产经营将难以为继。为此，我们呼吁有关方面应引起高度重视，树立社会责任意识，关注企业乃至负责任的国家形象，采取积极措施，力促减少老旧船舶资源的无效流失，确保老旧船舶的安全环保拆解。

3. 规范老旧船舶淘汰和拆解行为的对策措施

《船舶工业调整振兴规划》明确指出，规范发展拆船业。这是规范我国报废船舶市场行为、促进国内拆船业发展的契机。为此，提出以下建议。

（1）建立完善法律法规，规范老旧船舶回收拆解行为。国家有关部门应尽快研究制定《废旧船舶回收拆解与循环利用管理办法（或条例）》。明确船舶拥有者义务和责任，依法强制处置废旧船舶，禁止流向非正规拆船企业和个人；建立船舶拆解许可制度和市场准入机制，实行定点拆解；严格禁止废船现金交易。

（2）建立废船强制处理的联动审核机制。报废船舶回收拆解应借鉴报废机动车、进口废船和渔业船舶回收拆解的较为成功的运作模式。建议把老旧船舶淘汰与交通航运运力核定、船舶证书审验挂钩，从源头杜绝私拆乱拆现象。

（3）通过税收政策引导调控废船资源再循环。建议给予拆船企业在船舶回收拆解更大税收优惠政策（如减免增值税和所得税），调动拆船企业安全环保拆船的积极性。同时，呼吁国家有关部门从原生资源战略储备和再生资源循环利用角度考虑，采取税收政策等办法限制或减少老旧船舶的出口。

（4）实施更新报废补贴制度。建议国家有关部门借鉴鼓励报废汽车更新补贴政策措施，对老旧船舶淘汰实施更新补贴，引导、鼓励航运企业将老旧船舶销往正规的拆船企业进行拆解。

（作者：谢德华。本文刊登于国务院发展研究中心《经济要参》总第1842期）

我国履行国际拆船公约对策建议

2009 年 5 月，国际海事组织（IMO）在中国香港召开的外交大会上，正式审议通过了《2009 香港国际安全与无害环境拆船公约》（以下简称公约）。这项公约是涵盖造船、航运和拆船活动的强制性公约，不仅涉及船舶设计、建造、营运以及拆解的全过程，而且对船上有害物质的处理、拆船过程控制等方面都有详细的规定。

拆船是造船的逆过程。造船、航运、拆船构成船业循环产业链。公约一旦生效，必然对船舶循环产业链的发展，产生巨大的影响，尽管受到公约生效条件等因素的影响，公约的正式生效似需时日。

公约的审议通过，对倡导绿色拆船的我国拆船业以及相关行业来说，既是机遇，也是挑战。机遇是指可以更有利地推动我国全面落实绿色造船、绿色航运和绿色拆船战略；促进各有关企业加大安全环保设施建设的投入，进一步改善硬件、软件条件；不断促进和加强我国拆船业与国内外政府、行业组织以及造船、航运企业（船东）开展更广泛交流和合作，为全球废旧船舶得到安全环保拆解做出努力。挑战是指涉及拆船及其相关行业（产业）管理模式的调整；研究、制定履行相关公约的对策和措施；制定包括船舶建造、运营和拆解生产经营管理过程要素的标准或规范；减少履约成本，保障拆船等产业可持续发展。

我国拆船业经过 20 余年的发展，在拆解规模、装备设施、工艺技术、安全生产与管理、职业健康和环境保护等方面已经取得了国际公认的明显进步，并积累了较多的船舶拆解经验，有了《绿色拆船通用规范》行业标准。但是，对照公约及其导则的相关内容，应该看到，我国拆船业将会面对两个问题：一是需要学习、消化和实践公约内诸多新规则、新要求；二是对已有的、运行较好的拆船过程控制方案、操作模式，如何进行甄选或调整。因此，我国应未雨绸缪，积极应对，尽早在公约生效前，组织进行公约及其导则与我国拆船实践的比较研究，分析、提炼相关具有可操作性标准、规程和规范。

1. 明确我国履约主管机关，推动履约前的各项工作

在我国，拆船活动涉及海事、环保、安全监督、质检、航运、海关、财政、税务、商贸物流、劳动保障和发展改革等诸多领域，自国务院机构改革后，我国拆船行业主管部门一直缺位。2009 年 2 月，国务院制定《船舶工业调整和振兴规划》后，为落实规划中“规范发展拆船业，实行定点拆解”的要求，国务院责成商务部会同有关部门规范发展拆船业。

公约文本和附则中有关船舶有害物质清单、材料声明、船舶拆解准备、拆船设施计划、拆船计划书、检验与证书签发（签注）等内容，贯穿造船、航运（包括修船）和拆船活动的整个过程。公约还明确指出上述内容应由有关国“主管机关”和“主管当局”审核或批准的要求，如公约附则就指出：“在任何拆解活动开始前，由主管机关或主管机关认可的组织发证证明该船已为拆解准备就绪”。在我国，造船、航运和拆船活动的现行行业（产业）管理，分别隶属工业和信息化部、交通运输部和商务部。因此，为更好地履行公约，我国应尽早明确履约主管机关，以有效推动履约前后各项工作。

2. 开展比较研究，组织有针对性地试验工作

在公约及其规则中，明确了制定或提供有害物质清单（IHM）、材料声明（MD）、供应商符合性声明（SDoC）和拆船设施管理计划书等内容，而这些要求，对我国造船、航运和拆船业来说，多为全新要求。因此，在履约前，国家有关政府部门、行业组织要认真做好宣传、学习，组织造船业、航运业、船级社、拆船业、供应商以及相关研究机构等利益相关方，选择并针对某些主要船型，展开实践公约工作，通过有针对性和有效的交流和合作，开展公约及其导则与我国绿色拆船实践的比较研究，积累经验，防止造船、航运和拆船各环节对 IHM、MD、SDoC 等制定和提供上的理解、实施方面的误解或偏差。最佳结果是能够形成统一的、标准的和具有可操作性的范本，以解决制作或提供过程烦琐、花费大量的人力物力成本，以及材料上报说明并不统一、难以统计等问题，避免公约生效后出现混乱。

据有关资讯报道，一些国家或组织已在积极创造条件，开展有针对性的试验、研究，积淀经验，力促公约的早日生效。如欧盟、日本等，有的专门选择部分船舶，有的投入专项研究资金，在本（他）国组织（如日本在北海道室兰）进行履约技术性试验，取得明显的阶段性成果和经验。我国是倡导绿色拆船的国家，也是为公约审议通过做出巨大贡献的国家，理应在公约试验性工作中，发挥更为积极的作用，提供更丰富的经验。因此，他国的行动值得中国借鉴。

国际金融危机爆发至今，航运、造船市场复苏缓慢，特别是全球倡导低碳经济发展，以及节能减排的新要求，使包括中国在内的各有关国家废船市场渐现活跃，拆船作业活动明显增多。基于促进公约有效实施的考虑，又值拆船作业活动较多时期，建议我国政府有关部门利用这一有利时期，选择部分国内造船、航运和拆船企业，按照公约要求开展示范性项目研究，为相关行业调整战略提供依据。

当前，应主要从以下三个方面着手，有效指导相关行业做好履约前的各项工作。一是全面、系统地研究公约及其导则的主要内容，分析其对我国拆船及有关行业产生的影响；二是组织调研，剖析公约及其导则与我国拆船作业活动运行的异同，提炼拆船作业活动的管理经验或规范；三是开展实证分析和法规政策研究，提出并逐步形成我国履行公约的法规政策体系和措施。

3. 统筹合作，研究解决国内船舶拆解问题

2009 年 11 月，交通运输部发布第 14 号令，对原《老旧运输船舶管理规定》作出修改的决定。据悉，近期还将出台老旧船舶和单壳游轮淘汰的具体实施意见，这些举措固然是贯彻落实国务院《船舶工业调整和振兴规划》的重要步骤。但是，笔者期望有关部门在制定这些政策或措施中，应能以落实“实行定点拆解”要求为基点，注意与公约及其导则要求相适应，认真解决好国内废旧船舶流向监管缺位和私拆乱拆问题，不要使这些问题成为我国力促公约生效以及履约的鸡肋或尴尬。

拆船并非只是废旧船舶简单的回收活动。实际上，船舶拆解前后的过程控制与管理实现，需要船业各成员的相互支撑。因此，在公约正式生效前后，政府部门应积极搭建平台，推动造船、航运和拆船业的广泛交流和合作，这是我国批准加入公约，最终实现公约目标的重要前提。

4. 设立拆船专项基金

2009 年 12 月，商务部等八部门联合印发了《关于规范发展拆船业的若干意见》中，明确提出禁止滩涂拆船，逐步淘汰简易船坞拆解。仅这一点就高于公约文本的要求。由于安全环保拆船各项投资较大、拆解周期较长，资金占用较大、税负较高、资产盈利率低，市场波动起伏频繁，生产经营风险较大，为有效推进绿色拆船，建议我国政府有关部门应借鉴一些国家和组织的做法，抓住目前废旧船舶淘汰的高峰期，以及公约审议通过的有利局面，及早准备，进行前期的论证，进行资源的搜集与储备，通过设立拆船专项基金，促进建立并形成船舶报废及有效处置的正常机制。

基金主要来源是造船、航运企业提供的拆船补贴，以及政府、非政府组织的资助等。基金主要用于资助有关拆船安全和环保的研究项目，促进、扶持各有关企业改善安全环保设施；致力于研究改善环境、减少污染和节约资源的方案；开发降低船舶拆解污染的新材料、新技术；用于职业教育、职业资格认证、队伍培训和培养等；有选择地在一些地区或企业进行安全与环境无害化拆船示范基地建设等。

（作者：谢德华。本文刊登于国务院发展研究中心《经济要参》总第 1916 期）

坚持规范发展　打造绿色拆船业

拆船是船舶产业链上的重要环节。规范发展拆船业有利于保护海洋等水域环境、促进航运业运力平衡和节能减排、清理整顿非法拆解、为国家和地方增加税收、实现废船资源循环利用。目前，《拆船业发展“十二五”规划》已经完成了制定工作，并提交中国拆船协会第四届会员大会审议通过，届时，我国拆船业将迎来新的发展机遇。

对此，中国拆船协会常务副会长兼秘书长谢德华在接受本报专访时表示：“总体来看，我国拆船业自20世纪80年代起，尽管历经曲折，却始终未脱离以绿色、规范发展为主线的轨道。未来我国拆船业还将继续以创建绿色拆船企业为重点，打造行业品牌，力推绿色、安全、无害环境理念，按照科学发展观和循环经济理念，紧抓历史发展机遇，在现有的基础上规范发展行为，推动拆船产业结构调整和优化升级，完善和发展具有国际影响力的拆船产业体系。”

夯实发展基础

中国拆船协会的统计数据显示，“十一五”期间，我国拆船业累计拆解进口和国内各类废船1354艘、630余万轻吨，拆解量超出“十一五”目标14.5%；贸易额约115亿元。其中，2009年的废船拆解量达到历史最高峰，共442艘、320余万轻吨。

“我国拆船业在‘十一五’期间，不仅实现了迅速复苏和发展，而且整个产业环境进一步改善，产业地位得到提高，这为其‘十二五’以及未来更长远的发展奠定了坚实基础。”谢德华表示。

据谢德华介绍，在过去的5年时间里，我国出台了一系列的法律和政策文件，确立了行业发展的地位和方向，在法律、政策、管理等方面为拆船产业提供了良好的发展环境。2009年2月，国务院在《船舶工业调整和振兴规划》中明确指出“规范发展拆船业，实行定点拆解”，使呼吁多年的定点拆解得到认可；8月，《中华人民共和国循环经济促进法》颁布，为确立我国拆船业作为循环经济组成部分提供了法律依据；11月，经国家统计局批准，拆船业的统计工作被纳入国家统计报表制度序列；12月，国家发改委、商务部、工信部、财政部、环保部、交通运输部、农业部和海关总署八部委联合印发了《关于规范发展拆船业的若干意见》。2010年9月，环保部颁布了《进口废船环境保护管理规定》，进一步规范了废船进口等行为。最为重要的是，2012年3月，国家发改委颁布第九号令，把废旧船舶再利用、再制造等列入《产业结构调整指导目录（2011年本）》的鼓励产业发展目录。

当前，我国骨干拆船企业绿色拆船能力得到进一步提高，在国际上开创了建设绿色拆船企业的先例。中国拆船协会根据《绿色拆船通用规范》的要求，参照国际海事组织（IMO）《国际安全与无害环境拆船公约》和国际劳工组织《拆船业安全卫生指南》，通过成立工作领导小组，制定资格评审认定工作办法，建立评审专家数据库，严格评定标准和程序，在全行业内启动了“创建绿色拆船企业”活动。目前，共有9家企业获得绿色拆船企业资格。

对环境、职业安全健康、质量等方面进行规范管理是创建绿色拆船企业的基础。目前，我国先后有 18 家拆船企业通过了 ISO 14001 和 OHSMS 18001 体系认证，6 家企业通过了 ISO 9001 质量管理体系认证。此外，江苏省江阴市夏港长江拆船厂、广东省江门市中新拆船钢铁有限公司等企业，在船舶拆解活动中，积极开展绿色拆船第三方监理模式，在有害物质甄别及去除、废油处置、石棉封闭拆除以及严格规范拆解流程等方面积累了经验。江门市新会双水拆船钢铁有限公司、天津天马拆船工程有限公司等多家拆船企业与上下游企业签订了战略合作协议，促进废船资源的循环再利用。

此外，谢德华还强调，从外部发展环境来看，我国拆船业在拆解规模、机械装备、工艺技术、安全生产、环境保护以及工人健康保障等方面取得的成效和积极推行绿色拆船所付出的努力，获得了国际社会的广泛认可。多年来，中国拆船协会一直重视国际交流与合作，不断在国际上代表我国拆船企业发出声音，推动了世界拆船行业的发展和进步。在过去的 5 年里，中国拆船协会积极参与了 IMO 制定有关国际公约的各项活动，并于 2007 年、2009 年，配合交通运输部和 IMO，分别在珠海、上海协办了"IMO 地区拆船研讨会"，组织各国政府官员、政府间组织及非政府组织（NGO）专家，参观了我国先进的拆船企业。我国拆船行业代表还积极参与组织公约草案研讨、文本起草和实地测评等活动，为 IMO 通过《国际安全与无害环境拆船公约》提供了宝贵经验。2009 年 5 月，IMO 在中国香港召开外交大会，中国代表团团长、交通运输部副部长徐祖远作为东道主主持了此次大会，并率中国拆船协会等单位领导在大会通过的《国际安全与无害环境拆船公约》正式文本上签了字。该公约的通过将进一步促进全球的绿色拆船理念推广，同时也标志着国际社会对中国绿色拆船业务的肯定。

机遇与挑战并存

按照商务部等八部委《关于规范发展拆船业的若干意见》的总体要求，我国拆船业未来须逐步规范发展，切实步入经济效益和社会效益、生产发展和环境保护并重的科学发展轨道。那么，未来我国拆船业发展将面临哪些机遇与挑战？

谢德华认为，一方面，拆船业未来将进入一个十分有利的发展机遇期。自 2008 年以来，全球经济经历了国际金融危机爆发、蹒跚前行、危机再现的反复过程。目前，受欧美等国家和地区经济、社会等不稳定因素制约，其主权债务危机在短期内很难缓解，同时，新兴市场国家纷纷采取紧缩政策应对通胀，这些都将明显拖累世界经济的复苏的步伐。由此可见，未来航运业因运力过剩而进行结构调整将在所难免，这将会给拆船业带来一定的发展空间。

当前，绿色经济将引领世界经济和技术发展的潮流，安全、节能、环保及信息技术在船舶领域的研究和应用步伐加快，国际海事新公约、新标准、新规范陆续出台，这表明，"绿色"将成为航运业和造船业发展的第一推动力。相对而言，老旧船舶既不节能又不环保，对于运输的安全也会产生不利影响，因此，未来全球范围内淘汰老旧船舶将是必然趋势。

据中国钢铁工业协会预测，目前，国内铁矿石资源保障能力快速下降，铁矿石产量无法满足炼铁产量增长的需求，对国外铁矿石依赖度较高。另据中国废钢铁应用协会估算，我国每年废钢铁资源需求缺口大于 1000 万吨。按《废钢铁业"十二五"规划建议》所提的"我国钢铁产业的年废钢供应量应达到 1 亿～1.6 亿吨"，未来国内废钢铁资源缺口会更大。按钢铁业平均铁钢比和废钢单耗测算，以拆解废船金属回收量估算，仅"十一五"期间我国拆船业就节约 725 万吨精矿粉，减少 1845 万吨原生铁矿石开采，节约了 252 万吨标煤，降低了 1184 万吨水耗和 769 万吨二氧化碳排放。可见，拆船业能有效缓解我国节能减排和高度依赖铁矿石进口的压力。

另一方面，拆船业所面临的挑战也较为严峻。谢德华表示，当前，规范发展拆船业的核心问题——实行定点拆解，尚在起步阶段；对长期困扰拆船业的报废船舶处理监管缺位、废船交易行为缺少准入机制等问题仍需立法立规进行解决。国内废船税负高和市场的不规范，必然导致废船流入非法拆解渠道，不仅会给环境安全和工人健康带来隐患，也使国家大量税收流失。这些将成为我国拆船业健康可持续发展的主要制约因素，亟须得到解决。

此外，“十一五”期间，国家先后给予了拆船业税收优惠政策。然而，今年，拆船行业尚没有享受到新的税收优惠政策，据统计，目前我国拆船企业要上交的增值税、关税等各类税费总额超过企业成本 50% 以上。而且，近几年，企业用工成本不断增加，中小拆船企业从银行贷款难，民间借贷又使企业融资成本大幅提高，加上当前废钢价格波动过大，增大了未来废钢价格的不确定性，不少拆船企业因此面临不小的经营风险。这将十分不利于我国拆船业提高在国际市场上的竞争力。

打造绿色行业品牌

谢德华告诉记者，在中国拆船协会第四届会员大会上，《拆船业发展“十二五”规划》将被最终审议通过。该规划提出，在新的 5 年里，中国拆船业力争实现拆解废船总量 500 万～600 万轻吨的目标。为了完成这一目标，规划还提出了 9 项主要举措：

（1）切实落实国务院关于规范发展拆船业的要求，推进产业化发展进程。积极协助政府部门打击非法拆船活动，杜绝私拆乱拆；确定行业准入条件，推进定点拆解工作；引导拆船业逐步形成合理的布局和发展规模，避免重复建设和产能过剩；推动区域性废船资源循环利用基地建设。

（2）继续推动国家加快拆船业立法进程，制定废旧船舶回收拆解循环利用管理办法或条例，强化对废旧船舶流向的监管，确保安全环保拆解。

（3）根据国家《产业结构调整指导目录（2011 年本）》，努力创造并形成行业发展的政策环境，组织开展对国内外船舶拆解政策和废船物资循环利用的研究，继续争取国家税收、补贴政策或基金扶持。

（4）加强行业建设的信息服务和宣传工作，探讨建立行业信息服务网络体系的办法，及时反映行业动态、企业诉求和行业发展中的有关问题。例如，创造条件，提高行业相关数据采集和统计分析能力；建立拆船行业年度报告制度；研究废旧船舶淘汰和拆解市场的特点，探讨并建立市场定期报告制度；举（协）办适合行业发展和企业需要的国内或国际研讨会、展示会、商贸洽谈会，为行业宣传、企业生产服务；进一步加强与媒体的交流和互动，宣传我国倡导的绿色拆船理念，扩大行业的社会影响，其中，要重点宣传典型或优秀企业，曝光非法拆船现象，维护拆船业的产业地位和良好形象。

（5）强化整个行业队伍建设。“十二五”期间，要组织研究拆船行业劳动岗位责任特点，建立拆船行业重点岗位责任、规范和上岗条件标准，推行持证上岗制度；加强岗位培训，每年举办 1～2 期国内外业务培训班，力争使行业内各有关岗位的持证上岗率达到 100%。

（6）积极创造条件，有选择地组织开展废旧船舶机电设备和零部件再制造的研究，解析再制造技术、工艺和管理的流程，为提高废船资源的利用价值积累经验。

（7）积极推进绿色拆船形象和品牌建设。继续推动企业开展质量管理、环境管理和职业安全健康管理体系认证工作；继续宣贯《绿色拆船通用规范》，开展创建绿色拆船企业活动，做好绿色拆船企业评审认定工作；总结拆船工程监理模式，积极引进或研发新型拆解技术工艺和装备；探讨制定《拆船企业社会责任规范》，尽早确立拆船企业社会责任目标和诚信体系。

（8）密切跟踪，推动国际拆船公约生效进程和技术导则的制定。继续加强与国内、国际有关政府部门、组织和相关机构的交流与合作，参与研讨，维护权益；积极开展国际公约的宣贯工作，努力推进 IMO 在我国进行国际公约试点立项，为履行国际公约做准备；努力拓宽贸易、培训和技术等方面的合作领域。

（9）加强行业发展的基础建设。推进标准化建设，组织新标准、规范的编制工作；积极组织对行业发展课题的研究工作，开展与有关科研机构、大专院校等的合作，就行业发展中的一些专项问题开展调研；研究构建公平、规范、有序的废船交易和拆解市场环境及运行体系，引导废旧船舶的合理流向和环保拆解。

（《中国船舶报》记者甘丰录报道，2012 年 11 月 25 日第 T15 版）

推进绿色拆船　循环利用废船资源

船舶拆解业是循环经济的重要组成部分，是资源节约型和劳动密集型产业，这个产业的规范、可持续发展是中国现阶段经济发展与建设，以及保护自然环境活动的需要。2011 年 3 月，国家发展和改革委员会颁布第 9 号令《产业结构调整指导目录（2011 年本)》，首次将废旧船舶拆解再利用列入鼓励类产业中。目前，国际废船市场仍处于活跃期，特别是中国政府制定了船舶工业调整和振兴规划，出台了加速老旧船舶和单壳油轮淘汰措施。那么，我国拆船行业和企业的近况究竟如何？在 5 月 15 日广州召开的“第四届中国金属循环应用国际研讨会”结束后，本刊记者就这些问题采访了中国拆船协会常务副会长兼秘书长谢德华先生。

《资源再生》：谢秘书长，您好！早在进入“十一五”发展期间，中国政府就明确提出建设资源节约型和环境友好型社会。如何切实采取有效措施，做好废船回收和安全环保拆解，充分循环利用废船资源，规范发展拆船业，已经成为中国经济发展过程中，必须面对和妥善解决的问题。您先给我们介绍一下中国拆船业发展历程好吗？

谢德华：好的。中国拆船业真正得到长足发展，始于 20 世纪 80 年代初期的改革开放。90 年代初期，我们就倡导绿色拆船理念，引导、推进拆船产业的不断进步，践行安全环保拆船。2005 年，我国颁布了《绿色拆船通用规范》行业标准。

经过近 30 年的发展，中国拆船业已由粗放型向集约型转变，绿色拆船取得长足进步。在拆解规模、装备、工艺、安全、环保和职业健康等方面，已位居世界前列。基本形成以珠江三角洲和长江三角洲为主、部分水域拆船企业为补充的产业布局。

自 1991 年至今，国内会员拆船企业共拆解各类废船 3000 余艘，总计超过 2000 万轻吨，为国家回收了大量可再生资源。在世界主要拆船国家中，废船拆解量一直处于前三位。

《资源再生》：通过研究国务院《防止拆船污染环境管理条例》等法律法规我们会发现，我国对于拆船企业的要求是非常严格的，必须对建拆船设施的地理位置、环境状况、规模条件、拆船工艺、防污措施和预期防止效果等，进行环境评估，编制环境影响报告书，经过有关行政管理部门批准，并经工商行政管理部门核准登记后，依法设置拆船企业。目前我国拆船企业发展如何？

谢德华：目前，我国依法设立的拆船企业，主要分布于沿海沿江的省市。这些企业已基本掌握了所有类型船舶（除核动力船舶以外）的拆解技术。绝大多数企业的拆解设施设备比较完善，机械化程度高，拆解速度大幅提高，拆解时间大大缩短，资源回收率显著提高。在环保安全健康方面，通过与专业机构合作，较好地解决了污水、污油收集与处理，以及石棉、PCBs 和其他有害物质的处理问题。淘汰冲滩拆解，选择更加安全环保的码头或船坞拆解方式。企业拆船场地、拆解设备及环保设施（包括油污水处理装置、围油栏、石棉拆解装备、焚烧炉以及防污应急设备库等)，达到环保部门的要求。员工培训、健康、劳保和保险有良好的保障。目前，国内有 17 家企业通过环境管理体系 ISO 14001、职业安全健康管理体系 OHSMS 18001 或质量管理体系 ISO 9001 认证。有 9 家企业获得相应等级绿色拆船企业称号。

当然，我们必须看到国内还存在着不同程度的废船非法拆解现象，私拆乱拆，污染环境，危害公共安全。以我个人所见，废船的非法拆解并非仅指那些没有工商营业执照的拆解点（设施），还应包括那些没有拆船经营范围，却从事拆解活动的依法设立的企业。因此，要从根本上杜绝非法拆解行为，只有不折不扣地贯彻落实国务院有关船舶实行定点拆解的决定。

《资源再生》：船舶如同其他产品一样，都将经历从“生”到“死”的过程，最终成为等待处置的废旧船舶。废旧船舶经拆解可获得大量金属材料、机电设备等，在节能减排方面贡献了很大的力量，拆船协会有没有做过具体的统计？

谢德华：有的。废船资源本身为载能体、载矿体。据专家测算，废钢炼钢替代铁矿石炼铁炼钢，可将能量使用降低 47%~74%，空气污染减少 85%，水污染减少 96%，采矿废弃物的排放减少 90% 等。按 2008 年中国钢铁业平均铁钢比和废钢单耗测算，以“十一五”期间累计拆解废船的金属回收量估算，拆船业节能减排贡献是：节约 960 万吨精矿粉，减少 2430 万吨原生铁矿石开采；节约 198 万吨标煤、水耗约 226 万吨、溶剂（石灰石）158 万吨；减少废渣 340 万吨；节约运力 8000 万吨；减少二氧化碳排放 1020 万吨。

废旧船舶可循环利用的资源量大、价值高。船舶经拆解可获得大量金属材料、机电设备等。经测算，拆解 1 轻吨废船可回收金属量 0. 9 吨以上（其中船板约占 49%、型钢约占 25%、废钢约占 20%、有色金属约占 1%、机电设备约占 5%）。这些金属资源具有永续循环利用的基本特征，是国家发展的战略性资源，它的直接利用、再制造或循环利用，可减少矿产资源的开采和铁矿石的进口量。

当今中国，已经成为全球造船大国、航运大国，因此，认真做好废旧船舶资源循环利用工作，其现实和战略意义重大。

《资源再生》：您从开始就提到“绿色拆船”的理念，认为对废船必须坚持绿色拆解方式，以保证安全生产、环境保护和职业健康。那么，我国针对这个最新的政策措施有哪些？

谢德华：2009 年 2 月，国务院审议通过的《船舶工业调整和振兴规划》，明确提出“规范发展拆船业，实行定点拆解”；5 月，国际海事组织在中国香港召开了拆船外交大会，审议通过了《国际安全与无害环境拆船公约》；12 月，商务部、国家发展改革委、工业和信息化部、财政部、环境保护部、交通运输部、农业部和海关总署联合印发了《关于规范发展拆船业的若干意见》。2010 年 12 月，中国海事局印发了《船舶定点拆解管理办法》。这些文件的出台，有利于促进拆船业规范和可持续发展。

依上可见，国际社会和我国政府都十分关注安全环保拆船，绿色拆船必将成为世界拆船业发展的主旋律。因此，我建议，在我国，必须要按照有关规定，认真清理、严厉打击非法拆船设施，保障定点拆船企业的合法权益；要积极探究和推进建立绿色拆船基金，引导拆船企业向技术先进、环保达标、管理规范方向发展，实现绿色拆船目标；引导拆船业逐步形成的合理布局和规模，避免重复建设和产能过剩；推动区域性废船资源循环利用基地建设。

造船、航运、拆船构成循环产业链。实现绿色拆解，不仅要依靠拆船企业的技术进步、科学管理和社会责任，更需要造船、航运以及修船企业增强社会责任意识和理性支持。

《资源再生》：对于未来拆船业发展，您认为我国还有哪些工作需要尽快实施？

谢德华：国家发展和改革委员会刚刚颁布的《产业结构调整指导目录（2011 年本）》，首次将废旧船舶拆解再利用列入鼓励类产业中，我们应该以此为拆船业发展的新起点，尽快建立和完善行业发展法律法规，研究制定老旧船舶拆解的规定，建立健全激励与惩罚性政策和监管措施，用

“看得见的手”和“看不见的手”，加强废船流向、交易行为和拆解活动的监管，根治无序回收和随意拆解处置现象，消除安全环保隐患。

我们希望尽快有关部门能建立船舶产品信息库，对船舶产品生产、销售、使用、维修、损毁以及报废等信息进行跟踪管理。

我们还要研究开发废船资源的高值利用技术和工艺，在标准或规范的前提下，拓宽拆船材料和设备的直接利用渠道，以及船舶产品机电设备、零部件再制造等，不断提高资源循环再利用技术水平。

除此之外，还希望政府部门研究解决包括拆船在内的再生资源利用行业的税负问题。以废船为例，目前进口废船关税为3%。拆船企业采买进口废船时，仅关税和增值税率合计就为废船到岸价格的20.51%。采买国内废船因无法取得增值税发票，故企业拆解船舶的税负更高。如加上企业安全环保设施设备投入的不断增加，以及人工成本、进港、卫检、动检、拖船和危废处理等费用支出的增长，严重影响企业拆船积极性和市场竞争能力。中国工程院院士殷瑞钰曾建议政府有关部门，在环保规范前提下，适度放宽机动车、船舶拆解的许可，给予适当的财税优惠。我们认为，作为废钢铁重要来源的废旧船舶，与废钢铁、铁矿砂同属战略性资源，应实行等同的零关税税率。

（《资源再生》杂志，2011年第5期）

抓住机遇　绿色拆船

“十二五”期间，是中国拆船业规范和科学发展的重要时期。当前，面对全球经济复杂多变的风云和诸多意想不到的困境，作为国家发展循环经济重要组成部分的中国拆船业，如何抓住“十二五”这一战略机遇期，实现规范、绿色和科学发展，增强自身实力，创新产业发展呢？在“第五届中国金属循环应用国际研讨会”即将召开前，《资源再生》杂志社记者为此专门采访了中国拆船协会会长谢德华。

《资源再生》：我国是世界上主要拆船国家之一。2011 年 11 月中国拆船协会会员大会审议通过了《拆船业发展“十二五”规划》（以下简称《规划》），请您谈谈《规划》对中国拆船业的指导意义。

谢德华：在《国民经济和社会发展第十二个五年规划纲要》中，明确提出国民经济绿色发展的要求。去年 3 月，国家发展和改革委员会颁布了《产业结构调整指导目录（2011 年本）》，明确了鼓励拆船业发展的主要内容。这是自 2009 年国务院《船舶工业调整和振兴规划》明确提出“规范发展拆船业，实行定点拆解”后，对拆船业的进一步确位。这些文件的出台，对历经 30 年发展的中国拆船业来说，是今后实现可持续发展的基础与保障。

《规划》明确提出了“十二五”期间我国将以拓宽废船再生资源循环利用渠道为新的经济增长点，突出拆船业立法和行业自律建设，规范废船流向，定点拆解，绿色拆船，力争实现 500 万～600 万轻吨拆解废船总量的任务目标。《规划》还确定了五年发展的任务和主要措施。

当前，国际金融危机和欧债危机的爆发，拖累了国际经济发展，航运业形势严峻，削减过剩运力的力度将不断加大，废旧船舶市场依然比较活跃，因此，中国拆船业应该抓住这一难得机遇期，坚持绿色拆船和科学发展，为改善航运业供需结构，促进航运业的复苏，振兴造船工业做出积极的努力。

《资源再生》：废钢船拆解产生的废金属多数属于优质废钢。有关资料显示，拆解 1 轻吨废船可回收金属量 0.9 吨以上，每拆解 1 吨废旧船舶可以节约 0.4 吨标准煤，利用废钢回炉炼钢炼铁，可将空气污染减少 85%，水污染减少 96%。请问，作为为我国提供大量废钢铁的中国拆船行业，“十一五”期间的成效如何？2011 年的废旧船舶拆解总量是多少？

谢德华：“十一五”期间，中国拆船业累计拆解进口和国内各类废船 1354 艘、630 余万轻吨，贸易额约 115 亿元，超额完成规划的基本目标。同时，为节能减排所做的贡献是：节约 725 万吨精矿粉，减少 1845 万吨原生铁矿石开采；节约 252 万吨标煤、1184 万吨水耗、118 万吨石灰石；节约近 8100 万吨运力；减少 769 万吨二氧化碳排放。

2011 年，中国拆船协会各会员企业的拆船总量，不论是船只数还是吨位数，都超过了 2010 年。据统计，全年累计拆解国内外各类废旧船舶总量超过 225 万轻吨，比 2010 年增长近两成，拆解回收可再生金属资源 200 余万吨，取得“十二五”良好开局之年。

《资源再生》：据了解，我国拆船业在数十年的实践中，一直都在积极倡导绿色拆船理念，那么，我国在绿色拆船做了哪些工作？制定了哪些防污相关法规？

谢德华：中国政府高度重视拆船业的安全与环境保护管理，先后颁布了《防止拆船污染环境管理条例》《拆船业安全生产与环境保护工作暂行规定》和《绿色拆船通用规范》等条例规范。中国拆船协会成立20年以来，积极倡导绿色拆船理念，在数十年的实践中，一直引导企业落实国家相关法律法规，加大安全环保投入，注重队伍培训和训练，重视质量、环保和职业安全管理体系认证，规范拆船作业活动。2010年，评审认定了9家企业为首批绿色拆船企业。此外，协会还积极参与国际劳工组织、国际海事组织等制订相关国际公约和导则的过程。目前，涉及拆船业管理的法律，还有《中华人民共和国环境保护法》《中华人民共和国海洋环境保护法》《中华人民共和国侵权责任法》等。同时，我国的环保、海事、劳动等政府部门，对拆船企业的安全环保和劳工保护都有一整套严格的管理规章制度，并定期对拆船企业的安全与防污染状况进行检查。

《资源再生》：拆船业的存在和发展，有利于促进船舶航运业的运力结构调整和节能减排，有利于保护海洋和水域环境，有利于船舶运输安全，也有利于船舶可再生资源循环再利用。那么，目前中国拆船业处于怎样的发展势态？形势如何？

谢德华：拆船业与造船、航运业构成船业一条完整的循环产业链。2009年国务院制定的《船舶工业调整和振兴规划》的相关内容，就充分体现了这一基本理念。航运业萧条，必然会引发过剩运力的削减，建造新船的愿望大大降低，从而影响造船工业发展；同时，过剩运力的削减，也必然引发老旧船舶的淘汰和拆解。通过船舶拆解，达到运力供需的平衡，缓解航运业生产经营和节能减排的压力。随着今后全球经济的复苏，带动航运业新的运力需求增长，造船工业也就会得到新的订单。

2011年，继金融危机后，欧洲债务危机的爆发令全球航运业再次面临发展窘境，航运市场一路萧条。2012年2月，反映干散货航运市场景气度指数的BDI，一路下滑到651点的历史新低，跌破2008年金融危机爆发时的663点。尽管BDI指数下跌并不能完全反映航运市场景气度，但运力过剩是目前航运业不争的事实。运力过剩使航运公司的议价能力明显下降。《中国船舶报》发表评论认为，挽救航运业颓势的关键措施之一，就是加大老旧船舶的拆解力度。据英国Braemar Seascope咨询公司预计，2012年将有12万TEU集装箱运力拆解，高于2011年50%。

据中国船舶工业行业协会统计，2011年，中国除造船完工量同比增长16.9%外，新接船舶订单量却同比下降了51.9%。截至12月底，手持船舶订单量也比2010年年底下降了23.5%。中国船企70%的手持订单是金融危机前，除“交船难、接单难”外，“盈利难”将成为整个行业发展新问题。据《21世纪经济报道》报道，约有1/3的企业没有接到订单，部分企业已经陷入开工不足的困境，个别企业甚至2012年一季度已无开工船舶。

目前国际海事组织正根据2009年5月颁发的《国际安全与无害环境拆船公约》，积极审议与公约配套的相关拆船导则。欧盟等正在酝酿制定新的绿色拆船法律文件，要求欧盟成员国的船舶必须送到有授权的拆船设施拆解，这将对拆船行业提出更规范的要求。

总之，我个人认为，“十二五”初中期，国内外废船上市量会将继续增加，国际废船市场仍将处于活跃期，这给中国的拆船市场带来更多机遇。但是，我们也要看到，国内经济增长趋缓，GDP增幅连降五个季度，钢材市场下游终端需求迟迟没有释放，废钢市场成交清淡，废钢铁价格与国际市场价格倒挂，且价格出于低位，虽有上涨空间但涨跌互现，这必然影响拆船企业采买废船决策。因此，拆船业所面临的形势是机遇与挑战并存。

《资源再生》：前面您提到，根据《规划》“十二五”期间力争实现500万～600万轻吨拆解废船总量的任务目标，在绿色拆船的理念下如何才能实现这个目标任务？

谢德华：“十二五”期间拆船业发展基本思路就是，坚持循环经济新理念，贯彻节约资源和保护环境的基本国策，以实现绿色拆船为宗旨，以进一步提高安全环保能力和职业健康水平为重点，以拓宽废船再生资源用途为新的经济增长点，切实把拆船业的发展纳入经济效益和社会效益、生产发展和环境保护并重的科学发展轨道。中国拆船协会将从以下几个方面着手开展工作。一是按照国务院“规范发展拆船业，实行定点拆解”的要求，积极协助政府部门做好确定行业准入条件，推进定点拆解，杜绝私拆乱拆；引导拆船业合理布局和适度规模，避免重复建设和产能盲目扩张。二是积极推动加快废旧船舶流向监管和回收拆解循环利用的立法进程，建立国内报废船舶回收体系，确保安全环保拆解。三是推动区域性基地建设，努力创造并形成行业发展的政策环境，争取国家税收、补贴政策或基金扶持，推进企业升级改造和产业化发展进程。

为实现《规划》的目标和任务，我们将采取以下工作措施：加大宣传力度，继续开展绿色拆船企业评审认定工作，推进绿色行业品牌形象建设；开展行业发展信息化和现代化建设，努力打造信息交流、商贸服务平台和网络体系；组织研究拆船行业劳动岗位责任特点，规范岗位认证和培训，拓宽技能训练和培训渠道，提高队伍整体素质；组织相关标准、技术规范的制定，总结推广绿色拆船工程监理模式，提高废船拆解技术和高值利用水平；创造条件，开展废船资源再利用、再制造的研究；制定《拆船业行规公约》，促进拆船企业履行社会责任目标和诚信体系的建立；密切跟踪《国际安全与无害环境拆船公约》生效及其导则制定进程，维护行业（企业）发展利益和权益；积极争取国际性示范项目建设，并为履行国际拆船公约做好各项准备工作；扩大国际交流，拓宽技术、培训和贸易服务等项目的国内外合作领域，探索拆船技术和管理输出（入）模式。

《资源再生》：依您之见，“十二五”期间，我国拆船行业发展过程中还有哪些问题需要解决？

谢德华：随着《中华人民共和国循环经济促进法》《船舶工业调整和振兴规划》《产业结构调整指导目录（2011年本）》和《关于规范发展拆船业的若干意见》等法规文件的出台和颁布实施，拆船业发展有了新起点。我们认为，目前，拆船业发展过程中依然有许多问题，需要在“十二五”期间得到解决。

一是“监管服务”。国家和地方政府应制定相应法律法规，加强对船舶运营、退役报废、拆解活动的监管，坚决清理打击国内存在的非法拆船现象，通过定点拆解，保护合法生产经营的拆船企业，促进其依法经营和规范发展。同时应尽快明确主管机关，避免多头监管，提高行政管理能力，形成监管服务长效机制，制定帮扶措施，提升政府公共服务水平。

二是“综合利用”。鼓励在一定标准或规范的基础上，对废船物资（机电设备及零部件）的直接利用或再制造，调整废船物资直接回炉利用的相关政策或措施，既可以提高废船物资的节约利用，促进节能减排，提高社会效益，又可以增强拆船企业拆解动力，提高企业的经济效益。

三是“税收政策”。目前，拆船企业拆解进口废船关税和增值税税负水平为废船到岸价格的20.51%，拆解国内废船难以取得进项增值税发票，如再加上所得税等其他各类税费，企业税负水平过重，企业的市场竞争能力显著下降。广东省政协委员、广东海事局局长梁建伟就呼吁，建立拆船产业安全环保投入激励机制，应给予企业税收返还补贴，减轻企业负担，加快产业转型升级进程。借此，我们强烈希望取消3%的废船进口关税，同时也要解决好国内废船拆解税负高的问题。

四是“定点拆解”。认真清理、严厉打击非法拆船设施；禁止没有拆船资质或经营范围的船舶类企业从事非法拆解活动；通过各种措施和政策，保障定点拆船企业的合法权益；研究制定老旧船舶拆解的法律法规，强化废船流向管理，实现老旧船舶的定点拆解；制定相应措施，引导拆船企业不断提高安全环保能力和技术条件，不断扶持定点企业的健康发展，实现绿色拆船的目标。

五是“产业支撑”。船舶实现绿色拆解，需要造（修）船、航运和拆船循环产业链社会责任体系的形成。通过绿色拆船活动，减少过剩运力，既可以有效促进航运安全和节能减排，还可以增加新船订单，振兴深陷低迷的造船业。

《资源再生》：随着我国废钢铁年消耗量缺口的逐年增大，作为废钢铁资源主要来源的中国的拆船行业，将如何促进废钢铁产业的发展？

谢德华：拆船业是资源环保型产业，它虽属再生资源循环利用行业，但又有其独特的行业特点——加工工业性质，其产品大多是可再生的金属材料，是废钢铁的主要来源之一。据统计，自1991年起至今，我国拆船业累计为国家经济建设提供了多达2200万吨废旧金属材料。目前，国家有关部门正在关注废钢铁产业的发展和建设。作为中国拆船协会，愿与中国废钢铁应用协会、中国物资再生协会等行业协会一道，积极配合国家有关部门，共同促进废钢铁产业发展，为建设资源节约型和环境友好型社会做出不懈的努力。

（《资源再生》杂志社记者钟志华，2012年第4期）

共同推进绿色拆船事业

——中国拆船协会代表团访问 GL 总部

继今年 5 月与德国劳氏船级社（GL）在北京签署谅解备忘录之后，中国拆船协会日前派代表团到欧洲访问，并将 GL 总部作为其欧洲之行的第一站。双方就如何应对即将生效的国际拆船法规、提升中国拆船企业的国际竞争力、共同促进中国绿色拆船事业发展等问题进行了研讨，并就深入开展多种形式的密切合作达成共识。

基于可能在 2015 年生效的《2009 年香港国际安全与无害环境拆船公约》，欧盟委员会最近又出台了一些新规定，要求挂欧盟国家旗的船舶只能在全球各地经过欧盟认证的拆船厂进行拆解。该规定中的有些要求甚至比《香港公约》还要严格。“通过与 GL 的交流，我们期望能同步掌握国际上最新的规范要求，加深对即将实施的欧盟新规定的理解，并希望与更多的国际客户展开更广泛的合作。”

中国拆船协会会长谢德华表示，作为全球三大拆船国之一，中国参照国际标准和绿色拆船实践建立了自己的法规框架。目前，中国拆船协会会员单位中所有 61 家拆船企业都拥有绿色环保的船舶拆解设施，均采用干坞或浮坞拆船方法，同时还配备了符合环保机构要求的油污水处理设施和废物管理系统。

（《中国船舶报》记者张媖报道，2012 年 10 月 26 日）

树立信心　踩准市场节拍抗低潮

今年年初以来，全球经济增速下滑，世界航运市场持续低迷，波罗的海干散货综合运价指数（BDI）一直在600～1200点徘徊，仅5月和7月站在千点以上，这促使船东加大了淘汰旧船的力度，1～6月全球废船交易同比趋于活跃。然而，由于国内废钢价格持续走低，拆船企业废钢严重积压，资金占用量巨大，整个拆船行业亏损严重。中国拆船协会会长谢德华指出，如果国内外经济形势没有明显好转，今年及以后一段时期，拆船行业面临的这种状况将难以改变。

市场严峻，企业面临诸多压力

据英国克拉克松公司推测，由于新船不断交付造成运力过剩现象加剧，再加上运价持续低迷，2012年，全球航运业将淘汰4910万吨运力。放眼中国市场，1～6月，国内拆船企业采买和拆解废船的钢量同比增长15%左右。然而，由于受前期废钢船价格偏高，废钢价格却下降了近4成的影响，拆船企业效益大幅下滑，企业积压废钢等库存约60万吨，资金占用巨大，亏损严重，有些企业甚至回到了1998年之前的状态，在生死线上挣扎。

谢德华指出，去年以来，国内废钢价格一路下滑，从2011年10月的3800元/吨直落至目前的2400元/吨，下滑幅度之大实属罕见，有时候在一周内就下降三四百元，拆船企业拆船越多，废钢积压越多，亏损就越严重。谢德华强调，废钢价格波动对拆船企业效益影响最大。废船从购买到拖航或自航至拆船厂，再到靠泊并进坞拆解，需要一定的周期，这期间如果废钢价格下滑严重，那么签约时的预期盈利就可能演化为拆解后的亏损。一艘船小则数千吨，大则数万吨，拆船企业在购买时需支付大量资金，其中大多为银行贷款或者从其他渠道融资而来，如果拆解下来的废钢不能尽快脱手，那么企业就会面临资金链断裂的压力。此外，近几年中国拆船企业人工成本不断上升，拖船、引水、检验检疫费也在增长，还得支付港口建设费，这些原本对企业影响不大的成本费用在目前形势下显得非常突出。

细究造成目前这一形势的原因，谢德华认为，从全局来看，一是受欧债危机的持续影响，世界经济衰落，中国经济增速放缓，整个制造业动力明显不足，中国制造业采购经理指数（PMI）在1～6月平均为51.41；二是国家和地方政府下调全年经济增长指标，继续对房地产业等实行调控政策，造成钢材需求疲软，废钢价格下跌不休；三是钢铁行业节能减排的压力越来越大，其产业结构以及产能调整箭在弦上，对废钢的需求有所减少。

此外，拆船设施、技术工艺和拆船物资再利用也是影响行业发展的重要因素。谢德华指出，相对于南亚一些主要拆船国家所采用的冲滩方式、简单工艺技术，我国拆船企业利用码头、船坞和现代技术手段拆解船舶的模式，虽然有利于推动拆船业朝绿色环保方向发展，但是成本较高。为此，他呼吁更多的航运企业，特别是国内大型国有航运企业，在全球海事界积极倡导绿色环保的形势下，不忘自身肩负的社会责任，率先垂范，重视船舶的绿色拆解，把旧船交给拆船设备齐全、绿色环保的企业拆解。

难言乐观，企业需要积极应对

据谢德华分析，下半年，我国经济增速同比下降的态势难以改变，而从国内钢材市场来看，目前需求弱、产量高、钢价持续回落的势头不减，市场彻底反转的信号尚未出现，作为钢铁产业两大下游产业的制造业和建筑业目前的表现也均不理想。那么，面对今年乃至今后一段时期严峻的形势，中国拆船业应如何应对？谢德华指出，一是发挥中国拆船协会行业组织作用，积极向有关政府部门反映行业和企业的实际情况，争取相关政策支持。船舶拆解是可再生金属材料二次利用的重要手段，符合国家绿色、环保、可持续科学发展要求，理应得到国家有关政策的支持和鼓励。二是引导企业踩准市场节拍，适度开展生产经营活动。拆船企业所在地域不同，面临的具体市场环境也不同，目前，东北地区的废钢价格为2400～2500元/吨，江苏为2700～2800元/吨，福建为2100～2200元/吨，因此，这些地区的拆船企业要密切关注市场信息，把握市场脉搏，拆船协会也将提供更多信息供企业参考。三是拆船企业要注意成本控制，对生产、经营和管理各环节实施有效费用管理，对船舶采买、融资等慎重考量。四是企业要立足主业，分析市场需求变化，利用码头、船坞和专业设施装备等优势资源向物流、加工配送、租赁以及开展再制造研究等领域拓展，提高企业的市场应变能力，开拓新的经济增长点。

据世界贸易组织预测，明年全球经济增速将会比今年的3.7%还要低，因此，拆船市场很难独善其身。然而，全局低迷不代表局部不会有亮点出现。谢德华分析认为，目前全球废船市场依旧显现活跃态势，只要国家的相关政策措施调整到位，经济形势趋于稳定，拆船企业就能抓住机遇，以变应变，逐步扭转不利局面。他最后表示，拆船企业要树立信心，坦然面对市场变化，既要有过苦日子的准备，更要不放过任何有利于企业发展的商机。

（《中国船舶报》记者石玉平报道，2012年第77期第5版）

“金三银四”行情落空　拆船业举步维艰

- 钢铁市场有效需求乏力
- 废钢价格持续低迷
- 企业劳动力、财务等成本和相关税费不断增加

“与2012年相比，今年国内拆船企业面临的形势更加严峻，用‘举步维艰’来形容一点也不为过。”在5月10日中国拆船协会组织召开的驻粤拆船企业负责人座谈会上，与会代表达成上述共识。

“航运市场的低迷和运力的过剩，曾让拆船企业对2013年充满期待，但往年‘金三银四’的行情没有如期出现，这让企业倍感失望。”中国拆船协会会长谢德华表示，今年年初以来，国内经济增速放缓，钢铁市场有效需求乏力，大型钢厂采购力度降低，尤其是在4月，国际大宗商品价格暴跌，加上“国五条”的洗礼，国内各地废钢价格已经跌破了商家们的心理价位。随着市场消费淡季来临，废钢价格利空因素增多，年内行情不容乐观。

座谈会上，有企业负责人表示，自2012年以来，在航运市场持续低迷、废旧船舶大量上市的情况下，拆船企业不仅没有取得预期的经济效益，反而是拆得越多，亏损越多，这主要是下游市场疲软所致，当然也受到了企业误判市场预期，以及劳动力、财务等成本和相关税费不断增加等因素的影响。在当前市场前景不被看好的形势下，一些企业负责人提出了应对措施，例如，要密切关注与拆船市场相关领域的发展态势；注重改变或调整传统的经营理念和模式，寻求新的盈利模式和经济增长点；注意细分市场，谨慎购船，缩短拆解周期；设法提高拆船物资（设备）再利用、再制造的水平和能力等。同时，他们呼吁国家有关部门对拆船业的发展给予政策支持。

谢德华指出，近两年来，拆船市场的表现不尽如人意，企业面临巨大的压力，但越是在困难时期，企业越要树立信心，冷静应对，适时调整生产经营策略，降低和规避经营风险，减少损失；要提倡、鼓励有序竞合，避免恶性竞争；要加强行业引导、信息交流和宣传，遏制产能的盲目扩张。他最后表示，中国拆船协会将积极向国家有关部门反映企业和行业发展所面临的困难及问题，呼吁国家给予拆船业政策性支持。

（作者：言木。《中国船舶报》2013年第36期第5版）

塑发展形象　解市场尴尬　创绿色产业

2013年已过大半，本来应该处于市场活跃期的拆船业却是“旺市不旺”。中国拆船协会会长谢德华在接受记者采访时表示，自2012年开始至今，虽然航运市场运力过剩依旧，老旧船舶退市活跃，但是受国内经济增长回落、内需拉动乏力、废钢市场需求不振以及产业结构调整等因素影响，拆船企业面临着严峻且复杂多变的国内外市场环境，不仅“望船兴叹”，而且普遍陷入亏损境地。他说，在当前形势下，国内拆船企业要冷静面对，苦练内功，挖掘潜力，开源节流，与此同时，还要放宽眼量，坚持走绿色发展的道路，善于捕捉眼前及未来的发展机遇，为破解当前尴尬的市场环境和困境创造条件。同时，他也呼吁，在国家推进发展循环经济，建设生态文明的重要时期，政府部门应该继续给予包括拆船业等资源循环利用行业税收优惠政策，以帮助拆船业走出当前的市场困境。

“旺市不旺”显尴尬

船舶淘汰活跃，拆解市场低迷，叫好不叫座

“在当前废船退市活跃期，中国的拆船市场却面临旺市不旺，的确不能不说是一种尴尬。”谢德华开门见山地道出了当前中国拆船业的境况。近几年，受国际金融危机的影响，造船市场、航运市场陷入低迷，这本该是拆船业发展的大好时机。事实也是如此，2009年至2012年四年间，我国年均拆船量超过200万轻吨，其中，2009年拆解量超过310万轻吨，达到历史最高峰。但好年景并未持续太长时间。谢德华介绍，2011年欧债危机爆发，助推大量老旧和高耗低能船舶退出航运市场，但是拆船业向好的市场预期并未出现，反而是拆得越多，赔得越多，导致拆船业处于“叫好不叫座”的尴尬境地。

谢德华认为，这其中很大的一个原因就是全球经济低迷，国内经济增速放缓，反映制造业景气度指数的采购经理指数（PMI）持续下行。房地产政策调控等因素对钢铁需求造成巨大的影响，钢铁产业出现了产能结构性过剩的问题，导致了国内废钢市场剧烈震动，最直接的表现就是废钢价格的大幅下跌。2011年9月，国内废钢的市场价为3700～3800元/吨，时至2012年9月，废钢价格下跌到2500～2600元/吨，目前，废钢价格在2200～2300元/吨徘徊，尽管期间废钢价格也出现过反复，但价格下行震荡始终没有根本性转变。进入2013年前后，随着废钢价格略显抬头，铁矿石价格的上涨，加上对春季基建开工和换届经济的期待，一些拆船企业订购了不少废船，但是市场向好的预期并未出现，导致拆船企业大量废钢积压，亏损是在劫难逃了。在这种形势下，拆船企业的“出手”自然变得十分谨慎。

“同时，随着税收优惠政策的取消，拆船企业也面临着很大的压力。”谢德华指出，从2011年开始，拆船业就没有任何税收政策扶持了。从拆船业的发展历史来看，是否有税收政策扶持对拆船业的发展有很大影响。据了解，目前进口废船关税为3%，拆船企业在购买进口废船时，仅关税和增值税合计就达20.51%。而购买国内废船因无法取得进项增值税发票，不能抵扣，拆船企业税负极高，这里还不包括人工成本、进港、卫检、动检、拖船和危废处理等费用支出的增长。因此，这些对既承担社会责任，又讲求经济效益的拆船企业来说，不能不严重影响了拆船企业的积极性，以及市场竞争能力。

产业定位释误解

废船资源再利用，利国利民，推进产业进步

“说到拆船市场的尴尬处境，我们同样不能不说社会对拆船业误解也曾是十分尴尬的。”谢德华表示，虽然我国拆船业已经有了30多年的发展历史，并且取得了巨大的进步，但社会有很多人还是谈拆船色变，第一印象这是回收废旧船舶的行业，认为拆解会给环境带来“二次污染”。

“这种观念是不正确的，也是不准确的。其实拆船业正是通过对废旧船舶的安全环保拆解，来有效解决废旧船舶的‘二次污染’问题，把废旧船舶可能给环境带来的影响降到最低乃至消除。”谢德华如是说。

2008年8月29日，第十一届全国人大常委会第四次会议通过了《中华人民共和国循环经济促进法》。它的问世，正式明确了拆船业作为循环经济重要组成部分的法律地位。2011年，国家发展和改革委员会颁布的《产业结构调整指导目录（2011年本）》，首次把拆船产业发展项目写入国家级的产业结构调整指导目录中。“所有这些，都是对拆船业30多年发展的肯定，给拆船业的规范发展带来了很大的鼓舞。”谢德华表示。

准确的产业定位不仅利于消除人们对拆船业的误解，也给这个产业的发展带来了极大的促进作用。比如，产业结构调整指导目录明确了在拆船业中哪些活动是受到鼓励的，哪些是受到限制和需要被淘汰的，这对拆船业的产业结构调整有积极的导向作用。目录的颁布还解决了很多拆船行业多年来没有解决的问题，比如在银行授信、建厂选址、设施设备研发、再制造等方面，都给予拆船业无形的支持。据悉，目录的颁布后，一些拆船企业在企业技术改造、基础设施建设、安全环保设施改造中获得了银行的支持。

内外合力求破局

政策应扶持，企业练内功，抓机遇谋发展

作为发展循环经济的重要组成部分，不论是国家要建设资源节约和环境友好型的社会，还是党的十八大提出的生态文明建设，拆船业都将会发挥重要的作用，发展前景和潜力巨大。我国已是世界造船大国、航运大国，今后我国拆船业会承担很多船舶有害、毒害物质的处理，这是拆船业所要承担的社会责任。谢德华呼吁，在当前拆船业举步维艰的发展阶段，国家对拆船业在相关信贷和税收政策方面给予外力支持，缓解当前拆船业面临的困难局面，为拆船业更好地履行社会责任“减负”。

虽然当前遭遇了市场困境，但是我国拆船业发展仍有发展机遇。谢德华介绍，随着国际社会对碳排放的日益关注，国际海事组织的新规将陆续生效实施，一些高耗低能的老旧船舶不仅不符合国际新规范的要求，还会增加船东的营运、维护成本，船东只能“忍痛割爱”送拆老旧船舶。最近，欧盟在香港国际拆船公约生效前，制定了新的拆船法案，要求悬挂欧盟船旗的船舶必须在得到授权的绿色拆船厂进行拆解。同时，我国政府也准备出台助推船东加快运力结构调整，汰旧更新的新措施。因此，未来废旧船舶的淘汰量仍将保持一定水平，这在某种程度上为拆船业创造了需求和市场机遇。

要想更好地抓住这些机遇，谢德华建议拆船企业首先就要坚定不移地继续走绿色拆船的道路，力争在废船的贸易、拆解、管理、销售、产品五大环节创新实践，打造拆船全过程的绿色品牌。毕竟绿色环保、节能减排将成为未来全球经济发展的主旋律，未来的安全环保标准只会越来越高、越来越严格，绿色拆船是大势所趋，越早开展绿色拆船工作，未来就能占据市场主动。其次，拆船企业要苦练内功，强化队伍培养，细化内部管理，以精细化、经常性、预先性的管理取代粗放型、突击性、滞后性的管理，实现绿色管理，进而实现管理增效。最后，在当前国内经济调整时期，相关市场复苏缓慢的形势下，拆船企业要积极培育下游市场，加强对废旧船舶物资的再利用再制造的研究，提高废旧船舶物资的附加值，进而寻求新的经济增长点。

（编者注：自 2013 年 10 月起，《中国船舶报》与中国拆船协会联合创刊“拆船专版”。此专访稿为“拆船专版”创刊所发）

（《中国船舶报》记者刘志良报道，2013 年 10 月 16 日第 4 版）

坚持绿色拆船　推动规范发展

国际金融危机爆发后，全球经济持续低迷且复苏缓慢，我国经济增速开始放缓，国内废钢需求不振，废钢价格一路下滑且长期在低位震荡，导致近一年来我国拆船业全面亏损，形势严峻。中国拆船协会会长谢德华就此表示，在当前和未来一段时期，中国拆船企业要继续坚持绿色发展不动摇，以绿色拆解提高市场竞争力；加强对市场的分析和预判，拓宽国内外市场渠道；强化内部科学管理，节流增效；整合自身拥有的各种资源，在物流、租赁、拆船物资深加工、再利用和再制造等业务方面寻求新的经济增长点。

绿色环保是主旋律

谢德华介绍，造船业、航运业、拆船业是一条完整的产业链。拆船业作为船舶经济中不可或缺的环节，是实现废旧船舶资源循环利用，确保航运业运营安全，减少碳排放，促进造船业、航运业和钢铁业结构调整和转型升级的重要一极。目前，中国、印度、孟加拉国、巴基斯坦和土耳其5个国家的年船舶拆解量占全球市场份额的约80%。

谢德华指出，绿色环保是全球拆船业的主旋律。21世纪以来，国际海事组织（IMO）越发重视拆船业的绿色环保。2006年，IMO开始酝酿制定国际性拆船公约；2007年和2009年，两次在中国召开国际拆船研讨会，考察中国安全环保拆船情况；2009年5月，IMO在我国香港召开外交大会，审议通过了《2009年香港国际安全与无害环境拆船公约》。今年10月，欧洲议会通过了欧盟拆船法案。新法案要求悬挂欧盟船旗的旧船必须在欧盟授权的拆船企业拆解，同时提出严格的准入条件。这对始终倡导绿色拆船的中国拆船业来说是个利好。

绿色拆解是努力目标

建设低排放、无污染的绿色拆船企业，一直是中国拆船业的努力目标。谢德华介绍，自20世纪90年代开始，特别是进入21世纪以来，中国拆船企业在国家政策支持下，不断加大安全环保投入。2005年，国家发改委批准了由中国拆船协会组织制定的首个行业标准《绿色拆船通用规范》。我国拆船企业遵照《防止拆船污染环境管理条例》《绿色拆船通用规范》《防止拆船污染环境技术导则》和《清洁生产审核暂行办法》等法规、条例，大力开展清洁生产。

同时，越来越多的企业建立起环境管理体系、职业健康安全管理体系和质量管理体系“三位一体”的综合运行模式，使健康、环境、安全、质量实现全过程管理。此外，一些企业还探索开展拆船监理、封闭式拆解石棉等拆解管理与技术研究，淘汰或改造资源浪费、污染严重的拆船工艺和装备，积极走循环经济型发展之路。中国拆船企业采用码头或船坞拆解船舶的方式，得到了IMO的称赞，并为《拆船公约》正式形成做出了积极贡献。

科学发展是当前要务

谢德华强调，作为全国性拆船行业社团组织，中国拆船协会将积极指导并帮助企业发展绿色拆船和循环经济，推动我国拆船业实现科学发展。

一是推动尽快制定拆船准入制度，从技术、设施、环保等方面设立行业准入门槛。加快编制拆船标准合同文本工作的进度，更好地规范废船贸易行为。二是加强管理与技术岗位培训，开展测爆、动火审批、氟利昂回收等技术与岗位的培训，做到持证上岗。不断提高企业管理与技术人员技能，使企业各级管理人员对安全、环保、海关政策等更深刻了解。三是积极推动建立拆船行业岗位国家职业资格培训体系，规范拆船岗位培训，促进从业人员素质提高。四是加大国际交流与合作力度，积极参加行业有关国际学术会议、论坛，表达诉求和意见。五是加紧拆船行业标准体系建设，协助国家有关部门、有关研究机构，围绕拆船有关条约、工艺、技术、装备等开展有关标准研究工作。

2009 年的中国国际海事会展高级海事论坛给首次莅会的谢德华留下了深刻印象。谢德华表示，中国国际海事会展参展商多、范围广，体现了国际性和专业性，特别是会展期间举办的高级海事论坛涉及航运、造船、海洋工程等诸方面的政策法规、规范标准、新技术新工艺等，内容非常丰富。拆船业是海事业的一部分，广交朋友、共同探讨业界关心的问题非常重要。希望国内拆船企业多到海事会展去参观、交流，了解业界发展情况，为促进我国海洋事业的发展做出贡献。

（《中国船舶报》记者石玉平报道，2013 年 11 月 6 日第 1 版）

“五连招”打通拆船绿色脉络

从20世纪80年代末期国务院制定《防止拆船污染环境管理条例》以后，我国就更加重视拆船业的安全和环境保护管理。1991年成立的中国拆船协会，积极引导、指导整个行业开展绿色拆船工作。拆船企业在国家政策的支持下，加大投资力度，学习消化新的管理理念和工艺技术水平，企业的硬件设施、环保设施不断完善，拆船技术和工艺不断得到提高，安全生产、环保和职业健康管理也取得了巨大的进步，得到国际社会的肯定。2005年，国内第一部行业标准——《绿色拆船通用规范》诞生。

“当然，如果把‘绿色拆船’的理解，仅限于对废旧船舶的绿色拆解这个层面上，还是不够完整的。我认为，只有在废船的贸易、拆解、管理、销售和产品的5大环节实现绿色，才是真正意义上的‘绿色拆船’。”中国拆船协会会长谢德华表示，这5个环节基本涵盖了废旧船舶拆解周期的全过程。而打造真正意义上的“绿色拆船”，不仅需要拆船业的不懈努力，也需要相关利益方的观念转变和后援，更需要政府政策措施支持和不错位的监管。

绿色贸易——“绿色拆船”的源头

“绿色贸易是实现‘绿色拆船’的前提条件。”谢德华表示，实现废旧船舶的绿色贸易，需要船东、船经纪、现金买家以及拆船厂等废船交易的相关利益方真正树立“绿色拆船”的理念。“单纯从经济利益的角度看，废旧船舶拥有者追求利益最大化，是无可厚非的。但从社会责任的角度看，废旧船舶拥有者出售船舶后，并不意味着其社会责任的终结。因为船舶绿色拆解与否，会对废旧船舶拥有者社会责任（商誉、信誉等）都构成很大的影响。从某种意义上来说，拆船厂的社会责任也是废旧船舶拥有者社会责任的延续。”谢德华说。因此，废船贸易如果仅追求商业利益，而无视绿色拆解，忽视社会责任，就很难从源头上确保实现“绿色拆船”。

应该看到的是，越来越多负有社会责任的船东重视自有废旧船舶的绿色拆解，选择符合环保条件的拆船厂出售拆解，有的给予价格补贴，有的出资委托第三方进行拆船监理，有的出资进行有害物质甄别，虽然这还不是普遍的现象，但是，足以证明“绿色拆船”已开始得到关注和实施。目前我国积极推行“绿色拆船”，拆船成本、标准较高，在全球尚未形成绿色拆船意识的情况下，难以在国际废船价格等方面具有明显的竞争优势。谢德华表示，随着《香港公约》及其技术导则的出台以及欧盟新近通过的拆船法案，绿色贸易的问题有望逐步得到解决。他也呼吁，船东、船舶经纪、现金买家等要重视安全环保拆船，选择符合安全环保条件、具有绿色拆解能力的拆船企业开展合作，实现双赢。

绿色拆解——“绿色拆船”的基础

“绿色拆解是实现‘绿色拆船’的基础和硬件条件。”谢德华指出，随着近几年我国拆船业的发展，我国骨干拆船企业完全具备绿色拆解的能力，不管是在拆解技术、拆解工艺等方面，还是安全环保设施、劳动保护、油污和危废处理等方面，已迈入世界前列，都具有很强的“绿色”竞争力。

目前，我国拆船企业在拆解生产活动中，基本做到了安全生产、环境保护和职业健康管理的科学化、现代化，绝大多数骨干企业已经通过了环境管理体系、质量管理体系和职业健康管理体系的认证；有的企业已经或将被列入国家、地方循环经济发展试点项目和拆船废钢加工基地；有的企业已成为国际上有影响的一流拆船企业。

“为了加强绿色行业建设，引导和促进拆船企业的不断进步，中国拆船协会还组织开展了绿色拆船企业资格评审认定工作。”谢德华表示，目前，已有9家拆船企业通过了资格认定，第二批认定工作正在进行中。“我们希望这些企业能够成为行业的主力军，为绿色行业建设和发展起到榜样和表率作用。”

绿色管理——“绿色拆船”的内涵

“绿色管理是实现‘绿色拆船’的内涵，是构筑绿色发展的软实力。”谢德华表示，我国拆船企业的硬件设施建设已经取得长足的进步，得到国际社会的肯定。但是，再好的硬件设施，也必须有良好的软件能力的支撑，要实现企业的发展，必须“软硬兼施”。反观国内近来发生的重大安全生产事故和人员伤亡，无不是由管理责任事故所致。拆船企业必须引以为戒，以精细化管理取代粗放式管理、以常态化管理取代应急式管理、以预先管理取代事后管理，杜绝因管理不到位而发生的各类事故。

绿色管理环节是今后拆船企业必须努力实现的目标，谢德华强调，实现绿色管理的关键在于人。在技术与管理不断进步的今天，拆船企业要特别重视技术和管理人才的引进和培养，加强岗位人员的经常性培训，重要岗位必须持证上岗，不断提高职工队伍业务、技术和管理素质。同时，还要做到依法经营和管理，建立健全内部各项规章制度和岗位规范，责任到人，管理到位，不留死角。

绿色销售——“绿色拆船”的保障

“绿色销售是实现‘绿色拆船’的保障。”谢德华指出，拆船业是资源环保型产业，也是我国发展循环经济的重要组成部分。因此，拆船企业从船舶拆解下来的废旧物资，不论是废钢和废有色金属，还是机电设备等，都应该销售给符合标准条件的利用或再利用企业，不能只重视经济效益，而忽视企业社会效益。只有这样，才能使可再生资源得到“绿色”的循环利用。实际上，绿色销售也是拆船企业是否履行社会责任的具体体现。

绿色产品——“绿色拆船”的未来

“绿色产品是‘绿色拆船’未来的发展趋势。”谢德华指出，拆船企业重视绿色产品研发不仅关系着当前拆船企业的进步和发展，也关系着未来拆船企业能否顺利实现转型升级，创造新的经济增长点。实际上，国内一些拆船企业在拆解物资的深加工和再利用方面，已经有了成功的尝试，比如，集装箱箱角、法兰盘生产和废钢加工等形成较大的生产能力和市场占有率，有的已经形成自有品牌。

“2011年，国家颁布的《产业结构调整指导目录（2011年本）》已经将船舶零部件、机电设备的再制造写进‘鼓励类’中，今后拆船业要进一步加大再利用、再制造研发的力度，不断提高拆解物资利用的附加值。”谢德华如是说，如果能在再利用、再制造方面取得长足进步，这将大大提高拆船企业的经济效益和市场竞争力。

谢德华最后表示，国际海事组织制定的《香港公约》以及欧洲议会通过《欧盟新拆船法案》的出台表明，全球拆船业必将朝着更安全、更环保、更健康的方向发展。在未来，“绿色拆船”是今后我国拆船业占据市场主动的重要砝码。他希望，我国拆船企业要深入持久地实践“绿色拆船”，力争获得更大的竞争优势。

（《中国船舶报》记者刘志良报道，2013 年 11 月 15 日第 4 版）

紧跟国际标准　促进绿色拆船

现代社会，环境污染对人类生活的影响越来越大，国际海事界近年来越发关注船舶对海洋与空气的污染，日益重视对海洋环境的保护，国际海事组织（IMO）等相关机构对船舶的建造、营运、拆解提出一系列环保要求，与拆船相关的国际公约、规则和标准应运而生。

当前有关拆船的国际文件主要有《2009 年香港国际安全与环境无害化拆船公约》（简称《香港公约》）、IMO A. 962（23）决议通过的《IMO 拆船指南》、A. 980（24）决议通过的《IMO 拆船指南修正案》、《控制有害废料越境转移及其处置的巴塞尔公约》、第 6 次缔约国会议通过的《全部和部分拆船的环境无害化管理技术指南》，以及国际劳工组织理事会第 289 届会议批准的《拆船安全和健康：亚洲国家和土耳其指南》等，其中《香港公约》是在综合考虑上述其他文件的基础上发展而来。为配合《香港公约》的实施，IMO 还制定了一批补充导则，如《安全和环境无害化拆船导则》《检验和发证导则》《船舶检查导则》等。为更好的支撑 IMO 拆船相关国际公约及导则，国际标准化组织船舶与海上技术标准化委员会（ISO/TC 8）还编制了 ISO 30000 拆船管理体系系列标准等。

把握角色定位　加强顶层设计

为规范并促进绿色拆船，拆船大国如印度、孟加拉等国，拆船先进国家如美国等，都制定了拆船规范或拆船规则等来规范本国的拆船业。在国际海事界相关规范不断出台的同时，我国也加强了对船舶绿色制造、绿色拆解的顶层设计，出台了一系列政策措施。比如国务院颁发了《防止拆船污染环境管理条例》、交通运输部颁发了《防止船舶海洋环境污染管理条例》，中国拆船协会发布了《防止拆船污染环境技术导则》、《绿色拆船通用规范》（2005 版）等标准。《国家中长期科学和技术发展规划纲要（2006—2020 年）》中明确提出：要积极发展绿色制造，加快相关技术在材料与产品开发设计、加工制造、销售服务及回收利用等产品全生命周期中的应用，形成高效、节能、环保和可循环的新型制造工艺，制造业资源消耗、环境负荷水平进入国际先进行列。此外，国家发展和改革委员会颁发的 2011 年第 9 号令，公布了新的《产业结构调整指导目录（2011 年本）》，其中在鼓励类第三十八条“环境保护与资源节约综合利用”中明确列出了“船舶等废旧机电产品及零部件”，产业结构调整目录是政府引导投资方向，管理投资项目，制定和实施财税、金融、土地、进出口等政策的重要依据。这是船舶拆解首次被列入鼓励类条目之中，必将对我国拆船产业的定位和可持续发展产生重要影响。

我国拆船业是伴随着改革开放逐步发展起来的一个资源环保型产业，按国务院审议通过的《船舶工业调整和振兴规划》的要求，拆船业作为航运业、造船业产业链中的重要一环，将与造船业、航运业组成一个完整的产业链，发展拆船业有利于促进造船业、航运业的良性循环。国际上就把船舶拆解称为船舶再循环，或船舶回收再利用。而绿色船舶拆解对节约资源、保护环境、节能减排、扩大内需、增加就业具有非常积极的作用。

日前，为加快船舶工业结构调整、促进转型升级，交通部、财政部、国家发改委、工业和信息化部共同发布了《老旧运输船舶和单壳油轮提前报废更新实施方案》，其中对2013—2015年提前报废更新的老旧运输船舶和单壳油船增加补助。这是船市低迷、拆船量不断增加以来，对我国拆船市场的又一大利好。

机遇挑战并存　积极主动应对

我国拆船业在发展的同时，能否达到国际拆船要求，真正实现绿色拆解，目前来看，非常值得研究。

首先，当前国际知名船东越来越看重拆船企业是否符合绿色环保要求。这使得拆船企业努力达到国际水平。所以，在拆船业务量增加的同时，竞争也必将逐渐激烈。虽然我国拆船业的安全环保水平在世界主要拆船国家中位居前列，一些知名大中型拆船企业已享誉世界。但是当前的发展趋势是，世界其他拆船大国也在按国际要求迎头赶上，目前孟加拉和印度等国家也逐渐开始意识到拆船安全环保对其业务发展的重要性。如印度已依托ISO 30000系列标准开展拆船企业认证工作，孟加拉更是在2010—2011年暂停了废船进口，加紧整顿国内拆船业的安全环保工作，为下一步开展绿色拆船、开拓国际市场打下基础。

其次，国际拆船公约的出台对我国带来了不小的影响，一方面，对国内相关主管部门而言，拆船公约将要求我国采取严格的限制措施，以推行更安全、更环保的拆船作业，同时也为主管部门完善对拆船厂与废钢船的管理提供了重要机遇。我国目前涉及拆船的法律、法规还不完善和健全，相关技术标准较少且单一，尚有较大提升空间，且缺乏符合公约要求的执行机制。公约一旦生效，对规范行业的发展和促进绿色拆船而言是一个机遇。另一方面，对我国造船业和拆船业而言，拆船公约明确规定了船舶设计、建造和维修过程中禁止和/或限制使用的有害材料。随着国际上对环保问题的日益关注，“绿色船舶”的建造正逐步成为主流。船舶的“绿色度”将是未来世界造船市场竞争的一个重要指标。我国造船业如果不能将有害材料的使用尽可能地降低到最低限度，可能会在将来的竞争中处于不利的位置。这对造船业及拆船业而言，又将是一个挑战。

目前，由于印度、孟加拉国等拆船大国本身在安全环保方面的差距，为维护自身经济利益，他们对IMO拆船公约的实施进行阻挠和拖延，但是公约的实施只是个时间问题。今年10月，欧洲议会通过了欧盟拆船法案，其要求高于拆船公约。该法案的通过将有利于促进拆船公约的正式生效。国际拆船公约及相关技术指南、标准一旦正式实施，必将对世界及我国造船业、拆船业产生重大影响，符合、达到国际要求的国家才有资格进行船舶拆解。因此，在公约、标准等正在制定并即将生效的当前时机，非常有必要积极对其进行深入跟踪，分析研究，提出应对建议，以便国内相关单位及时采取措施积极应对。

科研攻坚克难　立项未雨绸缪

在这种形势下，中国船舶工业综合技术经济研究院牵头，中国拆船协会、北京中环绿舟科贸发展有限责任公司参与，2013年通过国家标准化管理委员会申报并立项了质检公益性行业科研专项项目《绿色拆船关键标准研究》。

该项目研究目的是通过分析当前世界主要拆船国家的拆船技术发展态势，掌握拆船公约相关进程，了解其他国家观点；针对国内外公约、规范、规则、标准等的主要技术内容、发展趋势等进行深入分析；分析国际拆船公约等对我国拆船业、造船业的影响。同时，结合国内拆船业的发展现状和拆船公约、标准的应用情况，分析并提出我国绿色拆船技术及相关标准的发展策略和建议，并制定《绿色拆船通用规范》《造船和船舶营运中有害物质的信息管理要求》《ISO 30000 拆船国际标准实施指南》《拆船中防止石棉发散和暴露的措施》《拆船厂评估和规划通用方法》等6项我国拆船标准。本项目研究的技术关键在于分析我国拆船业与国际拆船公约的差距，从技术层面提出拆船业的发展策略和建议。

项目的研究内容主要包括：

（1）绿色拆船通用技术研究。依据国际拆船环保顶层要求，结合我国各拆船厂的拆解技术实际情况，对船舶拆解在各方面的基础、通用环保、安全技术开展调研和分析，提出绿色拆船需采用的通用技术，总结并编制《绿色拆船通用规范》国家标准，并在局部范围进行试点。

（2）船舶有害物质信息管理技术及标准研究。船舶有害物质从船舶设计、建造、设备采购即已开始存在，如何在船舶全寿命周期内自始至终地把握、管理并利用好这些有害物质的相关大量信息，以便船舶运营、管理、监督者尽最大可能在船舶建造、运营、改装、拆解当中防止有害物质造成污染，是当前广泛关注的热点和难点。国内外有关船级社已开始编制程序，试图对各类构件或设备中的有害物质情况进行全过程管理，项目将开展全面调研，深入分析这些信息管理需达到的要求，并编制《造船和船舶营运中有害物质的信息管理要求》国家标准。

（3）拆船中防止石棉造成危害的措施研究。石棉是当前船舶中较普遍存在但被国际拆船公约禁止使用的有害材料，其对人体和环境的危害较大，未来船舶将不允许使用该材料，但世界现存的大量船舶仍然含有。本项目将研究、总结拆船中防止石棉危害应采取的各项技术措施，开展局部试点，验证措施的有效性，并编制《拆船中防止石棉发散和暴露的措施》国家标准。

（4）拆船厂评估和规划通用方法研究。通过广泛调研并征求意见，围绕拆船厂开展绿色拆船的实践，对拆船厂履行国际要求提出实施措施和建议，对拆船厂实施绿色拆船的评估方法进行研究，编制《拆船厂评估和规划通用方法》国家标准。

（5）拆船业国际标准贯彻实施及标准研究。国际海事组织有关拆船国际公约、指南、导则等，一旦生效将强制实施。我国是拆船大国，必将贯彻实施国际要求。而 ISO 30000 标准是实施国际海事组织公约等的细化要求，本项目将结合我国拆船厂实际以及 ISO 30000 标准的要求，深入分析并研究，提出满足国际要求的措施，编制《ISO 30000 拆船国际标准实施指南》国家标准，并在一定范围内进行试点。

（6）游艇拆解技术及标准研究。目前，国内的拆船企业基本上可以拆解所有类型的船舶，包括油船、集装箱船、渔业加工船和石油液化气船等。游艇以前属于高档奢侈品，随着世界和我国游艇工业的快速发展，对游艇的拆解提出了新的需求。本项目将分析了解游艇的潜在有害物质，对游艇拆解技术开展先期研究。

该项目是我国首次在拆船领域开展绿色拆船关键技术及标准化研究。其研究成果将为推广绿色拆船技术，巩固和提升我国拆船技术实力奠定基础，对维护我国拆船业、造船业发展的利益和权益，规范我国拆船业的发展具有重要作用，为我国将来履行国际海事组织拆船公约做好技术准备，达到稳固、扩大我国绿色拆船国际竞争优势的目的。

项目组认为，未来应针对公约要求，参考相关国际导则，结合中国拆船业、航运业与造船业实际，积极探讨拆船厂的设计、建造与运营标准，完善拆船业安全、健康、环保方面的管理、审批准入条件，制定国内具体的实施细则，进一步提高拆船业履行拆船公约的能力。另外，我国还需要修改和完善船舶行业相应的法规与规范，对船舶建造材料的使用进行整顿和规范，减少有害物质的使用，从制度层面保证拆船公约的顺利实施。这些要求的实施将通过改变设计或研发、购买高新材料来避免使用被禁止和限制的材料，从而要面临新材料、新技术的挑战，对船舶设计、建造和修理提出了更高的要求。

船舶拆解中的安全、环保等议题已经成为国际海事界关注的热点，我国紧跟拆船国际标准，促进绿色拆船，任重而道远。

（作者：欧阳涛、罗文臣。《中国船舶报》2013 年 12 月 20 日第 4 版）

欧盟“签”一“法”拆船行业动全身

欧洲议会和欧盟理事会通过《欧盟拆船新法案》后，欧盟委员会在其官方网站正式公布了这一法案的全文内容，对非 OECD（经济与合作发展组织）成员国的国家有意拆解欧盟船舶的拆船企业而言，就意味着申请列入欧盟授权名单的工作马上就要被提上议事日程。日前，中国拆船协会副会长兼秘书长吴军就该法案对拆船市场的影响，在接受记者采访时表示，近年来，我国拆船业的绿色发展取得了明显进步，也引起了国际社会的广泛关注。而欧盟制定拆船新法案将会对当前世界绿色拆船市场格局产生很大影响，我国拆船企业凭借自身的实力，会有较大可能申请进入欧盟授权名单。他同时建议，我国拆船企业应借此机会，不断提高自身的软实力。

量大肚小 欧盟急需突破口

据吴军介绍，国际金融危机爆发后，欧盟船舶报废量明显增多，而 OECD 成员国土耳其、英国、比利时、荷兰等国家船舶拆解能力较小。目前，全球 500 总吨以上挂欧盟船旗的船舶约占全球船队 17% 的份额，总量超过 8000 艘；平均每年约有 300 艘、100 万 ~ 150 万轻吨的船舶需要拆解。OECD 成员国拆船能力远远满足不了欧盟的需求。因此，欧盟急需从非 OECD 成员国中寻找具备相应条件的拆船企业来拆解欧盟的报废船舶。

《2009 年香港国际安全与无害环境拆船公约》（简称《香港公约》）迟迟未生效也是《欧盟拆船新法案》出台的一个重要因素。根据《香港公约》相关规定，该公约应在符合以下三个先决条件的情况下，才能在全球生效。一是 15 个签约国在本国批准《香港公约》；二是批准《香港公约》国家的船舶吨位超过全球总数的四成；三是批准《香港公约》国家的船舶拆解量超过全球总数的 3%。但是到目前为止，全球只有 6 个国家签署了《香港公约》，距离达到公约正式生效条件还有很长的距离。

同时，《欧盟拆船新法案》的出台，将对欧盟船东构成约束，有助于促使欧盟船东重视绿色拆船——严格建立船舶有害物质清单、拆船计划等，从而提高拆船标准，减少环境污染。

格局变化 中国角色加重

“毫无疑问，《欧盟拆船新法案》的出台会使世界拆船市场格局重新洗牌，推动全球绿色拆船进程。这对中国的绿色拆船而言既是机遇也是挑战。”吴军表示，此前欧洲待拆解的老旧船舶中 80% 左右都流向了南亚地区的主要拆船国家。“导致这种现象出现的根本原因就是船东出于利益方面的考虑，因为南亚地区国家多采用‘冲滩拆船’的拆解方式，拆船价格每轻吨比中国高出 50 ~ 80 美元。”吴军指出。

不过，出于环保角度的考虑，《欧盟拆船新法案》对拆船设施、条件做了严格的准入规定，严禁欧盟船舶通过拆解方式简陋、环境污染严重、安全生产无法得到保证的拆船设施进行拆解。因此，《欧盟拆船新法案》的出台，将大大削减南亚地区一些国家在拆船成本方面的优势。

而与之形成鲜明对比的是，目前我国大部分企业具备拆解欧盟船舶的条件，一旦这些企业通过欧盟的审核并被列入授权名单，欧盟亟待拆解的船舶将会如愿找到符合《欧盟拆船新法案》要求的绿色拆解设施，中国拆船业在世界拆船市场的份额也会相应提高。

“当然，我国拆船企业在是否加入到申请名单方面也需要权衡得失与利弊。”对是否加入到拆解欧盟船舶的行列，吴军也提出了自己的建议。因为，《欧盟拆船新法案》在很多方面的要求比《香港公约》更加严格，这大大提高了绿色拆船的成本，拆船企业在各方面的投入势必会加大，我国拆船企业要权衡增加的投入跟获得的效益是否成正比。同时，在第三方认证检测机构的如何认定等一些环节上，我国相关部门、欧盟、拆船协会、拆船企业之间等还需要进一步协商、协调。

强化管理 “软件”仍需提高

“尽管我国较早地开展绿色拆船，大多数企业在拆船技术、拆船工艺以及硬件设施等方面能够满足欧盟的要求，不过，在这次洗牌过程中，我国拆船企业仍面临着来自管理、人才培养等‘软件’方面的挑战。”吴军认为。

首先是在管理方面，从目前我国拆船企业的发展来看，虽然硬件设施具备了很高的水准，但是我国拆船企业的管理水平与我国拆船业在国际上的地位还存在一定差距，因此，如何加强对生产、环保、技术等流程的预期和实时管理，如对有害物质的甄别、去除及流向管控，拆船计划，拆船设施计划，拆船监理等，对我国拆船企业来说将是极大的挑战。

其次是在人才队伍建设方面，目前我国拆船企业还缺乏拥有专业技术背景、精通外语并熟悉国际商法的综合专业人才。企业还需要加大人才培养、培训和引进的工作力度，力争提高企业的国际化水平。

吴军最后表示，《欧盟拆船新法案》的实施目前正处于起始阶段，还有诸多工作要做。不久前，中国拆船协会与欧盟委员会环境总司举行了会谈，双方都表示愿意通过研讨、培训等多种方式，开展更广泛的交流和沟通，使法案实施符合中国国情和拆船市场发展规律。

（《中国船舶报》记者刘志良报道，2014 年 1 月 15 日第 4 版）

大船船务：拆船“新军”心向绿色

去年是大连船舶重工集团船务工程有限公司正式开展拆船生产的第一年，但是这一拆船行业的新军却取得了不俗的成绩。2013 年，大船船务共计开工拆解 6 艘船舶，加上 2012 年开始拆解的 1 艘船舶，共有 7 艘船舶拆解，其中包括 2 艘散货船、4 艘油船、1 艘汽车滚装船，合计约 14 万轻吨；目前已拆解完成 5 艘船舶，其中包括 2 艘散货船、3 艘油船，完工船舶合计为 73775 轻吨。该公司负责人表示，之所以能在进入拆船业不久就能取得这样的成绩，与他们主打“绿色拆船”品牌、奉行绿色环保拆船的理念密不可分。

在进军拆船产业之初，大船船务就确定了主打“绿色拆船”品牌，走发展循环经济的环保之路的策略。据介绍，大船船务是由大连船舶重工集团有限公司、新加坡太平船务（私人）有限公司、鞍钢股份有限公司合资建立的，总投资额超过 20 亿元。虽然大船船务进入拆船行业的时间比较晚，但背靠“大树”，起点很高，拥有 30 万吨级船坞 1 座，15 万吨级船坞 1 座以及包括 30 万吨、20 万吨、15 万吨、7 万吨码头泊位在内的 5 个泊位等先进的硬件设施，为其开展“绿色拆船”打下了良好的基础。

同时，依托国家级技术研究所——大连船舶重工集团设计研究所，雄厚的船舶技术研发实力，大船船务引进了 10 余位包括生产、安全、质量、技术、经营等方面的专家，担任公司高层及中层管理职务；高薪聘请国外知名的绿色拆船专业技术人才，驻场进行技术指导和交流，对员工进行船舶有害物质清单（IHM）指导、考核和资质认证工作。目前，大船船务正筹备申报大连市及辽宁省级技术研发中心。

在船舶拆解技术方面，大船船务确定的绿色拆船工艺流程及方案，包括“完全坞内拆解法”和“干、浮式绿色拆解法”两种。其中“完全坞内拆解法”主要应用于新船型以及“绿色”拆解控制难度大、污染风险高的船型。对于拆解工艺流程已完全成熟，过程控制完全能够符合《欧盟拆船法案》和《香港公约》要求的船型，则基本采取“干、浮式绿色拆解”工艺流程，以确保绿色无污染拆解的同时最大限度地降本增效，为实现年拆解各类船舶 100 艘的目标提供可靠的技术支持。同时，大船船务还研发了油船及散货船的绿色拆解工艺方案，在保证生产效率的同时，通过技术攻关成功解决“干、浮式绿色拆解工艺流程”中的关键点，优化分段划分工艺，降低坞内周期，提高拆解效率、降低因浮式拆解造成的成本浪费。大船船务也是世界首个应用干船坞实施拆船作业的企业，创造了产业链上下游企业合作为客户提供全寿命周期服务的范例，也创造了产业链上下游企业合作发展循环经济的新模式。

目前，大船船务已经取得由挪威船级社（DNV）、世标认证（WSF）通过的 ISO 9001、ISO 14001、OHSMS 18001 体系证书。取得了《进口可用作原料的固体废物国内收货人注册登记证书》《中华人民共和国限制进口类可用作原料的固体废物进口许可证》，并列入《老旧运输船舶和单壳油轮定点拆解企业名单》。

2009 年 5 月，国际海事组织（IMO）通过了《2009 年香港国际安全与无害环境拆船公约》，随即又出台了 6 个技术导则。2013 年 10 月，欧盟议会正式通过了《欧盟拆船法案》。这给我国拆船企业带来很大机遇的同时，也使我国拆船企业面临着巨大的挑战。对此，大船船务及时成立了《欧盟拆船法案》《香港公约》及国际最新拆船行业规范、市场动态研究小组，及时消化吸收拆船新规，准确把握市场变化，持续做好绿色拆船体系的改进和优化工作。目前，大船船务承接的“得克萨斯”号汽车滚装船由卖方 2 名船东驻厂监理，完全按照《欧洲拆船法案》及《香港公约》要求进行绿色拆解，并能获得一定的拆船补贴。

大船集团“绿色拆船”理念，以及严格的环保要求得到了中国拆船协会、国际海事组织（IMO）和世界拆船协会（ISRA）的高度肯定，一致认为大船船务的拆船设备设施在世界上都是一流的。去年 9 月，大船集团应邀参加在英国伦敦召开的世界拆船论坛，其“绿色拆船”理念，以及严格的环保要求引起了各方代表的高度关注和充分认可。

当前，世界海运市场运力过剩局面短期内还难以改变。根据国际海事组织、欧盟和克拉克松公司的研究，今后 10 年，仍有约占全球报废船舶总量 23% 的商船进入拆船市场。该公司负责人表示，这意味着拆船业具有很大的发展空间，今后大船船务将继续推广“绿色拆船”，始终坚持国内、国际通用规范及环境友好型环保理念，打造国内领先、世界一流的拆船产业基地。

（作者：高峰、林光明、李赫、冯振兴。《中国船舶报》2016 年 2 月 19 日第 4 版）

航运发“红包”　拆船增“量多”

2013 年年底，交通运输部、财政部、国家发展和改革委员会、工业和信息化部四部委联合发布了《老旧运输船舶和单壳油轮提前报废更新实施方案》，鼓励航运企业汰旧更新，改善运力结构。日前，与之配套的《老旧运输船舶和单壳油轮报废更新中央财政补助专项资金管理办法》正式发布。

“很明显，《实施方案》以及与之配套的《资金管理办法》的出台不仅给国内航运业、造船业带来了积极的影响，这个政策‘红包’也有利于促进老旧船舶的定点拆解。”中国拆船协会会长谢德华在接受采访时表示，虽然拆船厂不能直接得到相关的补贴，不是《实施方案》的直接受益者，但是《实施方案》以及与之配套的《资金管理办法》的出台，将会让航运企业关注国内的定点拆船厂，使得拆船厂拆解国内老旧船舶的数量得到明显上升。不过，遭受多重压力的国内拆船行业当前面临着严峻的市场形势，谢德华也建议，航运企业在老旧船舶销售过程中也要兼顾拆船厂的利益，实现双赢。

政策实施

期“量多”变“利好”

过去很长一段时间，我国拆船厂一直以拆解进口废船为主。但是，近几年，我国拆船厂拆解国内老旧船舶的数量明显上升。据悉，2013 年，我国进口废旧船舶的数量下降了 13%，而拆解国内老旧船舶的数量则同比上升了 190%。

“《实施方案》的出台，还充分贯彻了 2009 年国务院提出的‘规范发展拆船业，实现定点拆解’的基本要求。”谢德华指出。根据《实施方案》的要求，航运企业的老旧船舶必须到交通运输部指定的拆船企业中拆解，否则不能获得补贴。这能够有效引导老旧船舶的流向，规范老旧船舶定点拆解的问题。通过提出实施定点拆解的要求，使船东重视老旧船舶拆解的绿色安全环保问题，也充分体现出宣导绿色拆船的理念。

谢德华表示，《实施方案》的出台，对宣传中国拆船行业，促使社会各界了解中国拆船厂有很大的帮助作用。之前，国内大多数拆船厂主要以拆解进口老旧船舶，在国内航运业中的知名度不高。“《实施方案》为国内船东了解国内拆船行业、企业的发展，加快国内船东和国内拆船企业之间的联系、对接、合作，提供了一个很好的契机。”

力争双赢

盼“减负”与“规范”

2013 年，我国拆船行业发展面临诸多压力，延续了亏损局面。进入 2014 年，国内拆船厂面临的下游市场低迷，人民币汇率贬值预期，信贷收紧，税费、人工成本、财务成本以及库存等方面的压力有增无减，面临的生产经营形势比 2013 年更加严峻。谢德华表示，毫无疑问，《实施方案》会给我国拆船行业的发展带来一抹“绿意”，但是，拆船厂仍然面临诸多困难。比如，目前拆船厂在购买国内老旧船舶时，面临最大的问题就是不能取得进项增值税发票，这就意味着进销项增值税无法形成抵扣链，拆船厂由此要增加税负。

谢德华建议，国家尽早在老旧船舶交易中实行“营改增”，为拆船厂“减负”，调动拆船积极性。据了解，在2015年年底之前，全国所有行业才能实行“营改增”。他希望船东在老旧船舶销售过程中适当兼顾拆船企业的利益，使双方实现共赢。

2009年，《国际安全与无害环境拆船公约》在中国香港诞生，去年年底欧盟委员会又出台《欧盟拆船新法案》。谢德华说，在这个国际大背景下，重视绿色拆船的我国应尽快启动制定五星旗船舶安全环保拆解规划，研究完善和制定相关法律、法规。当前，国家对电子废弃物处置已经有了国家级的处置基金，他希望国家相关部门能够重视同为循环经济组成部分的拆船业，研究建立拆船基金。

拆解国内老旧船亟待规范

对中国拆船业来讲，进口老旧船舶一直是主要的拆解部分。不过，近几年来，国内老旧船舶的拆解开始逐渐被重视起来，拆解量也逐渐增大。但是，目前拆解国内老旧船舶的市场监管基本处于空白状态，给国家带来损失的同时，也不利于拆船业的发展。因此，专家建议，我国应该在拆解国内老旧船舶方面建立船舶拆解许可制度和市场准入机制等相关的法律法规，规范国内老旧船舶拆解市场。同时，在拆解国内老旧船舶方面给予相应的政策扶持，促进我国拆船业实现健康有序发展。

近几年，我国拆船产业发展十分迅速，国内老旧船舶拆解量也在不断增长。据不完全统计，2013年，我国成交并拆解国内报废船舶量同比大增190%。而在未来一段时间内，国内老旧船舶的淘汰量还将不断增长，尤其是随着《老旧运输船舶和单壳油轮提前报废更新实施方案》等政策的出台，国内航运企业拆解老旧船舶的积极性大大提高，一些船舶甚至提前报废。可以说，拆解国内老旧船市场有非常巨大的发展潜力和空间。

但是由于政策方面存在缺失以及对拆船市场监管不力、拆船准入机制不健全等多个方面的原因，导致了拆解国内老旧船舶市场发展较慢。当前我国缺乏国内老旧船舶交易的监管制度，对老旧船舶的流向监控存在很大的空白。由于国内并不是所有参与老旧船舶买卖交易的都是有资质的企业，老旧船舶的流向涉及多个方面的问题。比如，老旧船舶很有可能出现再次被使用的问题，运行安全得不到保障；也有可能在非法拆船厂被拆解，安全环保等问题无法得到保证，而如果非法拆船是现金交易的话，也会使国家的税收遭受损失。同时，在税收方面，由于国内拆船企业在拆解国内老旧船舶时，不能取得增值税发票，需要承担17%的税费。这给企业带来了很大的压力，导致部分拆船企业对拆解国内老旧船舶的积极性不高。

此外，由于我国拆船业缺乏完善的准入制度，被拆解船的船东受利益驱动，致使部分老旧船舶流入非法拆船点，导致非法拆船较为猖獗。非法拆解多为沿江、沿河滩涂作业，工艺简单，危废物质处理设施简单，废水废油随意排放，水陆污染严重，存在严重的公共环保安全隐患。

因此，要想拆解国内老旧船舶市场获得更好的发展，我国亟须制定相关的规范制度。首先，在税收方面，尽快实行“营改增”，减轻拆船企业的压力，提高其拆解国内老旧船舶的积极性；其次，推动国家加快拆船业立法进程，制定老旧船舶回收拆解循环利用管理办法或条例，强化对老旧船舶流向的监管，确保安全环保拆解；最后，我国拆船业还要逐步完善行业准入条件，推进定点拆解工作，引导拆船业逐步形成合理的布局和发展规模。

（《中国船舶报》记者刘志良报道，2014年3月26日第4版）

研发“绿色产品” 增强“内生动力”

“绿色产品”研发不仅关系着当前拆船企业的进步和发展，也关乎未来拆船企业能否顺利实现转型升级。中国拆船协会会长谢德华指出，“绿色产品”的研发工作空间巨大，对国内拆船企业而言大有可为，积极开展这方面的研发工作，有利于创造新的经济增长点；同时，国家相关部门应该加大对拆船业研发“绿色产品”的支持力度，多管齐下，促进船舶循环或再循环产业链的发展。

定方向 增发展后劲

拆船行业还有“绿色产品”？在很多普通人眼里，拆船就是把废旧船舶拆了卖废钢。其实不然，卖废钢只是船舶拆解物资的流向之一，但这并不是也不应该是拆船的全部内容。“拆船行业的‘绿色产品’其实就是对拆解船舶零部件、机电设备、金属材料等废船物资进行再制造、再利用，从而提高拆解物资的附加值，而不仅仅是简单地当做废钢一卖了之”，谢德华表示，“绿色产品是‘绿色拆船’未来的发展趋势”，在当前市场形势下，开展对“绿色产品”的研究，对提高拆解物资和设备的附加值，增强拆船企业发展后劲，实现经济效益的增长有着非常重要的作用。

同时，开展“绿色产品”的研发是循环经济发展的趋势，也符合当前国家促进循环经济发展的要求。2011 年，国家颁布的《产业结构调整指导目录（2011 年本）》已经将船舶零部件、机电设备的再制造写进“鼓励类”。《拆船业“十二五”发展规划》也提出，要积极创造条件，会同有关机构，有选择地组织开展废旧船舶的机电设备和零部件再制造的研究，解析再制造的技术、工艺和管理的条件，为提高废船资源的高值利用积淀经验。谢德华表示，今后，国内拆船业要进一步加大再利用、再制造研发的力度，不断提高拆解物资利用的附加值，如果拆船企业能在这方面取得长足进步，这将大大提高其经济效益和市场竞争力。

有进步 存瓶颈限制

实际上，当前我国部分拆船企业在开展“绿色产品”的研发方面已取得了一些成绩，国内一些拆船企业在船舶拆解物资的深加工和再利用方面，已经有了成功的尝试。比如，集装箱箱角、法兰盘生产和废钢加工等形成较大的生产能力，市场占有率也较高，有的已经形成自有品牌。同时，中国拆船协会也在废船拆解物资的再制造、再利用方面做了很多调研工作，积极寻找新的突破口。不过，谢德华也指出，总体来说，目前国内拆船企业在开展“绿色产品”的研发方面还仍然面临着一些瓶颈问题，离真正全面实现“绿色产品”还有较大差距。

首先是研发资金问题。开展“绿色产品”研发工作需要大量的资金作支撑，拆船企业十分期待“绿色产品”研发和实现大的突破。但是，国家对拆船业的安全环保要求越来越高，企业本身在这方面的投入就已经很大，如果让企业再拿出更多资金研发，显得力不从心，因此，企业在“绿色产品”研发投入方面“捉襟见肘”，限制了这项工作向纵深方向发展。

其次是标准、规范缺失问题。拆船业“绿色产品”的研发，关键在标准和规范的研究和制定。废旧船舶的机电设备、零部件的再制造、再利用方面，需要标准、规范的支撑。标准、规范需要在调研、技术分析的前提下完成，需要各相关部门、机构和组织的密切配合。而这正是当前拆船业“绿色产品”研发所缺失的重要前提。一些发达国家已经在船用机电设备再制造、再利用方面，具备较为成熟的标准、规范和使用条件，设备上有明确的再制造标识。由此，可以打消人们这种“绿色产品”在管理、使用、安全各方面问题的担忧。

最后是集中研发问题。拆船行业是个受市场周期性波动影响比较大的行业，在航运高潮期，一些企业只能拆解几艘船，有的企业甚至无船可拆。企业不能保证连续生产能力，“绿色产品”研发“投入产出比”很低，企业独力难支，也没有积极性。因此，一些拆船厂比较密集的地区，可考虑以拆解的品种再制造、再利用设立研发中心，集中进行“绿色产品”的研究与开发。

促发展　多举措共施

要开展“绿色产品”的研发工作，首先要改变的就是人们的观念。谢德华表示，作为发展中国家，我国在船舶废旧机电设备、零部件的再制造、再利用问题方面做的工作并不多。比如，在船舶送拆时，船上有很多备件都是没用过的，但由于没有途径确定是否能被再利用，只能被当作废物处理，浪费相当严重。在发展循环经济方面，西方发达国家所做的工作远优于我们，很重要的原因就是其节约资源的观念深入人心。

同时，在当前拆船全行业陷入低迷的市场形势下，开展“绿色产品”的研发工作对拆船业走出市场低谷，提高拆船企业的市场竞争力具有重要的意义。不过，单纯依靠拆船企业的力量完成这项工作不太现实，也难以一以贯之地将这项工作延续下去。对此，谢德华建议，国家相关部门以及行业主管部门应该对愿意开展这方面工作的拆船企业，通过财政和税收优惠政策、信贷等方式，给予一定的政策扶持，鼓励拆船企业开展“绿色产品”研发工作，提高其积极性。

此外，标准、规范对“绿色产品”能否上船起着至关重要的作用，谢德华认为，标准、规范的制定是一项系统性的工作，拆船企业、相关船级社以及科研机构应该联合起来开展标准、规范的制定工作，为真正“绿色产品”实现上船打好基础。同时，国家应该强化拆船行业开展“绿色产品”研发工作的“顶层规划”，统一协调管理研发工作，为拆船企业提供资金、技术、规范等的支撑，促使“绿色产品”研发真正成为拆船行业发展的又一内生动力。

（《中国船舶报》记者刘志良报道，2014 年 4 月 23 日第 5 版）

坚定信心　走出困境

2014 年 4 月 11 日、14 日，中国拆船协会分别在广州市和江阴市召开了驻粤会员企业负责人座谈会和驻苏沪皖会员企业负责人座谈会。在座谈会上，中国拆船协会会长谢德华介绍了关于今年一季度国内经济形势和拆船业经济数据分析、协会近期工作及欧盟拆船法案实施等情况报告，分析了当前国内外经济发展趋势和相关市场走势，了解了拆船企业所面临的诸多困难和遇到的现实问题，并对如何解困提出了建议和意见。

近两年，我国拆船业面临有史以来最困顿、最困难的时期，国际废船市场的兴旺与国内经济下行及废钢等下游市场的低迷形成巨大反差，使拆船企业在国际金融危机后经历了大起大落的市场震荡，拆解量的提升不仅没有给企业带来效益，反而是拆得越多，亏得越多。“对整个拆船业来说，冬天过去，春暖未至。老企业遇到了新问题，新企业遇到了老问题”，谢德华认为，经济周期性的波动，以及相关市场供求起伏是经济和价值规律的基本表现。今后市场这只“看不见的手”，将成为促进经济发展和产业结构调整的决定性手段，拆船企业和行业要学会在市场中求生存、谋出路。

在座谈会上，一些拆船企业反映，当前安全环保要求越来越高、监管越来越严、税费负担大、库存积压严重、资金信贷难和周转慢、财务成本压力大等，使得企业本就艰难的生产经营雪上加霜。中国拆船协会副会长兼秘书长吴军表示，拆船协会将积极发挥作用，向政府有关部门反映拆船业发展中的困难，力争获得行业发展的政策性支持，帮助协调企业在生产经营活动中遇到的各种问题。同时，协会也将积极引导、加快组织船上机电设备和零部件再制造及拆解物资的再利用的研究和开发，为产业延伸发展迈出坚实一步。

“在走过的 30 余年历程中，大多数中国拆船企业都多次经历了市场的大起大落，因此，坚定信念、信心显得尤为重要。”谢德华最后特别强调，各个企业要在生产经营中自觉遵守法律法规，不打“擦边球”；抓安全生产和环境保护，防止或杜绝重大事故的发生；鼓励企业间横向信息的交流，以及良性和有序竞争。

（《中国船舶报》记者刘志良报道，2014 年 4 月 23 日第 5 版）

舟山长宏世界首拆钻井平台

3 月 19 日，高 78.5 米、直径 80 米的马绍尔群岛籍无动力大型钻井平台“KUL－LUK”号（图略），在舟山引航站 6 名引航员的精心引领下，顺利进靠舟山长宏国际船舶再生利用公司东港池。这是英国壳牌公司继两艘大型液化气（LNG）船拆解项目后，与舟山长宏的第三次合作，这意味着该公司在“绿色环保”拆解进程上又向前迈出了一步。同时，这也是世界上首次对钻井平台进行绿色拆解的实践，为世界绿色环保拆船提供了宝贵的经验，意义深远。

钻井平台“KULLUK”号的安全进港，得到了舟山海事、海关、边检、国检、引航站等口岸单位、相关部门的大力支持。舟山长宏领导高度重视，协调各个方面，做了大量而充分的前期准备工作，以确保“KULLUK”号的顺利抵达。由于此项引航任务难度较大，引航站特别指派资深高级引航员担此重任，提前一周研究制定详细的拖带引航方案。3 月 18 日上午 10 时左右，6 名引航员登上正在五虎礁锚地进行下潜作业的“祥瑞口”和“KULLUK”号实施平台脱离半潜船的操作指挥，12 时 30 分左右，“KULLUK”开始起浮离开半潜船。19 日凌晨 2 时，“KULLUK”号安全、准确进入舟山长宏东港池，整个过程历时近 16 小时。

“KULLUK”号钻井平台的安全抵达，不仅对企业发展产生了深远的影响，同时对于拓展新区服务港口企业能力、创新服务、提升舟山港域综合竞争力，都具有较大意义。

（《中国船舶报》记者周山报道，2014 年第 36 期第 5 版）

回收制冷剂　助力绿色拆船可持续

当前，如何更好地减少拆船过程中制冷剂的排放成为拆船行业关注的焦点。中国拆船协会与环保部对外合作中心通力合作，积极开展废旧船舶制冷剂回收研究项目。

近几年来，随着我国拆船产业的发展，“绿色拆船”的理念已经深入到企业的每一项生产活动中。不过，船舶在拆解过程中，一些细节仍然考验着拆船企业的生产智慧。如何正确、合理地回收制冷剂（氟利昂）就是其中的一个方面。为了更好地帮助拆船企业减少拆船过程中制冷剂的排放，4月24—25日，中国拆船协会与国家环境保护部对外合作中心在浙江省舟山市举办了“拆船企业制冷剂回收设备使用技术培训班”。中国拆船协会副会长黄兆立在接受记者采访时表示，“废旧船舶制冷剂回收研究项目对我国拆船企业掌握新的环境保护技术，更好地实现‘绿色拆船’将起到积极的促进作用”。

据了解，1987年，联合国在加拿大蒙特利尔签署了环境保护公约——蒙特利尔破坏臭氧层物质管制议定书（即《蒙特利尔议定书》），并于1989年正式生效。1991年，我国也加入了这一议定书。为履行我国对《蒙特利尔议定书》的承诺，进一步保护大气环境，有效减少氟利昂排放对臭氧层的破坏和对气候变化的影响，中国拆船协会自2009年起与环保部对外合作中心密切合作，开展了废船上氟利昂等制冷剂回收项目课题的研究。

船舶正常运行时需要各种制冷设备和空调系统，这就需要大量的制冷剂。由于船型不同，船用制冷剂的用量也不同。如一般散货船、集装箱船和油船上制冷剂含量约80公斤；冷藏船、液化气船依不同载重吨用制冷剂约120公斤。有研究表明，每年在航船舶及报废船舶排放的氟利昂约占全球总排放量的1/10。

目前我国拆船企业每年要回收处置的制冷剂数量较大，但回收处置意识还停留在传统的认识层次上。除少数企业外，绝大部分拆船企业未配备制冷剂回收设备。如果不注意涉及制冷设备和空调系统部分的拆解工作，切割后，管道中残留的制冷剂自流排放，将会对大气环境造成一定的危害。

我国是拆船大国，每年的船舶拆解量位居世界前列，解决制冷剂的回收问题刻不容缓。经过中国拆船协会与环保部对外合作中心的努力，联合国开发计划署在执行国际环境公约方面的专项资金中，无偿给拆船企业配备制冷剂回收设备。

此次举办制冷剂回收设备使用技术培训班，通过专家授课、教学互动、拆解场区实地演练等形式，对企业使用制冷剂回收设备进行培训，使参培企业基本掌握了制冷剂回收设备的有效使用方法、维护管理技术及保养等工作。培训期间，中国拆船协会秘书处还建立了回收设备信息管理档案及联系人制度。

“从当前世界拆船市场来看，我国率先在拆船行业开展了这项工作，毫无疑问给我国绿色拆船竞争力增加了砝码”，黄兆立表示。针对我国拆船企业区域较为集中的发展现状，他还向环保部对外合作中心建议，在拆船企业较集中的珠江三角洲、长江三角洲的拆船基地分别建造制冷剂回收储存站，便于制冷剂回收后集中存放与管理。

（《中国船舶报》记者刘志良报道，2014年5月23日第5版）

遇“成长烦恼”新老企业需借力“市场之手”

在充分认识到发展循环经济、资源再利用的前景的基础上，特别是国际金融危机和欧债危机相继爆发之后，市场的驱使，搅动着一些企业涉足拆船领域的欲望，近几年国内拆船企业数量有所增加，船舶拆解量和拆解类型也越来越多。不过，世界经济增长乏力，尤其是拆船下游市场的持续震荡走低，不仅使拆船行业陷入了低迷，也使新、老拆船企业遇到了“相似而不相同”的问题。正如中国拆船协会会长谢德华在部分地区企业负责人座谈会所说的那样，“拆船行业自 2012 年开始，一个显著的表现就是‘老企业遇到了新问题，新企业遇到了老问题’”。业内有关专家在接受记者采访时表示，当前，废船市场依然处于活跃期，拆船市场需求仍然很大，在宏观经济不稳定的形势下，新、老拆船企业要更多地学会运用市场手段来规避风险，减少损失。

拆得多了　亏得大了

老企业遇到新问题

“受拆船行业周期性发展的影响，很多老企业之前也曾经遇到过很多困难，但是这么复杂的市场形势从来没有遇到过。”该专家表示，一方面，受航运企业运力过剩、老旧船舶大量待被拆解等因素影响，国内拆船市场兴旺，拆船企业拆解量大幅增加；另一方面，受宏观经济形势影响，我国内需拉动不足，钢材需求量大大下降，导致废钢的需求量锐降。

因此，在当前拆船市场出现了一种十分“奇葩”的现状，拆解量的提升不仅没有给拆船企业带来效益，反而是拆得越多，亏得越大。“拆船行业产业链上下游出现如此巨大的反差，是拆船企业从来没有遇到过的。”该专家介绍，20 世纪 80、90 年代，拆船废钢可以直接用作轧钢生产改制材、型材等，但是由于一些轧钢企业的不规范运作，出现质量、污染和高能耗等问题，国家对这种生产方式进行了清理和整顿。目前，大量的拆船废钢主要用于回炉炼钢，拆船废钢的综合利用价值也大大降低。

从拆船废钢回炉炼钢来看，虽然在矿砂炼钢过程中，需要配比一定数量的废钢，但使用废钢量的多寡，与降低矿砂炼钢的能耗和碳硫排放有直接的关系。因此，按照节能减排的要求，国家应鼓励尽可能提高废钢的使用比例。但由于当前铁矿石价格远低于废钢价格，即便一些钢企面临着节能减排的压力，还是更倾向于选择铁矿石。有专家指出，从目前的现状来看，我国钢铁企业对废钢的使用量大大减少，与发达国家相比，不仅这一配比数量远远低于其平均水平，而且废钢消耗量有越来越少的发展趋势。这样一来，对废钢的需求降低，直接导致其利用率低下，拆船企业就更谈不上经济效益了。

据了解，需求方面的因素直接导致当前废钢价格持续低迷，使得背负巨大财务成本压力的拆船企业，难以作出低价处置拆船废钢的决断，有的企业宁愿把废钢捂在手里，等待市场的好转。这就形成了一种“恶性循环”，一方面导致拆船企业积压了大量的废钢；另一方面造成了大量资金的占用，严重影响了资金的流动和正常的生产经营。如果市场波动比较大，或持续恶化，必然会使一些拆船企业由于对后期市场走势的误判，陷入更大的困境。

而从2011年开始，国家取消了对拆船行业的税收优惠政策。按照相关规定，进口废钢船除需缴纳3%关税外，还要再加上增值税，整个进口环节的税率合计达到废船到岸价格的20.51%。而购买国内废船则难以取得进项增值税发票，这意味着在废钢船拆解后，无法形成增值税抵扣链。这么大的税负率，对本来就没有多大利润空间的拆船企业来说，无疑是难以承担的。此外，随着环境标准要求的提高以及新标准新规范的实施，企业安全环保设施设备投入的不断增加，人工成本以及进港、卫检、动检、拖船和危废处理等费用支出的增长，拆船企业的成本压力会不断加大。

产能上了　市场没了

新企业遇到老问题

2008年，国际金融危机爆发后，航运市场陷入低迷。根据“航运衰则拆船兴”这条铁律，我国拆船产业实现了快速发展，船舶拆解量连年创出新高。“市场的向好催生了一些新的拆船企业。”该专家介绍，这些进入拆船领域的企业主要分为三种模式，一是造修船企业直接转产进入拆船领域；二是造修船企业增加了拆船业务板块；三是新成立的拆船企业。

“而这些新企业遇到的老问题，则指的是当年老企业在金融危机爆发前赶上了拆船行业周期性的低谷阶段，赚不到钱了。尽管这次拆船企业赚不到钱，并不是因为废船上市量下降或减少所致。”该专家表示，如果这些新企业能够在2011年之前投产的话，也许还能勉强享受到废船市场的一点红利。但从2012年开始，他们就很难从拆船市场获得收益，生产刚刚走入正轨，却发现市场没了。而且，他们也没有享受到老企业曾经享受过的税收优惠政策。

“其实单纯地说新企业遇到老问题还有点狭隘，因为老企业遇到的新问题，更是新企业同样避免不了的。”该专家表示，让新企业雪上加霜的是，由于他们对新的拆船基础设施建设以及固定设备的投入较大，而且有非常大的投入产出期许，因此他们在当前拆船市场陷入低迷的形势下“压力山大”，开拓市场“步履维艰”。

实际上，中国拆船协会早在2009年就曾多次通过各种渠道呼吁，要警惕拆船产能出现过剩的风险。拆船市场就那么大，这么多企业进入拆船领域，不仅容易造成市场的无序竞争，增大安全环保等方面的压力，而且盲目投入，最终会造成资源和资本的浪费。

需求仍在　信心要足

灵活运用市场手段

“在中国拆船业走过的30余年历程中，大多数企业都多次经历了市场的大起大落，因此，坚定信念、信心则显得尤为重要。”该专家对拆船业并未失去信心。他认为，当前，运力过剩仍是航运市场发展的头号表现形态，同时随着国际海事新规的陆续生效实施，越来越多的老旧船舶将退出市场，淘汰老旧船舶的趋势仍将持续一段时间。“预计航运业运力调整基本要到明年下半年或者2017年才能到位。”由此来看，这些因素在一定程度上将为拆船业创造需求。

“经济周期性的波动，以及相关市场供求起伏是经济规律、价值规律的基本表现，这也在一定程度上决定了拆船业会呈现周期性发展趋势。”该专家认为，今后市场这只“看不见的手”，将成为拆船业结构调整的重要手段，拆船企业和行业要学会在市场中求生存、谋出路，用市场手段去解决由于市场变动引发的问题。比如，过去一些拆船企业就曾采取现货或资本“套期保值”的市场运作方式，规避风险，减少损失，锁定利润空间。“巧妙运用各种市场手段，可以使企业在市场的大风大浪中‘游刃有余’。”

当前，拆船业正处于一个艰难的发展阶段。据了解，中国拆船协会正在积极向国家有关部门反映行业发展中所遇到的问题和实际困难，呼吁国家相关部门给予政策、措施上的支持和扶持，帮助拆船业解困闯关。

（《中国船舶报》记者刘志良报道，2014 年 6 月 18 日第 4 版）

拆船业“变绿”压力大

当前，尽管受世界经济发展缓慢、航运市场持续低迷等因素的影响，拆船市场总体仍将比较活跃。但是，一些拆船行业专家在接受采访时表示，《2009年香港国际安全与无害环境拆船公约》（简称《香港公约》）和《欧盟拆船新法案》等对拆船业提出了很多挑战，拆船业仍然面临着较大的“变绿”压力。

今年世界拆船量

将继续处于较高水平

2005—2007年，世界拆船量处于低谷，2008年大幅上升，从此进入上升通道，2012年达到1991年以来的最高点，2013年有所下降。不少与会人士认为，2014年，世界拆船量将低于2013年，但仍可能高于2011年的水平。

波罗的海国际航运公会大中华区总经理庄炜表示，目前，全球经济复苏虽然有一些起色，但是总体上依然脆弱；世界航运运力总体过剩的情况依然存在，航运业低迷的态势仍将持续。预计未来，在干散货船方面，尽管大西洋航线的干散货船运力相对较为平衡，但从全球范围来看，干散货船市场的整体上升将依然十分缓慢；在集装箱船方面，世界集装箱船船队过去几年经历了最明显、规模最大的大型化发展，最近两年主要集装箱船运营商又进行了频繁和广泛的“结盟”，这种商业模式方面的调整，将使得未来集装箱船运营商更加追求盈利能力，中小型集装箱船有可能进一步被淘汰。

辛浦森航运咨询有限公司分析师刘青知表示，目前，在三大主力船型中，干散货船船队的平均船龄最大，其中有相当比例的船龄大于25年，船龄在20～25年的也不少。而油船和集装箱船船队的平均船龄相对较低。因此，从潜在拆船量分析，未来散货船被拆解数量将明显大于油船和集装箱船。

尽管目前散货船租金收益缺乏明显的复苏迹象，但新船订单增量明显，预计2015年后，散货船船队净增长将加快。在油船方面，由于近期新订单量的增加，其中，自2013年第三季度以来，已被证实的超大型油船（VLCC）订单就有近50艘，预计到2016年油船净船队增长量将再次上扬，如果该状况持续下去，也会成为运费市场复苏的潜在隐患。在租金收益低，船队持续增长的情况下，再加上持续坚挺的燃油价格，必将推动经济型船舶新订单的增加。因此，未来几年老旧散货船和油船的拆解量将进一步增加。

拆船业面临不少挑战

在对拆船市场总体表示乐观的同时，部分拆船行业专家也认为，拆船企业面临的挑战也不少。来自印度拆船行业协会的专家Sukesh Balkrishna Aggarwal表示，近年来国际外汇市场频繁波动，如卢比对美元的汇率不断波动，有时还出现大幅震荡，这给拆船企业的生产经营带来了很大的风险。另外，近年来国际社会对拆船业的关注度日益提高，再加上整个国际社会对环境保护的重视，安全、环保的“绿色”风潮在全球海事界已是大势所趋，拆船业作为其中的一部分也面临着很大的压力。该专家特别提到了《香港公约》和《欧盟拆船新法案》，并表示其中很多规定和条款的“执行难度很大”。

格林尼治海事研究所博士廖一帆也表示，《香港公约》于2009年正式出台，其实际生效时间目前还无法肯定，不过，其提出的关于“安全”和“无害”的各种要求对于拆船业来说影响巨大。同时，欧洲议会和欧盟理事会已经正式通过了《欧盟拆船新法案》，这一方面有助于促使欧盟船东重视绿色拆船，包括严格建立船舶有害物质清单、拆船计划等，从而提高拆船标准，减少环境污染；另一方面这也无疑对拆船企业提出了更高的要求。

对于当前拆船企业如何积极探索“变绿”，Sukesh Balkrishna Aggarwal 认为，在材料处理和装卸等环节，拆船企业可以采用更先进的技术，包括化学领域的许多共处理技术等，还可以改进生产场地和设施，配备先进的室内消防系统，采用具有更好的安全标准和施工能力的起重机和绞车，最好能做到一些有毒有害物质的材料处理用起重机和吊车来进行，以使更利于安全生产和效率提高。同时，拆船企业要通过示范和密集的培训，提升人员素质，形成良好的工作文化，为所有操作准备好标准操作程序（SOP）。

他还表示，与过去相比，未来拆船企业必须更加重视对员工的保护，包括大量使用各种人员保护装置。同时，通过培训让人员了解环境管理体系和职业健康安全管理体系，包括对于不同阶段的工作要求的技术培训，对于工作中存在的危险的特别培训等。目前，印度拆船行业协会正在积极倡导建立更好的健康安全环保体系，比如建议拆船企业定期对整个区域的气体排放量、海水和土壤情况进行检测；定期对厂里的所有工人进行体检；对于那些涉及材料处理和移除项目，如石棉、玻璃棉等的员工还要进行特殊的医疗检查等。

（《中国船舶报》记者严风华报道，2014年7月16日第3版）

大船船务：苦练内功 主打“绿色拆船”

虽然面临着严峻的市场形势，大连船舶重工集团船务工程有限公司仍然取得了较好的业绩。2014 年 1—7 月，大船船务共购买废钢船 5 艘，合计约 75000 轻吨；拆解完工 8 艘船，合计拆解量约为 10 万轻吨。该公司负责人表示，这主要是得益于大船船务苦练内功，积极开展“绿色拆船”活动，在世界范围内打造大船船务“绿色拆船”品牌。

大船船务负责人介绍，今年年初以来，印度、孟加拉国、巴基斯坦等传统拆船大国的购船价格一度逼近 530 美元/轻吨，同时国内拆船废钢价格持续走低，而大船船务高标准的“绿色拆船”模式带来的高额成本，使得其购船成本只能维持在 350 美元/轻吨，巨大的价格差异导致大船船务在拆船交易市场举步维艰。

面对如此严峻的市场形势，大船船务坚持走高标准的“绿色拆船”路线不动摇，并努力成为未来国际“绿色拆船”法规实施的先行者和标杆。今年年初以来，大船船务聘请知名船级社完成了“绿色拆船”设施的认证工作，目前正在进行 ISO14001、OHSAS18001 等体系认证工作；同时，大船船务及时进行复合型产业发展调整，确保公司进行“绿色拆船”的可持续发展能力，并取得了良好的效果。

今年 1 月，大船船务接获一艘来自欧洲著名船东的汽车滚装船“TEXAS”号。该船是自 2013 年 10 月《欧盟拆船法案》通过后，大船船务拆解的第一艘船东明确要求进行绿色拆解的船舶，这标志着该公司正式敲开了欧洲“绿色拆船”市场的大门。在“TEXAS”号竞标过程中，大船船务得到了欧洲著名航运公司高度认可，以低价把船交付大船船务进行绿色拆解，并派驻监拆小组。历时 4 个月，大船船务不仅向船东交出了完美答卷，接到了船东的表扬信，还获得了船东给予的绿色拆解奖励支持资金。

同时，按照控股股东大连船舶重工集团有限公司的要求，面对复杂的市场形势，大船船务积极创新思路，依托大船集团在船舶行业的强大技术能力，找准定位，调整产业模式，围绕海工配套、船舶改装、绿色拆船和船舶修理四个主力业务板块，全面进行市场开发。

该公司负责人表示，对大船船务而言，拆船业务不只争朝夕，更重要的是实现长远的可持续发展；拆船业务不只是一个产业，更是作为国企履行社会责任的保障。大船船务将打造“绿色拆船”品牌，使之成为大连乃至中国一张亮丽的名片。

（作者：刘志良、冯振兴。《中国船舶报》2014 年 8 月 20 日第 4 版）

多元化发展，拯救拆船之手？

2014年上半年，中国拆船行业依旧“哀声一片”。国内高昂的废船价格、沉重的税费负担、低迷的钢铁市场等因素，导致拆船效益持续下跌。企业大量拆船物资囤积，资金周转困难，普遍处于“倒贴”的状态。对于如何破解拆船业“高成本、低利润”的“咒语”，不少企业表示信心不足。面对短期内无法转变的颓势，有些企业强化内控管理，节流挖潜；有的企业整合自身有效资源，在开源上寻求新的商机。如将经营的触角延伸到海工、修船、物流、航运等领域，希望“东方不亮西方亮”，借助他山之石，攻下拆船赤字。

这片土壤“有价无市”

今年，我国的拆船市场“得不偿失”。尽管国内拆船业在拆解废钢船数量和安全环保等方面处于世界较高水平，但由于宏观经济处于“换挡期”，增速放缓，增长方式转变，制造业、房地产业持续低迷，钢材市场供过于求，钢铁产能压缩，废钢需求骤减，再加上前期废钢船采买价格偏高，国内废钢市场价格持续下跌等因素影响，导致拆船业疲软，而且这一现状还将持续一段时间。

之前红火的拆船市场，在近几年遭遇了“冰封”，企业面临市场高位运行下的“尴尬”。一方面，废船市场依旧活跃，拆船需求很大，特别是我国政府实行船舶“汰旧换新”政策，通过补贴国内航运企业，鼓励运输船舶、高能耗高排放船舶提前报废；另一方面，受废钢价格下行震荡的影响，国内拆船企业废钢船成交均价较低，每轻吨300美元左右，仅能购买一些小型船舶，而南亚一些国家每轻吨450美元左右，因此，我国拆船企业在国际废钢船市场缺乏竞买价格的竞争力。而国内船东既想高价售船抵补亏空，又想得到国家的拆船补贴，对国内拆船企业出价颇有微词。

“现在的拆船行业，可以说是有价无市。”广东新会一家拆船企业负责人说，“持续走低的下游市场是病根所在。”拆船企业的经营模式就是买进废船，进行拆解，然后出售废钢等拆船物资，获得收益。而在此过程中，企业是满载而归还是颗粒无收，往往取决于废钢市场的稳定程度。可是，废钢价格在跌涨的道路上一路下滑。从中国拆船协会发布的“2014年上半年拆船业经济运行情况”看，截至2014年6月末，主流地区重点钢厂重废含税价格跌至2280～2350元/吨。国内废钢价格较今年年初总体下降8.9%，同比降幅12.3%。废钢价格低迷的不利局面，使得拆船企业面临着巨大的困难和挑战。

如果说钢价倒挂是拆船业的外在压力，那么拆船企业环保投入的加大，也在一定程度上成为拆船业日子不好过的内在原因之一。由于国内严格执行“绿色拆船”标准，拆船企业成本高企已成为不可避免的事实。印度、孟加拉等一些南亚国家仍沿用传统的冲滩拆船，几乎没有船坞和环保等方面的投入，低位的拆解成本使我国拆船业在与印度、孟加拉等国家拆船企业的竞争中处于劣势。

“当前，拆船企业维持基本拆解队伍，能够解决温饱已经很不错了，根本谈不上盈利。”上述广东拆船企业负责人如此说。

多种经营 或许有望

20 世纪 60 时代，主要是打捞沿海遇难船只和战争中的沉船，属于拆船行业的懵懂时期。到了 80 年代，在国务院的推动和各有关部门的领导下，拆船业逐渐走上正轨。伴随着改革开放的浪潮，灵活的市场经济促使一些拆船企业意识到，墨守成规、不求改变的老思维难以在“弱肉强食”的行业中，取得突破性成效，得以长久生存。从 90 年代到现在，拆船企业越来越认识到，单一拆船已经不能很好地维持企业的良性发展。此外，受航运市场与拆船市场的逆向关系影响，拆船业的成长曾一度被风风火火的航运所压制。试想，一个货运繁忙的世界，航行的船只马不停蹄地在各大港口间穿梭，就算停靠岸边，也不会停止船上机器的运作。航运市场的有利可图，使得本应报废的船舶延迟退役，继续运营，这导致了淘汰或退役的船舶屈指可数，拆船业一度处于低迷状态。

于是，一批有实力有条件的拆船企业开始摸索规模发展之路，经营范围从以拆船为主，到多维度拓展造船、修船、物流、航运等领域，多元化发展初现端倪，产业链也渐渐变得成熟。

走出“无飨食”的尴尬境遇，需要拓宽业务渠道。近日，大连船舶重工集团船务工程有限公司成功承接了两艘浮式生产储油船（FPSO）的 4 个模块建造项目。这是该公司向海工转型升级以来承接的第二批海工模块建造项目。该公司作为特大型现代化船舶及海洋工程船舶的修理、改装及拆解基地，海工业务的延展为其发展画上了“浓墨重彩”的一笔。据悉，该项目包括 FPSO 的主发电机控制间和自动电气模块两个模块建造。

“既然没有饭吃，企业也不能等死。要在拆船这块土地上生存下去，拓展业务、扩展经营范围或许能成为把企业拉出泥沼的一根救命绳索。”浙江乐清的一位拆船公司负责人说，物流码头、废钢加工基地等，都可以是拆船企业考虑触及的领域。

尽管拆船市场的前景不明朗，但对于拆船协会 50 多家拆船企业而言，码头不能闲置，企业作为市场经济的主体，投资赚钱才是其最终目的，假如不能感知市场体温的变动，一味地驻守孤岛，企业难出效益。跟着市场走，尝试多种经营，才能在绝境中杀出一条存活之路。

自救同时 还需外援

拆船，是对资源进行循环再利用的一种方式，使老旧船舶有了“体面”退役的途径。但是，作为循环经济的组成部分，拆船行业在通过多元发展，进行自救的同时，还需要场外救援，利用外在“输血”，助力自身功能的恢复。

2013 年，靖江新民拆船有限公司通过改善拆船模式、延伸产业链，挺进拆船材料深加工领域，提高了产品附加值。新民拆船有限公司的钱锦泉经理介绍说：“船的附加值很高，除了废钢外，还有有色金属、工程道路用材等。而拆船材料深加工项目主要是将拆解下来的废钢产品回收利用，加工成管道接头、钢结构配件等产品，每吨可比原来增加 5% ~20% 的效益。”今年上半年，新民拆船有限公司实现产值 2. 1 亿元，由于市场不景气，比去年同期下降了 32% 。可见，仅靠企业自身与低迷的市场搏斗，远不能解决问题。

作为环保型产业，拆船业曾在 1998—2008 年享受了国家给予的进口环节增值税“先征后返”的优惠政策，在一段时间内有效地推动了拆船业的前行和壮大。但是，十多年的优惠政策并没有换来拆船业抗风险能力的增强。尤其在低潮期，我国拆船企业税负高的问题不容忽视。目前拆船企业进口废船报关时除要缴纳 17% 进口环节增值税外，还要缴纳税率为 3% 的关税，关税、增值税合计 20. 51% 。但在我国，铁矿石、废钢进口是零关税，而废钢船进口则要缴纳 3% 关税，显然是不合理的。因此，国家更应继续出台相应的利好政策，在税收方面为拆船企业“开绿灯”，帮助复活停滞不前的产业。而且国家相关部门还要协调好国内航运企业和拆船企业的利益，充分考虑拆船企业拆解船舶的环保成本和税负均高等现实，降低航运企业的不合理要求，如保险、交船条件等，共同帮助拆船业渡过难关。据悉，中国拆船协会近期已向国务院有关部门递交了减免关税的申请报告。

不过，中国拆船协会有关负责人提醒各拆船企业，要想买好船，做好生意，首先得练好内功，依靠自身实力，量力而行。更要看好行情，下游市场不好时，少进船。同时，企业之间不盲目盘价，不恶意竞争，要竞合共赢。这位负责人说：“大家不要为了争一条船，哄抬价格，结果船是买到了，可最后获益的却是卖家。”因此，保持冷静、理性的头脑，把握市场脉搏，谨慎进船，是当前拆船企业应该注意的重要问题之一。否则，就可能出现花几千万元买船，结果因为市场波动下行，导致亏损、甚至倒闭等现象的发生。

（《中国船舶报》记者赵芸报道，2014 年 9 月 26 日第 3 版）

船舶再循环利用　谁主沉浮

2014 年 10 月 4 日，国务院正式发布《物流业发展中长期规划（2014—2020）》（以下简称《中长期规划》），为我国物流业的持续健康发展下了一场“及时雨”。该规划提出“大力发展绿色物流”的要求，也触碰了国内再生资源循环利用产业的“脉门”。

《中长期规划》中指出，随着社会物流规模的快速扩大、能源消耗和环境污染形势的加重以及城市交通压力的加大，传统的物流运作模式已难以为继。按照建设生态文明的要求，有关企业必须加快运用先进运营管理理念，不断提高信息化、标准化和自动化水平，促进一体化运作和网络化经营，大力发展绿色物流，推动节能减排，切实降低能耗、减少排放、缓解交通压力。

其中，节能减排、绿色环保成为《中长期规划》的主要原则之一。政府将在未来鼓励企业采用节能环保的技术、装备，加快建立绿色物流评估标准和认证体系，鼓励包装重复使用和回收再利用，大力发展回收物流；鼓励生产者、再生资源回收利用企业联合开展废旧产品回收。

航运业承载着全球 80% 以上的货运物流业务，承担运输任务的船舶同其他产品一样是有使用寿命的，终将被报废、淘汰、拆解。拆船业作为再生资源和资源环保型产业，通过对废旧船舶的安全环保拆解，妥善处理废弃物和污染物，回收可再生循环利用的废钢、有色金属等物资，再传递给下游厂家，给钢铁、有色冶炼等加工利用企业提供了新的原料来源，延长了可再生资源的寿命。可以说，这种循环再利用模式契合了当下全球再生资源回收的潮流。

因利受困　另有盘算

近两年，中国经济进入“换挡期”，国内机械制造业表现低迷，采购经理指数（PMI）持续在 50% 的临界点徘徊，房地产政策调控、生产价格指数（PPI）跌入负值等因素，使得本就结构性产能过剩的国内钢铁产业面临着较大困境，钢材卖出“白菜价”，直接导致废钢价格遭遇“滑铁卢”。

船市低迷时期，拆船企业本应过上好日子。不过，当下拆船上游运力过剩，下游却由于废钢价格变动使供求关系逆转，拆船企业身感重压，拆解能力释放受阻，原本说好的幸福，却成了眉头紧锁。在 2014 年中国大连国际海事展的新闻沙龙活动上，中国拆船协会会长谢德华说：“从买船、订船、交船到拆船是有 3 个月甚至更长的周期的。拆船企业需要对国内下游产业的废钢供需价格有一个合理的预期，一旦预期失误，废钢价格下跌，企业将蒙受巨大损失。”

对我国拆船企业来说，高税负、高成本下经济效益低是在所难免的。

自 2009 年始，我国拆船量一直保持在全球主要拆船国家前 3 位，绿色拆船能力得到国际社会的广泛认可。但我国在码头或船坞的绿色拆解方式，令成本居高不下，成为国内拆船企业“获利少”的重要原因之一。加之我国拆船税负较高（进口关税和增值税达 20.51%，国内废船的收购，难以取得进项增值税发票，难以与销项增值税抵扣）等诸多不利因素，挤压了企业的利润空间，相较之下，南亚的拆船企业竞争优势不小。一方面，南亚企业多采用冲滩拆解方式，其拆解成本低，拆解物资直接和间接利用率较高；另一方面，目前南亚一些拆船国家的拆解价格接近450美元/轻吨，而我国拆船企业可以接受的废钢船成交均价较低，在300美元/轻吨左右。而在2011年以前，我国与南亚国家拆船价格每轻吨仅相差50～80美元。都说"天下熙熙，皆为利来；天下攘攘，皆为利往"，两者悬殊的价格差价，必然对船舶持有者产生了利益诱惑。面对寥若晨星的收益，国内一些拆船者也盘算着今后自身发展的空间。同样，我们也听到一些航运企业有放弃国内拆解转向他国拆解的声音。

国船国拆　资源环保

废钢是实现钢铁循环利用的优质再生资源。有数据显示，作为节能环保的再生资源，废钢相对于铁矿石可节能60%、节水40%，减少废气排放86%、废水76%和废渣97%。每利用1吨废钢可节约1.7吨的铁矿石、0.68吨的焦炭和0.28吨的石灰石，且能无限循环利用。

进入21世纪，资源与发展的瓶颈严重制约了我国经济社会的可持续发展。废钢资源利用是我国突破资源制约、建设资源节约型和环境友好型社会的必然要求，也是降低碳排放、节约原生铁矿石的重要途径。废旧船舶的拆解，是废钢的一个重要来源。

谢德华说："造船、航运、拆船构成了船舶工业产业链。拆船业作为船舶产业链末端，通过实现老旧船舶的绿色拆解，在促进航运业运力平衡、运营安全与节能减排，创造船舶建造机会以及确保废船资源的循环利用和减少海洋环境污染等方面发挥着积极而不可替代的作用。因此，拆船业与造船、航运业有着共同肩负建设生态文明、发展海洋经济与循环经济、促进产业转型升级以及建设资源环保型和环境友好型社会的历史和社会责任。"

《中长期规划》提到，计划到2020年，基本建立布局合理、技术先进、便捷高效、绿色环保、安全有序的现代物流服务体系。对于再生资源回收物流工程，政府将加快建立再生资源回收物流体系，加大对废弃物回收物流处理设施的投资力度，建设一批回收物流中心，提高回收物品的收集、分拣、加工、搬运、仓储、包装、维修等管理水平，实现废弃物的妥善处置、循环利用、无害环保。

谢德华介绍说，2009年中国船舶工业行业协会、中国船东协会和中国拆船协会在讨论落实《船舶工业调整和振兴规划》时，曾经达成推进"国船国造，国货国运，国船国拆"的共识。他认为，目前反映我国综合国力的一个重要指标——钢铁储积率还很低，而钢铁储积率是一个国家经济和国防实力的象征。若是将废旧船舶运至海外拆解，废钢等可循环利用的再生资源就远离他乡，我们得到的仅是局部的、个体的经济利益。因此，业内有必要对钢铁资源有一个重新的认识。

（《中国船舶报》记者赵芸报道，2014年10月31日第4版）

谁持有废船价格战的底牌

这个世界是圆形的，就像树的一生，从发芽到归入泥土，画过了一个美丽的弧度。拆船，作为世界上老旧运输船舶资源回收利用的产业，不管是油船、散货船，还是客船，几乎都会在拆船厂定格一生最后的画面。

日前，江苏的一家拆船厂遇到一件烦心事。刚买到的一艘废船，看似光鲜，可在拆解过程中，发现船舱锈蚀严重，锈蚀层被油漆所覆盖，本来厚厚的船板，只剩下薄薄的一层。光这一艘船，该厂粗略估计损失将达到300多万元。

如今，全球航运业运力严重过剩，正值拆船业旺季。但反观我国拆船业，拆船价格一路下滑，与南亚一些拆船国家拆船价格相差由50～80美元/轻吨上升到150美元/轻吨以上，陷入了“拆多亏多”的窘境。究其原因，主要在于国内经济增速放缓，钢材市场不景气，废钢价格持续低迷，以及国际与国内废钢价格倒挂等。

价格——天平砝码

自我国建立社会主义市场经济以来，社会各阶层都不同程度地分享到了经济发展的成果。同样，不同区域也凭借着各自的特长和优势，在经济高速运行的浪潮中，收获了不一样的甜蜜。我国幅员辽阔，地区之间差异巨大，尤其是改革开放以来，东部沿海地区充分利用有利条件，加快建设，区域经济差异化发展格局开始出现。

以拆船业为例，分布在不同地区的拆船厂，依靠其背后各省市的经济实力和废钢需求等，拆船价格也是“因人而异”：首先，企业对废旧船舶出拆率的判断，会直接影响到对船价的预估；其次，当地若重视机械行业，房地产市场状况良好或是钢厂数量较多，则预示着废钢销售机会的增加；最后，经济发展水平的强弱，也将直接反映在拆船价格的涨跌图上。

拆船价格作为直接影响企业经济效益因素之一，一直是拆船厂最为关心的经济指标。除此之外，拆船厂经济效益的高低还取决于废船的验船、交船周期、购拆成本以及对拆船中后期废钢市场价格的预判。这其中任何一个环节都不容出现闪失。

由此可见，价格，作为天平一端的砝码，不仅在拆船业扮演了重要的角色，而且也是船东、船经纪和废钢船现金买家关注的焦点。

追利——利润碾压

国际金融危机后，航运业处于发展周期的低潮期。货运量少、运价低、运力过剩，日子难挨，亏损严重，不得已大量淘汰老旧船舶。据了解，目前送拆的船舶中不少已是“90后”的船舶了。

由此航运企业和船东十分在意老旧船舶的剩余价值，希望淘汰的废船能卖个好价钱，更期待国家能够给予适当补贴。自去年国家《老旧运输船舶和单壳油轮提前报废更新实施方案》出台以来，国内大量废旧船舶加入了拆解行列。

不过，日前记者从有关方面了解到，一些国内航运企业一味追求废船价值，希望拆船厂能出更高的价格。一些拆船厂为了维护自身拆船队伍的稳定，在明知赔本的情况下，硬着头皮出价。

中国拆船协会会长谢德华认为，废船出售时的所有权转移并不意味着船东社会责任的完全转移，拆船厂购买废船环保拆解，从某种意义上说，也是船东社会责任的一种延续。因而拆船环节也应该是航运企业关注的重要环节，因为被淘汰废船的安全环保拆解也是其履行社会责任表现的主要内容之一。这不仅是国际海事组织（IMO）制定国际拆船公约的初衷，而且在国内更有拆船环节安全环保拆解审验的基本要求。

因此，在享有国家拆船补贴政策支持的情况下，国内航运企业不应一味追求废船残值，而要理解拆船厂当前所面临的困难，与其同舟共济，共渡难关。

据悉，某些航运企业正在觊觎废船价格较高、未禁止冲滩拆船的国家，期待更高的废船价值。这无疑会导致个别航运企业将承担由于不安全环保拆船可能带来的风险。一旦出现安全环保方面的问题，不仅影响航运企业履行社会责任，损害其信誉，也会影响中国作为负责任大国的形象。

甘地说："小心那些导致工人，乃至于人类与生物因此贫穷、受伤害的产业。"一个世纪过去了，在全球化的今日，我们却面临着另一种新形态——"废旧物跨国转移"。如果将废船转移至那些工艺简陋、安全环保条件较差的国外拆船厂拆解，虽为航运企业留下了客观的利润空间，但有极大的可能会污染当地环境，危害人民健康。

在我国国内，许多拆船厂走上了"绿色拆船"之路，船坞和码头拆船已经成为当今国际社会认可的拆船方式。绝大多数企业对危险废物能够按照国际公约及国家相关法律进行有效处理，基本达到了安全环保和职业健康标准。

不过，高税负、高成本的"绿色拆船"，碾压了企业的利润厚度，使得拆船厂日子不好过。另外，下游市场的低迷也进一步加重了拆船厂生产经营的压力。

由于国内经济发展放缓，内需乏力，国内废钢价格萎靡不振，导致销售环境恶劣，拆船废钢库存积压，影响拆解周期。拆解税费和相关成本成倍增加，废船价格难以抵御废钢价格持续下降的风险，国内废船出材率参差不齐，拆船物资积压导致拆解周期放缓，废船盘价竞争无序等，导致拆船厂社会效益与经济效益严重背离。

平衡——行业自律

最近，一些拆船厂再次发出呼吁，希望拆船业内统一协调废船价格，给予废旧船舶一个合理的指导价，维护拆船市场的良性发展，避免恶性竞争。据了解，中国拆船协会早在20世纪90年代就曾经做过这方面的努力，分区域设立了船价协调小组，但收效甚微。

目前，纵观国内市场，废船价格在企业盘价的时候，受多重因素的影响。比如，废船船龄或质量、购船企业经济实力、上下游客户群和所在区域的经济发展程度、废钢市场价格变化态势的预期等，造成难以统一协调废船价格。同时，在市场经济条件下，这种统一协调价格的做法，难逃行业垄断之嫌，极易会引发质疑。

因此，通过行业自律来促使企业规范购船过程中的各种行为将是重要的选择。中国拆船协会早在2009年和2012年就先后制定了《拆船业废船贸易及市场秩序自律公约》和《拆船业行规公约》。

市场经济是竞争经济。市场主体之间必然激烈竞争，优胜劣汰。同时市场经济又是平等、开放的经济。它只承认等价交换，不承认任何超市场的特权。企业为了获取利润，实现产品的价值，只有不遗余力地开拓市场。

价格是市场进行资源配置的信号。价格与市场供求、市场竞争相互依存、互相作用。价格作为把供求双方联系起来的利益纽带，是引导资源流动的指示器。而建立在规模经济基础上的垄断厂商的垄断价格行为，却是对竞争效率的一种阻碍。

拆船业作为市场经济发展的组成部分，早已走上市场经济的轨道。如果期待对购船价格进行统一协调约束，则与市场经济要求相悖。

目前，国内经济不景气，国内外废钢价格倒挂，国内废钢不能出口，在国际废船价格较高的情况下，国内拆船企业很难买到船。面对这样难堪的局面，如何既能符合市场规律，又能规范市场价格，成为一个值得探讨的话题。

行业协会作为政府和企业间发挥桥梁和纽带作用的重要平台，目前正在通过积极努力应对上述问题。去年，谢德华曾在常州召开的协会理事会议上表示，协会设想建立拆船市场景气度或拆船价格指数分析评价体系，通过市场数据的汇总和分析，定期向相关行业、企业的生产经营部门提供公开的指导性信息。不过，建立这套体系前期投资巨大，需要现代化信息服务设备的支持，更需要人力、财力投入。目前，协会虽然人财物力有限，但只要得到政府、企业的大力支持，建立这个体系是有可能的。这是行业管理基本建设的需要，对规范交易行为、预测市场动态会起到积极作用，更是指导行业发展、企业生产经营，把握市场主动权的有效举措。

总之，业界人士表示，在国内加速老旧运输船舶淘汰拆解的关键时期，航运、拆船企业应当携手并进，相互体谅和协调利益。航运企业应当充分考虑拆船企业拆解成本、税负高和下游市场不景气等现实，拆船厂也要适当加快拆解周期，做好废船的安全环保拆解，双方共同担负起废船拆解的社会责任，维护我国绿色拆船的国际形象。

在价格这根钢丝上，如何把握平衡，让船东和拆船厂的预期实现对接，在一个相互都接受的平衡点上看到“海阔天空”的美景，或许，需要双方的真诚努力。

（《中国船舶报》记者赵芸报道，2014 年 11 月 28 日第 8 版）

中国标准拆船合同文本渐行渐近

近期，中国海事仲裁委员会推出了《中国海事仲裁委员会仲裁规则（2015 版）》，其中，明确区分了仲裁地和开庭地点，这意味着双方可以约定把中国作为仲裁地。这一格式文本的出台，不但给国内船舶类企业在合同签订上送上了“友情提醒”，也为国内拆船企业加强合同管理提出了新思路。

多贸易下多风险

船舶拆解作为一项减少船舶废弃后对环境的污染、重复利用资源及产品、变废为宝、循环利用的生产活动，在改革开放初期，在国家一系列政策扶持下，从拆解进口船舶开始发展壮大，形成了一支安全环保意识强、拆解技术较高的拆船队伍。我国拆船业在拆解规模、机械装备、工艺技术、安全生产、环境保护和工人健康等方面都取得了令人瞩目的成绩。

在国际金融危机影响下，世界航运市场不景气，越来越多的船东或航运企业希望淘汰一些老旧船舶，这就使拆船业有了发展机会。我国身为世界拆船大国，以往承担的主要是大量进口废船的拆解责任，随着国内船舶报废量的逐年增加，国内拆船企业逐渐转为拆解进口废船和国内废船并举。据中国拆船协会不完全统计，2014 年前 11 个月，我国的进口和国内废船拆解量几近相当。

中国海事仲裁委员会仲裁院副院长陈波说：“得益于国内巨大的市场空间，全球都在和中国做生意。这是好事，但我们也要看到利好表面下的危机。尤其是中国船舶行业，其合同发生争议的概率比较高，国外一些仲裁案子大部分牵涉中国。所以一些海外律师、仲裁员的眼睛都紧盯着我们。”目前，我国的船舶类企业一旦面临海外仲裁，受制于对法律、语言、文化等的不熟悉，往往以败诉收场，这不但意味着国内企业要拿金袋子到海外弥补所谓的失约，还有损其在国际上良好形象和信誉的树立。久而久之，家常便饭式的海外败诉，打乱了我国企业的发展步伐，也对其商誉造成了不利的影响。

陈波说：“据了解，伦敦当地的仲裁员已经对我国船舶企业有了一种刻板印象——不守约，不诚信。要是判中国企业赢，不但概率微乎其微，还会成为一种特例。即使我国企业在法律和事实层面占优势，但要判中国不败诉，伦敦仲裁员也会经过相当长时间的慎重考虑。”这种考虑对于我国企业来说，成了一种苛刻的条件，甚至带有歧视的性质。可以说，我国船舶类企业在伦敦仲裁不但没有得到应有的公平、公正待遇，还贴上了“劣迹斑斑”的标签。

目前，我国拆船业还没有一个统一的标准拆船合同文本，一些企业在签订进口废船交易合同时用的基本是外方所要求的范本。一旦双方出现纠纷，便按照合同上的约定到国外仲裁，而我国拆船企业受制于语言、法律、诉讼成本等因素，缺席审判，造成无法维护自己的正当权利，并最终影响了企业的整体利益。

中国拆船协会会长谢德华说：“中国作为拆船大国，废船交易量比较大，在以往的废船买卖过程中，一些企业的确遇到这样那样的纠纷、矛盾，蒙受了很大的经济和信誉损失。我想我们应该有属于自己的拆船合同标准文本。目前，协会正在与海仲委合作，组织国内部分企业或院校的专业人士，草拟具有中国特色的标准拆船合同文本。关于这项工作，协会正在加快进程，以期尽早出台适用于本行业的标准合同文本。”谢德华认为，编制我国标准拆船合同文本是行业基本建设的重要内容，也是行业法制建设不可忽视的一环。

通过合同的形式约定双方的权责利，有利于规范废船的交易、贸易行为，更有利于维护双方经济利益和商誉。我国标准拆船合同文本建立后，可以给国内企业在签订合同时多一个选择范本的机会，摆脱以往被动选择的局面。特别是在双方履行合同时，一旦遇到争议、矛盾和纠纷，国内企业就多了一个在国内进行仲裁的机会，从而避免在国外仲裁费用高、语言不通等问题。因此，建立一套国内拆船合同标准，是十分必要的。

平衡的权利义务

据了解，目前国内各地拆船企业采用的合同文本五花八门，各具特色。一些企业直接沿用外国的合同范本，只好将仲裁地约定在国外。发生纠纷后，才发现到国外仲裁等于自己给自己绑住了维权的手脚。陈波说：“事实上，在拆船领域，咱们国家是有谈判地位的。跟造船一样，拆船若是选择境外仲裁，不但被判‘死刑’的机会很大，有时你还要赔上一笔昂贵的律师费、仲裁员费，最后官司没打赢，还输了一大笔钱。”对拆船行业的格式合同做一些规范和调整，将有利于企业的长期稳定发展。

习近平总书记说：“创新是中国发展的新引擎。”同样，建立一套贴近中国发展实际的拆船合同标准文本，既能引导企业合理发展，也能为企业的防风险筑起一道有力的屏障。

当然，一份标准合同文本的诞生，需要凝聚各方智慧和实践。据悉，中国拆船协会已经在收集各方意见的基础上，初步形成了一个草本。这个草本还将通过广泛征求意见、研讨推敲、专家论证等形式进一步完善。陈波说：“海仲委拥有一大批优质的海商法专家，在专家论证方面，我们可以与拆船协会一起合作，组织权威人士，从法律角度，对草本提供切实有效的修改意见和建议，与拆船协会一起，把关合同的有效性和可操作性，在我们的手上，为企业防风险环节再添一道安全墙。”

平衡双方的权利义务是格式合同的最大特点。平等保护双方的权利义务，不偏袒任何一方，才能使格式合同被大家接受和认可。国内建立自己的合同文本，在维护企业利益、保护企业正当权利时，也应该考虑另一方的责任和义务，做到权利义务不失衡，这样出台的标准合同才经得起天平的摇摆。

陈波说：“谁违约谁没违约，在合同里一目了然。”以买船付款行为为例，拆船厂有按合同付款的义务，而船东有按合同交船的义务，且交的船要与合同里描述的基本一致。维系好这样一种基本的权利和义务，船东和拆船厂才能构建平等的对话机制，在不偏倚的关系中互利共赢。

党的十八届四中全会通过的《中共中央关于全面推进依法治国若干重大问题的决定》中指出，社会主义市场经济本质上是法治经济。使市场在资源配置中起决定性作用，必须以保护产权、维护契约、统一市场、平等交换、公平竞争、有效监管为基本导向。谢德华说，在全面推进社会主义市场经济法律制度的大背景下，规范废船的交易行为，制定标准拆船合同文本，为企业健康发展提供良好的外部环境，为企业排忧解难，既是协会的基本理念，也是协会的社会责任。

躬耕行业规范　防风险保利益

国内拆船企业在过去一年里，充满了灰色回忆。尽管，短期内看不到经济形势好转的态势，但标准合同文本的孕育，是企业在恶劣的市场环境下，防风险保利益的重要举措之一。

机器运作久了，需要更新保养；激烈的市场竞争，需要约束和规范。当交易双方出现失衡，孕育标准合同文本，规范废船贸易行为，在此刻显得尤为重要。未来，标准拆船合同文本的建立，不但能保护市场主体的正当利益，更能为拆船企业健康发展提供良好的外部环境。

谢德华认为，制定标准拆船合同文本的目的主要有四点。首先是行业发展的需要。国务院明确要求规范发展拆船业，而依法制定合同文本是规范发展的重要内容之一；其次是实施绿色拆解的需要。国际海事组织（IMO）制定国际拆船公约之举表明，国际社会日趋重视安全环保拆船活动。通过制定标准拆船合同文本，对绿色拆解有所要求，则有利于推进全球绿色拆船的进程；再次是国内废船淘汰数量日趋增多，国外的合同文本并不完全适合国内需要。制定自己的标准合同文本，更贴合国情；最后是方便仲裁。如果仲裁地设定在国内，可以使国内企业享受本国的资源，方便他们更为积极主动地表达主张和诉求，这有利于其递交法律证据，在维护公平、公正的基础上，为国内企业提供方便。在现实因素的推动下，未来，我国将作为仲裁地的选项之一。

一份合同的核心是权利和义务。通常各国法律尊重合同约定，合同约定得越具体，权利义务越明晰，发生争议时，需要去解释这个条款的情况就越少。此外，合同定得越明确，发生争议的机会也越少，发生争议后，解决的结果也会越明确。专家认为，结合拆船行业的特性，明确合同履行过程中的关键点很重要。例如，可对交易废船的出拆率进行约定，因为比预期小的话，那就意味着拆船企业的损失大。所以，合同里的款项陈述得越细致越好。

市场经济下，逐利是每家企业参与竞争的最终目的。但规范竞争行为，公平贸易市场，是维持这个圈子良性发展、企业持久运转的重要支撑点。标准合同文本的孕育，为企业未来的发展奠定了坚实的基础，也希望，来年的拆船业在“除旧迎新”中重获硕果。

（《中国船舶报》记者赵芸报道，2014 年 12 月 19 日第 4 版）

新常态下拆船“微思考”来袭

2014 年 1—11 月，我国宏观经济运行总体基本平稳，经济增长保持在合理区间，经济运行中出现一些积极变化与亮点。但投资增长后劲不足、融资瓶颈约束明显、企业经营困难等问题突出，经济下行压力和风险依然较大。前三季度受经济结构调整、淘汰落后产能等因素影响，经济增速回落至 7.3%，实现全年 7.5% 的经济增长目标难度加大。

经济学元老厉以宁坦言：“GDP 能增长 7% 就不错了，即使保持 6.5% 也属正常，经济增长重在经济质量提升和结构完善，而不是单纯追求经济增速。”由此可见，中国地方政府追求“高、大、快、上”的“GDP 锦标赛”将成为历史。

作为国民经济的组成部分，我国拆船业也遇到了发展的困局。拆船企业如何在新常态下主动适应经济的发展，面临着巨大的挑战，除宏观经济增速放缓，相关市场波动会影响整个行业的发展外，还要面对国际市场的竞争。可以看到，南亚一些国家的拆船价格明显高于中国。除了价差外，我们应该看到国情的不同。例如，印度 2014 年第二季度 GDP 增长 5.7%，预计 2017 年增至 7%，25 岁以下劳动力上升 50% 以上。这有点像中国改革开放的初期，富裕的劳动力，使得其人口红利明显超过中国。反观国内，人口红利逐渐丧失，劳动力成本逐年增长，竞争处于明显劣势。

后发优势消失　五点思考指方向

近年来，世界经济复苏乏力，国际金融危机爆发前订造的大批船舶陆续交付，使得航运市场原本供过于求的局面更加严重，航运市场的持续低迷，运力过剩，使得世界拆船业仍有发展空间。2014 年，世界废船拆解量保持高位运行，印度、孟加拉拆解量仍将领衔世界主要拆船国家。

由于受国内经济增速放缓影响，制造业、房地产业等用钢大户的需求持续低迷，国内钢材供过于求，拆船主要产品——废钢的价格持续下跌，去年国内拆船企业购买废船十分谨慎。2014 年 1—11 月，拆解进口和国内废船数量同比下降 10.7%。海关统计数据显示，2014 年 1—10 月进口废钢船 2.65 亿美元，同比下降 58.2%。

对于攀登者来说，迷失前进的方向将非常危险。为此，在安徽合肥召开的中国拆船协会四届四次理事会（扩大）会议上，谢德华会长提出了以下 5 点思考：

（1）规模化发展。目前，国内大型的拆船厂仍占据主要的拆船份额。作为市场经济的参与者，优胜劣汰是优化结构、提升竞争力的有力手段。企业间的联盟，可以促进拆船业集约化、规模化发展，给产能“挤水分”，通过规模经济追求资源共享，提高产业集中度，这是拆船业在转型升级过程中需要正视的一大挑战。

（2）差异性竞争。差异性竞争是模式的竞争，而不是产品的竞争。以银行为例，大多数银行主要发展对公业务，而有的银行则在发展个人银行业务中异军突起。同样，我国地域辽阔，经济发展水平也有所不同，如广东、浙江、福建和东北等地，由于地区发展不平衡，废钢的需求、价格的走势也不一致。因此，各地拆船厂可以在业务或区域性差异发展的基础上，选择有利于自身的经营方式，从而弥补生产过程中的损失。

（3）产品延伸经营。拆船的主要产品是废钢，当废钢的销售渠道郁结不畅时，对其进行再利用、再制造是一个不错的尝试。广东、浙江、江苏的一些拆船企业加工生产箱角、基础件和法兰盘，有的企业将拆船板作为建筑铺路板出售等，这种订单式加工的形式，提高了产品的附加值。

（4）互补型经营。当下，从独守拆船到修船、造船、物流等多维度经营，能打破单一的收入来源，既是企业有效资源的充分利用，又能在一定程度上规避经营风险。例如，有的企业就可以利用码头优势，以港口物流方式弥补经营上的损失。拆船业是周期性很强的产业，只有因地制宜开展互补型经营，才能维持拆船厂的长久发展。

（5）外向型发展。现在是国内拆船业走出去的一个良好机遇。一方面国内废钢价格和国外倒挂，国内废钢目前还不能出口；另一方面一些沿海的发展中国家正处于工业化发展期，钢材需求量较大。我国拆船企业有良好的基础设施、装备、拆解技术和管理能力，假如我们走出去，既可以让产业得到一些转移，又可以使处于成长期的发展中国家得以进步。同时通过走出去，还可以促使国内拆船企业拓宽国外市场，增加效益，推广绿色拆船。

经济增长放缓　规范发展仍有路

据统计，2014 年 1—11 月，国内拆船企业成交国内、外废钢船 235 艘，180.37 万轻吨。国内拆船市场继续呈现国内、外废船成交量同比变化明显，废船成交均价逐月下降，废船成交仍以散货船为主，江苏、广东拆船大省份额下降，拆船物资积压严重，拆船企业全面亏损六大特征。其中，2014 年以来，受上半年采购废船价较高，国内废钢价格持续下跌等因素影响，拆船企业废钢等库存物资大量积压。截至 2014 年第三季度末，拆船企业拆解回收废船板、废钢、废有色金属等物资期末库存在 90 万吨以上，同比增长 20%，占用资金在 20 亿元人民币以上，预计 2014 年年底仅拆船废钢的库存将突破 50 万吨。

当国内经济以喷气式速度前进的步伐放缓，经济模式转向质量发展时，谢德华认为，作为循环经济连锁上的一环，拆船业控制产能、注意安全环保、规范交易行为等将继续占据企业发展的主导线。

2015 年 1 月 1 日新《安全生产法》《环境保护法》正式实施，安全环保监管执法力度必将加大。最近，环境保护部部务会审议通过了《环境保护主管部门实施按日连续处罚暂行办法》等一系列法规。谢德华认为，在新的一年，拆船企业在困难时，更要时刻绷紧安全环保的弦，杜绝出现安全环保事故；要依法进行拆船活动，国内废船要定点拆解，不能出现倒卖或变相倒卖进口许可证等问题；要规避经营风险，把好验船和合同签订关，履行好合同，维护企业商誉和信用；还要规范交易行为，业内不能盲目盘价，防止恶性竞争，鼓励企业在竞合中共谋发展和共赢。

面对严峻的市场形势，传统的拆船模式已经难以维持企业的生存，在新常态下，企业要转型、创新，既需要拼劲、抗压能力，更要找准方向，下对棋子。对于行业内的成员而言，相互包容，抱团取暖，亦是经济新常态下实现双赢的佳举。

（《中国船舶报》记者赵芸报道，2015 年 1 月 14 日第 4 版）

宏鹰：拆船心向“绿色”

一艘船，几十年“艰辛”，拆船厂是其最后的归宿。说起拆船，脏、乱、差等字眼可能马上会呈现在人们的脑海中。

上个月，记者走进位于岱山县岱西镇仇家门的浙江宏鹰拆船有限公司，看到的却是一幅完全不同的场景，整个厂区被清晰地分成几个区域，显得井然有序：靠近码头边，是一个坞池，一艘船号为“金兆28”的废船停在池里，已被拆解得只剩中间一段；岸上部分被厂区的道路自然分割成4个场地，工人们正在进行分段拆解；厂区里另有两个重要的组成部分——固废仓库和污水处理厂。

“拆船不一定就是重污染行业，只要环保措施到位，对环境不会产生大的影响。”宏鹰拆船公司安全环保部部长涂黄站在坞池边向记者坦言，“说得实在点，环保也是我们企业的生命线，如果环保不到位，企业不可能有竞争力，生存也会出现问题。”

心向“绿色”，这是宏鹰从筹建伊始就定下的方向。

“拆船行为本身就是一个大环保的概念，属资源环保型产业，国际上把拆船业称为‘船舶再循环工业’，或称‘无烟冶金工业’。”涂黄向记者通报了一组国际通用的数据：用拆船废钢代替矿石炼钢，可减少气体污染86%、水污染76%、耗水量40%，同时减少采矿废弃物97%。

涂黄告诉记者，相比国内一般的拆船企业，宏鹰最大的特点就是采用了码头拆解和坞池拆解相结合的方式，这彻底摆脱了以前的冲滩拆解方式，为控制污染筑起了首道防线。

据了解，所谓码头拆解和坞池拆解相结合的方式，就是先在码头边对废钢船的上层建筑、主船体以及主要设备先行拆解，对废钢船船底有油污水部分则拖至拆船坞池进行封闭式的干式拆解，拆解过程中产生的油污水通过管路抽送至油污水处理厂，经过多道工序处理后，黑色的油污水最终变成了清水，达标排放。“我们的污水处理厂，不仅处理坞池里的油污水，也包括厂区的生活污水，甚至于分拆区域的雨水。”涂黄指着污水处理厂外墙上的“污水收集及排放示意图”说，公司的地下管道采用雨污分流制，雨水管网主要收集屋顶排水和裸露地面的后期雨水，污水收集管网主要收集办公楼、职工宿舍区的生活污水、生产含油污水以及裸露地面的初期雨污水，收集后全部纳入污水处理厂。

对于拆船行业，除了油污水对环境可能造成污染外，固废对环境的污染同样不可小视。在厂区的分段拆解场区，记者看到有少量的油污流到了地上，工人正把油污和砂石一起铲起，装到编织袋里，然后再运送到公司的固废仓库。“别看这个场地，我们全部作过水泥硬化处理，并设置了隔离带，目的就是防止对土壤造成污染。”涂黄告诉记者，公司对固废管理有一套严格的程序，除了进出要记录、签名外，公司还在固废仓库门口安装了监控设备，确保固废不外流。待积累到一定量后，再请有资质的处置单位进行无害化处理。

有一流的环保设施，并不代表环保就能做到一流，关键还要看结果。记者在宏鹰的办公室里看到了去年由岱山县环境保护监测站做的几份监测报告：废水、废气、厂界环境噪声的监测，全部合格。“我们当时单在环保上的投入就达3000多万元，当时还觉得是不是投得太多了，但现在想想很合算。”宏鹰的一位高层在接受媒体采访时多次透露，国外客户很看重拆船公司在运营时所做的环保工作，若公司在环保方面做到位，就可以获得更多的客户群。

据悉，宏鹰自2012年9月投产以来，已拆解进口废船3艘、国内废船15艘，成为中国拆船协会会员单位之一，也是交通运输部定点废钢船拆解企业之一。

（中国拆船协会网站转自舟山新区网，2015年2月27日）

新法有利刃 安全环保亮剑

——新《安全生产法》和《环保法》出台，拆船企业绷紧弦

2014 年 12 月 1 日，新《安全生产法》应声落地。新法确立了“安全第一、预防为主、综合治理”的安全生产工作“十二字方针”，并进一步强调落实生产经营单位主体责任是安全生产工作的根本。新法把明确安全责任、发挥生产经营单位安全生产管理机构和安全生产管理人员作用摆在了重要地位。

2015 年 1 月 1 日，新《环境保护法》正式实施。这部经过“四审”的新环保法，提供了一系列有针对性的执法利器，是能够对污染宣战并打出硬拳的法律，被誉为“中国法制史上最严格的环保法”。新修订后的《环境保护法》进一步加大了环保部门的执法权力。环保部门可责令排污企业限产、停产整治，给环保执法赋予了充分执法权限。在今年两会答记者问时，李克强总理用一句“环保法的执行不是棉花棒，是撒手锏”，向外界表明了穹顶之下再现蓝天的决心。

拆船业是资源环保产业，通过老旧船舶的淘汰拆解，可以促进航运业的节能减排；通过一系列技术手段将废旧船舶的有害物质进行有效处置，可以将水陆污染降到最低，甚至为零，同时使废旧船舶的可再生利用材料得到最大限度的循环利用。

中国拆船协会会长谢德华在今年 1 月召开的协会四届四次理事会上，曾要求各会员企业应以新法实施为契机，健全各项安全环保规章制度，严格操作规程，把责任落实到岗，落实到人。他说，作为发展循环经济重要组成部分的拆船业，要进一步提高安全环保意识，认真学习、贯彻新法，改进安全环保责任制，让已经倡导“绿色拆船”20 余年的这一资源环保行业，在绿色生态发展的道路上走得更加坚定。

江苏长荣钢铁有限公司副总经理熊持跃说，新法的出台对保护环境，以及遏制安全事故增长具有积极正面的意义。为适应新的环保法及配套的相关法规，拆船企业将在现有基础上，进行自我更新改造，进一步加大安全环保设施建设力度，采用更先进的环保设备用于拆船作业。

环保处罚——狠

羊年的中国，经济面临下行压力，有多重风险，在稳增长和调结构中找到平衡点，成为可持续、有效发展的关键。眼下，我国环境状况比较严峻，要完成 2015 年经济增速 7% 的目标，绝不能以牺牲蓝天、牺牲绿树为代价。

新环保法的出台，除加大对环保执法部门的支持力度，让安全、环保等执法部门敢于担当外，对于触犯法律的企业或机构的处罚力度，也成为大家的关注点。

第一，罚款严苛。中国政法大学环境资源法研究所副教授胡静说：“处罚这方面的内容确实增加了不少，比如按日计罚，原来可能罚 10 万元，现在如果你一个月没有停止违法行为就罚 300 万元，甚至资不抵债、倾家荡产。”也就是说，某企业如违法排污，在进行罚款处理的时候必须责令其停止违法行为并改正。如果不改，违法行为持续一天那就多罚一天款。比如，罚款是 10 万元，

那么，每持续一天的违法行为，罚款数额就增加 10 万元，所以 30 天下来就是 300 万元。这种按日计罚的做法极大震慑了违法行为，增加了违法成本。

第二，未批先建。就是项目在建设之前没有通过环境影响评价的审批就擅自开工建设。胡静说，过去的做法是限期补办手续，补办又没有处罚。一些企业存在侥幸心理，钻规则空子，往往是不先做环评，一旦被政府发现，大不了补办而已。现在，新环保法取消了限期补办，如果是未批先建就要停止违法行为，要接受处罚，甚至还要恢复原状。

第三，限制生产，停产整治。新修订后的《环境保护法》，进一步加大了环保部门的执法权力。环保部门可责令排污企业限产、停产整治，给环保执法赋予了充分执法权限。旧的环保法允许限期治理，但是这个制度有一个期限，限期最长可以达到一年的时间，所以在执行过程中往往有一些违法企业利用这个制度将违法行为延续一年，进而延长了对环境破坏的时间。新法规定，对一些超标超总量的行为要求限制生产或者是停产，情节严重要报政府给予关停处罚。

近期环保部连续出台的《环境保护主管部门实施按日连续处罚办法》《环境保护主管部门实施查封、扣押办法》《环境保护主管部门实施限制生产、停产整治办法》等配套细则，为新环保法的实施做了保障，也是作为新环保法发布后环境执法的强有力依据。

广东一家拆船企业的负责人说，地方政府已经举办了新法培训班，今后企业触犯安全环保法规，不仅要处罚企业决策和经营班子，还可能要追责企业股东。记者从中国拆船协会了解到，为积极做好新法的宣贯工作，今年 3 月下旬协会将举办企业安全生产人员岗位培训班。同时，还将利用协会网站、媒体以及各类会议，为会员企业搭建平台，及时总结经验，主动推广，相互学习，就一些行业内外的重点案例进行分析和解读，时刻紧绷安全环保之弦，尽快促使企业真正履行新法新要求。

安全生产——严

近几年来，国内安全生产事故频发，给国家、集体造成重大的经济损失，特别是人员的伤亡，给千千万万个家庭带来悲剧。新《安全生产法》的正式实施，目的就是要根除隐患，赋予安全监管执法权和相应执法手段，加大对违法行为的责任追究和处罚力度等。

据长荣公司相关负责人介绍，在每艘单船拆解前，该公司会联合劳务公司一起，对全体拆解作业人员进行安全防污作业培训，宣讲健康、安全和环境管理体系（HSE）方针和要求，讲解安全作业的各项操作规程、污染预防措施和各种应急预案响应措施；此外，作业人员在经培训考试合格后，会与公司签订安全防污作业培训确认书，公司还会不定期进行安全生产检查，查排隐患；每日，相关领导还须例行讲解安全生产和防污措施，强化员工的安全和环保意识，现场督导员也会每天做好检查记录，确保安全工作万无一失。

熊持跃认为，首先，新《安全生产法》明确规定，生产经营单位在进行涉及安全生产的经营决策时，应当听取安全生产管理机构以及安全生产管理人员的意见，这对企业安全生产科学决策有积极的促进作用。现场安全管理人员积极参与企业决策，听取现场安全管理人员的意见，体现了安全工作的全方位管理的理念。

其次，新法规定生产经营单位应当将被派遣劳动者纳入本单位从业人员统一管理，对被派遣劳动者进行岗位安全操作规程和安全操作技能的教育和培训。拆船企业多是采用作业外包形式。新法这次明确要将外包的派遣工纳入本单位从业人员统一管理，这也对拆船企业安全生产管理工作提出了更高的要求。

再次，新法加大了对违法行为和事故责任的追究力度。其中进一步明确主要负责人对重大、特别重大事故是负有责任的，终身不得担任本行业生产经营单位的主要负责人；加大罚款处罚力度，将罚款上限提高了2~5倍，增加了对直接负责的主管人员和其他直接责任人员的处罚规定。熊持跃说："这些规定震憾了企业领导和安全主管。为此，下一步我们将做一些调整和改变，在工作中更重视安全生产，开展更完善、科学的作业，不要让业绩带血。"

环保拆船——绿

不过，新环保法的要求也给拆船企业未来的发展带来更大挑战。熊持跃认为，拆船作业一般是相对开放的，稍有不慎，就极易在拆解活动中出现不符合要求的情况。因此，必须引起拆船企业的高度重视。目前，中国拆船业大都采用安全环保的码头或船坞拆解方式，在拆解技术和工艺、环保设施、劳动保护以及生产效率等方面具有较强的绿色拆解竞争力。以长荣公司为例，该公司的各类环保设施齐全，现有一座投资500余万元、日处理能力达360吨的油污水处理站，生活污水排入市政统一管网；建有专用的污水检测化验室，对废船上的油污水进行处理达标排放；废油交给有资质的清舱公司收集处理；拆船坞旁建有2个水泥固化的场地，专门用于吊放油污部件，并建有一个面积为300平方米的油污板水泥固化小拆解场地，防止油渗透污染土壤；建有专用石棉浴室，预防二次污染的发生；对重要的场所（如危险品仓库、氧气丙烷 供气场和焚烧炉），安装了有毒有害气体检测报警器、可燃气体检测报警器等。

尽管如此，新法的实施也将使得拆船企业面临一些新的挑战，比如，如何进一步有效降低对大气的排放，如何使企业暂存危废及时得到处理，等等。另外，目前拆船行业正值整体亏损低迷时，新环保法的出台更会增加企业的成本。

谢德华还特别指出，新法的出台是贯彻中央关于建设生态文明的重要举措，而建设生态文明是全社会的责任，法无授权不可为。为了维护正规企业的合法生产经营行为，就必须严厉打击非法拆船活动、取缔非法拆船设施。他希望安全环保执法机构不能仅盯正规拆船企业，还要清理、打击那些没有营业执照的"游击队"式的拆船"作坊"和没有通过环评取得拆船资质的企业的违法行为。只有这样，才能显示法律的公正、公平，维护法律的尊严和严肃性。

截至记者发稿时，中共中央政治局3月24日又审议通过了《关于加快推进生态文明建设的意见》。

（《中国船舶报》记者赵芸报道，2015年3月27日第4版）

2014 年全球拆船业评述

据国际海事组织（IMO）统计，2004 年至 2013 年，全球有拆船活动的国家有近 80 个，拆解总量约为 3745 万总吨。其中，印度、孟加拉国、巴基斯坦、土耳其和中国 5 个国家每年的拆船数量之和，超过全球拆解总量的 95% 以上。

据不完全统计，2014 年，印度、孟加拉国、巴基斯坦、土耳其和中国拆船总量为 845 万轻吨，同比下降 16. 9% 。其中印度拆解量接近 210 万轻吨，居世界首位，其他国家依次为中国、孟加拉国、巴基斯坦和土耳其。

2014 年全球拆船业的发展主要有以下特点。

1. 全球废船市场依旧活跃

受国际金融危机、欧债危机的持续影响，全球经济难以在短期内根本复苏，航运业受到巨大的冲击，反映航运市场变化的各项指数下行震荡，运力过剩压力增大，大量低龄船舶不得已退出市场。仅从我国拆船的数据看，2014 年拆解船舶船龄在 20 年以下就占到 35. 7% ，比上一年增加 13 个百分点。再看国内航运市场，在国家加速老旧船舶和单壳油轮淘汰政策的激励下，航运企业淘汰船舶力度有所增强，我国拆船企业拆解国内废船量首次超过进口废船拆解量。

2. 国际废船价格高位运行

由于国际废钢价格与国内废钢价格长期倒挂，再加上国内废钢市场受经济换挡期影响需求不旺、废钢不能出口以及安全环保投入巨大等因素影响，国内拆船价格与南亚拆船国的价差越来越大。据初步统计，国内拆船企业 2014 年进口废船均价在每轻吨约 309 美元，而孟加拉国和印度废船均价在每轻吨 465 ~ 480 美元。巨大的差价，使得保有绿色拆船能力的中国企业失去了买船的竞争优势。绝大部分上市的废船流入到出价高的南亚地区的拆船厂。这也是我国拆船业 2014 年进口废船同比下降接近六成的主要原因。

3. 发展中国家关注拆船业

一些发展中国家根据国内经济发展的需要以及劳动力资源变化，开始关注劳动密集型的拆船业，有的已经有组织地开展拆船活动，如印度尼西亚等国。不过，目前的拆解规模不大，数量不多，能力不强，拆船设施水平尚在起步阶段。

4. “绿色拆船” 发展继续得到关注

IMO 积极推动《国际安全与无害环境拆船公约》（以下简称《香港公约》）的生效工作进展；欧盟委员会为尽早实施《欧盟新拆船法案》，正在组织制定欧盟清单申请指南；一些国际组织、政府和非政府组织呼吁禁止冲滩拆船，并一致希望《香港公约》的尽早生效。

5. 绿色拆解竞争乏力

由于航运业低迷，船东或航运企业步履维艰，再加上一些船东环保拆船意识尚待提高，国际上大量大型船舶依旧流入被公认难以达到绿色拆解要求的拆解设施进行拆解。中国是较早明确并依法严禁冲滩拆船的国家之一，但由于选择更环保的拆船设施（如船坞或码头等）导致拆解成本过高。

2014 年，交通运输部、环境保护部、工业和信息化部和中国拆船协会就签署《香港公约》，以及欧盟希望国内拆船厂按照《欧盟新拆船法案》要求申请欧盟清单等问题进行了专门讨论，并就此建立了“三部一会”工作联系机制。

（作者：柯华。《中国船舶报》2015 年第 29 期第 5 版）

海洋平台拆解市场或成“蓝海”

1976年，一艘“七海发现”号钻井船在日本建造，该船总长162.76米，14023轻吨，瓦努阿图船籍；1977年，一座“SEDCO 709”号钻井平台在加拿大诞生，该平台总长89米，12902轻吨，利比里亚船籍。在为海洋服务了近40年后，它们被舟山长宏国际船舶再生利用有限公司（以下简称舟山长宏）购买，并得到拆解。

随着石油价格的下滑以及钻井需求的减少，海洋油气开采企业的投资脚步开始变得缓慢，海上钻井平台市场正面临产能过剩的问题，一些钻井合同提前终止，新合同数量显著减少。

美国咨询公司Cowen&Co近日表示，目前，钻井平台拆解量显著提高，过去6个月来全球报废的浮式钻井平台（包括半潜式钻井平台和钻井船）已达到32座，还有超过100座浮式钻井平台需要撤出市场。

中国船舶工业经济与市场研究中心相关人士表示，油价“跳水”后，钻井船和半潜式平台等装备在未来会拆得更多。

平台拆解有要求

舟山长宏国际产业园董事长助理黄亚峰认为，目前第一代海洋平台逐步进入了报废期，加上石油价格的下跌以及平台技术的进步，市场上会出现相当多的待拆平台。与拆船相比，拆解平台对拆船企业的要求更高：从规模上看，石油公司一般具有较大的规模和世界影响力，对从事平台拆解的拆船企业的规模、信誉、业绩、环保、安全和职业健康等要求更高；从平台本身看，吃水深，高度高（一般100米）以及无自航能力的特点，对拆船企业的硬件设施又提出了更高要求，目前国内能满足这些条件的企业少之又少。

2014年3月，舟山长宏运用环保油污水处理装置、石棉拆解装备、围油栏、焚烧炉等设备，成功拆解了高78.5米、直径80米的马绍尔群岛籍无动力大型钻井平台“KULLUK”号和总高96米、12697.24轻吨的利比里亚籍半潜式钻井平台“SEDCO 703”号，并全部达到“绿色拆解”排放标准，成为国内首家对海工平台进行“绿色拆解”的企业。2015年3月，该公司又开始对一艘利比亚籍的海工平台实行拆解。预计今年全年，该公司的海工平台拆解业务订单可达十余艘。

据了解，近年来，舟山长宏积极引入“绿色拆船”理念，先后投入了两千余万元人民币，对拆船场地进行改造，购置最先进的拆船设施。该公司推进的“绿色拆船”也对保护海洋水域环境、实现资源循环利用带来了积极影响，为绿色拆解海工平台奠定了基础。

江苏长荣钢铁有限公司副总经理熊持跃表示，作为拆船企业是可以进行海工平台的拆解，但必须考虑企业的地理位置，一般沿海企业更适宜拆解海工平台。而地处沿江的企业，由于航道、沿江桥梁高度等限制，平台移动和拆解将成为一大难题。

拆船企业辟蹊径

业内人士认为，有条件的拆船企业参与海工平台拆解，能暂时缓解生产经营困境，扩大业务范围。若能在海工平台更新换代的时期，抓住机遇，签得合同，或许拆船企业的存在有了新的意义。不过，也有专家认为，海工平台拆解对国内拆船市场的整体影响可能不大，因为平台和船舶有差异，一些模块和生产单元的拆解可能比较复杂。

对此，国内一些拆船企业负责人表示，在行业低潮期，不做改变就是等死。企业应该抱团抗冻，或者将厂区向南亚进军。

黄亚峰说，以前舟山长宏也考虑以合作的方式抵御市场的寒冬，但目前国内拆船企业的布局、规模、工艺、意识等存在较大差异，想通过合作达到共赢或达到“1＋1＞2”的效果，比较困难。另一位船企负责人表示，拆船企业绝大部分是民营企业，抱团取暖需要气量和魄力。

除了抱团取暖外，能否走出去？目前我国废钢出口采取的是限制政策，国内废钢价格又明显低于国际价格，使得国内拆船企业在国际拆船竞争中明显处于劣势。黄亚峰说：“国内企业确有走出去的想法，但他们也存在担忧，政局、当地环保政策，与当地拆船企业的关系、劳动力等配套资源都存在不确定性，这使企业负责人举棋不定。”拆船作为劳动密集型行业，适合成为一些发展中国家发展经济的一个选项。目前中国安全环保设施、装备完备，拆解技术与工艺现代化程度较高，绿色拆船能力较强。但不可否认的是，也存在拆解能力过剩问题。因此，拆船企业“走出去”不可避免。熊持跃说：“中国拆船企业利用自身优势到东南亚开展拆船，我个人认为应该是一个趋势。主要还是看当地的投资环境及政局是否稳定。”

当国内拆船价格的国际竞争力不足的情况下，海工市场的萧条或为拆船企业另辟蹊径。Cowen&Co 预计，到 2016 年年底，全球还将有超过 100 座浮式钻井平台报废。

据悉，全球目前有租约的浮式钻井平台数量为 275 座，到 2016 年年底这一数字将降至 223 座，届时船队利用率也将降至 80% 以下。而在自升式钻井平台方面，截至目前，约有 120 座自升式钻井平台已经售出拆解、闲置或改装执行非钻井工作。可见，未来海洋平台拆解市场或成“蓝海”。

（《中国船舶报》记者赵芸报道，2015 年 4 月 24 日第 5 版）

长宏国际实施防污漆无害化管理示范项目

为减少有毒有害防污漆废弃物对环境的污染及对人体健康的威胁，2013年，环境保护部对外合作中心依托“中国用于防污漆生产的滴滴涕替代项目”，设立了拆船作业中有毒有害防污漆的安全环境无害化管理示范子项目。此后，舟山长宏国际船舶再生利用有限公司（以下简称舟山长宏国际）通过国际招标，承担了该项目的实施任务。

近日，中国海事局相关领导在舟山考查项目情况，并表示要将此类管理经验适时推广，形成有效的环境安全管理机制。

四步骤去除污漆

据悉，为防止海洋生物在船体外壳的水下部分黏附、生长，增大船体的前进阻力和油耗，现代船舶进行了具有生物灭杀功能的防污漆喷涂。但防污漆中含有滴滴涕（DDT）、三丁基锡、氧化铜等毒素物质，随着老旧船舶的淘汰，这些防污漆的安全处理问题变得日益严峻。

对此，舟山长宏国际中标后，在短短8个月的时间内，通过“船舶泊位拆解、含涂料水线下船体部分除漆（机械打磨除漆）、车间废气处置、防污漆残渣无害化（高温焚烧）处置”四大步骤，实现了船舶钢板上防污漆的残留率低于2%（即去除效率大于98%），防污漆除漆车间排放气体中颗粒物收集效率>99%。被除下的防污漆经收集后统一运送至具有处理资质的危险废物处置中心焚烧处理，总体上，防污漆环境安全处置率大于95%。

中国海事局相关领导表示，防污漆环境无害化处置工程的实施，实现了对含有毒有害成分的防污漆无害化处置，防止其逸散到环境中去，为实现生态文明起到了重要的推动作用。通过该项目的实施，形成针对船舶拆解防污漆中DDT的污染防治方案。今后，要将此类管理经验适时推广，形成有效的环境安全管理机制。

中国拆船协会副会长黄兆立表示，开展拆船作业示范工作，目的是希望探索拆船作业过程中有毒有害防污漆废弃物安全和环境无害化管理实践，从而进一步提高拆船企业对含有毒有害废弃物的认识和处理能力，并为我国废弃船舶拆解过程中有毒有害防污漆的安全及环境无害化的全过程管理提供工程示范和样板。

项目成果待推广

据舟山长宏国际有关负责人介绍，该项目实施的关键是建立一处专门处理含有毒有害涂料船体部分的示范设施，并能无害化处置防污漆残渣。依据项目实施方案，示范项目组完成了含有毒有害防污漆船体部分的除漆作业及环境安全控制设施的设计、建造及安装，配备了完善的设备设施；完成了一艘24000轻吨散货船的拆解，并打磨完成1000轻吨当量水线下船体面积约为10000平方米的除漆工作；通过针对一艘船舶的拆解和防污漆无害化去除示范过程，总结出一套有毒有害防污漆无害化处置、管理的企业操作指南。

2014 年，该项目实施情况通过技术验收与审核。有关专家认为，此项目的有效运行，进一步优化了当前船舶绿色拆解工艺，拓展了中国船舶拆解企业环境保护的视野，将拆船企业的环境保护工作做得更加全面细致。环保部对外合作中心领导与联合国开发署专家对该项目给予较高评价。

不过，还应该看到的是，此项目的实施过程在一定程度上影响船舶正常拆解周期，同时需要拆船厂投入更多人力、物力，增加了企业经济成本负担。因此，如何兼顾企业的社会效益和经济效益，仍需要有关国际组织、政府部门、行业协会以及社会各方的协调和努力，以便使该项目成果真正在国内外得以推广。

由环境保护部对外合作中心、舟山长宏国际、浙江大学以及中国拆船协会等单位共同研发、协作完成的拆船作业中有毒有害防污漆安全环境无害化管理这一示范项目成果，为船舶拆解过程中对船板上有毒有害防污漆的去除，提供了全过程可行性处理处置操作范例。未来，其将对拆船行业开展清洁生产、环境保护和职业健康具有重要的指导作用。

（《中国船舶报》记者赵芸舟山报道，2015 年 5 月 29 日第 5 版）

舞动“绿色之剑”

——“水十条”下拆船业共创绿色 GDP

2015 年 4 月 16 日，国务院正式颁布《水污染防治行动计划》。（以下简称“水十条”）“水十条”的落地，将使水务板块迎来新的发展机遇。

“水十条”提出的工作目标是：到 2020 年，全国水环境质量得到阶段性改善，污染严重水体较大幅度减少，近岸海域环境质量稳中趋好，京津冀、长三角、珠三角等区域水生态环境状况有所好转。到 2030 年，力争全国水环境质量总体改善，水生态系统功能初步恢复。到 21 世纪中叶，生态环境质量全面改善，生态系统实现良性循环。

2015 年 5 月 15 日，中国拆船协会在浙江舟山召开部分地区会员企业座谈会，学习领会中央政治《关于加快推进生态文明建设的意见》和“水十条”等重要文件精神。中国海事局副处长许吉翔表示，“水十条”首次对 2020 年和 2050 年这两个重大历史节点进行水污染防治规划编制，水污染防治被提升到了国家水生态环境安全、生态文明和实现“中国梦”的高度，这次对水污染的“宣战”也因此更显决绝和果断。

其中，在全面控制污染物排放板块，“水十条”提出：加强船舶港口污染控制，积极治理船舶污染，依法强制报废超过使用年限的船舶，分类分级修订船舶及其设施、设备的相关环保标准，2018 年起投入使用的沿海船舶、2021 年起投入使用的内河船舶执行新的标准；其他船舶于 2020 年年底前完成改造，经改造仍不能达到要求的，限期予以淘汰等。其中，明确提出要“规范拆船行为，禁止冲滩拆解”。

此外，对于增强港口码头污染防治能力，“水十条”还提出要“编制实施全国港口、码头、装卸站污染防治方案。加快垃圾接收、转运及处理处置设施建设，提高含油污水、化学品洗舱水等接收处置能力及污染事故应急能力。位于沿海和内河的港口、码头、装卸站及船舶修造厂，分别于 2017 年年底前和 2020 年年底前达到建设要求”等。

“水十条”的出台，明确了水污染防治的新方略，以水环境保护倒逼经济结构调整，以环保产业发展腾出环境容量，以水生态保护创造绿色财富。今后，国内拆船企业要持续提升绿色拆解能力，创造更大的经济社会效益。

环保　不可逾越的底线

当前，我国一些地区水环境质量差、水生态受损重、环境隐患多等问题十分突出。环保部门的一项数据显示，2012 年全国十大水系、62 个主要湖泊分别有 31% 和 39% 的淡水水质达不到饮用水要求。这不但会影响和损害群众健康，而且也不利于经济社会持续发展。

中国船舶拆解作为可循环再利用行业，这些年在绿色环保的道路上迅猛发展，实现了由粗放型向集约型的转变，拆船企业也已从冲滩拆解转换到船坞或码头拆解的方式。其拆解技术、管理水平、环境保护、安全生产、工人健康等都迈上了一个新台阶。

拆船业是国际化程度较高的行业。国际组织及非政府组织相继对世界范围内船舶拆解行业提出了一系列安全环保要求。同时，国内环保、海事、劳动等政府部门为保护国内水源、减少水污染、保障居民饮水安全，做了持久不懈的努力，针对拆船企业的安全环保和劳工保护建立了相应的管理规章制度，并加强了对拆船企业的安全环保监督力度。

目前，我国拆船行业正面临困难期，船舶拆解物资的下游市场，已见不到买家“门庭若市”的局面。尽管生意难做，但作为劳动密集型行业，环境保护和安全生产更应成为拆船企业一条不可逾越的底线。

许吉翔表示，大家都是环保践行者。在“水十条”背景下，对于积极倡导绿色拆船，进一步规范拆船行为，国内多部门要齐抓共管，各个部门要相互协作，共同服务好拆船行业，积极支持典范性的示范工程，促进资源再循环利用。

在国内经济低迷的情况下，有的企业认为，绿色环保的做法在一定程度上增加了成本，例如，防污漆作业在一定程度上会对企业的财务和经济收益造成压力。许吉翔认为，“绿色纪律线”是不可触碰的底线。在此基础上，拆船企业要想提升盈利水平，可以考虑产品的深加工，提高附加值和精细化程度，通过扩展产品销售面，得到效益的增加。作为政府部门，中国海事局也会为拆船企业积极争取扶持性政策、搭建平台，提高拆船认知度。通过论坛、研讨等方式，增加国际交流的机会，帮助拆船企业更好更快地走出低迷和困境，推进绿色发展。

政府　齐抓共管绿色GDP

目前，国内绿色环保的理念正渐渐深入人心，资源的可回收再利用程度也愈加受到重视。环保部污防司的廖岩博士指出，尽管拆船企业是水污染防治行动计划中的一小部分，但是，其未来发展对水环境的良性循环至关重要。拆船作业中的切割、电焊、测爆、固体废弃物、水处理等都会直接影响水环境质量，进而影响生态系统的良性循环。现在，国内非法拆船现象依旧存在，安全环保无法保障，今年开始，这些不规范行为终将得到全面的整治。

舟山环保局的吴海龙博士认为：“水污染是长江水环境安全和水生态健康的头号威胁。长江接纳的废水量占全国近四成，随着长江沿岸经济社会快速发展，长江的污染承载能力不断遭遇严峻挑战。‘水十条’不仅对长江水污染防治提出了新要求，也将促使长江流域污染防治思路、理念、方法和技术的更新与发展。”作为地方环保部门，舟山正在加强拆船企业的规范作业，提高废气、废水、固废的治理力度，增强环保设施的运行和维护，让拆船企业成为地方绿色GDP的拉动力。“只有拆船行业的‘绿色之剑’舞得美，才能足够吸引发达国家船东的青睐，提升拆船业的国际化程度。”吴海龙说。

目前，长三角地区正逐步出台一些区域性的防污方案。浙江海事局危防处副处长叶倩说：“从2009年开始，浙江海事局便关注拆船行业动态，为了将循环利用的这把好钢用在刀刃上，未来，我们将与地方企业一起，拧成一股绳，形成更好的合力，在水污染防治的工作中，凝聚共识、积聚力量。”

“水十条”出台后，落实是行动计划的生命。叶倩表示，未来，浙江省政府部门将监管和服务并重，在执行法律法规基础上，与企业一起共同探讨、解决税收、废钢船的进口登记等问题，打开双赢局面。同时，将符合绿色要求的企业推向更广阔的市场，把环保优势转化为市场竞争力，在国内外打响浙江拆船企业品牌。

（《中国船舶报》记者赵芸报道，2015年5月29日第5版）

土壤治理：废船源头不可忽视

继大气污染、水污染后，土壤污染正成为我国下一步重拳治理的重点。今年5月，有消息称《土壤环境保护和污染治理行动计划》（以下简称“土十条”）已提交至国务院审核，预计今年年内或明年初出台。

近期，由于土壤污染的违法行为屡禁不止，环境保护部、工业和信息化部、国土资源部等部门密集出台相关文件，加大防治和惩处力度。

此前，在环保部宣传教育中心举办的政策对话会上，环保部原核安全总工程师杨朝飞表示，土壤污染防治要建立严格的环境责任追究制度。

土壤治理不容忽视

2014年4月，环保部、国土资源部联合发布了《全国土壤污染状况调查公报》。该公报公布的数据显示，全国土壤总的点位超标率为16.1%，其中轻微、轻度、中度和重度污染点位比例分别为11.2%、2.3%、1.5%和1.1%。

“如不采取有力措施，今后一段时期内中国土壤污染加重的趋势将难以扭转，土壤污染将成为影响公众健康与社会稳定的重要因素。”环保部副部长李干杰日前表示，若放任不管，一些地方吃住都将成问题。

我国是造船、航运大国，改革开放以来，各类船舶建造、运营以及报废淘汰数量与日俱增。而废船上残存的各类废油、压舱水、舱底水、固体废弃物等，如果随意处置、非法或不规范拆解，必然导致对水陆环境造成高风险、高污染。中国拆船协会会长谢德华认为，中国拆船业的存在与发展，承担着废船拆解的重要社会责任。规范的环保拆船行为可以减少、降低乃至避免因随意与非法拆解所带来的污染。通过有效处置，将废旧船舶这一特殊商品变废为宝，不但能在绿色环保的基础上，将剩余价值最大化，还能减少因土壤污染对环境造成的不利影响。

由于土壤污染很难通过感官察觉，污染物在土壤中迁移、扩散和稀释相对较慢，造成了土壤污染具有强烈的地域性。据悉，近期上报国务院的“土十条”，将把土壤污染责任和任务落实到各级政府及相关企业。

非法行为屡禁不止

作为寿命近20年的老旧船舶，其保险和维护费用日益上升，再加上污染排放标准的不断提升，继续航行已难有盈利空间，如今它们的价值大多存在于钢铁身躯中。

美国一位名叫彼得·格温的记者曾赴孟加拉国拆船厂采访，他回忆道：“按理说，远洋航船是不应当被拆卸的。其设计可以抵御世界上最凶险的自然环境中的极端破坏力，但船上也有防污漆、石棉和聚氯联二苯（PCBs）等有毒有害材料。在发达国家，报废船舶受到严格监督且处置代价高昂，因此，世界上大多数的船舶拆卸被挪至孟加拉国、印度和巴基斯坦进行。这些地方劳动力价格低廉，而且监管松弛。”

根据他的描述，如果采用冲滩拆船方式，船嵌入泥地后拆解，会给水陆环境造成极大的破坏。

“听起来是门不错的买卖，但考虑到渗入我们土地当中的有毒物质，就不是这么回事了。”非政府组织“拆船论坛”的穆罕默德·阿里·沙欣对此表示担忧。

转到国内看，尽管大部分企业严格按照环保标准进行绿色拆解，但某些地区仍不同程度地存在无营业执照的拆解“作坊”或“游击队”，还有一些没有拆船资质的修造船厂也在从事拆解业务。这些非法或不规范的拆船行为，由于缺乏监管，已成为水陆环境污染的严重隐患。北方某拆船企业负责人表示，面对越来越严苛的环保要求，企业的运营成本增加在所难免，但绿色之路是大势所趋，面对社会的和谐可持续发展，我们不能因为攫取眼前利益而牺牲了未来大局。在拆船效益和成本达到平衡的基础上，企业环保投入的步伐不会停止。但是，他也坦言，就在他的企业附近就有一个滩涂拆船“作坊”，这些“作坊”对环保要求置之不理。他呼吁，有关政府部门不能只监管正规拆船企业，更要严厉打击非法与违规拆解行为。

规范监管废船源头

环保部统计数据显示，2010 年以来，仅中央财政资金就有 16.48 亿元用于土壤污染治理。“土十条”出台后，政府可向任何一个能够找到的污染责任人追索全部治理费用。而且这种责任事实上是一种无限责任，即如果有关责任方无力负担其根据法律规定应当偿付的污染清理费用和损害赔偿费用，则任何对其控股或参股的组织和个人均可成为追责的对象。

我国对船舶有严格的登记制度。船舶报废需要履行注销手续。但是船舶注销后，应该怎么处置？在何处拆解？谁来监管流向？目前尚待进一步规范。如果能从源头消除隐患、斩断祸根，老旧船舶拆解的入门关就守住了。

2014 年 11 月 14 日，浙江省台州市海洋与渔业执法大队在海上巡航执法时查获一艘“三无”船舶，后被执法大队没收，并首次以“拍卖”的形式进行处理。执法大队大队长李海荣说：“渔业法中没收是最严厉的处罚。”他表示，他们也是首次以拍卖的形式进行处理，因“三无”船舶必须进行拆解，所以此次拍卖的是这艘船的残值（即船上钢板的价值），来参加拍卖的也是回收废旧钢铁的业主。拍卖成功后，该市的海洋与渔业部门将全程参与监督该船的拆解过程。尽管渔船和商船有所不同，不过，其拆解要求是一样的，务必安全、环保。

在近期召开的中国拆船协会部分地区会员企业座谈会上，一些拆船企业要求政府部门规范废船拍卖行为，禁止非拆船企业参与废船竞标拍卖活动，从根本上防止废船落入非法拆解渠道。

谢德华认为，不论是运输船舶、渔船，还是公务船舶，虽属不同类型或用途，且又隶属不同部门管理，但其报废监管基本要求、拆解准入基本标准应该是一致的。因此，各类废船要想得到妥善处置，必须要建立健全并完善废船监管与拆船管理法规制度和体系，从源头抓起，让船舶得到安全环保拆解，进而使水陆环境污染得到有效控制。

（《中国船舶报》记者赵芸报道，2015 年 6 月 24 日第 3 版）

规范发展拆船业的若干思考

近日，国务院新闻办公室就编制好国民经济和社会发展第十三个五年规划纲要有关情况，答记者问。发言人提到，实现“十三五”时期发展目标，破解发展难题，厚植发展优势，必须牢固树立并切实贯彻创新、协调、绿色、开放、共享的发展理念。其中，要坚持绿色发展，着力改善生态环境，推动形成绿色发展方式和生活方式。

我国是航运大国。截至2013年年底，拥有各类运输船舶为17.26万艘，2.44亿载重吨。若是包括渔业船舶、海上平台、军用舰船和其他各类船舶，我国船舶拥有量将超过30万艘。船舶体积大、结构复杂、使用年限长、积淀污染源物质较多，其退役或报废后，若随意丢弃或处置，必然成为水陆环境的污染源。

对废旧船舶进行无害化拆解，回收船上可循环利用的各类物资材料，变废为宝，使拆船业成为资源环保型产业，也符合“十三五”规划建议中“坚持节约资源和保护环境的基本国策”和“全面节约和高效利用资源”的基本要求。

作为发展循环经济的重要组成部分，我国拆船业已经走过30多年发展历程。它在前进中成长，也在成长中遇到了诸多困惑和问题，主要表现在以下几个方面。

六大困惑

一是忽视拆船资质。按照1988年国务院印发的《防止拆船污染环境管理条例》规定，设立拆船厂实行环保部门“拆船厂设置环境影响报告书审批”，获批后方可到工商管理部门注册登记。按说有“拆船”资质的企业方可拆船，但目前国内仍然存在一些船舶类企业无资质，被一些部门指定为承担某一时期拆船活动的企业。

二是废船流向管理缺失。废旧船舶淘汰或报废后，由于流向环节监管缺失，这些船舶可能通过改装、拼装、翻修旧船重返营运市场，甚至是被无资质拆解企业或个人随意拆解。这一系列不规范行为给国内航运业埋下了极大的安全隐患，也给绿色发展和生态环境蒙上了阴影。

三是废船拆解税负高。按国内现行税制，拆船企业购买国内报废船舶后，无法取得进项增值税发票，导致企业税负压力大。今年，财政部调整了资源综合利用产品和劳务增值税优惠目录，优惠幅度也仅为销项增值税的30%。反观一些无资质企业或自然人通过现金交易、临时租用场地等手段，变相降低拆解成本进行私拆乱拆。这不仅导致安全环保无法保障，还使国家流失了大量税收。

四是废船交易不规范。目前，国内上市的废旧船舶主要通过竞价或拍卖进行交易。但由于竞拍参与者不仅限于有拆船资质的企业，导致其他参与者也可在没有安全、环保等承诺的前提下，以低价竞得废旧船舶，再转手倒卖或非法拆解。如此无序竞争，一方面严重扰乱了废旧船舶交易的市场秩序，另一方面又使相关部门难以对非法拆解进行有效的执法和监管。

五是废船再制造未得到重视。国内仅老旧运输船舶年均报废量就超过500万载重吨（不含渔船、军用舰船等）。近几年，淘汰、送拆的老旧船舶船龄越来越小，特别是一些新造完工的船舶，因弃单滞销而面临拆解，这些船舶上较好或崭新的零部件和机电设备，如果直接当做炉料，也是另一种形式上的资源浪费。目前，与报废机动车再制造工作相比，废旧船舶的零部件、机电设备等再制造尚处于空白阶段。

六是拆船产业管理缺位。1984 年，国务院将拆船业交由原国家物资局管理。随着国务院机构的改革，先后又历经物资部、国内贸易部、国家国内贸易局、国家经济贸易委员会管理。国家经贸委撤销后，拆船业的行业管理未能列入历次国务院机构改革的“三定”方案。目前，海事、环保与安全监督等部门的主要职责是监管拆解生产过程是否安全环保。可见，拆船产业的宏观管理依然缺位。

六大建议

当前，我国正处于产业结构调整期，原有的支柱产业将逐步被现代制造业、服务业等新的支柱产业所取代，新业态、新产业将支撑今后我国经济的中高速增长。作为资源消费大国，如何最大化节约资源成为我国经济发展的重中之重。去年，国务院颁布的《关于加快发展生产性服务业促进产业结构调整升级的指导意见》提出，要提升节能环保服务，大力发展清洁生产审核、节能评估等第三方节能环保服务体系；建设再生资源回收体系和废弃物逆向物流交易平台；积极发展再制造专业技术服务，建立再制造旧件回收、产品营销、溯源等信息化管理系统。

由此可见，拆船业作为废弃物资源化利用的一员，是资源循环利用的有效链条，具备生产性服务业的基本特征。因此，推动生产性服务业发展，培育建立生产、流通和消费循环链条，打通与钢铁、机械、航运业的产业链，可促使产业升级，有效激发内需潜力，引领拆船业向价值链高端提升，进而实现“全面节约、高效利用资源”的下一个五年目标。

有造船就有拆船，拆船是造船的逆过程。不同于一般的废旧物资回收，拆船有严格的拆解技术工艺、生产加工和安全生产流程。因此，为进一步规范拆船业的发展，让绿色拆船推动循环经济前行，特针对上述问题提出六大建议。

一是实行定点拆解。2014 年 10 月 23 日，国务院印发的《关于取消和调整一批行政审批项目等事项的决定》（国发〔2014〕50 号），对国务院 1988 年颁布的《防止拆船污染环境管理条例》中“拆船厂设置环境影响报告书审批”改为后置审批。

其实，对废旧船舶的拆除，涉及安全环保，应该实行严格的行业准入和前置审批。在我国现行的《循环经济促进法》中，对电器电子产品回收拆解和再利用就有“交售给具备条件的拆解企业”要求。因此，国务院 2009 年印发的《船舶工业调整和振兴规划》提出“规范发展拆船业，实行定点拆解”的要求，至今仍具有现实意义。

二是拆船需行业管理。目前，我国按船舶类型，实行分类分部门的管理模式。运输船舶属于交通运输部，渔业船舶属于农业部，军用舰船归属军队等。但不管具体的船舶归属哪个部门管理，从资源循环利用、安全环保与职业健康的角度，以及严格落实生产者责任延伸制度的基本要求看，应做到以下三点：①应制定统一的强制性法规（如循环经济法），跟踪各类废旧船舶的流向，明确监管要求，规范监管程序；②应规范废旧船舶交易行为，对废旧船舶上市交易竞拍者，以及政府部门指定承担淘汰老旧船舶拆解的，必须要求船舶所有者交售给有资质的拆解企业，并依据签订的交易合同，由主管机关核发船舶报废注销证书；③应统一船舶报废拆解的准入要求、标准，严禁一些部门随意指定无资质企业参与废旧船舶拆解，同时推动废旧船舶再制造工作。可见，强化政府管理部门统筹拆船的行业管理变得尤为重要。

三是整治拆船乱象。拆船业处于船舶产业链的末端，又属资源回收利用产业范畴，其厂区场地、安全环保设施设备要求有别于其他产业，专业性强且安全环保投入巨大。因此，应积极发挥全国人大以及地方人大监督作用，加大政府监管力度，在贯彻落实新《环境保护法》、新《安全生产法》等方面，“出重拳下猛药”，从源头抓起，清理检查、严厉打击无拆船资质企业或自然人违法私拆乱拆现象，切断利益链条，维护正规企业的合法权益，保护好我国的生态环境。

四是建立生产者责任延伸制度。2009 年，国际海事组织通过的《香港国际安全与无害环境拆船公约》，就是把造船、航运和拆船作为一个循环产业链，实施生产者责任延伸制度的国际性公约。例如瑞典，对手机生产商实行押金制度，所销售的手机直到回收利用才退回押金。在我国，工业和信息化部、财政部、商务部、科技部制定了《电器电子产品生产者责任延伸试点工作方案》，组织开展生产者责任延伸制度试点工作。通过引导产品生产者承担产品废弃后的回收和资源化利用责任，激励生产者推行产品源头控制、绿色生产，从而在产品全生命周期中最大限度提升资源利用效率。在船舶领域，也有必要建立类似的生产者责任延伸制度，让生产者对船舶的整个生命周期，特别是对回收、循环和最终处置负起责任。如此，老旧船舶的拆解也能更加绿色。

五是纳入“绿色发展基金”。拆船厂建企初衷就是坚持社会效益为主，经济效益为辅。如果废旧船舶回收拆解活动完全按照市场化运作，似乎有悖于建设资源节约型和环境友好型社会的目标。解决资源节约和环境问题，不仅要靠法律和政策，更要靠科技进步。“十三五”规划建议提出“设立绿色发展基金”，因此，应将包括拆船业在内的资源回收利用产业统一纳入“绿色低碳循环发展产业体系”和“绿色发展基金”之中，用基金扶持技术进步，助推绿色拆船的发展。

六是推进船舶信息公开。未来，可以积极探索大数据、物联网、云计算等信息技术在船舶建造、营运和拆解全生命周期的资源环境数据库，采用生产、运营及回收电子标签、物联网等技术手段，建立船舶信息平台，定期公示船舶来源和流向、拆解场所、废船拆解过程污染防治措施等信息，提高政府监管能力，主动接受社会监督，真正做到全面节约、低碳发展。

总之，要想实现拆船业的规范发展，当前最为重要的是完善国内相关法律法规。国务院于 1988 年颁布的《防止拆船污染环境管理条例》至今已实施 27 年，相关内容与当前拆船业的发展要求不相适应，尽早推动修订法规工作将有助于拆船业持续健康发展。

（作者：兰有华。《中国船舶报》2015 年第 83 期第 4 版）

海工平台拆解 这块蛋糕该怎么吃？

过去的一年里，国际原油价格经历了“断崖式”下跌，并不断处于低位徘徊。国际各大石油公司纷纷放缓了对新油田的开发脚步，美国、挪威等国家的海洋工程设计公司也大幅裁员并在近期终止了一系列深水开发等新的研发项目，新增海工平台市场需求乏力。同时，一些船东采取撤单或是延期交付的方式来规避风险、降低损失，进一步激化了海工平台市场供给过剩的矛盾。在此背景下，壳牌、马士基等大型公司加快了对北海、墨西哥湾老旧、闲置平台的报废速度，海工平台市场正迎来新的报废高峰期。

欧 美

打通了上下游 环保经济相得益彰

目前，有关海工平台的报废通常涉及政府许可、封井、立管和设备报废、平台主体拆解、清理现场五个重要环节。由于平台报废过程中，涉及立管及井架拆除、溢油防护等复杂作业，因此对环境保护、处理技术的要求较高。目前，北海和墨西哥湾的平台报废产业链相对成熟，以英国Able公司、挪威Kvaerner公司为代表的欧美大型公司具备了经验丰富的技术人员和先进的拆解装备，能够处理从封井、立管切割、水下井架拆除、上部模块分离、上部模块吊装和运输到最终的平台拆解等一系列问题，在综合考虑技术可行性、环保、人员健康与安全、主管当局法律法规要求以及成本控制等因素的前提下，完成平台的报废拆解。尤其是在环保方面，政府会充分考虑民意、环保风险，再发布平台报废许可，这为平台的绿色报废及相关水域的绿色清洁提供了基础保障。此外，现有公约规则及主管机关法律法规也对平台报废作业活动中人员安全、海洋环境保护提出了严格要求，如《防止倾倒废物和其他物质污染海洋的公约》（伦敦公约）、《保护东北大西洋海洋环境公约》（即OSPAR公约）以及美国安全环境执法局（BSEE）于2010年颁布的《油井和海工平台报废指南》等。除了国家层面的法律法规约束，欧美的大型公司也在积极寻求平台结构的循环利用方式，针对不同水深条件，其选择将立管或井架等结构部分或全部拆除，最终用作人工鱼礁，有效降低了平台报废过程中的环境风险。在平台拆解过程中，欧美公司通过制订合理的拆解计划，有序进行平台切割及废弃物处置工作，并将拆解后的废弃物进行合理分类，使90%以上的废弃物可通过改造转化为新的产品。对于不可循环利用的有害物质，拆船厂通过内部处理或是交给相应承包商的方式，进行专业处理和处置。例如油气处理中所产生的不溶性天然放射性物质（NORM），其通常残留于管路和阀门中，为此，英国于2014年颁布了《管理天然放射性物质国家策略》，在对其危害性进行分析和评估的基础上，运往专业的场所进行填埋和处理。

除环保要求，日益高涨的成本支出成为平台报废时所面临的重要挑战。据统计，北海的大型平台拆解费用从10年前的750万英镑上升至眼下的3000万英镑。随着市场的波动，关键人员成本的上升、供应链的通货膨胀等因素也都增加了平台报废成本的不确定。因此，在承接海工平台报废拆解项目前，欧美大型公司都会对作业水深、海况可能对平台报废拆解的影响、拆解技术要求、环保要求等因素进行综合评估，力求将风险降至最低。

我　国

机遇夹击风险　擦亮绿色拆解“名片”

据统计，到2045年，北海报废平台的拆解量将会超过470座，未来的市场需求十分广阔。回到国内，作为绿色拆船的践行者，中国拆船企业自然得到了不少国际船东和大型石油公司的青睐。当国内企业在废钢价格持续走低，库存压力难以释放的困境下，转战海工平台拆解市场或是一种新思路。但海洋钻井平台是典型的高技术、高附加值装备，其自身结构和配套设备与常规船舶存在差异，呈现出无自航能力、吃水较深、上部模块及设备系统复杂、吨位大等特点。因此，其上部模块的运输、拆解等过程对拆船厂所处海域水深、平台升降/侧滑能力、有害物质处理能力以及岸边处理能力提出了更高要求。目前，我国拆船企业在涉足海工平台拆解业务时，主要面临以下两个问题。

（1）成本压力。海工平台在拆船厂进行拆解前，需进行前期处理和运输工作，其中，工程管理、水下井架处理、平台运输等费用不断上涨，尤其是项目管理成本已由原先平台总体报废费用的8%上升至22%，海工平台的出售价格也随之水涨船高。同时，海工平台的拆解效益还和拆解物资的交易情况紧紧相连。一般，下游市场的销售商品紧俏，上游市场才能干劲十足、货源不断。但目前国内废钢价格仍处低位运行，并屡破“底线”，使拆船企业处于“高买低卖”的尴尬境地，加之对平台可拆解废钢总量以及相关设备的可用性缺乏经验和借鉴，使得企业在承接海工平台拆解业务时面临巨大的资金风险和压力。

（2）条件制约。对于作业于北海的海工平台来说，其上部模块的平均重量通常可达到4000吨，为保证拖运平台的半潜船等大型船舶能顺利通过，需要拆船厂所处海域或港口具备足够的吃水，同时为使拆解作业顺利开展，还应配套大型起重机械和设备，并保证码头和干船坞具有充足的空间。而这些前期要求都对我国拆船厂提出了严峻的挑战。

目前，我国能够承接海工平台拆解业务的企业还比较少。不过，拆船厂要想在时机成熟前就能快速抢占海工平台拆解市场，提升自身竞争优势，除打造深水港、升级大型吊装设备等硬件需求外，还应擦亮绿色拆解这张“名片”。结合海工平台拆解工序要求，首先要做好海洋的预清洗及溢油防护工作，同时借鉴欧美先进做法，对海工平台拆解产生的废弃物予以分级分类、有效处置。对于钢材、钛、不锈钢、铜镍永磁合金、镍合金、铜等物质，应进行回炉并加以利用；对于重金属矿、聚氯联苯（PCBs）液体等有害物质应通过预处理、填埋等方式进行专业处置，同时为拆解工人配备防护服、防护面罩以及专业的清洗场所；对于压缩机、注入泵、燃气涡轮、交流发电机等配套设备，应专卖给承包商加以改装利用。此外，还应进一步加强拆船企业、石油化工企业和海工配套设备生产企业的跨行业联动，逐步形成废物绿色循环利用产业链。

海工平台拆解市场虽然未来可期，但伴随着相应的风险，在国内拆船市场持续低迷的状况下，我国拆船企业应结合自身规模和经济实力，做好前期调研和风险分析工作，理性涉足海工平台拆解领域，同时应继续秉承绿色拆船的理念，注重技术积累与拆解方式的革新，为时机成熟时快速抢占海工平台拆解市场奠定基础。

业　界

完善法规标准　助力海工平台拆解

政策助力，强者“出击”。着眼于海工平台的绿色拆解要求，建议相关部门在环保等领域进一步完善配套法规及扶持政策，逐步制定海工平台绿色拆解的准入条件，加速淘汰落后产能，规范企业绿色拆解行为，同时健全完善的税收补贴和扶持政策，为提升优秀企业的市场竞争力提供保障。

技术进步，标准现行。目前与拆船相关的标准主要聚焦于常规船型的拆解，涉及自升式、半潜式海工平台的特点及绿色拆解要求尚存空白，为使我国在海工平台绿色拆解领域能“有章可循”，应采取产研协同参与的模式，在充分借鉴国外先进经验并广泛调研国内外绿色拆船现状的基础上，加紧制定配套支撑标准，为海工平台的绿色拆解提供技术支撑。

（作者：刘伟。《中国船舶报》2016 年 8 月 6 日第 5 版）

30%不解渴　或成画饼充饥

近日，财政部和国家税务总局联合发布《关于印发〈资源综合利用产品和劳务增值税优惠目录〉的通知》（财税〔2015〕78号）。该文件对列入目录的“综合利用的资源”，并符合“标准和相关条件”的纳税人销售自产的资源综合利用产品和提供资源综合利用劳务，可享受30%至100%的增值税即征即退的优惠政策。

对包括报废船舶在内的再生资源，文件规定了“技术标准和相关条件”，对符合标准和条件的“经冶炼提纯生产的金属及合金”“炼钢炉料”产品给予增值税即征即退30%。

此次退税政策是自2011年国家取消再生资源退税政策后的首个优惠政策，自今年7月1日起正式执行。

针对环节与对象有变

2008年年底，我国曾出台《关于再生资源增值税政策的通知》，规定对再生资源回收企业在2010年年底以前，实行两年内逐年递减的先征后返增值税优惠政策。即，2009年按70%的比例退回给纳税人，2010年则按50%的比例退回给纳税人。2011年1月1日起增值税优惠窗口关闭。

尽管此次优惠政策是“千呼万唤始出来”，与以往比，却在退税环节和对象上大有不同。此次退税环节主要针对再生资源的加工再利用。在对“炼钢炉料”的退税“技术标准和相关条件”上明确表明5项要求。照此，拆船企业或废钢加工企业应全部符合要求，才能享受到30%的退税。其中第四条“纳税人要符合工信部《废钢铁加工行业准入条件》的相关规定”，可能是拆船企业或废钢加工企业普遍关注的条件之一，也是能否享受即征即退政策比较纠结的“要件”。

山东玉玺炉料有限公司总经理宋延昭说：“2012年，工信部发布《废钢铁加工行业准入条件》和《废钢铁加工行业准入公告管理暂行办法》，我们之前有申请，所以被纳入其中。”据悉，截至目前，已有130家企业进入废钢铁加工行业准入之列。

不过，据一位不愿透露姓名的官员称，如果仔细审读“炼钢炉料”中“技术标准和相关条件”第四条与第五条，就会发现前者的“纳税人符合工业和信息化部《废钢铁加工行业准入条件》的相关规定”与后者的“炼钢炉料的销售对象应为符合工业和信息化部《钢铁行业规范条件》或《铸造行业准入条件》并公告的钢铁企业或铸造企业”，两者要求的文字表述上是有明显不同和区别的。

江苏长荣钢铁有限公司生产部副部长陶兴海说：“久旱逢甘露。尽管雨点小，但对于从事废钢加工的拆船行业来说，多少有点好处。”不过，这点甘露能否惠及拆船企业，还要取决于国内内需拉动情势和废钢价格的走势，如果废钢价格仍旧低迷下行，这个优惠政策将难以落地。

政策仍需市场检验

据了解，自2000年以来，我国钢产量增长了6倍，但主流钢厂废钢年消耗总量仅增长了3

倍，废钢比则下降了一半有余。2011 年，再生资源增值税优惠政策停止执行后，影响了钢厂在炼钢过程中加入废钢的积极性。也正是从 2011 年起，钢铁业废钢消耗总量下降，社会废钢采购量减少，钢铁企业建高炉用铁矿石替代废钢的情况增加。与此同时，一些违规企业逮到了“钻空子”的机会，扰乱了废钢市场秩序，使废钢行业的规范化、产品化、产业化发展遭遇重大阻碍。78 号文件的出台，将税收优惠的收益方变为拆解加工、利用企业，相比较再生资源回收环节，拆解利用环节有较高门槛，要求从业企业经营规范、环保达标且具备一定规模。因此，此次税收优惠意在有效引导再生资源向正规拆解利用企业流动，有助于我国建立正规合法的再生资源回收体系，助力行业良性发展。

陶兴海谈到，拆船企业提供的主要产品是废钢铁，此次政策的初衷是好的，但考虑到市场大环境的不景气，企业有可能享受不到政策的红利，这部分利益有可能被传递到其他环节。比如，符合条件的拆船厂完成报废船舶拆解加工的废钢，只能将其卖给同样符合条件并公示的钢厂或铸造厂，才能享受退税优惠，但是要是供需失衡，某一时间段钢厂不需要废钢原料的话，拆船厂的日子照样很难过。又如，30% 的退税优惠力度或许不及那些违规企业通过偷税漏税给予的价格诱惑强。这样一来，利益就可能被市场传导至其他环节。

陶兴海说：“为了企业效益，下一步我们将做成本测算。在努力争取退税优惠的同时，衡量好采购成本和销售收入之间的关系，最终看能否产生效益。”

期待良好的生态环境

在 7 月 20 日由七家行业协会共同召开的“2015 废钢铁行业大会”上，国家税务总局的官员特别强调，这项政策贯彻落实的关键是，需要大家共同培育再生资源政策实施的良好生态环境。他警告各相关纳税人或企业，不能再出现以往违反国家税收法规的各类问题。否则，一个好的政策，不但不能惠及再生资源行业的发展，反而会扰乱市场环境，影响税收秩序，滋生腐败现象，最终阻碍了再生资源行业的发展。

虽然这次再生资源增值税优惠幅度较以往的确有大幅度调整，就废钢铁而言下降幅度较大，然而当前废钢铁市场供过于求，价格持续低迷下行，因此，对符合条件的大多数企业来说，也许是杯水车薪，望梅止渴。但是，随着国家一系列稳增长措施的陆续到位，国内经济环境向好发展，废钢铁市场供求关系一旦发生逆转，这项政策会显现出支持再生资源行业发展的初衷。

中国拆船协会会长谢德华指出，这次国家在时隔四年后，再次给予再生资源行业增值税优惠政策实属不易，包括拆船业在内的再生资源行业应该珍惜并认真贯彻执行，尽管目前符合条件的拆船企业仅有 5 家。他认为，这项政策的实施以及良好生态环境的培育，政府部门需要加强监管，堵塞漏洞，严防寻租与腐败，打击乱收费、乱摊派现象；需要行业组织加强政策宣传，发挥协调与纽带作用，服务好政府与企业；需要企业自律与规范运作，更需要全社会的监督。

（《中国船舶报》记者赵芸报道，2015 年 7 月 24 日第 8 版）

禁止冲摊拆船　动了谁的“奶酪”？

2015 年 8 月 18 日，挪威船东协会（NSA）及其 CEO Sturla Henriksen 发表声明，称将反对“冲滩拆船”的行为。这标志着挪威成为全球首个倡导反对船东进行冲滩拆船活动的国家，也彰显了相关环保组织在禁止冲摊拆船行为中取得的突破与成果。针对 NSA 的声明，丹麦船东协会（DSA）和船舶回收的现金买家 Wirana 公司却另有发声。DSA 随即发表声明称：“船东应该根据每个拆船厂的标准，而不是仅仅基于地理或者回收方法去禁止任何一种特定的方法。我们建议 NSA 成员亲自参观冲滩拆船国家，特别是由日本船级社（ClassNK）规划下的拆船厂。”而 Wirana 公司在对 DSA 的声明表示认可的同时指出：“国际海事组织（IMO）的《2009 年香港国际安全与无害环境拆船公约》（《香港公约》）并没有发表禁止冲滩拆船声明。我们希望 NSA 对这一悖论能给一个满意的答复。”

对此，中国拆船协会会长谢德华表示，安全环保拆解是未来全球拆船业发展的主线，没有谁可以为了一己之利而破坏人类长久生存的环境。在利益驱动、地缘政治影响、全球经济增长乏力、区域经济发展不平衡等因素的影响下，要实现对 500 总吨以上船舶的完全禁止冲摊拆解行为，仍是一条艰难、漫长却又笃定的道路。

一石激起千层浪，一方积极倡导绿色拆船，一方以批准和遵守《香港公约》为最终准则为冲滩拆船行为做辩解。这场多方辩论背后折射的是船东、拆船厂及利益相关方的博弈。而冲滩拆船的“生命终止期”似乎也远未到来。

船　东

废船价格动摇环保“红线”

近年来，国际上对安全环保的要求不断提升，IMO 通过修订 MARPOL 公约（即国际防止船舶造成污染公约）强制实施涉及废弃物排放、污染物防治的相关要求，在碳氧化物（COx）、氮氧化物（NOx）、硫氧化物（SOx）排放方面，瑞典、荷兰、芬兰等欧洲国家制定了严格的区域性法规，一些国家甚至规定了“排放 NOx 和 SOx 越多，缴纳入港税或航道税越高”的政策，旨在有效控制废气排放。在日趋严格的环保要求外，船舶的运营成本进一步水涨船高，老旧船舶在营运阶段的绿色投入已是“不菲”，而选择绿色拆解又意味着船东要在设施投入、人员成本上“花重金”。近几年，南亚、中国和欧洲之间的废船价格相差在 100～150 美元/轻吨，南亚与中国废船每轻吨价差有时甚至超过 150 美元。在缺乏强制性法律约束的情况下，印度、孟加拉等南亚国家高价买船的诱惑，使运营极度困难的船东纷纷“缴械”，将待报废船舶送至印度、孟加拉国等国家进行冲摊拆解。

近来，中国船舶工业综合技术经济研究院开展了《绿色拆船关键标准研究》项目，对国外拆船行业现状进行了深入研究。相关研究报告认为，通过加强航运、拆船、船检的三方合作，研究制定针对不同船型的“标准化”绿色拆解价格，能在一定程度上有效控制购买报废船舶的价格差距。不过，要想真正阻断废船流向非环保拆解的通道，加强对航运业法律法规的顶层设计，探索建立银行信贷与报废船舶绿色拆解的鼓励与制约机制，或许是打通绿色拆船经络的一方“良药”。

南　亚

自圆其说的“绿色”

在外界对印度、孟加拉等国冲摊拆船行为多有指责的声音面前，DSA、Wirana 公司却选择为其辩护，强调“实地走访中所看到的印度 Alang 拆船厂的作业行为与《香港公约》的符合性”。但其实，护“犊”心切下是一连串的利益瓜葛。据内情人士透露，近几年，一些国际上有一定影响力的船级社基于多种因素的考量，对南亚个别国家采取冲滩方式的相关拆船厂颁发符合《香港公约》要求的证明，有的甚至还组织进行了所谓 ISO 30000 认证活动。据了解，目前国际标准组织还没有批准任何一家具备 ISO 30000 认证的机构。这些证明或认证活动，极易误导船东，也成为无视环保拆船、追逐废船利益的船东和船经纪（现金买家）的借口。

此外，对于 DSA 提到的印度 Alang 拆船厂，有专家指出，声明中所谓的“符合性”也只是“挂羊头卖狗肉”。据了解，参观 Alang 的团体首先需要获得特别许可，被准许进入后，只会看到 Alang 预先安排的场景。“即便在场代表团看到一个符合绿色要求的拆船厂，但你只是在一个荒凉村庄偶遇了一面刷了‘绿漆的墙’。”一位匿名人士透露道。事实上，这里的工人一直饱受冲摊拆船所带来的折磨。目前，当油船、散货船等待拆解船舶到达印度、孟加拉国为代表的南亚国家后，通常被直接搁浅于海滩。由于缺乏大型起重设备，数百名非技术工人使用简单的工具进行整体切割作业，且全作业过程缺乏防护面罩，直接暴露在有毒烟雾之中，人身安全、健康处于巨大的风险之中。据统计，在过去 20 年，Alang 拆船厂约有 470 人在拆船事故中丧生。

受制于国内钢铁行业发展需求、经济社会发展不平衡以及人员就业的多重压力，印度、孟加拉国等南亚国家短期内难以告别冲摊拆船。但安全、环保是国际海事界的大势所趋，国际社会应对此加强关注，加快立法、完善相关政策，让拆船业在同一“绿色”起点上向前迈进。

中　国

社会效益与经济效益的尴尬

自 20 世纪 90 年代开始，我国便积极倡导绿色拆船，之后，中国政府明确反对冲滩拆船，拆船企业也在环保拆解方面不断努力。2002 年 2 月，中国国家环境保护总局和荷兰王国住房、规划和环境部共同签署《环境合作谅解备忘录》，双方在“大型船舶清洁拆除”领域开展合作。同年 7 月，为落实两国《环境合作谅解备忘录》，荷兰铁行渣华船务公司的废船由中国拆船厂进行绿色拆解，取得良好的效果。2005 年，丹麦马士基收购铁行渣华后，这一绿色拆解的合作也成了马士基的最优选择。

不过，即便如此，国内拆船厂还是面临经济效益与社会效益失衡的问题。谢德华认为，我国拆船厂既承担着对废船安全环保拆解的社会责任，也承担着确保企业生产经营活动正常运行、资产保值增值的经济责任。绿色拆船势必加大企业安全环保设施的投入。目前在国内建设一个符合安全环保条件的中型拆船厂的前期硬件设施投入就需要上亿元，甚至更多的资金。而我国废船交易完全是商业或市场行为，极少有拆船补贴和税收优惠。自 2011 年以来，国内拆船过程的各项费用、人工与财务成本不断增加，再加上下游废钢市场供需逆转，价格狂跌，直接导致拆船厂拆解废船数量不少，亏损不断，甚至是拆得越多，亏得越多。国内某家拆船厂负责人形象地说：“看到一艘艘废船被环保拆解，自豪和喜悦瞬间被生产经营步履维艰和囊中羞涩感冲刷得一干二净。”这怎能不严重挫伤拆船厂为国家回收废资源、绿色拆船的积极性？据悉，同样是环保拆解，比利时根特的 Galloo 拆船厂就轻松很多。他们只有约 30 名工作人员。废船多是船主付费（或补贴）委托环保拆解，且少有工期要求。

谢德华认为，在我国废船资源（如废船板、机电设备等）的再利用、再制造领域还缺少技术标准规范和政策研究，这些废船资源基本作为废旧金属材料直接回炉处理，从某种意义上说也是另一种形式的资源浪费。他说，希望有关部门和专业机构关注废船再制造、再利用问题，给予政策引导、资金扶持、项目研究和切实措施，提升废船上符合一定技术标准规范的相关资源的再利用附加值，从末端增效，促使拆船厂实现社会效益和经济效益的基本统一。此外，国家建设生态文明、发展循环经济，给予包括拆船业在内的循环经济产业等各项政策，也应尽早落地。

国　际

“走出去”的希冀

2015 年 5 月，国务院发布了《关于推进国际产能和装备制造合作的指导意见》，确定钢铁、建材、铁路、电力等 12 个重点行业，明确中国推动国际产能合作的主要目标。国家发展和改革委员会主任徐绍史说：“过剩产能不是落后产能，是符合技术规范和环保标准的先进产能。这些富余产能要走出去进行国际产能和装备合作，更好地满足外需，顺应国际产业发展分工潮流。”

结合拆船行业，随着中国经济进入“新常态”，发展速度放缓，国内拆船产能也存在一个过剩问题。谢德华认为，拆船企业可以选择或创造有利时机“走出去”，凭借自身较好的拆解技术、装备和服务，参与国际绿色拆船市场竞争，进而承担起推进全球绿色拆船的责任。

“产品输出 + 能力培植”，这是国内拆船企业下一步的思考路径。绿色环保拆解技术日新月异、性价比高，它可以帮助合作国建立起可持续发展的拆解体系，继而推动自主创新体系。这样，通过国际产能合作能在一定程度上擦亮中国绿色拆船的名片。

（《中国船舶报》特约通讯员刘伟、记者赵芸报道，2015 年第 70 期第 4 版）

废钢价格——拆船企业难以回避的痛

除了清理有害物质以保护环境外，拆船还能将拆解物资进一步循环再利用。据了解，废钢和废有色金属占老旧船舶拆解物资的95%以上，这些废旧金属材料将最终流向冶炼企业。

近几年，随着我国经济增长速度不断放缓，一些行业的主要经济指标甚至出现了负增长。特别是大宗商品价格回升乏力，国内钢材市场价格一路狂跌，至今已回到20世纪90年代末的价格水平。大量统计数据和多种市场迹象都反映了全球绝大多数地区需求疲软和产能过剩。钢铁及其相关行业的低迷现象相当突出，国内钢铁冶炼企业一片悲凉。

钢铁产能过剩和钢铁企业亏损，直接导致废钢供求关系逆转，需求低迷，价格也随之一路下跌，从2012年的每吨3000多元下降到今天的每吨1000多元。目前，来自靖江一家拆船企业的负责人在谈及企业现状时长叹了一口气："我们基本上把前些年的家底都赔进去了。"

废钢价格，已经成为过去几年拆船企业无法回避的痛，也是当今一些企业决断进退的最后一根稻草。至于是用来救命的还是压垮的，只有时间能给出答案。

差价巨大

"中国与南亚次大陆的拆船企业目前在市场上几乎不存在竞争关系。"上海某船经纪公司负责人表示。

目前，国内拆船企业购船价格基本保持在150～160美元/轻吨的水平。相比之下，目前包括印度、孟加拉国、巴基斯坦等南亚次大陆的国家，购买能力为310～320美元/轻吨。

单就一艘船的价格而言，船东便面临上千万美元差价的诱惑，这使得国内拆船企业处于比较被动的境地。而另一数据也侧面显示了国内拆船企业在国际竞争上的弱势。据中国拆船协会统计，继去年后，2015年上半年，会员拆船企业成交国内废船量再次超过了进口废船量，约占总成交量的54%。

国内拆船企业一方面无船价竞争力，另一方面普遍陷入越拆越亏的泥淖。未来两年，国内将有上百艘废钢船需要拆解，但从市场供求状况看，目前国内钢材市场依旧供大于求，供求关系难有实质性改善。在钢铁生产方面，前期产量放缓下降，后期产量趋于回升。在钢铁库存方面，钢厂存货越来越多，"蓄水池"作用越来越小。从下游需求看，制造业增加值增速放缓，产量下降。其中，船舶、航天和其他运输设备制造业增加值增长5.1%。由此可见，废钢价格的滑坡走势恐成拆船企业日子难熬的重要因素。

目前在中国拆解的船舶，多数是国内航运企业享受拆船补贴政策的五星红旗船舶。该补贴政策将延长至2017年。业内人士普遍认为，这源于国内几大主要航运公司的共同诉求。尽管如此，对于拆船企业来说，其中没有什么实惠可言。

消化不佳

经济逐步走上快车道的印度，目前拥有近8000万吨钢铁产能，居于世界第4位，经济上行给本地钢铁乃至相关行业带来了巨大的发展空间。

进入“新常态”的中国经济，显然已经无法消化高歌猛进的中国钢铁产能了。有专家提出，上产能容易，去产能难，未来要正视中国钢价的走势。My Steel 高级分析师魏迎松认为，即便 2015 年被视为中国钢铁行业去产能的元年，今年中国仍将增加近 5000 万吨产能。

供应只增不减，国内钢铁需求却在下滑。魏迎松透露，在钢铁消费大户如房地产、机械、汽车等行业，均出现了不同程度的需求趋缓和减少。2015 年 1—7 月，中国钢铁的实际消费量下降了 4 个百分点。供大于需，导致钢铁价格难见起色，而这也连锁影响到了废钢价格。同时，从上游供应情况看，中国海关 9 月统计数据显示，铁矿石进口数量环比大增 16.2%，达到 8612 万吨，刷新了 7 月创下的 8610 万吨的年内纪录。今年三季度，铁矿石进口量都维持在高位，这也使国内废钢市场前景更添愁云。

出于对中国钢铁产能过剩现状的判断，魏迎松表示，至少到今年年底，中国的钢铁价格上升空间十分有限。虽然，国家出台了相关政策，希望通过兼并重组的方式，尽快收缩国内的钢铁产能，但我国钢铁行业的集中度很低，去产能化的过程将非常漫长。据了解，发达国家经历了漫长的去产能时期，欧洲在 20 世纪 80 年代将钢材产能从 3.4 亿吨下降到 2.8 亿吨，降低了 16%；美国花了 7 年时间使粗钢生产能力降了 25%。“今年我国钢铁的产能增速已经趋缓，我认为中国至少需要 3～5 年的时间。”魏迎松说，“这就意味着中国钢铁的寒冬还有一段时间，政策和市场的配合效果有待时间检验。”

迈出国门

“出口是这两年中国钢铁行业最大的亮点。”魏迎松介绍，2014 年以来，中国钢铁出口量增势明显，今年粗钢出口量有望突破 1 亿吨，仅排在房地产和机械行业之后，成为中国钢铁消费的主力军。

目前，中国出口印度、巴基斯坦和孟加拉的钢铁分别占总出口量的4%、2%和1%左右。这在一定程度上遏制了一些南亚国家钢铁、废钢价格的高企，无疑会给南亚次大陆市场带来微妙的变化。

实际上，今年年初以来，南亚次大陆的旧船购买价格已经经历了不小的波动。从年初的 420 美元/轻吨陡降至 280 美元/轻吨，然后又恢复到目前的 320 美元/轻吨左右。业内人士分析，这与今年上半年一些南亚国家在季风前夕集中接船有关。但不可否认，中国钢材的出口对这些国家拆船行业的影响是客观存在的。

当然，加大钢材出口量对于减轻国内市场资源供应压力，维护供求关系平衡具有重要意义。然而，随着我国钢材出口量的快速增长和国际经济形势的发展变化，一方面，我国钢材出口受到“反倾销”“反补贴”的干扰影响；另一方面，人民币贬值趋势以及汇率波动，使得钢铁企业出口接单的价格竞争变得更加激烈。

随着中国“一带一路”政策的进一步推进，亚洲基础设施投资银行即将正式运行，“一带一路”沿线发展中国家的基础设施建设需求将成为潜力巨大的市场，并将有望带动中国钢铁产业结构的调整。未来，我国钢铁走出国门的强劲势头还将延续。

从长远来看，钢铁和废钢价格的企稳回升令人期待，而留给国内拆船企业更多的也许是不懈的坚持和对绿色的坚守。

（《中国船舶报》记者李俨儿报道，2015 年 9 月 28 日第 4 版）

新要求抢滩登陆 旧标准亟待修订

今年上半年，国际海事组织（IMO）通过了《2015 年有害物质清单编制指南》（以下简称新指南），对有害物质清单中有害物质的阈值、放射性物质的标示等内容提出了新的要求。作为我国推荐性国家标准，《船舶与海上技术 拆船管理体系 造船和船舶营运环节中有害物质的信息管理》（以下简称《信息管理》）曾引用《2011 年有害物质清单编制指南》关于有害物质所含项目、材料声明、有害物质清单标准格式等相关要求，对有害物质进行有效管理、交流和维护。因此，在有害物质阈值、免除、新物质标示等技术内容出现变化的情况下，建议对《信息管理》作如下修订，正确指导我国拆船厂安全作业，有效处理有害物质，防止环境污染。

1. 有害物质阈值

新指南中石棉的阈值从无明确要求调整到了 0.1%。在香港公约生效后的 5 年内，可以适用 1% 的阈值。这也与香港公约发布后，中国船级社发布的通函要求以及我国业界所遵循的标准相一致。对于多氯联苯（PCBs）和多氯化联萘（超过 3 个氯原子），新指南将其阈值也从之前的无明确要求调整到了 50 毫克/千克，且禁止所有新造船舶中安装含有多氯联苯的材料，该阈值水平也与巴塞尔公约的相关要求一致。因此，需对《信息管理》中有害物质清单第一部分及对应的材料声明进行修订，建议修订内容见表 1 和表 2。

2. 免除

新指南引入了“免除”这一概念，强调在使用量超过阈值的情况下，免除的物质也无须记录在有害物质清单中。其中，两类物质可以得到免除：一般结构（船体、上层建筑、管系等）建造材料所含有的物质（见表 2）；印刷电路板。此外，新指南将“潜在含有有害物质的常规消耗品”中日用生活器具一栏拆分为电气和电子设备、照明设备两类，同时增加了非船舶专用家具、室内装饰及类似设备这一栏。

3. 松动安装的船上设备

新指南引入了新的“固定安装”和“松动安装”的概念。其中，固定安装指设备或材料被牢固地安装在船上；松动安装是指用非固定安装的方式存在于船上的设备，如灭火器、救生圈、电池等，其不需要记录在有害材料清单的第Ⅲ部分。

4. 放射源的标示

放射源是指放射性物质被永久封装在容器中或以固体形式存在用于产生射线（不产生放射性残留废物和污染）。所有的放射源都需要在材料声明和有害物质清单中列明。因此，在《信息管理》附录中应增加相应内容。

表 1 要求列出的物质

编号	材料	清单			阈值水平（旧要求）	阈值水平（新要求）
		第Ⅰ部分	第Ⅱ部分	第Ⅲ部分		
A-1	石棉	×			无阈值水平	0.1%

续 表

编号	材料		清单			阈值水平（旧要求）	阈值水平（新要求）
			第Ⅰ部分	第Ⅱ部分	第Ⅲ部分		
A-2	多氯联苯（PCB）		×			无阈值水平	50mg/kg
A-3	消耗臭氧物质	CFCs	×			无阈值水平	无阈值水平
		卤素灭火剂	×				
		其他完全卤化的 CFC	×	□	□	□	□
		四氯化碳	×	□	□	□	□
		1，1，1-三氯乙烷（甲基氯仿）	×	□	□	□	□
		氢化氯氟烃	×	□	□	□	□
		氢化溴氟烃	×	□	□	□	□
		甲基溴	×	□	□	□	□
		溴氯甲烷	×	□	□	□	□
A-4	含有机锡化合物作为杀生物剂的防污底系统		×			2500mg 锡总量/kg	2500mg 锡总量/kg

表 2　　尽实际可行列出的物质

编号	材料	清单			阈值水平（旧要求）	阈值水平（新要求）
		第Ⅰ部分	第Ⅱ部分	第Ⅲ部分		
B-1	镉和镉化合物	×			100mg/kg	100mg/kg
B-2	六价铬和六价铬化合物	×			1g/kg	1g/kg
B-3	铅和铅化合物	×			1g/kg	1g/kg
B-4	汞和汞化合物	×			1g/kg	1g/kg
B-5	多溴化联（二）苯（PBBs）	×			1g/kg	50mg/kg
B-6	多溴二苯醚（PBDEs）	×			1g/kg	1g/kg
B-7	多氯化联萘（超过 3 个氯原子）	×			无阈值水平	50mg/kg
B-8	放射性物质	×			无阈值水平	无阈值水平
B-9	某些短链氯化石蜡（烷类、C10-C13、氯基）	×			10g/kg	1%

（《中国船舶报》特约通讯员刘伟，2015 年 10 月 28 日第 4 版）

重绿色对话　抓拆船机遇

自2011年年底开始，中国拆船业经历了最困难的几年。国内拆船价格从2012年的460美元/长吨跌到了现在的145美元/长吨，这一巨大的下滑差价使几乎所有的拆船厂在最近3年里亏损严重，经营困难。

今年12月16日，波罗的海干散货指数（BDI）跌至471点，创下2008年以来新低，未来或许还有继续下探的空间。BDI指数的暴跌带来了整个国际航运市场的持续走低，大多数船东都在承受着巨大的压力。而在此期间，印度、孟加拉国及巴基斯坦组成的南亚次大陆拆船市场不断壮大，在世界拆船业中所占的比例越来越大，已经超过中国成为老旧船舶的主要目的地。

中国拆船厂推崇绿色拆船，但目前拆船价格一路猛跌，意味着企业致力于以最高环保及安全标准帮助船东淘汰老旧船舶，将面临最为严峻的挑战。更为严峻的是，原本有意选择中国拆船厂的船东，基于价格差异以及自身面临的低迷航运市场的考虑，往往转而选择把废船送往印度、孟加拉国和巴基斯坦等地进行冲滩拆解，以缓冲经营压力。

2009年5月，《香港国际安全与无害环境拆船公约》（以下简称《香港公约》）的通过，引发了整个国际社会对全球拆船业发展中的诸多问题的关注。在南亚次大陆一些国家，拆船厂内时常出现的安全事故以及工人的工作环境都饱受外界的批评与质疑。此后，越来越多的媒体、非政府组织等，通过各种形式向这些拆船国家的当地政府施加压力，敦促其改善拆船设施条件和工人的工作环境，敦促他们尽早消除安全隐患，提高环保标准。同时，船东，尤其是欧洲的船东受到来自社会、媒体、股东等各方面的压力，促使其选择安全环保的绿色拆船。

但由于《香港公约》的生效条件十分苛刻，加上各种政治、经济利益的驱动，致使《香港公约》的出台没有得到应有的支持或是积极的响应，对其的批准认可亦遥遥无期。另外，由于《香港公约》没有把“禁止冲滩拆船”写入其中，许多相关方对《香港公约》的不同解读、争论已经成为当时各种会议、论坛等场合的主要议题。

令人欣喜的是，2013年12月30日，欧盟正式通过了《欧盟拆船新法案》（以下简称《新法案》）。基于《香港公约》的要求，欧盟拆船新法案以更加严格、更加具体的条例，对欧盟成员国的船舶以及进入欧洲港口的船舶提出了更高的要求。特别是《新法案》拓宽了拆解欧盟船旗废船的区域，使得经济合作与发展组织国家以外的拆船厂，只要符合《新法案》的安全环保条件，经过审核认证后便可列入欧盟拆船厂清单。这为推崇绿色拆船的中国拆船厂带来了巨大的机遇。据了解，目前欧盟委员会正在组织制定欧盟拆船厂清单申请指南。

今年年初以来，国际油价的持续崩跌给国际各石油公司及钻井公司带来巨大挑战，这似乎给中国的拆船厂带来了一丝生机。目前，国际有上一大批海上钻井平台处于老龄化、急需淘汰的阶段。美国咨询公司AlixPartners在近期发布的报告中称，一些海工船东正面临着破产风险。据悉，目前挪威海工船东已经闲置了约30%的平台。暴跌的国际油价，使得大多数石油公司暂缓甚至取消其接下来的石油钻探计划，钻井平台的市场出现了前所未有的供过于求现象，大量的钻井平台不得不被闲置，而其巨额的维护成本使得钻井平台的船东不得不考虑进行报废处理。

基于钻井平台具有吃水深、高度高、拆解工艺复杂、需要大型的拆解设备等自身特点，其拆解水域自然环境条件、设施设备以及工艺要求比较高，而中国的拆船厂拆解技术、安全环保能力完全堪当大任。近一年多来，中国一些拆船厂承接了大量钻井平台的拆解订单，其安全环保拆除钻井平台的能力获得了船东的认可，成为船东的最佳选择。应该看到，在钻井平台拆解领域，相关企业，尤其是石油行业的船东肩负着更为重大的社会责任。因为，确保拆解要求达到环保标准是船东选择船厂的首要条件，其次才是盈利。

受企业社会责任感的驱使，环保拆船要求新规陆续推出，再加上诸多环保人士施加舆论压力，使得越来越多的国际船东感受到绿色拆船的必要性。2014 年，德国赫伯罗特航运公司宣布不再把老旧船舶送往南亚拆船国家拆解，而要转向与中国拆船厂合作；2015 年 8 月 18 日，挪威船东协会发表声明反对“冲滩拆船”的行为；诸如礼诺、格利戈航运、威尔森和壳牌等重视绿色环保的船东，都坚定不移地选择了中国拆船厂。

未来，绿色拆船必将是大势所趋，而面对海工板块的拆解需求，各地拆船企业也应紧跟时代步伐，为了社会的长远发展而积极进行绿色拆解。

（作者：挪威 Grieg Green 公司高文岩。《中国船舶报》2015 年第 93 期第 5 版）

第五篇
中国拆船协会历届会员大会

1991 年 3 月 29 日，中华人民共和国物资部以物函体字〔1991〕64 号文件批复同意成立中国拆船协会。同年 8 月 31 日，中华人民共和国民政部以社证字第 0578 号文，准予中国拆船协会注册登记。

1991 年 12 月 28 日，中国拆船协会成立大会在北京召开。中国拆船协会作为国内拆船业的全国性、行业性社会团体，在国家有关部门的领导下，社会各界的关心支持下，以及全行业广大职工的勤奋努力下，以为企业、行业服务，为政府部门服务，为国内经济建设和地区经济发展服务为宗旨，以帮助企业、行业发展绿色拆船和循环经济，开拓国内外市场为中心任务，加强国际交流与合作，推进定点拆解，引导拆船业向统一规划、合理布局、上规模上水平方向迈进，推动拆船业可持续稳定、协调健康发展，至今已经走过近 25 年的光辉历程。

年鉴编撰组认为，在首部记录 2011 年至 2015 年拆船业发展历程的年鉴中，有必要追溯并记录中国拆船协会历届会员大会及理事会工作的概要情况。因此，本年鉴对历届会员大会和 1991 年至 2010 年的主要工作情况，以图片或简要文字的形式予以回顾，以飨读者。

历届会员大会概况

第一届会员大会

（中国拆船协会成立大会，1991.12—1997.9）

【第一届协会理事会负责人名单】

会长：康广智

常务副会长：吴修文

副会长：许俊功　于振远　张定贵　周　俊

秘书长：吴修文（兼）

常务理事名单：

许俊功　严鹤鸣　吴修文　张定贵　张志强　周　俊　胡明增　姜学思　康广智　薛海龙

1991 年 12 月，中国拆船协会在北京召开成立大会

第二届会员大会

（1997. 9—2006. 10）

【第二届协会理事会负责人名单】

会长：严鹤鸣

常务副会长：姜学思

副会长：张元荣　侯本阳　陈锡才　张德华（2005 年 3 月起离职）
　　　　谢德华（2005 年 3 月起任职）

秘书长：姜学思（兼）
　　　　黄兆立（1999 年起任职）

常务理事名单：

王俊泽　吕成高　严鹤鸣　沈永才　沈新生　迟凤武　张元荣
张德华　陈双喜　陈锡才　侯本阳　姜学思　翁文戈　梁焯权
靳善仁　谭　洋　潘鸿兴

1997 年 9 月，中国拆船协会第二届会员大会在北京召开

第三届会员大会

（2006. 10—2011. 11）

【第三届协会理事会负责人名单】

会长：严鹤鸣

常务副会长：谢德华

副会长：刘雷云　李洪卫　陈灿郎　何卫国　张先平　周　林　姜学思　骆　浩
　　　　翁文戈　梁焯权　谭　洋

会长助理：黄兆立

秘书长：谢德华（兼）

理事名单（不设常务理事）：

尤长荣　邓礼洋　邓北绪　孙季平　王敏昌　马忠林　江成华
刘长安　刘丛生　刘雷云　李洪卫　陈灿郎　杨桂旺　何卫国
张　健　张先平　张金河　严鹤鸣　汪齐虎　邱树歆　辛立成
周景明　姜学思　姚网根　骆　浩　钱锦泉　翁文戈　梁焯权
谢德华　周　林　谭　洋

【注】

1. 2010 年 1 月，经协会三届六次理事会议决定，同意增补尤长荣、刘丛生为副会长。

2. 2011 年 1 月，经协会三届七次理事会议决定，同意张雄文、刘喜武为理事、副会长。何卫国、周林不再担任理事、副会长。

2006 年 10 月，中国拆船协会第三届会员大会在云南丽江召开

第四届会员大会

（2011.11 至今）

【第四届协会理事会负责人名单】

会长：谢德华

专职副会长：黄兆立　吴　军

副会长：王照虎　尤长荣　刘丛生　刘喜武　李洪卫　张先平　张雄文　陈灿郎　陈锡才　翁文戈　梁焯权　谭　洋　潘　霞

秘书长：吴军（兼）

理事名单（不设常务理事）：

陈灿郎　陈光华　陈锡才　邓北绪　黄兆立　江成华　江　战

刘长安　刘丛生　刘喜武　李洪卫　梁焯权　廖兆文　林育权

吕绍辉　马忠林　潘　霞　钱锦泉　邱树歆　任　迪　孙季平

谭　洋　汪齐虎　王华杰　王敏昌　王照虎　翁文戈　吴　军

谢德华　辛立成　杨桂旺　姚网根　叶　逸　尤长荣　张先平

张雄文　周景明

【注】

1. 2013 年 11 月，经协会四届三次理事会议决定，同意汪齐虎、辛立成不再担任理事；同意张润生为理事。

2. 2015 年 1 月，经协会四届四次理事会议决定，同意张雄文、张先平、吕绍辉不再担任理事；张雄文、张先平不再担任副会长。增补孙德林为理事。

2011 年 11 月，中国拆船协会第四届会员大会在北京召开

中国拆船协会会标简介

中国拆船协会会标（LOGO）选自中国拆船协会英文缩写 CNSA（China National Shiprecycling Association）。

会标由 CNSA 组合成船舶图案，象征作为船舶产业链之一的拆船业。会标以波浪构图，意寓中国拆船业乘风破浪，不断前行。会标采用绿色，象征绿色拆船。

2002 年 2 月，中国拆船协会向国家工商行政管理总局商标局申请，2003 年 5 月，获准注册商标。该商标续展注册有效期至 2023 年 5 月。

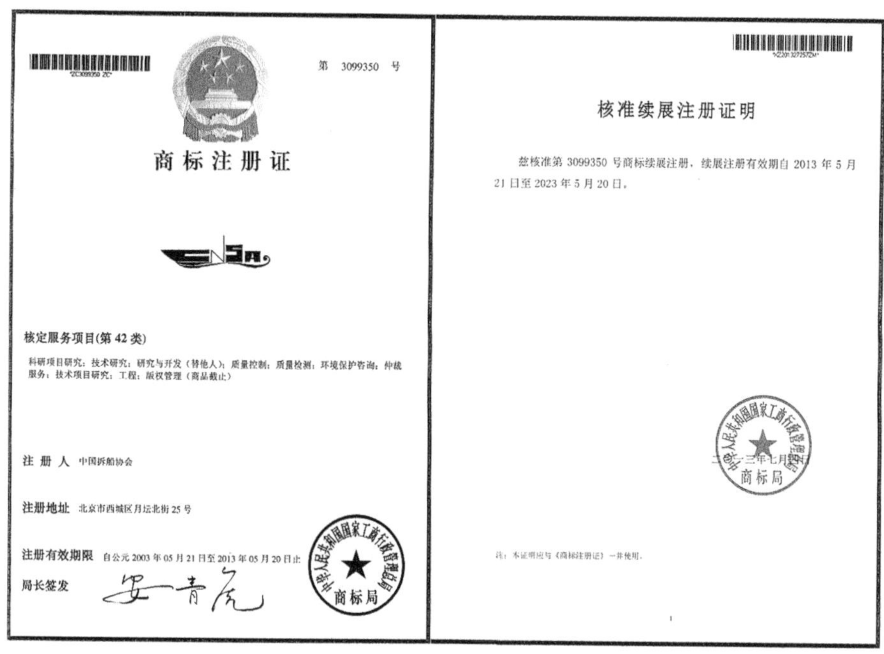

第 3099350 号

商标注册证

核定服务项目(第 42 类)

科研项目研究；技术研究；研究与开发（替他人）；质量控制；质量检测；环境保护咨询；仲裁服务；技术项目研究；工程；版权管理（商品截止）

注 册 人　中国拆船协会

注册地址　北京市西城区月坛北街 25 号

注册有效期限　自公元 2003 年 05 月 21 日至 2013 年 05 月 20 日止

局长签发　安青虎

中华人民共和国国家工商行政管理总局 商标局

核准续展注册证明

兹核准第 3099350 号商标续展注册，续展注册有效期自 2013 年 5 月 21 日至 2023 年 5 月 20 日。

中华人民共和国国家工商行政管理总局 商标局

注：本证明应与《商标注册证》一并使用。

1991—2010 年中国拆船协会主要工作情况简要回顾

拆船业的税收优惠政策

我国拆船业作为一个行业，真正得以发展始于 20 世纪 80 年代。1982 年，国务院领导决定发展国内拆船业后，于 1983 年成立拆船领导小组。为扶持拆船业，国家对拆船业实行了“免征废船进口关税、工商税、国家垫付外汇及配套人民币、拆船企业享受垫款的 6 至 10 个月贴息、用平价汇率以人民币归还船款”等一系列优惠政策。极大地调动了拆船企业的积极性。

为解决 1994 年国家税制改革后，拆船企业面临发展困境，国务院决定自 1998 年 1 月 1 日起，国家给予拆船企业废船进口环节增值税（17%）先征后返政策。该政策先后一直延续至 2005 年 12 月 31 日。

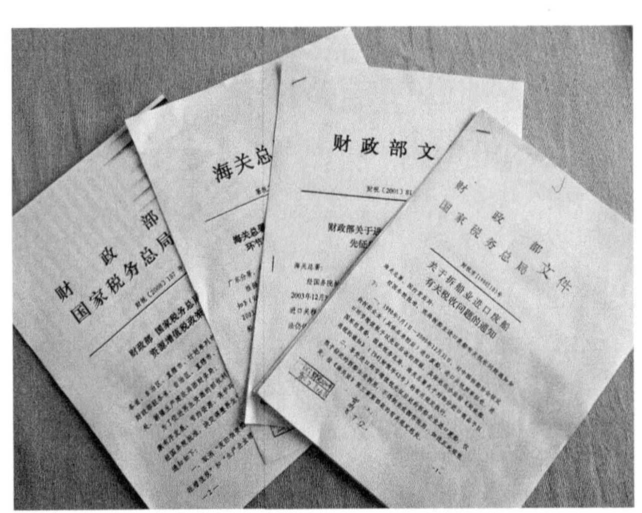

拆船业优惠政策文件（部分）

2006 年 1 月 1 日—2008 年 12 月 31 日，国家适当调整了税优政策，给予拆船企业在规定的进口废船限额数量内，实行废船进口环节增值税先按 17% 征收，再按 8% 返还的政策。

2009 年 1 月 1 日—2010 年 12 月 31 日，国家再次调整拆船业税优政策。决定给予符合条件的增值税一般纳税人销售再生资源缴纳的增值税实行先征后退政策。退税比例分别为，2009 年按 70% 比例，2010 年按 50% 比例，退回给纳税人。

《绿色拆船通用规范》与绿色拆船企业评定

中国拆船协会自成立以来，积极倡导绿色拆船理念，引导拆船业不断加大安全环保投入，创新船舶拆解工艺、技术和设施设备，各种有害物质的有效处理日趋规范。为此，协会组织专家学者和业内专业人士，编制绿色拆船行业标准。

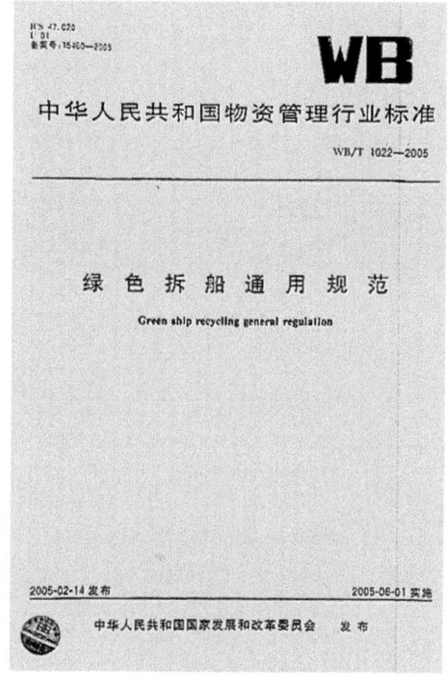

《绿色拆船通用规范》

绿色拆船企业牌匾

2005 年 6 月 1 日，由中国拆船协会组织制定的《绿色拆船通用规范》，由国家发展和改革委员会以 WB/T 1022－2005 批准发布，并正式实施。

中国拆船协会根据商务部等八部委《关于规范发展拆船业的若干意见》文件精神和《绿色拆船通用规范》行业标准要求，自 2010 年开始组织“绿色拆船企业”评定工作。截至 2015 年年底，共有 15 家企业被评定为相应等次的“绿色拆船企业”称号。

中国政府与荷兰政府联合开展安全环保拆船

2002 年 2 月 13 日，国家环境保护总局和荷兰王国住房、规划和环境部签署《环境合作谅解备忘录》。双方愿意在十余个优先领域开展合作，其中包括“大型船舶清洁拆除”。

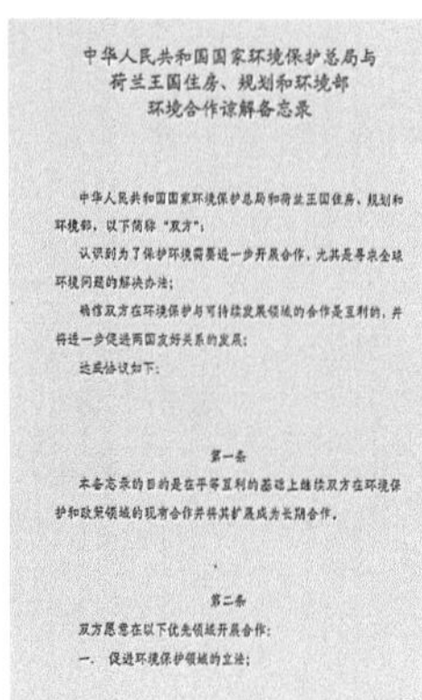

中华人民共和国国家环境保护总局与
荷兰王国住房、规划和环境部
环境合作谅解备忘录

中华人民共和国国家环境保护总局和荷兰王国住房、规划和环境部，以下简称“双方”：

认识到为了保护环境需要进一步开展合作，尤其是寻求全球环境问题的解决办法；

确信双方在环境保护与可持续发展领域的合作是互利的，并将进一步促进两国友好关系的发展；

达成协议如下：

第一条

本备忘录的目的是在平等互利的基础上继续双方在环境保护和政策领域的现有合作并将其扩展成为长期合作。

第二条

双方愿意在以下优先领域开展合作：

一、促进环境保护领域的立法；

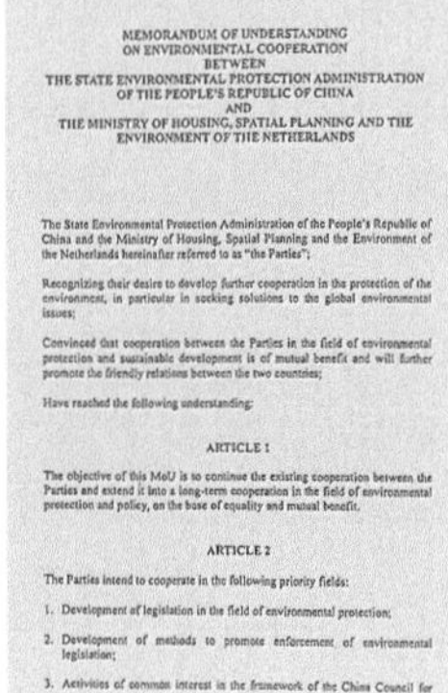

MEMORANDUM OF UNDERSTANDING
ON ENVIRONMENTAL COOPERATION
BETWEEN
THE STATE ENVIRONMENTAL PROTECTION ADMINISTRATION
OF THE PEOPLE'S REPUBLIC OF CHINA
AND
THE MINISTRY OF HOUSING, SPATIAL PLANNING AND THE
ENVIRONMENT OF THE NETHERLANDS

The State Environmental Protection Administration of the People's Republic of China and the Ministry of Housing, Spatial Planning and the Environment of the Netherlands hereinafter referred to as "the Parties";

Recognizing their desire to develop further cooperation in the protection of the environment, in particular in seeking solutions to the global environmental issues;

Convinced that cooperation between the Parties in the field of environmental protection and sustainable development is of mutual benefit and will further promote the friendly relations between the two countries;

Have reached the following understanding:

ARTICLE 1

The objective of this MoU is to continue the existing cooperation between the Parties and extend it into a long-term cooperation in the field of environmental protection and policy, on the base of equality and mutual benefit.

ARTICLE 2

The Parties intend to cooperate in the following priority fields:

1. Development of legislation in the field of environmental protection;
2. Development of methods to promote enforcement of environmental legislation;
3. Activities of common interest in the framework of the China Council for

1

《环境合作谅解备忘录》

2002 年 7 月，为落实中荷两国环境合作项目，荷兰铁行渣华船务公司与江阴市夏港长江拆船厂共同签署《船舶拆解项目备忘录》，广泛开展绿色拆船活动。

签署合作协议

外国客人参观拆船场地

拆船安全、健康及环保技能培训班

石棉处置现场培训

参与国际拆船公约的制定

拆船活动的安全环保，引起业内和国际社会越来越多政府、政府组织、NGO 组织、行业协会和专业机构的重视。国际海事组织（IMO）自 2006 年开始酝酿制定国际拆船公约，以推进全球绿色拆船。

中国作为倡导绿色拆船最早的世界主要拆船国家之一，从政府部门、行业协会，到拆船企业，都对国际社会制定国际性拆船公约，给予了极大的关注，并积极参与了 IMO 的相关活动。2007 年、2009 年，交通运输部先后在广东珠海和上海，中国拆船协会作为协办单位，与 IMO 共同举办了“地区拆船研讨会”。

2007 年 2 月，国际海事组织在广东珠海市举办“地区拆船研讨会”

2009 年 5 月，国际海事组织拆船国际大会在中国香港召开

2009 年 5 月，IMO 在中国香港召开“安全与无害环境拆船国际大会”。会上，审议通过了《2009 香港国际安全与无害环境拆船公约》。据报道，这是 IMO 首个在总部以外通过的国际性公约，也是 IMO 首个以中国香港命名的国际性公约。

2009 年 5 月，中国代表团团长徐祖远、成员谢德华在审议通过的《国际安全与无害环境拆船公约》文本上签字

规范发展拆船业，实行定点拆解

2008 年 8 月，《中华人民共和国循环经济促进法》经中华人民共和国第十一届全国人民代表大会常务委员会第四次会议审议通过，并自 2009 年 1 月 1 日起施行。拆船活动正式写入该项法律之中。至此，拆船业作为国家发展循环经济的重要组成部分，取得了应有的法律地位。

2007 年 6 月，谢德华在全国人大环资委循环经济立法国际研讨会上发言

2009 年 4 月，国务院印发《船舶工业调整和振兴规划》。为加快老旧运输船舶的淘汰，规划中明确做出“规范发展拆船业，实行定点拆解”的要求。这是我国拆船业发展二十余年来，国家首次提出“定点拆解”的要求。为此，中国拆船协会积极配合商务部，召开座谈会，做好调查研究工作，2009 年 12 月，商务部会同国家发改委等八个部门联合印发了《关于规范发展拆船业的若干意见》（商产发〔2009〕614 号）。

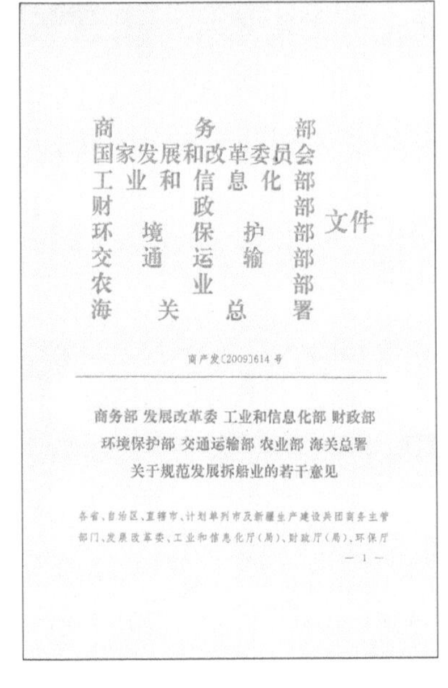

商务部
国家发展和改革委员会
工业和信息化部
财政部
环境保护部
交通运输部
农业部
海关总署
文件

商产发〔2009〕614 号

商务部 发展改革委 工业和信息化部 财政部
环境保护部 交通运输部 农业部 海关总署
关于规范发展拆船业的若干意见

各省、自治区、直辖市、计划单列市及新疆生产建设兵团商务主管部门、发展改革委、工业和信息化厅（局）、财政厅（局）、环保厅

— 1 —

《关于规范发展拆船业的若干意见》

重视安全环保，开展各类培训

自中国拆船协会成立以来，协会理事会和秘书处结合国家政策法规和安全环保的新要求，一直重视在行业内狠抓法规政策宣贯、拆船安全环保管理、拆解技术与工艺、员工上岗培训等工作，为不断提升企业领导、管理人员和专业技术人员以及一线职工安全环保意识，掌握相关知识与技能，为防止或杜绝重大安全环保事故做出了积极的努力，收到了良好的效果。

1999 年 3 月，在南京市召开
石油液化气体切割现场会

2002 年 9 月，在江门市召开
油轮安全拆解研讨会

2004 年 11 月，在江阴市
举办企业管理培训班

2005 年 12 月，在江门市新会
举办拆船企业管理培训班

2006 年 12 月，在北京市举办
拆船企业管理培训班

2010 年 12 月，在上海市举办“动火审批、
测爆测氧技术”岗位培训班

国家级循环经济示范企业

2005 年 9 月，经国务院批准，江门市新会双水拆船钢铁有限公司被列为“重点领域——废旧金属再生利用”第一批国家循环经济试点单位。

江门市新会双水拆船钢铁有限公司是 1990 年成立的企业。二十余年来，该公司认真贯彻绿色拆船，特别是在拆船产业延伸、循环经济发展等方面做了多种实践，如集装箱箱角、法兰盘、型材、无缝钢管等拆船产业延伸发展等。在船舶再生资源回收与循环利用上，大胆尝试，取得了良好的经济效益和社会效益。该公司在获批循环经济试点单位以后，积极准备实施方案，不断改善安全环保设施，开拓新的经济增长点，各项工作得到了全国人大环资委调研组、国家与地方有关部门的肯定。

公司办公楼

全国人大环资委调研组考察

油污水处理中心

拆船废钢加工利用——集装箱箱角

推进国际、地区间交流与合作

二十余年来，中国拆船协会与有关国家政府部门、政府组织、国际组织、NGO 以及各有关国家和地区的行业协会、专业机构和企业建立了良好的联系和合作关系，为共同促进全球绿色拆船而不断努力。

中国拆船协会参加国际劳工组织在泰国曼谷召开的拆船业安全与卫生区域间三方专家会议，讨论《拆船业安全卫生指南》

法国总理府船舶拆解委员会主席访问中国拆船协会

BIMCO 主席访问中国拆船协会

中国拆船协会访问挪威船东协会

行业宣传和信息统计服务

宣传行业、推介企业是行业协会的主要工作任务之一。中国拆船协会自成立以来，重视行业宣传和信息交流工作。积极参加国内外有关研讨会、展览展示会，创办协会内部信息交流刊物《中国拆船》（原名《拆船简讯》），自1992年2月起，至2015年12月止，已发行257期。制定了行业宣传信息工作规则。建立了中国拆船协会统计工作制度。利用国内主要媒体，刊发重要文稿。参与国家有关部门年鉴中有关拆船业部分的编写工作。通过不定期举办宣传信息工作会议，加强信息员队伍建设，表彰先进，促进行业宣传信息工作，更好地为政府、行业和企业服务。

中国拆船协会在江阴市召开
首届信息员工作会议

中国拆船协会在北京召开统计和宣传信息工作会议

中国拆船协会负责人在有关国际、国内
研讨会上致辞和主旨演讲

2004年12月，中国拆船协会参加在北京举办的
全国行业协会成就汇报展览会

协会荣誉记录

1991 年至 2010 年，在历届协会理事会领导下，各有关部门和专业机构的支持下以及全行业的不懈努力，中国拆船协会的各项工作取得了不错的成绩，获得了有关部门的表彰。主要有：

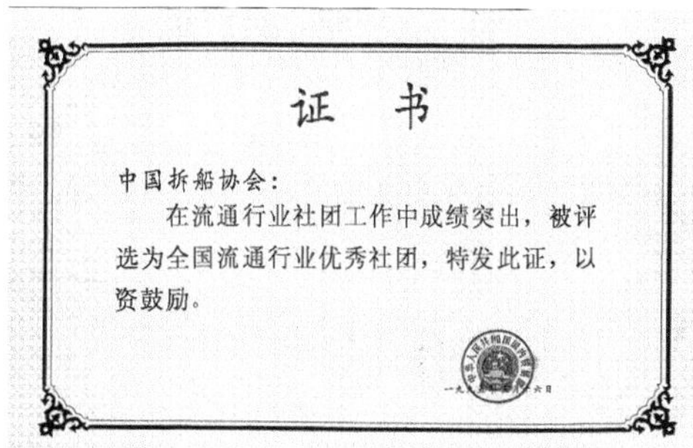

1995 年 5 月，获得中华人民共和国国内贸易部“全国流通行业优秀社团”称号

1997 年 12 月，获得中华人民共和国国内贸易部科学技术进步二等奖

1998 年 3 月，获得中华人民共和国国内贸易部物资流通行业社团行业服务奖

2002 年 4 月，获得国家经济贸易委员会行业协会“二〇〇一年度先进协会”称号

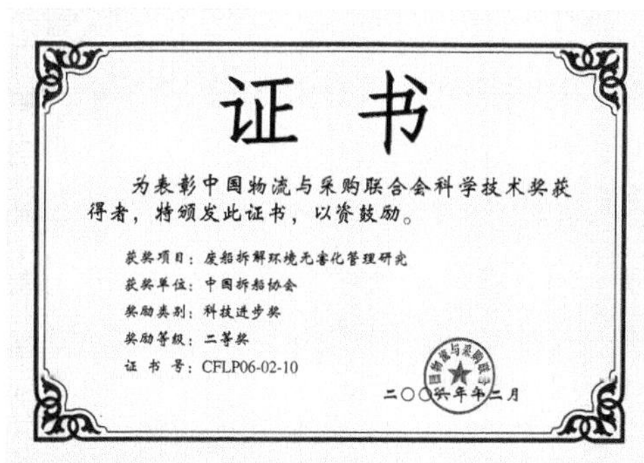

2006 年 12 月，获得中国物流与采购联合会科技进步二等奖

2009 年，获得中华人民共和国民政部“3A 级社会组织”证书

第六篇
绿色拆船企业

2005年2月，国家发展和改革委员会颁布行业标准《绿色拆船通用规范》（WB/T 1022—2005），该标准确定“全国性拆船行业组织负责进行绿色拆船企业的认定工作。”2009年12月，商务部、国家发展和改革委员会、财政部、环境保护部、交通运输部、农业部、海关总署联合印发《关于规范发展拆船业的若干意见》（商产发〔2009〕614号），该意见中要求“参照国际海事组织《国际安全与无害环境拆船公约》和国际劳工组织《拆船业安全卫生指南》，结合《绿色拆船通用规范》行业标准，开展创建绿色拆船厂活动。”

2010年12月，中国拆船协会印发《绿色拆船企业资格评审认定规定（试行）》，确定“绿色拆船企业”共分5个级别（A级至AAAAA级）。其中AAAAA级为最高级。经协会评审认定工作领导小组决定，最高级AAAAA级暂缓评定。

截至2014年，中国拆船协会共组织进行了两批“绿色拆船企业”评审认定工作。先后三十余家的会员企业提出申请。经评审认定，共有15家企业获颁A级至AAAA级“绿色拆船企业”称号。

本年鉴以简要文字，向读者介绍部分获颁“绿色拆船企业”称号企业的基本情况。

AAAA 绿色拆船企业

江阴市夏港长江拆船厂

江阴市夏港长江拆船厂创建于 1998 年，主营废旧船舶拆解业务，占地面积 150 余万平方米，其中厂房建筑面积 8 万平方米，拥有固定资产 8 亿多元，有职工 1000 余人。拥有 5000 米长江岸线，建有万吨级内港拆船港池四个，能同时停靠十余艘万吨轮进行拆解，拥有完善的拆船和废钢铁加工设施，具有年拆解废船 180 万吨、年加工配送废钢铁 200 万吨的能力。

该厂重视环境保护，视“安全、环保与健康”为企业的生命线，配有完备的污染防治设施，建有设备工艺先进的污水处理设施，性能国内领先的干馏热解气化焚烧炉。

该厂于 2004 年通过 ISO 14001 环境管理体系和 OHSMS 18001 职业健康安全管理体系认证，2010 年又通过 ISO 9001 质量管理体系认证。2010 年被评为“废钢铁加工配送中心示范基地”。

2010 年获颁 AAAA 级“绿色拆船企业”称号。

靖江市新民拆船有限公司

靖江市新民拆船有限公司创建于 1998 年，主营废旧船舶拆解业务，占地面积 10.42 万平方米，拥有深水船坞 2 个，年拆解废船能力 40 万轻吨。

该公司坚持“以人为本、科学严谨”的经营理念和管理作风，高度重视环境保护和安全生产工作，制定科学、合理拆解的工艺流程，做到文明生产、规范管理，保护水域和陆地环境；同时对安全、卫生方面潜在危险因素进行评估，制订计划，明确防范、保护措施和应急预案，尽量消除或控制工作中的有害环境因素。

该公司通过 ISO 14001 环境管理体系、OHSMS 18001 职业健康安全管理体系和 ISO 9001 质量管理体系认证。曾多次被靖江市评为三十强“明星企业”“慈善之星”“先进单位”“重合同守信用企业”等称号。

2014 年获颁 AAAA 级“绿色拆船企业”称号。

江门市中新拆船钢铁有限公司

江门市中新拆船钢铁有限公司创建于 1984 年，主营废旧船舶拆解业务，区总占地面积 40 多万平方米，厂房面积约 2 万平方米，使用岸线 1600 米，拆解码头 6 个，泊位 4 个，码头可同时靠泊拆解 6 艘 2. 5 万轻吨的废钢船，年拆解废船能力达到 50 万轻吨。

该公司把“环保、安全、健康、循环再利用”的理念贯彻落实到拆船过程中，同时严格遵守国家和国际上的各种安全环境法规、标准、政策。在安全、健康方面，坚持贯彻执行“安全第一，预防为主”和“以人为本”的方针，由于严格管理，措施落实，做到多年来没有发生过重大的环保和安全事故。

该公司 2004 年 7 月通过 ISO 14001 环境管理体系和 OHAS 18001 安全管理体系的认证，2010 年又通过了 ISO 9001 认证。曾被银行评定为 A 级银行信誉企业；被国家税务局评定为 A 级纳税人；被工商局评定为“重合同守信誉”企业等。

2010 年获颁 AAAA 级“绿色拆船企业”称号。

江门市新会双水拆船钢铁有限公司

江门市新会双水拆船钢铁有限公司创建于 1984 年，注册资金为 2000 万元人民币，主营废旧船舶拆解业务，占地面积 16 万平方米，建筑面积 3. 2 万平方米，其中生产用地 12. 4 万平方米，拥有码头岸线 1000 米，拆船水域深度 6 米，可供拆解码头 6 个，年可拆解废船能力达到 100 万轻吨。

该公司十分重视废水达标排放和危险固体废物卫生填埋工作，建有占地 300 平方米的固体废物暂存库 1 座，危险废物交由专业环境服务公司处理。

该公司 2003 年同时取得了 ISO 14001 环境管理体系和 OHS 18001 职业健康安全管理体系的认证，其后又通过 ISO 9001 认证。2005 年成为国家首批循环经济试点企业；2011 年，获得了广东省 50 家清洁生产示范企业的荣誉称号；2012 年，被授予“废钢铁加工配送中心示范基地”称号。

2010 年获颁 AAAA 级“绿色拆船企业”称号。

江门市银湖拆船有限公司

江门市银湖拆船有限公司创建于 1989 年，主营废旧船舶拆解业务，占地面积约 42 万平方米，拥有 10 个泊位码头，能同时对十多艘万轻吨级轮船进行拆解作业，年拆解废船能力 50 万轻吨。

该公司积极实行现代化企业管理，建立了比较完善的环境和职业健康安全管理体系，重视环境保护，不断完善污染防治和风险防范设施。为保障船舶拆解过程提供完善专业的环保服务保障。

该公司 2003 年通过 IS0 14001 环境管理体系和 OHSMS 18001 职业健康安全管理体系的认证。2009 年通过 ISO 9001 质量体现认证。

2014 年获颁 AAAA 级“绿色拆船企业”称号。

AAA 绿色拆船企业

江苏长荣钢铁有限公司

江苏长荣钢铁有限公司创建于 1993 年，是集拆船、轧钢为一体的合资企业。占地面积 24 万平方米，拥有 1400 米长江岸线。年拆解废船能力 18 万轻吨。

该公司以“污染预防、绿色循环”为环保原则，各类环保设施齐全，建有专用的污水检测化验室。

该公司 2005 年通过 ISO 14001 环境管理体系、OHSMS 18001 职业健康安全管理体系和 ISO 9001 质量管理体系认证。

2014 年获颁 AAA 级“绿色拆船企业”称号。

泰州市伟业拆船轧钢有限公司

泰州市伟业拆船轧钢有限公司创建于 2002 年，隶属泰州口岸船舶公司，主营废旧船舶拆解业务。占地面积 17.8 万平方米，拥有 1400 米长江岸线。年拆解废船能力 48 万轻吨。

该公司以“绿色拆船、预防污染、以人为本、确康安全、遵规守法、实现持续发展”为方针，严格履行国家环保标准，努力成为世界公认的绿色环保拆船企业。

该公司通过 ISO 9001 质量管理体系、ISO 14001 环境管理体系和 OHSMS 18001 职业健康安全管理体系认证。

2014 年获颁 AAA 级“绿色拆船企业”称号。

浙江宏鹰拆船有限公司

浙江宏鹰拆船有限公司创建于 2010 年，位于浙江省舟山市岱山县。主营废旧船舶拆解业务。企业规划占地面积 23 万平方米，岸线 412.2 米。拥有拆船平台一座，拆船港池二座，拆船坞二座。年拆解废船能力为 25 万轻吨。

该公司秉承“绿色拆船，资源再造”的企业宗旨，将“安全、环保”视为企业的立足之本。采用上层建筑和主船体上部在拆船平台浮态拆解，船底部分在拆船坞封闭拆解，实现绿色拆船。

该公司通过 ISO 9001 质量管理体系、ISO 14001 环境管理体系和 OHSMS 18001 职业健康安全管理体系认证。

2014 年获颁 AAA 级“绿色拆船企业”称号。

AA绿色拆船企业

天津天马拆船工程有限公司

天津天马拆船工程有限公司创建于1992年，主营废旧船舶拆解业务。占地面积66.7万平方米，拥有1000米岸线。年拆解废船能力20万轻吨。

该公司重视环境保护，以“安全、环保、健康”为企业生命线，全面贯彻绿色拆船理念，通过完整的污染防治设施，努力创建国家一流的拆船基地。

该公司通过ISO 9001质量管理体系、ISO 14001环境管理体系和OHSMS 18001职业健康安全管理体系认证。

2014年获颁AA级“绿色拆船企业”称号。

江苏苏恒海洋工程装备有限公司

江苏苏恒海洋工程装备有限公司创建于2009年，位于江苏省靖江市。主营废旧船舶拆解业务。占地面积40万平方米，拥有550米长江岸线。年拆解废船能力20万轻吨。

该公司严格遵照“绿色拆船”所规定的各项条款，在高效拆船的同时，更注重安全生产和环境保护。

该公司通过ISO 9001质量管理体系、ISO 14001环境管理体系和OHSMS 18001职业健康安全管理体系认证。

2014年获颁AA级“绿色拆船企业”称号。

靖江市敦丰拆船有限公司

靖江市敦丰拆船有限公司创建于2002年，主营废旧船舶拆解业务。占地面积30万平方米，使用岸线800米，公司拥有拆船坞两座，年拆解废船能力50万轻吨。

该公司遵照“绿色拆船”理念，努力提高拆船物资的综合利用。

该公司通过ISO 9001质量管理体系、ISO 14001环境管理体系和OHSMS 18001职业健康安全管理体系认证。

2014年获颁AA级“绿色拆船企业”称号。

闽东丛贸船舶实业有限公司

闽东丛贸船舶实业有限公司创建于1999年，位于福建省福安市。主营废旧船舶拆解业务。占地面积30.5万平方米，拥有10万吨级、6万吨级、1.2万吨级干船坞各一座，5万吨级、2万吨级、1.5万吨级、4600吨级船台各一座，拆解6万轻吨废钢船天然船坞一座。

该公司技术力量雄厚，拥有一支技术精、素质高、经验丰富的专业技术队伍。

2010年获颁AA级“绿色拆船企业”称号。

福建省闽东赛岐经济开发区申银船舶工程有限公司

福建省闽东赛岐经济开发区申银船舶工程有限公司创建于1990年。公司位于福建省福安市，是修、造、拆一体化的综合性船厂。公司占地面积5万平方米，使用岸线657.24米，公司拥有干船坞两座，年拆解废船能力5万轻吨。

该公司以“安全第一、质量至上、价格合理、缩短周期、优质服务”为宗旨，业务范围遍及国内外，在福建省船舶行业中享有较高的知名度。

该公司通过ISO 9001质量管理体系、ISO 14001环境管理体系和OHSMS 18001职业健康安全管理体系认证。

2014年获颁AA级“绿色拆船企业”称号。

福建省赛江船舶拆解有限公司

福建省赛江船舶拆解有限公司创建于2003年。公司位于福建省福安市，是经营船舶拆解、修造、船舶销售等综合性船厂。占地面积3.1万平方米，使用岸线900米，公司拥有拆船坞三座，年拆解废船能力5万轻吨。

该公司坚持“以人为本，科技兴企、绿色环保”的发展理念，不断加强企业内部管理，完善配套安全、环保和消防设备设施，大力开展清洁生产。

该公司通过ISO 14001环境管理体系和OHSMS 18001职业健康安全管理体系认证。

2010年获颁AA级“绿色拆船企业”称号。

A 绿色拆船企业

江门市新会区玉洲拆船有限公司

江门市新会区玉洲拆船有限公司创建于 1995 年。公司位于广东省江门市新会区古井镇，厂区占地面积约 10 万平方米，拥有 5 个泊位码头，年拆解废船能力 10 万轻吨。

该公司废船拆解管理人员和技术工人均具有多年的拆船经验，公司积极实行现代化企业管理，建立了完善的环境和职业健康安全管理体系。

该公司通过 ISO 14001 环境管理体系、OHSMS 18001 职业健康安全管理体系和 ISO 9001 质量管理体系认证。

2014 年获颁 A 级“绿色拆船企业”称号。

第七篇

会员表彰

2011 年“中国拆船协会优秀会员”名单

中国矿产有限责任公司
上海新华钢铁有限公司
天津天马拆船工程有限公司
荣成市拆船有限公司
安徽省徽商资源再生有限责任公司
靖江市新民拆船有限公司
泰州市伟业拆船轧钢有限公司
张家港市五友拆船再生利用有限公司
江苏苏物拆船有限责任公司
浙江金泰拆船有限公司
江门市中新拆船钢铁有限公司
广东省金属加工厂
广东省金属回收公司
江门市新会区苍山拆船有限公司
福建省赛江船舶拆解有限公司
北京中环绿舟科贸发展有限责任公司
上海捷航船用配件有限公司
大连经济技术开发区大孤山拆船厂
荣成市华东造船有限公司
江阴市夏港长江拆船厂
靖江市敦丰拆船有限公司
常熟中常拆船钢铁总厂
江苏长荣钢铁有限公司
浙江福森船舶有限公司
江门市新会双水拆船钢铁有限公司
广州市番禺区拆船轧钢公司
江门市新会区玉洲拆船有限公司
江门市银湖拆船有限公司
闽东丛贸船舶实业有限公司
福建省霞浦宏昌拆船有限公司

2011年“中国拆船协会优秀信息（统计）员”名单

何文俊　北京中环绿舟科贸发展有限责任公司
王　欢　天津天马拆船工程有限公司
陈　燕　上海新华钢铁有限公司
郝庆军　江阴市夏港长江拆船厂
吴桂兵　张家港市五友拆船再生利用有限公司
钱李渊　靖江市敦丰拆船有限公司
杜淑琴　靖江市泰和船舶有限公司
姬　淼　泰州市伟业拆船轧钢有限公司
顾黎明　常熟中常拆船钢铁总厂
陈　娟　江苏长荣钢铁有限公司
张宇翔　江苏苏恒海洋工程装备有限公司
赵　伟　江阴阳博大宗商品交易所有限公司
翁剑平　浙江金泰拆船有限公司
李　华　福建省赛江船舶拆解有限公司
刘　美　广东省金属回收公司
黄永然　江门市新会双水拆船钢铁有限公司
黄慧君　江门市中新拆船钢铁有限公司

2016 年“中国拆船协会宣传信息统计工作先进单位”名单

《中国船舶报》社

大连船舶重工集团船务工程有限公司

靖江市新民拆船有限公司

福建省闽东赛岐经济开发区申银船舶工程有限公司

江门市新会双水拆船钢铁有限公司

天津天马拆船工程有限公司

江阴市夏港长江拆船厂

江苏苏恒海洋工程装备有限公司

江门市中新拆船钢铁有限公司

长城船舶有限公司

2016 年“中国拆船协会宣传信息统计先进工作者”名单

赵 芸 《中国船舶报》社
李 筱 天津天马拆船工程有限公司
宋 慧 大连船舶重工集团船务工程有限公司
郝庆君 江阴市夏港长江拆船厂
李慧琴 泰州市伟业拆船轧钢有限公司
陈 娟 江苏长荣钢铁有限公司
吴艳红 靖江市新民拆船有限公司
柏茂淋 江苏苏恒海洋工程装备有限公司
李震伟 舟山长宏国际船舶再生利用有限公司
黄慧君 江门市中新拆船钢铁有限公司
林育权 江门市银湖拆船有限公司
黄永然 江门市新会双水拆船钢铁有限公司

第八篇

成交拆解废船信息一览表
（2011—2015）

2011—2015 年成交拆解废船信息一览表

序号	船名	船型	建造国或地区	建造年	轻吨（LDT）	载重吨（DWT）	总吨（GT）
1	ARIMA	散货船	日本	1981	19789.37	138655.00	—
2	JIANMAO 1	散货船	韩国	1981	19735.24	127907.14	—
3	XIN YU	散货船	日本	1977	11939.96	63987.80	—
4	GOLD EASE	散货船	韩国	1986	26140.16	152300.60	—
5	XIN HAN	散货船	日本	1977	8219.49	38962.00	—
6	ETOILE	散货船	瑞典	1977	18018.00	123100.00	—
7	BRIGHT	散货船	日本	1981	20843.50	140086.00	—
8	DA SHUN	散货船	日本	1976	8092.52	41052.00	—
9	GOOD TRADE	散货船	日本	1977	6621.06	26781.00	—
10	NORDSTAR	散货船	韩国	1983	24485.24	150661.00	—
11	ZHONG CHENG	散货船	日本	1977	4854.33	18611.00	—
12	XIN SHENG	散货船	日本	1980	11434.06	62267.00	—
13	CAPE SANTA MILAGRIA	散货船	日本	1985	21109.25	139816.00	—
14	SHUN XIN	散货船	日本	1976	8402.56	40573.00	—
15	EVER PROSPER	散货船	日本	1982	10882.87	63560.00	—
16	HUA XING 7	散货船	日本	1981	10485.23	65077.00	—
17	KENRYU MARU	散货船	日本	1987	24806.00	215143.00	—
18	ZHEN HUA 7	散货船	德国	1983	22485.50	30119.60	—
19	XIN FENG	散货船	日本	1981	11216.54	65785.00	—
20	BOGASARI EMPAT	散货船	日本	1977	7734.25	33747.00	—
21	BAO YUAN MEN	散货船	清津	1982	7646.10	37060.00	—
22	HAINA GOLDEN	散货船	日本	1980	12737.20	80170.00	—
23	ZHENG FENG	散货船	韩国	1986	17540.00	114876.30	—
24	KUM HAE	散货船	中国	1983	1658.46	3945.00	—
25	JIA SHENG	散货船	韩国	1982	11554.30	63869.00	—
26	EFSTATHIOS	散货船	印度	1989	6470.57	26872.00	—

续 表

序号	船名	船型	建造国或地区	建造年	轻吨（LDT）	载重吨（DWT）	总吨（GT）
27	HAMBURG PEARL	散货船	西班牙	1982	8638. 78	44504. 00	—
28	SEA COUNTESS	散货船	日本	1982	10788. 84	38101. 00	—
29	DAEWOO SPIRIT	散货船	韩国	1985	24988. 19	166871. 18	—
30	CHIEFTAIN II	散货船	日本	1978	7439. 96	33663. 00	—
31	SEA AGILITY	散货船	日本	1987	16824. 00	86787. 90	—
32	YOUNG LI	散货船	日本	1977	7353. 35	37836. 00	—
33	GOLDEN SUN	散货船	韩国	1986	19298. 23	100488. 00	—
34	FU JIN	散货船	日本	1976	6612. 20	25884. 00	—
35	BODAR	散货船	西班牙	1981	7721. 16	34835. 00	—
36	ZORINE	散货船	韩国	1982	11407. 48	48355. 10	—
37	FORSHANG 1	散货船	日本	1970	5133. 17	20335. 30	—
38	SEALINK	散货船	韩国	1981	11584. 74	65000. 00	—
39	DONG YA No. 1	杂货船	日本	1987	616. 14	1487. 00	—
40	DONG YA No. 8	杂货船	日本	1985	740. 61	1596. 54	—
41	HANG SHUN No. 2	杂货船	日本	1985	1025. 38	2028. 81	—
42	FENG SHUN	杂货船	日本	1985	726. 38	1630. 00	—
43	HANG SHUN No. 1	杂货船	日本	1983	876. 28	1780. 00	—
44	GUAN YA 9	杂货船	西班牙	1981	4074. 80	15030. 00	—
45	LANG JIANG	杂货船	日本	1983	2733. 56	7861. 00	—
46	AN LONG	杂货船	日本	1987	1238. 19	62267. 00	—
47	CHUANG YE	杂货船	日本	1977	5504. 92	16547. 00	—
48	JING YUN	杂货船	中国	1992	945. 04	2232. 00	—
49	XUAN DE MEN	杂货船	日本	1979	8111. 22	22656. 00	—
50	SAN FONG	杂货船	日本	1978	5622. 05	15762. 00	—
51	NAN LIN	杂货船	中国台湾	1979	2204. 72	6200. 00	—
52	OCEAN	杂货船	波兰	1969	2944. 88	1170. 00	—
53	GUAN YA 8	杂货船	中国	1983	3085. 63	10033. 00	—
54	JIANG JIE	杂货船	日本	1979	2197. 50	7119. 70	—
55	SHI LONG 3	杂货船	中国	1991	952. 70	2300. 00	—
56	HATO	杂货船	日本	1974	10170. 28	38614. 00	—
57	RUI DA 8	杂货船	日本	1982	2031. 40	6468. 70	—
58	MEGASEA	杂货船	日本	1985	770. 97	1584. 80	—
59	EVER GLORY	杂货船	日本	1981	746. 65	1597. 00	—
60	SHUN FA 9	杂货船	日本	1981	800. 20	1750. 00	—
61	SINAR	杂货船	日本	1978	5622. 05	15789. 00	—

续 表

序号	船名	船型	建造国或地区	建造年	轻吨（LDT）	载重吨（DWT）	总吨（GT）
62	RHONE	杂货船	日本	1978	10674.21	38540.00	—
63	EAST PIONEER	杂货船	日本	1986	818.16	1655.53	—
64	AVACHA	杂货船	德国	1978	3525.60	7923.00	—
65	BALTIYSKIY 106	杂货船	芬兰	1979	1263.78	2661.00	—
66	TOMIYO	杂货船	日本	1982	793.30	2100.00	—
67	LEADER	杂货船	波兰	1974	2618.11	5795.00	—
68	YANG GAK DO	杂货船	日本	1980	773.95	1530.00	—
69	KRASNOPOLYE	杂货船	罗马尼亚	1968	2105.97	3860.00	—
70	AVOCET ARROW	杂货船	日本	1985	11358.26	39239.00	—
71	JIFENG	集装箱船	日本	1981	2863.10	8237.59	—
72	SEA - LAND INTEGRITY	集装箱船	韩国	1984	23343.00	58869.00	—
73	MAERSK CONSTELLATION	集装箱船	丹麦	1980	11533.00	36821.65	—
74	KITANO	集装箱船	日本	1990	18246.00	59804.00	—
75	CHAMPIOM ADRIATIC	油船	日本	1982	9700.78	37658.00	—
76	KOREA SUNNYHILL	油船	日本	1976	7737.59	27354.00	—
77	ROVER	油船	日本	1979	1339.57	1963.00	—
78	HOEGH TRACER	滚装船	日本	1981	11804.72	12969.00	—
79	NOBLEZA	滚装船	日本	1983	9496.00	11611.00	—
80	MORNING SHINE	滚装船	日本	1972	7315.10	1900.00	—
81	RIGOLETTO	滚装船	日本	1977	14317.00	17197.00	—
82	TRAVIATA	滚装船	日本	1977	14317.00	17197.00	—
83	SANDUGA	滚装船	德国	1979	2130.90	3580.00	—
84	BEKALANG	液化气船	法国	1973	18352.36	51579.00	—
85	BELAIS	液化气船	法国	1974	18352.36	51579.00	—
86	BELULAN	液化气船	法国	1973	18339.20	51579.00	—
87	XIN HAI	冷藏船	日本	1973	1604.33	2100.00	—
88	TAI LU	冷藏船	日本	1979	2486.22	5038.52	—
89	WELL LINK 105	冷藏船	日本	1972	3339.60	6199.15	—
90	LUMA	拖船	澳大利亚	1974	945.31	831.56	—
91	TIANJIU	原木船	日本	1980	2034.99	6465.00	—
92	ZHONG HOU	单甲板船	马来西亚	1983	2506.18	8027.00	—
93	SHINZAN MARU	矿砂船	日本	1987	28285.43	200999.00	—
94	EVERAIM	散货船	日本	1980	11195.20	62412.00	—
95	VICTORY STEP	散货船	德国	1980	5954.70	12720.00	—
96	NOVIK	散货船	波兰	1973	2442.00	4050.00	—

续 表

序号	船名	船型	建造国或地区	建造年	轻吨（LDT）	载重吨（DWT）	总吨（GT）
97	RUN FENG	散货船	日本	1977	7615. 16	27830. 60	—
98	LEVANTES	散货船	巴拿马	1977	5722. 44	27540. 00	—
99	RODOPI	散货船	保加利亚	1978	7506. 00	25926. 00	—
100	ADALBERT ANTONOV	散货船	保加利亚	1979	9567. 00	39827. 80	—
101	MILIN KAMAK	散货船	保加利亚	1979	7574. 00	25857. 00	—
102	WIN STAR	散货船	日本	1976	7237. 20	31214. 00	—
103	ROJEN	散货船	保加利亚	1978	7594. 00	25836. 50	—
104	C RHAPSODY	散货船	日本	1983	8228. 20	41453. 00	—
105	ZEESH PIONEER	散货船	英国	1982	7753. 94	34800. 00	—
106	DMITRIY POZHARSKIY	散货船	德国	1978	8228. 84	23285. 00	—
107	KAPITAN KIRTY	杂货船	波兰	1974	5439. 37	14204. 00	—
108	PHEARON	杂货船	丹麦	1979	7618. 11	23720. 00	—
109	TUMNIN	杂货船	苏联	1974	3878. 00	6070. 00	—
110	WANG JAE SAN	杂货船	清津	1976	3646. 47	3912. 00	—
111	YONG AN	杂货船	日本	1981	2768. 24	7409. 00	—
112	TIAN XIN	杂货船	日本	1980	2072. 83	6532. 52	—
113	ASIA 8	杂货船	韩国	1982	14209. 55	70912. 00	—
114	XIN HE SHI BA	集装箱船	罗马尼亚	1988	4389. 76	8275. 00	—
115	BEREGOVOYE	渔船	苏联	1984	864. 00	322. 00	—
116	PAKHACHA	渔船	苏联	1968	2346. 40	1404. 00	—
117	SUN BIG No. 9	冷藏船	日本	1974	5099. 44	6827. 00	—
118	ARKHANGELSK	滚装船	芬兰	1983	10645. 87	23128. 00	—
119	WENG	货船	英国	1983	3792. 32	15175. 00	—
120	YUNXIANG	杂货船	—	1985	2578. 00	6000. 00	—
121	UNION SAILING	杂货船	—	1983	864. 50	1999. 00	—
122	FENGYUAN	杂货船	—	1982	685. 65	1500. 00	—
123	HAIWEN	杂货船	—	1983	696. 85	1580. 00	—
124	ZHONGJIN 1	杂货船	—	1979	720. 16	1566. 00	—
125	HUAJI6	杂货船	—	1981	4318. 20	14798. 00	—
126	LOBAN	杂货船	—	1987	1537. 00	2200. 00	—
127	YONG XIN	杂货船	—	1985	1722. 44	4300. 00	—
128	HE DA 8	杂货船	—	1981	2096. 45	6267. 00	—
129	AMERICA FOREST	杂货船	—	1977	4093. 93	16593. 00	—
130	SOYUZ - 10	渔船	—	1972	830. 00	1400. 00	—
131	L STAR	渔船	—	1986	1767. 00	3800. 00	—

续　表

序号	船名	船型	建造国或地区	建造年	轻吨（LDT）	载重吨（DWT）	总吨（GT）
132	OM	渔船	—	1983	1716.00	3500.00	—
133	PERVOMAYSKOE	渔船	—	1977	680.51	304.00	—
134	CAGA	渔船	—	1990	896.00	340.00	—
135	UDOBNOYE	渔船	—	1986	896.31	332.00	—
136	CHENQIJIE	多用途船	—	1994	655.97	2000.00	—
137	TIAN FENG	多用途船	—	1981	1680.35	4500.00	—
138	UNHASU	冷藏船	—	1969	455.16	261.56	—
139	LUCK CLOUD	散货船	日本	1978	6522.60	23928.00	—
140	RUN TONG	散货船	英国	1983	6400.00	26702.00	—
141	ZHENG YI	散货船	中国	1984	23847.91	150431.00	—
142	EVER SAVE	散货船	日本	1979	6769.69	29491.00	—
143	EVER GROWING	散货船	日本	1977	4762.80	17000.00	—
144	MERIT LAND	散货船	日本	1986	21899.60	148140.00	—
145	CELINE－1	散货船	德国	1983	17184.00	75466.00	—
146	CHONG GONG	散货船	日本	1980	15806.00	69052.00	—
147	HONG MING	散货船	德国	1983	6880.90	24510.00	—
148	XIN YUAN	散货船	日本	1983	15323.50	67000.00	—
149	XIN HONG	杂货船	德国	1982	7839.57	25085.00	—
150	EVER FORTUNE	散货船	日本	1977	4742.13	18725.00	—
151	ANASTASIA	散货船	巴西	1981	7280.51	26118.00	—
152	HONG BO7	散货船	日本	1978	3800.00	12671.00	—
153	OKEAN	杂货船	—	1969	2944.88	6320.00	—
154	ANTONIS A	油船	克罗地亚	1982	10375.62	10098.00	—
155	ULISS	油船	苏联	—	1234.06	—	—
156	IVAN	冷藏船	波兰	1976	4457.68	3867.00	—
157	海鸥	冷藏船	日本	1977	3864.17	3398.00	—
158	WHITE MOUNTAIN	冷藏船	日本	1983	3843.88	8160.00	—
159	KAMCHATSKIY PROLIV	冷藏船	乌克兰	1984	7891.73	14197.00	—
160	CASTORGAS	液化气船	法国	1982	3985.24	12521.00	—
161	LANGERY	拖船	挪威	1980	1696.00	2015.00	—
162	MARINA－1	杂货船	—	1984	1023.62	—	—
163	SMILE	杂货船	—	1970	933.07	—	—
164	EAST SUN	杂货船	日本	1983	313.09	—	—
165	SHANTAR	杂货船	苏联	1973	2088.58	—	—
166	VASYA KURKA	杂货船	柬埔寨	1976	1705.00	—	—

续 表

序号	船名	船型	建造国或地区	建造年	轻吨（LDT）	载重吨（DWT）	总吨（GT）
167	SANG THAI LUMBER	杂货船	日本	1974	2317. 37	—	—
168	M/V PIONER BURYATII	杂货船	苏联	1977	3903. 74	—	—
169	YONG HANG	杂货船	柬埔寨	1983	1604. 10	2040. 00	—
170	DEXIANG	杂货船	日本	1982	750. 55	1000. 00	—
171	GALOS	渔船	苏联	1979	800. 00	—	—
172	RAGACHEVO	渔船	苏联	1975	630. 00	—	—
173	SOUTHERN ARROW	干货船	韩国	1984	2014. 00	—	—
174	5 SEIRYU	工程船	日本	1992	495. 00	—	—
175	VICTOR	货船	罗马尼亚	1976	1646. 50	—	—
176	KUENSUL	化学品船	日本	1985	2747. 05	—	—
177	FENGZHOU5	散货船	波兰	1982	10051. 18	37118. 00	—
178	ICJ VENTURE	散货船	苏联	1979	5445. 87	14550. 00	—
179	EAST SUNRISE8	散货船	日本	1981	12238. 18	69737. 00	—
180	FIVE STARS PIONEER	散货船	日本	1981	12542. 32	69428. 00	—
181	ROUPAKIA	散货船	日本	1981	5811. 61	30868. 00	—
182	PHILIPPOS	散货船	日本	1975	7619. 09	34992. 00	—
183	SEALINK MAJESTY	散货船	日本	1982	23803. 15	177754. 00	—
184	ASIA FOREST	散货船	日本	1977	4555. 10	17665. 00	—
185	YUAN XIANG	散货船	日本	1978	7106. 30	22295. 00	—
186	XIANG HE 1	散货船	日本	1980	11547. 80	62185. 00	—
187	SUNTEC	散货船	日本	1979	6591. 50	23858. 00	—
188	HUA TONG	散货船	希腊	1982	7342. 52	29938. 00	—
189	SEA TRINITY	散货船	日本	1987	16924. 70	86685. 80	—
190	LUCKY WINNER	杂货船	中国	1980	6284. 00	23713. 00	—
191	LUCKY OCEAN	杂货船	日本	1980	5351. 38	22225. 00	—
192	PEGASUS 7	油船	日本	1986	5940. 65	19575. 00	—
193	BLACK PEARL	油船	日本	1982	2247. 30	5067. 00	—
194	BLACK JADE	油船	日本	1983	2033. 80	4231. 00	—
195	MAGIC WIND	滚装船	日本	1984	7704. 07	23713. 00	—
196	DLH. COCHRANE	驱逐舰	英国	1967	5440. 00	26528. 00	—
197	DA TONG	散货船	日本	1977	7878. 94	35157. 00	—
198	IRIS	散货船	—	1983	13823. 82	31512. 00	—
199	ORE CARRIER	散货船	—	1981	14357. 28	63619. 00	—
200	ANGELUCKY	散货船	—	1987	22182. 09	59644. 00	—
201	LAMBERT MARU	散货船	日本	1986	22842. 52	986661. 00	—

续 表

序号	船名	船型	建造国或地区	建造年	轻吨（LDT）	载重吨（DWT）	总吨（GT）
202	KING DUCKLING	散货船	日本	1981	12916. 30	41940. 00	—
203	CAPE SANTA ALEGRIA	散货船	日本	1982	21414. 37	145177. 00	—
204	TAGOS	散货船	日本	1989	22068. 90	179658. 00	—
205	GRIGOROUSSA T	散货船	巴西	1985	11035. 89	46775. 00	—
206	SV SERGIY	散货船	巴西	1979	8835. 63	38112. 00	—
207	TAI CHUNG	散货船	中国台湾	1982	7579. 72	37611. 00	—
208	COSTIS	散货船	日本	—	6157. 50	30554. 00	—
209	INTAN	散货船	日本	—	1781. 26	5680. 00	—
210	FIVESTARS ETERNAL	散货船	日本	—	12171. 26	78836. 00	—
211	PANAMAX MARS	散货船	韩国	—	11525. 49	62210. 00	—
212	PALINI	散货船	日本	—	11551. 92	64590. 00	—
213	SHENG LI	散货船	日本	—	1750. 68	5021. 60	—
214	HEROIC	散货船	日本	1982	8745. 08	41538. 00	—
215	TIRTA SAMUDRA XVI	散货船	罗马尼亚	1985	3088. 87	4954. 00	—
216	SUNNY PARTNER	散货船	韩国	1987	25728. 35	152329. 00	—
217	GOLDEN TRUST No. 1	散货船	巴西	1980	13070. 86	77578. 00	—
218	QUEEN ORCHID	散货船	西班牙	1978	4143. 70	6053. 00	—
219	SILVANA	散货船	日本	1981	7896. 65	32112. 00	—
220	XING SHENG DA	散货船	日本	—	7586. 61	35072. 00	—
221	BRIGHT VICTORY	散货船	日本	—	12071. 83	61615. 00	—
222	GOLDEN SEA	散货船	日本	—	14167. 32	89127. 00	—
223	FAREAST PIONEER	散货船	韩国	—	5176. 18	19427. 00	—
224	FU TAI	散货船	日本	—	6124. 02	27439. 00	—
225	HAI FU STAR	散货船	日本	—	11340. 55	64261. 00	—
226	C TRADER	散货船	西班牙	—	8786. 42	44415. 00	—
227	SONORA	集装箱船	克罗地亚	1979	5557. 09	7448. 00	—
228	CALIFORNLA MERCURY	集装箱船	日本	—	13488. 18	39157. 00	—
229	SEA PIONEER	集装箱船	中国台湾	—	12011. 32	66789. 62	—
230	GARDEN	集装箱船	中国台湾	—	14114. 17	43401. 00	—
231	ITAL GLAMOUR	集装箱船	日本	—	17910. 43	53240. 00	—
232	GOLDEN DRAGON 328	油船	—	1977	351. 02	611. 67	—
233	CHEERLEADER	滚装船	日本	1983	3617. 13	10168. 00	—
234	TIGRIS LEADER	滚装船	日本	1983	10817. 00	11430. 00	—
235	ASANO No. 18	水泥船	—	1973	3388. 19	6815. 00	—
236	DARUMASUN	水泥船	日本	1970	3022. 72	7350. 00	—

续 表

序号	船名	船型	建造国或地区	建造年	轻吨（LDT）	载重吨（DWT）	总吨（GT）
237	BUENA VISTA	木屑船	—	1981	12467.50	38459.00	—
238	WORLD TRADER	木屑船	日本	1981	10092.50	44270.00	—
239	ZHONG YUE 1	散货船	比利时	1973	6923.23	30288.00	—
240	LI-HONG MARINE	散货船	日本	1977	4924.21	19020.00	—
241	KUN PENG	散货船	日本	1978	7291.34	26845.00	—
242	XING HONG DA	散货船	丹麦	1978	9084.65	44750.00	—
243	JI MEI LONG	散货船	日本	1981	12534.00	74920.00	—
244	UNITED ASIA	散货船	中国	1982	7334.65	18056.45	—
245	CLAUDIA 1	散货船	荷兰	1983	2142.72	4557.00	—
246	WIN EPRESS	散货船	日本	1977	6048.23	27603.00	—
247	SANG THAI RADIUM	散货船	日本	1980	1418.18	4743.00	—
248	DORIC GLORY	散货船	日本	1976	11315.94	61470.00	—
249	BRAVERY	散货船	日本	1983	8231.30	35676.00	—
250	GRAND MIDAS	散货船	韩国	1978	5175.98	19408.00	—
251	NORMAN SPIRIT	散货船	德国	1984	5994.10	12680.00	—
252	VANLEE	散货船	韩国	1980	5266.12	25502.42	—
253	KAI HONG	散货船	日本	1981	7603.35	35055.00	—
254	VALDER I	油船	韩国	1991	8622.74	47094.00	—
255	SUNHILL	油船	日本	1986	10012.60	38653.00	—
256	SARACEN STAR	汽车船	日本	1984	7129.58	11554.00	—
257	PHOENIX ACE	汽车船	日本	1983	9557.63	11548.00	—
258	HOEGH TROTTER	汽车船	日本	1983	12164.00	12969.00	—
259	捷威	散货船	日本	1979	12187.01	37399.00	—
260	荻奥莎	散货船	瑞典	1983	12281.50	45000.00	—
261	朗信	散货船	丹麦	1981	12057.09	63990.00	—
262	非洲和平	散货船	日本	1976	4950.40	17164.00	—
263	挑战者	散货船	瑞典	1983	1333.10	1860.00	—
264	艾迪高（ATTICOS）	散货船	日本	1976	6537.00	28682.00	—
265	浩神星	散货船	越南	—	4889.00	—	—
266	瑞福旺	散货船	日本	1983	7757.87	37497.00	—
267	迪米奇（DIMITRIS Y Ⅱ）	集装箱船	日本	1983	14116.14	43310.00	—
268	塔拉（TALARA）	油船	秘鲁	1978	6877.40	—	—
269	银河	油船	日本	1991	16331.69	93662.00	—
270	雄鹰	油船	中国	1992	17060.43	56020.00	—
271	天使1号	油船	日本	—	6593.50	31362.00	—

续 表

序号	船名	船型	建造国或地区	建造年	轻吨（LDT）	载重吨（DWT）	总吨（GT）
272	驳船 416	驳船	美国	1975	2593.40	12035.00	—
273	驳船索尔	驳船	美国	1976	2465.90	12035.00	—
274	苏门 17 号	化学品船	中国	1984	2060.53	5846.31	—
275	XIN YE 2	散货船	日本	1978	3937.00	14289.00	—
276	SAPPHIRE I	杂货船	日本	—	4341.54	17164.00	—
277	LOBITOS	油船	—	1975	6768.00	27660.00	—
278	ZHONG REN 1602	半潜船	日本	1976	2276.00	2312.00	—
279	NOEL STAR	水泥船	日本	—	1943.15	6711.00	—
280	SULPICIO CONTAINER Ⅱ	货船	日本	1958	2690.79	4012.99	—
281	福威	杂货船	日本	1983	1528.19	—	—
282	GANG YUAN	冷藏船	日本	1972	630.00	—	—
283	SHENG YANG 1	冷藏船	日本	1973	617.00	—	—
284	OSKOL	渔船	德国	1983	1750.00	—	—
285	QIANL ISHAN	散货船	中国	1995	2531.44	—	—
286	MUSTOKOWENI	油船	日本	1991	1360.34	—	—
287	MITRA 106	冷藏船	日本	1973	2099.49	—	—
288	BIN DONG SHAN 36	渔船	美国	1981	12150.59	—	—
289	209WHANGROUNG HO	拖船	日本	1972	139.00	—	—
290	TRIESTINA	散货船	波兰	1983	8539.37	33150.00	—
291	天禹（TIAN YU）	杂货船	日本	1981	1892.70	6296.00	—
292	伏尔加油船—301	油船	苏联	1982	2478.35	4989.00	—
293	朝明 2（ZO MYONG 2）	货船	日本	1983	624.23	1705.78	—
294	水晶（SU JONG）	货船	朝鲜	1980	1641.60	3600.00	—
295	娜塔丽亚（TKB NATALIA）	货船	苏格兰	1980	1673.23	4361.00	—
296	ETHNOS	散货船	中国台湾	1984	12076.13	67804.00	—
297	ALEXIS	散货船	西班牙	1984	6276.57	27048.00	—
298	B EUROPA	散货船	日本	1982	7996.06	37188.00	—
299	MERIT	散货船	日本	1977	13583.00	44926.00	—
300	ALTAIR	散货船	瑞典	1975	1447.04	4016.00	—
301	DESERT VOYAGER	散货船	日本	1983	8094.00	43271.00	—
302	JIAYANG	散货船	中国	1989	866.14	2153.00	—
303	PANAMAX SUN	散货船	日本	1982	10855.32	64911.00	—
304	TSURU	散货船	日本	1974	10660.00	38678.00	—
305	RAFFLES	散货船	日本	1984	7204.72	37696.00	—
306	SUNRISE	散货船	芬兰	1966	881.89	1869.00	—

续 表

序号	船名	船型	建造国或地区	建造年	轻吨（LDT）	载重吨（DWT）	总吨（GT）
307	KATHERINE L	散货船	日本	1977	4328.70	18795.00	—
308	UCHUR（乌切）	散货船	日本	1977	3108.20	6516.00	—
309	AGI	散货船	中国台湾	1981	12167.00	12942.00	—
310	EXPLORER	散货船	日本	1978	7681.10	36632.00	—
311	PETREL ARROW	散货船	韩国	1985	10842.88	42964.00	—
312	DONG - A HERMES	散货船	意大利	1992	21938.00	145856.00	—
313	FORTUNE CARRIER	散货船	韩国	1982	11927.36	64584.00	—
314	FREE OCEAN	散货船	日本	1982	8450.78	28521.00	—
315	SEA WAVE	散货船	英国	1984	8897.63	45090.00	—
316	SEA KEYNES	散货船	日本	1984	7330.70	41544.00	—
317	TIWAI MARU	散货船	日本	1984	4910.43	18703.00	—
318	GANNET ARROW	散货船	日本	1985	11337.59	39260.00	—
319	TIAN HUA	散货船	日本	1983	11359.25	61839.00	—
320	FINCH ARROW	散货船	波兰	1984	11610.23	39273.00	—
321	KWAN MO BONG	散货船	朝鲜	1980	3626.27	10046.00	—
322	PACIFIC FLORES	散货船	芬兰	1984	13343.50	41600.00	—
323	LIAN FU STAR	散货船	日本	1982	11020.00	64931.00	—
324	UNION SPIRIT	散货船	日本	1979	7240.16	27477.00	—
325	SINO SOUTH	散货船	德国	1984	7657.48	26140.00	—
326	TONG SHUN	散货船	日本	1981	11713.58	64236.00	—
327	TAI HE	散货船	日本	1983	730.31	1600.00	—
328	GRAND	散货船	韩国	1982	11927.40	64583.60	—
329	HANGCHOW	散货船	英国	1984	13444.88	41949.00	—
330	GUO SHUN	散货船	日本	1977	6512.80	26873.00	—
331	DANICA	散货船	克罗地亚	1983	7564.53	29463.00	—
332	MUSKETEER	散货船	日本	1977	13616.00	44183.00	—
333	MERCHANT	散货船	日本	1977	13613.00	44186.00	—
334	ALDRIN	散货船	英国	1978	2043.40	6474.00	—
335	LISBOA	散货船	日本	1981	7760.83	40507.00	—
336	HUA JIN FENG	散货船	丹麦	1983	12195.87	63800.00	—
337	SHAWNEE PRINCESS	散货船	日本	1984	5565.94	22339.00	—
338	PACIFIC CELEBES	散货船	芬兰	1984	13343.50	41600.00	—
339	TAYRONA PRINCESS	散货船	日本	1983	7202.76	26320.00	—
340	ZHONG HE	散货船	日本	1977	5203.74	20694.00	—
341	ZHONG XIN	散货船	日本	1981	11750.00	61451.00	—

续　表

序号	船名	船型	建造国或地区	建造年	轻吨（LDT）	载重吨（DWT）	总吨（GT）
342	OCEAN ANGEL	散货船	日本	1983	8244.09	43219.00	—
343	PACIFIC JAVA	散货船	芬兰	1984	13343.50	41600.00	—
344	IRIS FRONTIER	散货船	日本	1987	20456.69	156326.00	—
345	SEALINK PROSPERITY	散货船	日本	1984	20244.00	161449.00	—
346	ZHONG ZHI	散货船	韩国	1980	4854.33	19009.00	—
347	FIRST SINO	散货船	意大利	1983	7806.69	28274.00	—
348	JUI TAI No. 3	散货船	日本	1977	4713.09	17626.10	—
349	UNION TRADER	散货船	波兰	1985	9124.02	32755.00	—
350	IVAN SUSANIN	散货船	德国	1981	8232.84	23168.80	—
351	TAHAROA EXPRESS	散货船	韩国	1990	18348.72	145842.00	—
352	JOSHU MARU	散货船	日本	1977	3012.80	2494.00	—
353	KAPITAN VODENKO	散货船	德国	1982	7827.76	19252.00	—
354	EVER NEW	散货船	韩国	1985	2216.00	7059.00	—
355	OCEAN TRADER	散货船	韩国	1987	8561.18	39833.00	—
356	ACACIA I	散货船	韩国	1983	9764.76	47623.00	—
357	ALEXA M	散货船	日本	1984	8785.43	41762.00	—
358	SHAGANG SUNRISE	散货船	日本	1997	20550.20	157659.00	—
359	AZTEC MAIDEN	散货船	日本	1984	5413.39	19777.00	—
360	TUPUNGATO	散货船	日本	1984	7280.51	37696.00	—
361	WESTERN ENTERPRISE	散货船	新加坡	1988	1465.32	3752.00	—
362	DA BANG	散货船	德国	1971	8568.90	33329.00	—
363	SEA RAINBOW（彩虹海）	散货船	日本	1984	6500.00	38325.00	—
364	SINARA（希娜拉）	散货船	日本	1980	727.83	2213.00	—
365	OCEAN CASTLE（海堡）	散货船	日本	1990	20686.00	182711.00	—
366	HO YUN（禾运）	散货船	日本	1981	5614.17	24885.00	—
367	ZHONG PENG（众朋）	散货船	日本	1982	5128.94	21355.00	—
368	OCEAN PEACE（海平）	散货船	日本	1982	7570.87	37027.00	—
369	TRADE FORTUNE（贸易星）	散货船	日本	1985	1643.55	3909.00	—
370	LADOGA 9	散货船	芬兰	1974	937.89	2197.00	—
371	SEA BRILLIANCE	散货船	日本	1984	6515.75	38309.00	—
372	GEORGIA S	散货船	日本	1981	8411.42	30187.00	—
373	FRIO SPAIN	散货船	柬埔寨	1985	3321.85	6381.00	—
374	FRIO POSEIDON	散货船	柬埔寨	1985	7280.51	13305.00	—
375	CHANG XING	散货船	德国	1979	10451.77	49071.00	—
376	MED GREEN	散货船	日本	1984	7805.10	34750.00	—

续 表

序号	船名	船型	建造国或地区	建造年	轻吨（LDT）	载重吨（DWT）	总吨（GT）
377	LUYANG HONGKONG	散货船	巴拿马	1981	11525. 60	67485. 00	—
378	SINOKOR STAR	杂货船	德国	1984	1996. 40	4472. 15	—
379	CHEREMKHOVO	杂货船	波兰	1975	7997. 64	23181. 00	—
380	HUA HUI	杂货船	日本	1980	5113. 18	22632. 00	—
381	GLORIA	杂货船	德国	1977	1865. 25	4206. 00	—
382	GATHER	集装箱船	中国台湾	1984	14114. 17	36655. 00	—
383	EASTERN CARRIER	集装箱船	乌克兰	1985	6669. 54	16323. 00	—
384	X - PRESS TOWER	集装箱船	日本	1988	4753. 70	14090. 00	—
385	GIFTED	集装箱船	中国台湾	1984	14114. 17	36655. 00	—
386	MANHATTAN BRIDGE	集装箱船	日本	1987	15208. 66	40934. 00	—
387	COOPER RIVER BRIDGE	集装箱船	日本	1987	15208. 66	40934. 00	—
388	ACX LILY	集装箱船	日本	1990	6668. 00	22375. 00	—
389	漫海	集装箱船	中国	1994	8229. 50	—	—
390	G STAR	集装箱船	意大利	1993	2871. 85	7390. 00	—
391	KESTREL ARROW	集装箱船	德国	1993	12258. 85	42149. 00	—
392	浙海 152	多用途船	日本	1984	5276. 57	19980. 00	—
393	No. 7 SAEHAN	化工油船	日本	1984	1330. 78	2999. 00	—
394	CHI HAO	冷藏船	日本	1973	2380. 48	5281. 00	—
395	CENTAURUS	冷藏船	西班牙	1989	5612. 99	9867. 00	—
396	ORION REEFER	冷藏船	日本	1989	4594. 00	9643. 00	—
397	LT GENOVA	冷藏船	日本	1983	16646. 46	41819. 00	—
398	BAY	冷藏船	德国	1989	2657. 87	5795. 00	—
399	CYMBIDIUM	木屑船	日本	1990	8875. 00	42730. 00	—
400	LIBERTY STAR	拖船	日本	1975	10942. 45	64320. 00	—
401	ZEESH GLORY	散货船	保加利亚	1980	9878. 94	39729. 00	—
402	SILVER ARROW	散货船	日本	1984	11228. 35	64379. 00	—
403	BIBI. M	散货船	日本	1984	9111. 22	47879. 00	—
404	VSP RUBY	散货船	日本	1982	11289. 37	68687. 00	—
405	BEST GLORY	散货船	日本	1982	11065. 94	65921. 00	—
406	RANIA	散货船	日本	1984	9762. 80	68405. 00	—
407	MEI FU STAR	散货船	中国台湾	1982	12006. 89	60180. 00	—
408	LUCKY VISHIP	散货船	日本	1981	11454. 70	61754. 00	—
409	PUFA	散货船	日本	1984	10810. 04	61809. 00	—
410	BREEZE	散货船	新加坡	1987	1609. 50	1862. 00	—
411	PACIFIC CARRIER	散货船	日本	1984	2325. 78	4687. 00	—

续 表

序号	船名	船型	建造国或地区	建造年	轻吨（LDT）	载重吨（DWT）	总吨（GT）
412	OTOMAR OSHKALN	集装箱船	韩国	1988	4163. 20	—	—
413	ELARA - DV	油船	瑞典	1982	4268. 80	4709. 00	—
414	OHWA	液化气船	日本	1979	1029. 12	1600. 00	—
415	AYAKS	散货船	—	1973	2481. 00	8560. 00	—
416	GOLD WING	散货船	日本	1983	9153. 50	36249. 00	—
417	LAI LONG	散货船	—	1975	2574. 37	5275. 00	—
418	CATRIN	散货船	—	1978	4639. 00	11432. 00	—
419	CHOYANG GREENPIA	散货船	—	1978	2127. 79	6758. 00	—
420	XIN JIAN DA	散货船	—	1981	7627. 00	40750. 00	—
421	RI YUE	散货船	—	1982	692. 00	4242. 00	—
422	PRIBOY	散货船	—	1969	3035. 00	4162. 00	—
423	MSC TRADER	散货船	—	1968	491. 15	1016. 00	—
424	CHUN SHEN	散货船	日本	1982	2000. 00	5988. 00	—
425	GLORIA	散货船	德国	1977	2100. 00	4249. 00	—
426	STAR	散货船	日本	1981	4083. 00	8087. 00	—
427	SHUNFA	冷藏船	—	1981	1273. 00	2257. 00	—
428	JONG BANG SAN	渔船	—	1973	2218. 90	1400. 00	—
429	UN PA SAN	渔船	—	1969	2260. 40	1097. 00	—
430	新宏	散货船	德国	1984	7839. 57	25085. 00	—
431	顺鑫	散货船	乌克兰	1985	15383. 86	68526. 00	—
432	翔虹	散货船	日本	1985	13551. 00	66221. 00	—
433	好水	散货船	波兰	1992	23925. 00	174987. 00	—
434	华迪	杂货船	日本	1980	14388. 22	47980. 00	—
435	BENEVOLENCE	散货船	德国	1984	5994. 10	12680. 00	—
436	DAEBO SONGAM	散货船	日本	1984	10191. 00	66764. 00	—
437	DA TONG	散货船	日本	1977	7878. 94	35157. 00	—
438	GOLDEN UNION	散货船	日本	1982	1968. 70	6001. 57	—
439	YANG GAK DO - 3	散货船	西班牙	1984	812. 53	1580. 53	—
440	KRASNOYARSKIY	渔船	苏联	1986	1737. 50	1189. 00	—
441	MEGA ACE（美佳雅仕）	散货船	日本	1982	9600. 00	15491. 00	—
442	JIN BIN	散货船	巴拿马	1993	3771. 33	9798. 31	—
443	YI XING	散货船	韩国	1982	6178. 80	—	—
444	YON PHUNG HO	散货船	朝鲜	1978	5413. 39	13550. 00	—
445	AKITEC	散货船	日本	1981	7036. 42	30413. 00	—
446	SUNNY VISHIP	散货船	日本	1982	11422. 24	—	—

续 表

序号	船名	船型	建造国或地区	建造年	轻吨（LDT）	载重吨（DWT）	总吨（GT）
447	MV. OS BANGKOK	散货船	日本	1984	9286. 29	—	—
448	MV. OS SINGAPORE	散货船	日本	1990	9286. 29	—	—
449	DAIO ANDES	散货船	巴拿马	—	8527. 56	44315. 00	—
450	ALDEBARAN	散货船	马耳他	—	17559. 74	87171. 30	—
451	BAO SHUN	散货船	巴基斯坦	—	6532. 50	26867. 00	—
452	BESTORE TRE	散货船	巴西	1984	13207. 68	75455. 00	—
453	TAIHUA	散货船	日本	1981	2186. 53	7130. 00	—
454	SEA　FLOURTSH	散货船	日本	1981	7027. 56	37819. 00	—
455	OS YANGON	散货船	丹麦	1984	9302. 07	21956. 00	—
456	MU SAN	杂货船	德国	1980	6230. 31	17618. 00	—
457	LING HAI	油船	中国台湾	1981	3599. 70	9865. 00	—
458	HAIDA BRAVE 等	驳船	加拿大	—	7561. 50	14750. 46	—
459	MAKSIM AMMOSOV	散货船	苏联	1975	2057. 00	2209. 00	—
460	ROKKOSAN	散货船	日本	1978	2594. 49	13343. 00	—
461	GLOBAL TOP5	散货船	日本	1992	937. 24	2367. 96	—
462	GUO YU	散货船	日本	1982	2026. 70	—	—
463	SANG THAI OCEAN	散货船	日本	1977	3646. 94	11757. 00	—
464	ORIENT SUNSHINE	散货船	日本	1980	847. 32	—	—
465	OCEANIC UNION	散货船	日本	1984	2087. 23	—	—
466	SANG THAI TIMBER	散货船	日本	1970	1488. 66	—	—
467	SHI TONG	散货船	日本	1981	2567. 20	—	—
468	BET PRINCE	杂货船	德国	1977	22391. 73	—	—
469	ALEXANDER IOFFE	油船	德国	1969	931. 79	—	—
470	COOL GIRL	冷藏船	日本	1984	3346. 75	6036. 00	—
471	ARKTUR	冷藏船	波兰	1970	4253. 80	—	—
472	SETYAWATI	油船	日本	1994	1370. 50	2078. 00	—
473	AKADEMIK	冷藏船	波兰	1981	4438. 00	5890. 00	—
474	BALTIJAS　CELS	冷藏船	德国	1988	7232. 00	13305. 00	—
475	OCEANIC	客船	意大利	1965	24916. 00	8370. 00	—
476	YI TONG	散货船	日本	1982	4599. 90	17692. 00	—
477	STAR DERBY	散货船	日本	1979	10837. 60	43010. 00	—
478	ASPEN ARROW	散货船	日本	1985	8468. 40	28030. 00	—
479	AYIA MARINA	散货船	日本	1984	7868. 11	38816. 00	—
480	TEAMPRO	散货船	韩国	1979	5203. 70	18896. 00	—
481	ATLANTIC MAJESTY	散货船	日本	1984	8259. 84	41503. 00	—

续 表

序号	船名	船型	建造国或地区	建造年	轻吨（LDT）	载重吨（DWT）	总吨（GT）
482	SINO EAST	散货船	德国	1987	6723.43	23465.00	—
483	SAKHALIN	散货船	保加利亚	1985	7814.96	25680.00	—
484	IGARKA	散货船	芬兰	1983	10645.67	20938.00	—
485	NIITAK	散货船	日本	1988	21119.09	180972.00	—
486	FOREST WAVE	散货船	日本	1991	9089.00	45748.00	—
487	DONG HANG	散货船	中国	1993	603.44	1600.00	—
488	SEA SPARKLE	散货船	日本	1984	7826.77	38380.00	—
489	VICTORMOUNT	散货船	日本	1986	9092.50	47893.00	—
490	MUJUR3	散货船	德国	1979	2463.58	5984.00	—
491	NORDINA G	散货船	日本	1984	6771.60	34607.00	—
492	PORTHOS	集装箱船	日本	1984	14116.14	43700.00	—
493	STX BUSAN	集装箱船	日本	1985	3766.00	12573.00	—
494	HAN YANG	集装箱船	中国	1982	4163.99	10962.20	—
495	GENIUS I	集装箱船	中国台湾	1984	14114.17	43401.00	—
496	RIKE	集装箱船	德国	1993	7993.11	21647.00	—
497	FEOSO EIGHT	油船	中国香港	1987	344.78	1006.00	—
498	LARASATI	油船	日本	1991	1521.28	3600.00	—
499	YANLI No 1	渔船	日本	1972	282.12	—	—
500	FREESIA	木屑船	日本	1989	9351.38	45534.00	—
501	SUI JIU 201	拖船	日本	1975	2056.00	1948.00	—
502	AN FU STAR	散货船	日本	1985	12679.00	—	—
503	SKY TREASURE	散货船	西班牙	1985	16670.89	—	—
504	FAREAST SUN	散货船	日本	1980	4957.68	22027.00	—
505	PAUL OWNIA	散货船	瑞典	1977	9430.12	44700.00	—
506	ETERNAL OCEAN	散货船	日本	1989	17315.95	94995.00	—
507	VALOUR	散货船	中国台湾	1982	12074.12	66736.00	—
508	HARITA COPPER	散货船	日本	1981	27150.59	194941.00	—
509	NORTHGATE	散货船	日本	1984	22737.20	179422.00	—
510	STONEGATE	散货船	日本	1983	27631.00	187011.00	—
511	CAPE WARRIOR	散货船	日本	1988	20583.00	146351.00	—
512	MARANATA	散货船	日本	1982	11882.87	65671.00	—
513	GRAND SEA	散货船	巴西	1987	21144.68	151852.00	—
514	BET SCOUTER	散货船	罗马尼亚	1995	27543.30	172123.00	—
515	COURAGE	散货船	中国台湾	1984	12055.22	66383.82	—
516	HUA JIN HONG	散货船	日本	1982	10695.00	65453.00	—

续 表

序号	船名	船型	建造国或地区	建造年	轻吨（LDT）	载重吨（DWT）	总吨（GT）
517	WEI YUAN	散货船	日本	1983	11750.98	65132.00	—
518	BET FIGHTER	散货船	罗马尼亚	1992	26626.87	173149.10	—
519	IKAN MANZANILLO	散货船	日本	1983	7313.97	34063.00	—
520	STELLAR FORTUNE	散货船	日本	1995	17473.42	151283.00	—
521	PANAMAX LEADER	散货船	日本	1989	11744.75	17069.00	—
522	HUA JIN CHUN	散货船	日本	1981	11950.00	64930.00	—
523	HUA JUN	散货船	新加坡	1979	2660.43	8657.32	—
524	HUA FU STAR	散货船	日本	1987	13761.00	66968.00	—
525	INDRANI	散货船	日本	1986	9556.10	69611.00	—
526	HUA JIN XI	散货船	日本	1981	12000.00	66715.00	—
527	IRON MONGER 2	散货船	英国	1995	16289.37	98057.00	—
528	FIRMEZA	散货船	日本	1982	9229.33	46925.00	—
529	ZHUSHUI 8	散货船	韩国	1986	12057.00	64155.00	—
530	DAR	杂货船	日本	1983	33716.55	262618.00	—
531	ITAL GARLAND	集装箱船	日本	1988	17910.43	—	—
532	ARAMIS	集装箱船	日本	1984	14116.14	43198.00	—
533	KATSURAGI	集装箱船	日本	1990	18861.22	59559.00	—
534	SKY PACIFIC	木屑船	瑞典	1993	9389.76	46968.00	—
535	HONSHU SIL VIA	木屑船	日本	1989	7536.42	35166.00	—
536	RAINBOW WING	滚装船	日本	1986	10881.90	15847.00	—
537	NEW RUBY 6	驳船	中国香港	1967	84.64	201.00	—
538	HOI HUNG No. 2	驳船	中国香港	1967	112.20	341.47	—
539	TAI BO 28	驳船	中国香港	1967	107.28	332.19	—
540	海链/SEA LINK	散货船	日本	1980	11270.67	61941.00	—
541	华士2号	散货船	韩国	1987	11721.46	64994.00	—
542	海星8号	散货船	巴拿马	1982	12111.20	—	—
543	沙加	散货船	日本	1982	11720.47	65163.00	—
544	新源	散货船	日本	1980	6565.00	27463.00	—
545	和平之星	散货船	日本	1981	10433.07	43300.00	—
546	高效/GOOD PURPOSE	散货船	英国	1982	12252.95	77300.00	—
547	墨西哥城/MEXICO CITY	散货船	日本	1983	10806.10	64000.00	—
548	中油671/COSL671	散货船	中国香港	—	1203.65	2250.00	—
549	中油672/COSL672	散货船	中国香港	—	1259.84	2173.00	—
550	NEWLEAD	散货船	意大利	1990	20411.00	134981.00	—
551	华龙	拖船	—	1976	960.38	530.00	—

续　表

序号	船名	船型	建造国或地区	建造年	轻吨（LDT）	载重吨（DWT）	总吨（GT）
552	PIONEE Ⅱ	散货船	法国	1969	2337.00	4500.00	—
553	KAKICHI	散货船	柬埔寨	1980	703.10	1598.48	—
554	UNISON EVER	散货船	—	1981	5486.00	23638.00	—
555	BERING	冷藏船	苏联	1987	719.37	360.00	—
556	MAYAK	冷藏船	俄罗斯	1992	720.74	360.00	—
557	PROLIV YEKATERINY	冷藏船	苏联	1987	719.37	483.00	—
558	ASIA ACE	滚装船	日本	1987	4939.00	4679.00	—
559	DONG YA No.7	散货船	日本	1987	795.00	—	—
560	HUA YANG	冷藏船	韩国	1979	565.00	—	—
561	至诚7（JI SONG 7）	散货船	日本	1984	650.36	1113.16	—
562	至诚12（JI SONG 12）	散货船	日本	1980	879.56	2063.03	—
563	安海1号（AN HAI 1 HAO）	散货船	日本	1978	1511.55	4802.00	—
564	润德（RUNG RA DO）	散货船	韩国	1983	861.44	1996.00	—
565	富饶6（FERTILITY 6）	散货船	朝鲜	1978	4598.40	12903.00	—
566	奥德亚（ODIGITRIA）	散货船	日本	1985	7095.28	3330658	—
567	安琪海（ANGEL SEA）	散货船	日本	1985	7898.00	40430.00	—
568	光荣（GLORY）	散货船	巴西	1983	4391.73	14432.00	—
569	快捷海（SEA SWIFT）	散货船	日本	1984	8015.00	37026.00	—
570	惠顺海（HUI SHUN HAI）	散货船	日本	1984	7527.56	38033.00	—
571	和益（HE YI）	散货船	日本	1982	1777.00	6287.00	—
572	MI YANG 9	集装箱船	中国	1995	561.61	1683.00	—
573	DIREKTOR	冷藏船	德国	1982	7100.00	11871.00	—
574	吉米（GEMINI）	冷藏船	德国	1988	7281.50	13305.00	—
575	JI SONG 9	多用途船	日本	1986	553.36	1357.80	—
576	AZALEA Ⅲ	散货船	日本	1983	8810.04	33192.00	—
577	OCEAN KOREA	散货船	韩国	1984	12084.64	64575.00	—
578	XIN HE	散货船	日本	1982	7293.31	34072.00	—
579	OCEAN NOBLE	散货船	日本	1984	6856.30	37963.00	—
580	HUAJINBIN	散货船	日本	1982	10473.00	65159.00	—
581	MARILLION	散货船	韩国	1986	8049.80	41797.90	—
582	LI XIAO	散货船	日本	1981	5626.00	23987.00	—
583	YAHAGI MARU	散货船	日本	1992	14060.04	88835.00	—
584	ALFA MARE	散货船	日本	1984	6498.03	29155.00	—
585	ZHONG BANG	散货船	韩国	1982	5663.39	25074.00	—
586	LIBERTY SUN	散货船	韩国	1986	11132.96	63400.00	—

续 表

序号	船名	船型	建造国或地区	建造年	轻吨（LDT）	载重吨（DWT）	总吨（GT）
587	JADE SKY	散货船	日本	1985	6209.00	30686.00	—
588	COUNTESS C	散货船	日本	1982	8762.80	41489.00	—
589	ACHILLES Ⅰ	散货船	日本	1984	7374.00	37740.00	—
590	NIKAT	散货船	日本	1983	8592.51	42964.00	—
591	NEW PHOENIX	散货船	日本	1985	10402.56	65051.00	—
592	DA SHEN	散货船	日本	1977	6712.60	28323.00	—
593	ADMIRAL USHAKOV	散货船	德国	1979	8343.25	23168.80	—
594	PACIFIC BANGZHE	散货船	日本	1981	5612.00	24001.00	—
595	ZHONG DE	散货船	日本	1981	5648.62	24850.00	—
596	QING PING HAI	散货船	日本	1985	7368.11	37746.00	—
597	MASS MERTI	散货船	日本	1993	9547.24	69620.00	—
598	INTERCROWN	散货船	日本	1981	5606.80	22525.00	—
599	SEA GRACE	散货船	日本	1994	19721.45	157600.00	—
600	DOOWOO BUSAN	集装箱船	中国	1988	5336.80	13226.00	—
601	E STAR	集装箱船	中国	1995	2879.42	7117.00	—
602	CHU HONG	集装箱船	中国	1994	4047.24	8610.00	—
603	APALIS ARROW	杂货船	日本	1983	12258.85	42149.00	—
604	PIONER KIRGIZII	杂货船	苏联	1978	3902.76	6780.00	—
605	STARFORD 4	杂货船	日本	1985	2702.40	7110.00	—
606	DYLAN	杂货船	罗马尼亚	1984	2150.59	4710.00	—
607	STARFORD 5	杂货船	日本	1985	2713.35	7110.00	—
608	URAN	杂货船	波兰	1974	5439.37	14203.00	—
609	DA BAK SOL	杂货船	朝鲜	1981	4232.00	9382.00	—
610	GREEN WAVE	杂货船	日本	1980	2317.13	6998.20	—
611	AION	杂货船	德国	1980	6008.85	12755.00	—
612	CHAN FONG	杂货船	日本	1984	728.50	1600.00	—
613	BAO RUI	杂货船	日本	1983	2867.25	9120.00	—
614	JIA LIN	杂货船	日本	1980	1829.82	5954.48	—
615	HAI SHUN	杂货船	韩国	1985	2161.66	6851.00	—
616	MILLENNIUM	杂货船	日本	1974	1875.83	6074.00	—
617	SAM IL PHO	杂货船	朝鲜	1983	4124.01	9430.00	—
618	JANG SAN	杂货船	朝鲜	1981	3877.95	9731.00	—
619	TU MAN GANG	杂货船	朝鲜	1978	3863.63	9689.00	—
620	REGINA G	杂货船	英国	1977	1420.28	4489.90	—
621	LONG AN CHENG	杂货船	日本	1983	5574.00	23443.00	—

续　表

序号	船名	船型	建造国或地区	建造年	轻吨（LDT）	载重吨（DWT）	总吨（GT）
622	DAYOCHANG	杂货船	日本	1977	4282.48	18845.00	—
623	GOLDEN QUEEN	杂货船	日本	1982	2281.18	6760.40	—
624	JU JAK BONG 7	杂货船	韩国	1983	1292.52	3078.00	—
625	HAI OU	杂货船	日本	1983	927.06	2096.00	—
626	JIA NA	杂货船	中国	1986	991.15	3149.00	—
627	GOLDEN LINE	杂货船	日本	1981	1187.00	3500.00	—
628	HAI PING	杂货船	日本	1985	769.70	1529.74	—
629	TOBOI TRADER	杂货船	中国	1986	1285.28	2763.00	—
630	TEKLIBKA	滚装船	土耳其	1972	1282.28	1835.65	—
631	FESCO GAVRIIL	滚装船	苏联	1976	5536.02	4600.00	—
632	TAMPA	滚装船	韩国	1984	27068.90	44013.00	—
633	NEOBLUE	油船	日本	1981	2244.73	6778.00	—
634	FRIO ADRIATIC	冷藏船	德国	1986	7134.84	13305.00	—
635	LARCH 1	木屑船	韩国	1998	11385.83	51356.00	—
636	KUNISAKI MARU	矿砂船	日本	1988	28802.17	227960.00	—
637	SPIRIT OF MOL	训练船	日本	1972	2971.06	2469.00	—
638	IVAN MALYAKIN	渔船	苏联	1975	2311.70	1163.00	—
639	TURNBERRY GLORY	散货船	日本	1987	10199.80	68308.00	—
640	KIND FOUNTAIN	散货船	日本	1983	6465.55	31774.00	—
641	HAI CHANG	散货船	日本	1984	7137.95	37710.00	—
642	HANSA BERGEN	散货船	中国	1998	7125.10	20630.00	—
643	CASTILLO	散货船	西班牙	1987	11685.04	61362.00	—
644	EVNICE	散货船	日本	1984	8932.10	41373.00	—
645	PELAGOS	散货船	日本	1984	7989.17	37052.00	—
646	POLYGO 2	散货船	韩国	1988	2161.38	6851.00	—
647	AI RUI TONG	散货船	日本	1985	2755.87	7110.36	—
648	HAE SONG	散货船	韩国	1985	4938.00	8938.00	—
649	SANG THAI EAGLE	散货船	日本	1981	2112.00	6129.28	—
650	CHANG FENGII	散货船	韩国	1979	5754.53	24586.00	—
651	FORTUNE FOREST	散货船	日本	1981	4436.02	18668.00	—
652	DAI HONG DAN	散货船	朝鲜	1978	3643.70	9689.00	—
653	YUZHNO　SAKHALINSAKA	杂货船	苏联	1974	3875.00	6070.00	—
654	ARKAIM-6	杂货船	芬兰	1982	2024.60	6705.00	—
655	CHUN XING	杂货船	日本	1984	873.03	1677.00	—
656	YONG AN	杂货船	日本	1983	697.79	2200.00	—

续 表

序号	船名	船型	建造国或地区	建造年	轻吨（LDT）	载重吨（DWT）	总吨（GT）
657	KWANG PHO	杂货船	日本	1981	633.86	1608.00	—
658	FORTRESS 7	杂货船	英国	1982	3799.21	15175.00	—
659	VICTORIA	杂货船	日本	1986	2611.24	4977.00	—
660	GRAFIT	拖网渔船	德国	1976	2192.40	1240.00	—
661	KALINOVO	拖网渔船	德国	1975	2123.50	1212.00	—
662	DOLOMIT	拖网渔船	德国	1976	2192.40	1212.00	—
663	KLIMOVE	拖网渔船	德国	1975	2192.40	1212.00	—
664	KREMEN	拖网渔船	德国	1976	2192.40	1212.00	—
665	STELLAR JUPITER	木屑船	日本	1989	8768.00	43088.00	—
666	HANSA LONDON	集装箱船	波兰	1992	5165.35	12596.00	—
667	PETRO 168	油船	日本	1984	1632.78	4900.00	—
668	PAROMAY	滚装船	日本	1978	3200.95	4617.00	—
669	BEST RICH	散货船	日本	1982	2070.00	6470.60	—
670	TRANS PACIFIC	散货船	意大利	1987	6939.00	29367.00	—
671	MING ZHOU 22	集装箱船	日本	1985	3417.01	7813.00	—
672	PRIMORETS	杂货船	苏联	1980	1228.20	1610.00	—
673	PACIFIC EAGLE	杂货船	日本	1990	2358.00	6587.00	—
674	NADI	杂货船	挪威	1972	1060.00	—	—
675	RI SHENG	杂货船	日本	1985	647.00	—	—
676	SANG THAI GLORY	杂货船	日本	1979	1992.29	—	—
677	SANG THAI XEBEC	杂货船	日本	1978	2264.20	8427.00	—
678	PACIFIC BANGHHU	杂货船	日本	1982	5037.00	—	—
679	江海（JIANGHAI）	杂货船	日本	1977	4790.00	—	—
680	PIONER ROSSII	杂货船	苏联	1970	3875.00	—	—
681	SUN CRYSTAL	杂货船	日本	1983	1238.92	—	—
682	MORSKOY - 14	货船	芬兰	1968	925.00	—	—
683	LARSEN	货船	日本	1984	2963.63	—	—
684	LARSEN	货船	日本	1984	2963.63	—	—
685	利尔（REI）	货船	日本	1983	3868.52	—	—
686	KALININSK	渔船	苏联	1982	647.20	—	—
687	SHESTAKOVO	渔船	苏联	1987	673.04	—	—
688	NEVSKAVA DUBROVKA	渔船	柬埔寨	1982	3250.00	—	—
689	SELENITOVYY	冷藏船	苏联	1979	710.00	—	—
690	三航拖 4001	拖船	日本	1976	1013.67	—	—
691	SAKHALIN 7	客滚船	苏联	1982	5365.87	—	—

续　表

序号	船名	船型	建造国或地区	建造年	轻吨（LDT）	载重吨（DWT）	总吨（GT）
692	HUAWEN	散货船	韩国	1989	14389.76	47980.00	—
693	RUIMING	散货船	日本	1984	8649.36	39697.00	—
694	ANATOLIY LYAPIDEVSKIY	散货船	德国	1984	7960.62	19252.00	—
695	ROSA	散货船	日本	1984	5759.84	25388.00	—
696	HARITA NICKEL	散货船	日本	1983	12239.17	63686.00	—
697	UNIMAX	散货船	巴西	1985	13616.50	75426.00	—
698	WIN	散货船	日本	1985	2482.75	7326.00	—
699	JUN XIN	散货船	中国	2009	1370.00	5313.00	—
700	AO YANG FEN JIN	杂货船	日本	1984	2040.98	5593.00	—
701	ANIK	杂货船	德国	1987	8221.46	23245.00	—
702	KASPIYSKIY	冷藏船	苏联	1987	1769.91	1211.00	—
703	VICTORY 8	散货船	日本	1985	13885.82	66221.00	—
704	JING YE	散货船	日本	1984	10255.91	69201.00	—
705	KAI BAO	散货船	日本	1981	6100.00	29466.00	—
706	BAO MING	散货船	中国	1989	2234.25	—	—
707	PACIFIC BANGJIANG	散货船	日本	1981	5554.13	—	—
708	DA JIA	散货船	日本	1969	4717.97	18000.00	—
709	KAOLONG	散货船	巴西	1985	8558.00	45327.00	—
710	KAISHUN	散货船	英国	1984	6647.64	30850.00	—
711	SINO WEST	杂货船	德国	1988	7303.15	—	—
712	WON HOPE	杂货船	日本	1996	870.60	1800.00	—
713	ASIAN SPIRIT	滚装船	韩国	1988	15578.80	—	—
714	NAMHAE PIONEER II	化学品船	日本	1991	1586.32	2998.76	—
715	SIERRA GUARDIAN	木屑船	日本	1996	9164.37	48794.00	—
716	VIGDIS KNUTSEN	油船	西班牙	1993	20943.00	12343.00	—
717	LUMINOUS ORION	木屑船	日本	1997	10055.12	49996.00	—
718	PIONER KHOLMSHA	散货船	苏联	1975	3875.30	—	—
719	CHONG JIN 2	散货船	日本	1978	6224.90	—	—
720	BOSS	散货船	日本	1978	3052.00	—	—
721	J FREND	散货船	日本	1984	7405.00	35493.00	—
722	STADT BERLIN	集装箱船	德国	1998	4766.37	—	—
723	FENG RONG	集装箱船	日本	1983	3318.00	8302.00	—
724	KRASNOGVARDEEC	集装箱船	保加利亚	1986	5226.59	5310.22	—
725	SEA　RICH	杂货船	西班牙	1986	4872.05	16211.00	—
726	OCEAN　DAVID	杂货船	日本	1985	5004.00	21978.00	—

续 表

序号	船名	船型	建造国或地区	建造年	轻吨（LDT）	载重吨（DWT）	总吨（GT）
727	OLGA	杂货船	德国	1975	1127.00	2154.00	—
728	JIN JIANG	杂货船	日本	1985	2353.00	6694.00	—
729	YANG YUAN	杂货船	日本	1980	3629.00	—	—
730	DAYANA	杂货船	荷兰	1977	1679.40	1706.30	—
731	PIONER SAKHALINA	杂货船	苏联	1974	3802.90	6070.00	—
732	SUN BIG No. 3	冷藏船	日本	1973	4786.80	—	—
733	ALMERIA CARRIER	冷藏船	日本	1983	3824.80	6070.00	—
734	BLAZNOVO	渔船	苏联	1983	818.00	—	—
735	APOSTOL	渔船	苏联	1979	701.00	—	—
736	BREEZE	货船	德国	1978	915.00	—	—
737	BREEZE	货船	德国	1978	914.00	—	—
738	PALANA	多用途船	荷兰	1979	1986.00	5000.00	—
739	HOKUYO	渔加工船	芬兰	1988	16182.00	10200.00	—
740	LUCKY DRAGON	散货船	意大利	1985	10851.00	64802.00	—
741	FREE SKY	散货船	日本	1980	14108.30	59577.00	—
742	MV YONG SHUN	散货船	日本	1981	11786.40	64183.00	—
743	HUA JIN SONG	散货船	阿根廷	1988	11642.72	64221.00	—
744	HENG YU	散货船	西班牙	1992	25896.00	1213665.00	—
745	LADY DIANA	杂货船	芬兰	1968	875.00	1810.00	—
746	LADOGA - 1	杂货船	芬兰	1972	917.32	2268.00	—
747	TRANS OCENA	散货船	意大利	1987	6825.00	29567.00	—
748	JUI YI	散货船	日本	1977	4754.20	16392.00	—
749	OPIENT DALIAN	散货船	中国	1994	885.85	2131.00	—
750	MIKHAIL STREKALOVSKIY	散货船	苏联	1981	8265.63	23357.00	—
751	HAIXIANG	散货船	波兰	1996	24108.27	—	—
752	PRATIBHA NARMADA	散货船	日本	1982	15143.12	—	—
753	TRADER	杂货船	柬埔寨	1977	2840.55	7910.00	—
754	ORION VOYAGER	油船	巴西	1994	24391.73	156169.00	—
755	MAERSK CLIPPER	供应船	丹麦	1983	2332.00	—	—
756	MAERSK CUTTER	供应船	丹麦	1983	2332.00	—	—
757	COSTA BLANCA	挖泥船	荷兰	1974	1203.20	—	—
758	SAGAR HANSA	挖泥船	荷兰	1970	5017.60	—	—
759	LNG DELTA	液化气船	美国	1978	31276.68	64637.00	—
760	RAISHU	木屑船	日本	1989	3417.32	—	—
761	MING YANG	冷藏船	德国	1981	7138.00	9598.00	—

续 表

序号	船名	船型	建造国或地区	建造年	轻吨（LDT）	载重吨（DWT）	总吨（GT）
762	JI SHUN	杂货船	日本	1984	812.00	2356.00	—
763	KOMENOTSU No.7	杂货船	日本	1983	729.00	1983.00	—
764	GLOBE BRIGHT	散货船	日本	1983	10248.03	66764.00	—
765	鸿洋	散货船	日本	1990	15800.40	96707.00	—
766	ASTERY	油船	苏联	1936	650.33	839.00	—
767	POHNPEI No.1	渔船	密克罗尼西亚	1987	900.00	—	—
768	GEORG OTS	客滚船	波兰	1980	8387.06	1327.00	—
769	F DUCKLING	散货船	日本	1996	19677.16	171039.00	—
770	IRON MONGER 8	散货船	日本	1990	15624.50	94172.00	—
771	XING TONG DA	散货船	西班牙	1983	11734.25	61318.00	—
772	HENG TONG 5	散货船	英国	1983	11368.10	67368.00	—
773	GUOYUAN 5	散货船	日本	1985	9232.00	65298.00	—
774	ZHUSHUI9	散货船	日本	1984	11438.00	64442.00	—
775	HUA HONG	散货船	日本	1983	8775.00	50428.00	—
776	KUO HSIN No.6	散货船	日本	1973	7073.85	22187.00	—
777	PHOSPHOR	散货船	西班牙	1984	3546.26	9655.00	—
778	MASS GLORY	散货船	日本	1993	9611.22	69555.00	—
779	ZHUSHUI 1	散货船	日本	1984	11790.00	65772.00	—
780	XINYUANHAI	散货船	日本	1988	23035.43	186876.00	—
781	WELLY Ⅱ	散货船	日本	1982	10145.67	45508.00	—
782	HUIKANGHAI	散货船	日本	1994	22177.17	149680.00	—
783	FULL SPRING	散货船	日本	1994	9579.72	69587.00	—
784	MASS PROSPERITY	散货船	日本	1983	9542.32	69625.00	—
785	STAR LIGHT	散货船	中国	1984	423.04		—
786	JOYOUS AGE	散货船	日本	1994	9427.17	69271.00	—
787	FULL SOURCES	散货船	日本	1994	9593.50	69573.00	—
788	FULL BEAUTY	散货船	日本	1994	9060.04	79403.00	—
789	KAWA MAS	集装箱船	德国	1985	4724.41	12622.00	—
790	HANG CHEONG	油船	中国香港	1981	393.98	781.00	—
791	FEOSO ONE	油船	中国	1983	437.30	—	—
792	STELLAR KITE	木屑船	日本	1995	9022.64	45327.00	—
793	CRIMSON MERCURY	木屑船	日本	1995	10377.00	49504.00	—
794	OCEAN SOUND	木屑船	日本	1991	8668.00	41639.00	—
795	CHIPSTAR	木屑船	日本	1997	9648.62	45275.00	—
796	PWP1	散货船	德国	1982	4384.00	9800.00	—

续 表

序号	船名	船型	建造国或地区	建造年	轻吨（LDT）	载重吨（DWT）	总吨（GT）
797	MEGA PROGRESS	散货船	日本	1986	9605.31	69561.00	—
798	JIAN YE	散货船	德国	1987	8135.24	20358.00	—
799	KERRY EXPRESS	散货船	日本	1980	1955.70	3862.00	—
800	STAR ALABAMA	散货船	日本	1985	7644.00	30175.00	—
801	IN ARTE	散货船	日本	1997	17890.75	151982.00	—
802	STAR AMERICA	散货船	日本	1985	7531.00	30168.00	—
803	GRAND WAY	散货船	韩国	1994	8411.42	44006.00	—
804	LINDESAY CLARK	散货船	韩国	1985	6619.69	29515.20	—
805	MOROBE COAST	散货船	中国	1988	1440.27	2905.00	—
806	CSL CABO	散货船	荷兰	1971	8612.00	31365.00	—
807	BRIGHT ROYAL	散货船	日本	1985	6048.23	28259.00	—
808	CSL ATLANTIC	散货船	日本	1981	6106.00	23794.00	—
809	MING CHUN	集装箱船	日本	1985	4924.10	15099.00	—
810	MERKUR BRIDGE	集装箱船	波兰	1993	5152.56	12589.00	—
811	OILER ONE	油船	新加坡	1987	490.84	1209.24	—
812	CARRIE	油船	中国香港	1977	291.51	692.00	—
813	JASA AMAN	汽车船	日本	1982	7264.76	9003.00	—
814	HOEGH TRAVELLER	汽车船	日本	1983	12143.00	15370.00	—
815	HOEGH TRAPEZE	汽车船	日本	1983	13724.00	16694.00	—
816	MORNING SPRUCE	汽车船	瑞典	1981	16375.00	28210.00	—
817	TERRIER	汽车船	日本	1982	15962.00	18851.00	—
818	HOEGH TROPICANA	汽车船	日本	1980	11413.00	12003.00	—
819	HUAHU	拖船	西班牙	1982	1192.42	1090.00	—
820	ORIENTAL SWAN	化学品船	日本	1985	2547.24	7518.00	—
821	TROPICAL SEAROAD	木屑船	日本	1989	3618.00	15296.00	—
822	ITAPERUNA	散货船	日本	1986	9466.54	6234.00	—
823	THEOFOROS I	散货船	巴西	1993	9213.20	5296.00	—
824	FAREAST STAR	散货船	克罗地亚	1985	5187.99	2653.00	—
825	YUANYANG AOBO	散货船	韩国	1986	10103.35	43300.00	—
826	天后	散货船	中国	1993	18960.63	47994.00	—
827	凤后	散货船	中国	1994	18935.04	47994.00	—
828	SHEN QUAN HAI	散货船	日本	1984	8350.39	—	—
829	TASKENT	散货船	土耳其	1992	15441.14	75839.00	—
830	XING YAO	散货船	日本	1982	11341.54	64653.00	—
831	GREEN OCEAN	散货船	日本	1984	11755.61	67296.00	—

续　表

序号	船名	船型	建造国或地区	建造年	轻吨（LDT）	载重吨（DWT）	总吨（GT）
832	RAPIER	散货船	韩国	1987	10864. 57	64377. 00	—
833	CLIO	散货船	日本	1989	9384. 84	69406. 00	—
834	向泰	集装箱船	德国	1986	7372. 00	—	—
835	威航希望	集装箱船	日本	1986	2696. 22	7593. 79	—
836	SUNSET BAY	集装箱船	波兰	1998	7913. 39	22800. 00	—
837	CONTI SYDNEY	集装箱船	德国	1990	6604. 33	23596. 00	—
838	STADT HAMBURG	集装箱船	德国	1998	4766. 37	—	—
839	EMPRESS SEA	集装箱船	中国台湾	1994	18985. 24	47994. 00	—
840	YM ZENITH	集装箱船	中国台湾	1996	19120. 08	25995. 00	—
841	那帕 1 号	油船	韩国	1981	8248. 03	29973. 00	—
842	凯福	油船	中国	1993	22020. 63	—	—
843	北海道	滚装船	日本	1999	9430. 00	5937. 00	—
844	JIN HAI WAN	化学品船	韩国	1995	2903. 54	5877. 00	—
845	JIN HAI HU	化学品船	韩国	1995	2777. 39	5877. 00	—
846	威月	货船	法国	1984	5567. 00	16757. 00	—
847	阿拉湾	货船	日本	1982	11956. 68	63978. 00	—
848	运通	货船	日本	1981	12141. 73	17650. 00	—
849	NORMAN LADY	液化气船	挪威	1973	23011. 80	50922. 00	—
850	FORMOSA QUEEN	客船	芬兰	1970	12124. 00	4525. 00	—
851	ZHONG HAO	冷藏船	芬兰	1980	874. 10	1250. 00	—
852	QIAN LI SHAN 18	散货船	中国	2008	4055. 78	15500. 00	—
853	WANG TONG XING 1	散货船	日本	1984	2981. 00	10946. 00	—
854	TAUNTON	散货船	日本	1986	24005. 00	186324. 00	—
855	NEW VICTORY	油船	日本	1993	39255. 00	285000. 00	—
856	YONGHO HOPPER No. 2	挖泥船	荷兰	1967	5604. 00	—	—
857	XIN SHENG DA	散货船	中国	1988	992. 52	2232. 00	—
858	SKIPPER 1	货船	日本	1983	800. 00	2098. 00	—
859	DANA	货船	日本	1981	884. 25	2396. 00	—
860	BEAK MA GANG	货船	朝鲜	1979	1833. 66	3866. 00	—
861	SONG GWANG	货船	中国	1984	2000. 26	6351. 57	—
862	YUN TONG	散货船	日本	1982	11467. 52	61537. 00	—
863	ZHONG YE	散货船	日本	1980	5652. 56	23960. 00	—
864	YONG AN 3	散货船	韩国	1996	8300. 20	44129. 00	—
865	TACORA	散货船	日本	1985	7280. 17	37696. 00	—
866	PAMELA STREAM	散货船	日本	1983	1564. 56	4421. 83	—

续 表

序号	船名	船型	建造国或地区	建造年	轻吨（LDT）	载重吨（DWT）	总吨（GT）
867	FULL STRONG	散货船	日本	1994	9086.61	70171.00	—
868	JOYOUS LAND	散货船	日本	1994	9415.35	69283.00	—
869	FULL RICH	散货船	日本	1995	6701.48	43217.00	—
870	GREAT CONCORD	散货船	中国	1999	6619.00	24159.00	—
871	GREAT HARMONY	散货船	中国	1999	6664.00	24159.00	—
872	SHEKOU SEA	散货船	日本	1996	10066.93	72394.00	—
873	SEA BAISEN	散货船	中国	1998	7264.37	26613.00	—
874	JINPUHAI	散货船	中国	1996	12001.08	69963.00	—
875	MATSUKO	集装箱船	日本	1999	4684.06	9509.00	—
876	TAKEKO	集装箱船	日本	1999	4680.12	9513.00	—
877	UMEKO	集装箱船	日本	1999	4678.15	9515.00	—
878	NEW ORLEANS EXPRESS	集装箱船	韩国	1989	13750.00	37227.98	—
879	ZIYAHE	集装箱船	日本	1996	4714.57	12714.00	—
880	SEA STAR 1	杂货船	波兰	1978	1404.92	3604.60	—
881	BU HUNG	杂货船	巴西	1978	2047.56	—	—
882	PE GAE BONG	杂货船	朝鲜	1980	3837.00	9769.40	—
883	MING JIE	杂货船	韩国	1984	2027.98	6503.00	—
884	GAZELLA COAST	杂货船	丹麦	1984	2150.59	5635.00	—
885	SANG THAI IRIS	杂货船	日本	1981	2030.93	6120.00	—
886	BU GANG	杂货船	日本	1979	1651.00	5115.00	—
887	BAO AN CHENG	杂货船	日本	1985	5292.32	20609.00	—
888	KHUDOZHNIK TSYGANOV	杂货船	苏联	1978	1159.44	3197.00	—
889	XIANG AN CHENG	杂货船	日本	1985	5280.51	20621.00	—
890	XU CHANG HAI	杂货船	中国	1997	7531.22	27110.60	—
891	TAIKO	滚装船	韩国	1984	27069.00	43986.00	—
892	MADAME BUTTERFLY	滚装船	瑞典	1981	16362.00	28223.00	—
893	MORNING CEDAR	滚装船	日本	1982	16484.00	28100.00	—
894	LYUTOGA	滚装船	瑞典	1979	4346.45	8696.00	—
895	LAGAS RAINBOW	液化气船	日本	1980	1301.34	1159.70	—
896	EATABLE TRADER	木屑船	日本	1989	8201.80	42561.00	—
897	FORTUNESTAR7	集装箱船	德国	1983	987.78	2196.00	—
898	FYODOR POPOV	散货船	苏联	1974	2175.69	4000.00	—
899	JIN JIANG SHAN	散货船	韩国	1984	2031.00	6504.00	—
900	JIP SAM	散货船	朝鲜	1984	3756.00	9854.00	—
901	GRAND NOBLE	散货船	日本	1980	2293.00	8131.00	—

续 表

序号	船名	船型	建造国或地区	建造年	轻吨（LDT）	载重吨（DWT）	总吨（GT）
902	CHONG SONG CHON	散货船	日本	1986	2139. 85	9500. 00	—
903	SON AM CHON	散货船	日本	1984	2020. 88	9000. 00	—
904	PONG SANG GANG	散货船	韩国	1985	2889. 86	9800. 00	—
905	OKHOTNIK	渔船	德国	1983	1699. 80	669. 00	—
906	OKSU	渔船	德国	1983	1739. 17	669. 00	—
907	SUPER SUN	散货船	日本	1982	4430. 00	—	—
908	梅丽莎（MELISSA）	杂货船	荷兰	1977	957. 00	3820. 00	—
909	SO HUNG1	杂货船	日本	1980	738. 30	2800. 00	—
910	KANG SONG	杂货船	西班牙	1978	1178. 15	4400. 00	—
911	KANG AN	杂货船	日本	1977	706. 57	2810. 00	—
912	XIANG YUN HAI	杂货船	日本	1982	2094. 27	5000. 00	—
913	HE FENG	杂货船	英国	1979	4422. 54	11100. 00	—
914	MIO	渔船	德国	1987	1862. 00	—	—
915	KORPYAKSKOE NAGORYE	渔船	乌克兰	1993	793. 30	—	—
916	FYODOR LITKE	破冰船	苏联	1970	2045. 00	8100. 00	—
917	ANDREAS	多用途船	德国	1983	3051. 20	6100. 00	—
918	AN　YANG HE	散货船	日本	1986	788. 00	1850. 00	—
919	AKSHNEER	散货船	乌克兰	1993	13415. 00	52370. 00	—
920	GOLDEN　LINE 8	杂货船	韩国	1982	2044. 00	6485. 00	—
921	BARU	化学品船	丹麦	1986	14674. 00	83970. 00	—
922	ULSANGAS	液化气船	日本	1981	1847. 00	2904. 00	—
923	DE DA	拖船	日本	1979	3193. 70	2900. 00	—
924	MYONG SAN1	杂货船	日本	1974	5016. 73	16657. 00	—
925	YONG AN 2	散货船	韩国	1995	8281. 10	—	—
926	HUA SHENG 1	杂货船	日本	1979	4321. 85	17188. 00	—
927	LONG TRADER	杂货船	日本	1989	940. 40	3300. 00	—
928	TOYOKICHI	杂货船	日本	1984	829. 40	1600. 00	—
929	KULLUK	钻井平台	日本	1983	18555. 90	—	—
930	SEDCO 703	钻井平台	美国	1973	12697. 24	—	—
931	HAIYANG ZHI XING	散货船	乌克兰	1991	13415. 35	53270. 00	—
932	SINUS VOYAGER	油船	巴西	1994	24872. 05	155681. 00	—
933	SUPER WIN	渔船	日本	1992	478. 36	841. 00	—
934	TAISEI	训练船	日本	1981	3596. 16	3260. 00	—
935	SLIEDRECHT 34	挖泥船	荷兰	1987	1105. 31	1200. 00	—

续 表

序号	船名	船型	建造国或地区	建造年	轻吨（LDT）	载重吨（DWT）	总吨（GT）
936	PORT OF SAN FRANCISCO DRY - DOCK#1	干船坞	美国	1943	3660.00	4000.00	—
937	BILIS	液化气船	法国	1975	18671.90	41370.00	—
938	FULL WEALTH	散货船	日本	1995	6716.54	29800.00	—
939	CSL TRAILBLAZER	散货船	日本	1978	7698.00	26607.00	—
940	PACIFIC PIONEER	散货船	日本	1992	6676.18	41971.00	—
941	PACIFIC ENDEAVOR	散货船	日本	1992	7024.61	43366.00	—
942	PACIFIC VIGOROUS	散货船	日本	1993	7036.42	43354.00	—
943	TRANS SUMMER	散货船	中国	2011	10686.13	56823.90	—
944	PACIFIC EMBOLDEN	散货船	日本	1993	6995.08	43396.00	—
945	RIVER ELEGANCE	集装箱船	日本	1994	18579.00	49945.00	—
946	MCC LUZOU	集装箱船	波兰	1992	5158.46	12460.00	—
947	CARHON	油船	中国	1983	529.30	1000.00	—
948	ALLIED	研究调查船	挪威	1980	2596.23	2518.00	—
949	ALPHA	平台供应船	澳大利亚	1969	1075.11	1103.00	—
950	HUAHAI	拖船	芬兰	1979	1216.54	—	—
951	EMPRESS DRAGON	集装箱船	中国台湾	1994	18956.69	47998.00	—
952	RIVER WISDOM	集装箱船	日本	1994	18579.72	47998.00	—
953	XIN SHENG HAI	散货船	日本	1989	22330.00	182008.00	—
954	FULL COMFORT	散货船	日本	1994	9076.77	70181.00	—
955	NEW VENTURE	油船	日本	1992	38668.08	285699.00	—
956	NEW EITALITY	油船	日本	1993	39426.21	284569.00	—
957	NEW VALOR	油船	日本	1992	39719.50	319560.00	—
958	SEA GLORIA	散货船	日本	1994	19721.00	157600.00	—
959	MV “JOYOUS WORLD”	散货船	日本	1994	9563.00	81000.00	—
960	JOYOUS SOCIETY	散货船	日本	1994	9424.21	69274.00	—
961	TIANYNGHAI	散货船	韩国	1997	19855.27	170364.56	—
962	PACIFIC WISDOM	散货船	日本	1992	6637.80	42010.00	—
963	TEXAS	滚装船	韩国	1984	27067.65	40855.20	—
964	PACIFIC PROSPECT	散货船	日本	1993	9916.90	73630.00	—
965	PACIFIC PARADISE	散货船	日本	1993	9902.56	73645.00	—
966	M/V PACIFIC CAREER	散货船	日本	1993	6976.38	43415.00	—
967	SEA BAISI	散货船	中国	1997	7240.06	26637.30	—

续 表

序号	船名	船型	建造国或地区	建造年	轻吨（LDT）	载重吨（DWT）	总吨（GT）
968	SEA BAILO	散货船	中国	1998	7265. 51	26611. 44	—
969	PAEK DU SAN	冷藏船	荷兰	1964	3810. 00	10900. 00	—
970	ORION NEBULA	散货船	英国	1979	1766. 00	4361. 00	—
971	HUTUOHE	集装箱船	日本	1997	4741. 14	12687. 00	—
972	ZHAO QING HE	集装箱船	日本	1996	4674. 21	15918. 00	—
973	XIN HUI HE	集装箱船	日本	1996	4667. 32	15925. 00	—
974	YANG JIANG HE	集装箱船	日本	1997	4674. 21	15918. 00	—
975	XIANG XING	集装箱船	韩国	1995	2460. 63	6950. 00	—
976	XIANG ZHU	集装箱船	罗马尼亚	1998	4235. 53	8530. 00	—
977	PEACH MOUNTAIN	散货船	中国	1996	10121. 71	40480. 00	—
978	GREAT CAIM	散货船	日本	1996	7840. 55	45215. 00	—
979	YICHANGHAI	散货船	中国	1997	7477. 36	27165. 00	—
980	GREAT IMMENSITY	散货船	中国	1999	10371. 00	32485. 00	—
981	DONGCHANGHAI	散货船	中国	1997	7471. 46	27171. 61	—
982	STAR FRASER	散货船	韩国	1985	10000. 00	43082. 00	—
983	TIANSHENGHAI	散货船	韩国	1997	19818. 99	170401. 80	—
984	MINGHAI	散货船	日本	1996	7468. 50	45569. 00	—
985	GREAT JADE	散货船	韩国	1997	10628. 00	73192. 00	—
986	GREAT PEACE	散货船	日本	1996	7797. 24	45259. 00	—
987	GREAT MOTION	散货船	中国	1998	7257. 87	27338. 00	—
988	QINHAI	散货船	日本	1995	7492. 13	45569. 00	—
989	TIAN BAI FENG	散货船	日本	2000	9854. 33	74269. 00	—
990	STAR FLORIDA	杂货船	韩国	1985	10000. 00	40790. 00	—
991	TAE RYONG GANG	杂货船	朝鲜	1979	5265. 75	13850. 00	—
992	ZHONG LIAN 6	杂货船	日本	1983	1168. 90	3415. 00	—
993	STAR ATLANTIC	杂货船	日本	1986	7604. 00	30402. 00	—
994	RAG WON	杂货船	中国	1990	829. 73	2194. 00	—
995	TASCO	滚装船	韩国	1984	17138. 00	23218. 00	—
996	TAGUS	滚装船	韩国	1985	17302. 00	21900. 00	—
997	LIBERTY	滚装船	日本	1985	17312. 00	27609. 00	—
998	BUBUK	液化气船	法国	1975	18671. 90	41370. 00	—
999	KOTO	液化气船	日本	1984	26980. 00	70833. 00	—
1000	GREAT LCUK	散货船	日本	1998	9576. 77	71399. 00	—
1001	GREAT BLESS	散货船	韩国	1997	10569. 88	73251. 00	—
1002	GREAT FRIENDSHIP	散货船	日本	1999	5035. 00	24024. 48	—

续 表

序号	船名	船型	建造国或地区	建造年	轻吨（LDT）	载重吨（DWT）	总吨（GT）
1003	TIAN ZHU FENG	散货船	日本	2000	9906. 10	46194. 00	—
1004	XIANG MING	集装箱船	意大利	1994	4235. 53	4303. 30	—
1005	XIANG WANG	集装箱船	韩国	1995	2386. 06	6950. 00	—
1006	MARIJA	杂货船	苏联	1979	2568. 90	5485. 00	—
1007	KUM JIN GANG1	杂货船	日本	1983	839. 79	1318. 00	—
1008	LLT FOREBODY	浮船体	—	—	3650. 00	—	—
1009	IRINA	冷藏船	日本	1982	1933. 70	—	—
1010	MV “EASTERN”	运木船	苏联	1970	876. 00	—	—
1011	SEDCO 709	钻井平台	加拿大	1977	12902. 76	—	—
1012	DISCOVERER SEVEN SEAS	钻井平台	日本	1976	14023. 02	—	—
1013	C. KIRK RHEINJR.	钻井平台	挪威	1976	10720. 20	—	—
1014	TRANSOCEAN LEGEND	钻井平台	日本	1983	13405. 00	—	—
1015	SEDCO 707	钻井平台	美国	1976	14030. 00	—	—
1016	SEDCO 700	钻井平台	美国	1973	13289. 00	—	—
1017	SEDCO 601	钻井平台	新加坡	1983	9113. 00	—	—
1018	MAERSK ENDURER	钻井平台	日本	1983	13748. 38	—	—
1019	TRANSOCEAN RATHER	钻井平台	韩国	1986	18388. 30	—	—
1020	DEEPWATER EXPEDITION	钻井船	俄罗斯	1996	14913. 00	—	—
1021	GSF EXPLORER	钻井船	美国	1973	22779. 00	—	—
1022	TRISTAN	滚装船	瑞典	1985	16690. 00	51071. 00	—
1023	FPSO BRASIL	储油	德国	1974	48177. 00	256033. 00	—
1024	OKHOTNIK	渔船	德国	1983	1774. 60	669. 00	—
1025	ATLANTIC SUPERIOR	散货船	加拿大	1982	10138. 00	38510. 00	—
1026	GREAT GAIN	散货船	中国	1998	6606. 00	27140. 00	—
1027	GREAT SUCCESS	散货船	中国	1998	6574. 49	27127. 00	—
1028	CSL PACIFIC	散货船	澳大利亚	1977	8641. 00	31921. 00	—
1029	STAR DIEPPE	散货船	日本	1977	11270. 00	43082. 00	—
1030	PARIS EXPRESS	集装箱船	韩国	1994	20412. 00	65815. 00	—
1031	KIEL EXPRESS	集装箱船	韩国	1991	20412. 00	67686. 90	—
1032	SKYGLORY	多用途船	德国	1992	7280. 67	21340. 00	—
1033	SKYROYAL	多用途船	德国	1992	7237. 20	21763. 00	—
1034	GREAT HAPPY	散货船	日本	1997	7808. 07	45248. 00	—
1035	GREAT BRIGHT	散货船	韩国	1997	10578. 74	73242. 00	—
1036	GREAT ETERNITY	散货船	韩国	1997	8069. 12	46194. 67	—
1037	GREAT GLORY	散货船	韩国	1997	10547. 24	73274. 00	—

续　表

序号	船名	船型	建造国或地区	建造年	轻吨（LDT）	载重吨（DWT）	总吨（GT）
1038	GREAT BLOSSOM	集装箱船	中国	1999	10371. 06	43046. 42	—
1039	KONG MING 港明	散货船	日本	1995	17731. 00	151053. 00	—
1040	SEASPAN 240	驳船	加拿大	1962	1846. 88	5885. 00	—
1041	CARFAI	加油船	中国香港	1983	521. 67	1283. 33	—
1042	KON BONG	散货船	中国	1982	1900. 00	4326. 00	—
1043	JIN HUNG	散货船	朝鲜	1983	2041. 00	5700. 00	—
1044	NAM PHO 15	杂货船	朝鲜	1984	1838. 81	3361. 00	—
1045	PONG HWA SAN	杂货船	南斯拉夫	1970	1936. 00	3484. 00	—
1046	DE NING	散货船	中国	1991	1093. 00	3402. 00	—
1047	ROSE ISLAND	散货船	日本	1985	724. 00	1378. 00	—
1048	集美 9	散货船	中国	1979	6450. 00	—	—
1049	杉联化 1	化学品船	中国	1990	836. 00	—	—
1050	凉山	杂货船	南斯拉夫	1984	8763. 67	—	—
1051	万通	货船	苏格兰	1977	7470. 00	23824. 00	—
1052	利远和平	货船	英国	1978	3300. 00	14350. 00	—
1053	金柏海 17	货船	瑞典	1975	7747. 00	29500. 00	—
1054	清泰	散货船	—	1991	1920. 00	4350. 00	—
1055	井冈山	散货船	—	1986	2274. 78	5192. 00	—
1056	金成鑫 6 号	干货船	英国	—	3800. 00	15000. 00	—
1057	日钢正和	集装箱船	中国	1986	2740. 00	—	—
1058	明州	散货船	—	1985	3904. 50	11033. 50	—
1059	霸王岭	散货船	—	1980	6338. 58	12110. 00	—
1060	兴隆海	散货船	—	1981	4606. 54	8681. 00	—
1061	万宁海	散货船	—	1981	4606. 54	8681. 00	—
1062	永翔 7	散货船	—	1984	6895. 80	16961. 00	—
1063	天燕	集装箱船	中国	1985	2897. 64	6743. 00	—
1064	尚达 169	干货船	中国	2000	451. 77	1720. 00	—
1065	滨海 307	驳船	中国	1977	1141. 73	2000. 00	—
1066	中油海 601	驳船	中国	1993	59. 06	72. 80	—
1067	百顺	散货船	日本	1983	9634. 84	—	—
1068	鹏风	散货船	日本	1983	11852. 36	—	—
1069	长运	散货船	中国	1981	6190. 63	—	—
1070	德胜	散货船	英国	1978	3314. 00	15290. 00	—
1071	利丰和泰	散货船	中国	1979	3023. 00	13800. 00	—
1072	宝中 178	散货船	印度	1978	6048. 00	—	—

续 表

序号	船名	船型	建造国或地区	建造年	轻吨（LDT）	载重吨（DWT）	总吨（GT）
1073	新蛇口	集装箱船	德国	1983	12643.00	—	—
1074	长航明海	散货船	中国	1984	5963.00	19000.00	—
1075	松山号	散货船	南斯拉夫	1984	6163.40	16670.00	—
1076	红旗 200	散货船	中国	1980	6391.94	18886.00	—
1077	新祥静	散货船	丹麦	1983	8270.67	28303.00	—
1078	明州 28	散货船	丹麦	1984	12057.00	64145.00	—
1079	向丹	集装箱船	中国	1986	3823.48	6082.00	—
1080	向莲	集装箱船	中国	1985	3832.81	6534.00	—
1081	大庆 76	油船	中国	1995	8523.62	34688.00	—
1082	大仁	散货船	—	1984	13550.00	32325.00	—
1083	德利	拖船	—	1979	1272.72	1389.00	—
1084	大庆 254	散货船	—	1977	14342.00	—	—
1085	红旗 202	散货船	—	1980	6356.18	—	—
1086	红旗 203	散货船	—	1980	6363.00	—	—
1087	红旗 204	散货船	—	1981	6308.86	—	—
1088	长通	散货船	中国	1982	6190.63	23500.00	—
1089	沧州	散货船	—	1979	7752.86	16435.00	—
1090	宝通海 1	散货船	—	2002	764.17	1541.00	—
1091	乐平岭	散货船	日本	1980	6863.20	26798.00	—
1092	寿光海	散货船	日本	1985	8730.00	—	—
1093	华健	散货船	巴西	1985	8317.00	—	—
1094	鹏和	散货船	日本	1982	9590.55	45561.00	—
1095	鹏发	散货船	日本	1982	7975.39	42949.00	—
1096	泰仓海	散货船	中国	1985	7677.00	—	—
1097	温州海	散货船	丹麦	1982	12008.00	64170.00	—
1098	泉州海	散货船	丹麦	1982	12008.00	64170.00	—
1099	泰和海	散货船	日本	1984	7676.00	37544.00	—
1100	安顺江	杂货船	中国	1987	6183.00	14913.00	—
1101	富康山	杂货船	中国	1989	6930.00	17139.00	—
1102	安广江	杂货船	中国	1987	6183.00	14913.00	—
1103	向欢	集装箱船	中国	1984	8858.27	13680.00	—
1104	映松湖	油船	中国	1995	9003.00	44000.00	—
1105	菊源	液化气船	中国	1984	2272.00	2999.68	—
1106	玉龙山	散货船	中国	1980	11900.00	—	—
1107	瑞源	散货船	中国	1993	766.00	2690.00	—

续 表

序号	船名	船型	建造国或地区	建造年	轻吨（LDT）	载重吨（DWT）	总吨（GT）
1108	大庆 94	油船	中国	1985	13741.14	—	—
1109	售昌海	散货船	中国	1986	8705.00	49510.00	—
1110	雁水湖	油船	中国	1995	9003.00	43928.00	—
1111	大气 93	油船	中国	1993	13741.58	63547.00	—
1112	太湖 7	多用途船	日本	1983	5401.00	17000.00	—
1113	无名	散货船	苏联	1987	13120.08	31649.00	—
1114	新滨城	集装箱船	中国	1985	5409.00	11127.00	—
1115	富兴 5	多用途船	瑞典	1979	9577.00	42045.00	—
1116	宇浩 301	工程船	中国	1975	298.00	—	—
1117	浙普工驳 60	驳船	中国	1978	181.00	—	—
1118	浙普工驳 61	驳船	中国	1978	181.00	—	—
1119	向浦	集装箱船	中国	1984	8858.00	18715.00	—
1120	向湾	集装箱船	中国	1984	8858.26	18715.00	—
1121	大庆 92	油船	中国	1991	13679.40	64924.00	—
1122	大庆 75	油船	中国	1994	8523.23	34688.00	—
1123	玉池	油船	中国	1992	8963.09	38829.00	—
1124	安庆江	散货船	中国	1985	6183.00	14913.00	—
1125	大庆 73	散货船	中国	1993	8377.95	37747.00	—
1126	北海希望	油船	日本	1988	16004.92	99980.00	—
1127	向瑞	集装箱船	中国	1985	9320.87	18119.00	—
1128	玉河	集装箱船	德国	1986	9420.80	30845.00	—
1129	安新江	散货船	中国	1986	6183.00	15407.00	—
1130	南海 207	拖船	日本	1979	1666.86	1530.00	—
1131	庄河	集装箱船	德国	1984	9650.00	33240.00	—
1132	大新华常熟	集装箱船	韩国	1991	12121.06	47326.00	—
1133	安宝江	散货船	日本	1985	4178.00	—	—
1134	铜山海	散货船	日本	1983	7503.00	—	—
1135	鹏翔	散货船	日本	1983	7962.20	39850.00	—
1136	清波	散货船	中国	1991	1730.00	—	—
1137	新祥海	散货船	日本	1985	6761.00	—	—
1138	浙海 128	散货船	日本	1985	5600.00	26000.00	—
1139	冰河	集装箱船	日本	1985	9029.00	33370.00	—
1140	松河	集装箱船	德国	1986	9497.00	33240.00	—
1141	金石 7	油船	中国	1981	650.00	1800.00	—
1142	锦明油 58	油船	日本	1989	1000.00	2788.00	—

续 表

序号	船名	船型	建造国或地区	建造年	轻吨（LDT）	载重吨（DWT）	总吨（GT）
1143	兴通油 19	油船	中国	1993	500. 00	1399. 00	—
1144	顺源 101	液化气船	日本	1984	1545. 00	1200. 00	—
1145	化运 5	化学品船	日本	1984	2430. 00	5000. 00	—
1146	明州 30	散货船	乌克兰	1983	13330. 00	52642. 00	—
1147	香河	集装箱船	德国	1985	9560. 00	30000. 00	—
1148	“明洲 29” 船	散货船	乌克兰	1985	13530. 00	52000. 00	—
1149	向沪	集装箱船	中国	1985	9320. 00	—	—
1150	向凯	集装箱船	中国	1985	8347. 54	—	—
1151	明池	油船	中国	1993	8963. 09	—	—
1152	枫林湾	油船	中国	1988	16068. 90	110000. 00	—
1153	海昌天津	油船	中国	2000	11341. 63	38000. 00	—
1154	明泽湖	油船	中国	1995	9003. 00	43928. 00	—
1155	向鹰	集装箱船	中国	1985	3819. 39	6770. 00	—
1156	泰白海	散货船	中国	1984	7677. 00	37544. 66	—
1157	泰山海	散货船	中国	1987	8354. 00	47698. 00	—
1158	泰康海	散货船	中国	1985	7676. 00	37544. 66	—
1159	天山海	散货船	中国	1985	8173. 00	45884. 00	—
1160	安岳江	散货船	中国	1986	6183. 00	14913. 00	—
1161	风光海	散货船	日本	1975	9811. 00	69358. 00	—
1162	振奋 7	散货船	中国	1985	5705. 30	21000. 00	—
1163	鼎湖山	散货船	中国	1985	9689. 37	36000. 00	—
1164	安平 2	散货船	中国	1986	9589. 17	36000. 00	—
1165	八达岭	散货船	中国	1985	5888. 12	20330. 00	—
1166	振奋 9	散货船	中国	1985	5819. 59	20000. 00	—
1167	银锦	散货船	日本	1984	5265. 91	23848. 00	—
1168	广骅	散货船	日本	1985	9881. 00	36000. 00	36182. 00
1169	泰谷海	散货船	中国	1985	7826. 38	37393. 00	22050. 00
1170	华宁	散货船	保加利亚	1986	7632. 87	24105. 00	16502. 00
1171	福宁海	散货船	日本	1984	8319. 00	45550. 00	27491. 00
1172	华光	散货船	日本	1982	9516. 73	47500. 00	28540. 00
1173	向津	集装箱船	中国	1993	9252. 66	18000. 00	—
1174	向平	集装箱船	中国	1995	9316. 28	18274. 00	—
1175	营口	集装箱船	波兰	1991	12913. 19	30685. 00	—
1176	仙湖	杂货船	韩国	1984	2466. 89	8414. 00	—
1177	吉利晟	杂货船	罗马尼亚	1984	6687. 00	27000. 00	17297. 00

续　表

序号	船名	船型	建造国或地区	建造年	轻吨（LDT）	载重吨（DWT）	总吨（GT）
1178	静安城	多用途船	中国	1991	8114.00	23158.20	16703.00
1179	海安城	多用途船	中国	1993	8094.00	23179.00	16801.00
1180	明河	油船	中国	1993	14252.46	41000.00	38548.00
1181	振奋 6	散货船	中国	1984	5705.30	20618.00	12827.00
1182	梅花岭	散货船	中国	1990	6553.64	19818.00	13176.00
1183	新东莞 2	散货船	韩国	1989	11166.33	64283.00	36248.00
1184	金沛	散货船	中国	1993	4854.84	15563.00	37835.00
1185	仙霞岭	散货船	韩国	1989	6609.74	64283.00	37835.00
1186	宝旺	散货船	中国	1992	5821.30	20410.00	12827.00
1187	永隆发	散货船	保加利亚	1984	9352.00	36029.00	9730.00
1188	北方吉顺	杂货船	日本	1988	11827.95	60602.00	—
1189	定河	油船	中国	1992	13200.49	76675.00	37835.00
1190	振奋 5	散货船	中国	1984	5705.29	20420.00	—
1191	太湖一号	散货船	日本	1984	5132.80	21388.00	—
1192	银鹏	散货船	日本	1989	7888.78	43665.00	—
1193	北极星	散货船	日本	1986	7095.47	27526.00	—
1194	银河 7	散货船	巴西	1984	6425.20	26536.00	16200.00
1195	富宁山	散货船	日本	1985	5782.09	24200.00	15622.00
1196	兴龙舟 556	散货船	中国	1983	7649.60	24522.00	19915.00
1197	昌华油 1	油船	中国	1984	2726.00	4248.00	—
1198	丹池	油船	中国	1994	9016.73	38775.00	—
1199	泰川	油船	德国	1995	3879.92	13122.00	—
1200	大庆 71	油船	中国	1994	8464.41	34748.00	—
1201	永隆顺	散货船	日本	1984	6889.66	38000.00	19864.00
1202	渤海 107	散货船	巴西	1984	6468.00	36000.00	16710.00
1203	远河	集装箱船	德国	1994	19576.80	51280.00	48311.00
1204	海能	散货船	日本	1985	7626.97	30504.00	19510.00
1205	天坛海	散货船	日本	1985	8173.00	45884.00	26703.00
1206	明辉 38	油船	中国	1988	2900.00	—	4969.00
1207	安泽江	散货船	中国	1987	6170.00	14913.00	—
1208	冬青海	散货船	韩国	1991	9755.00	67777.70	—
1209	佳丽海	散货船	日本	1991	9804.00	69365.00	—
1210	浙海 126	散货船	日本	1985	5214.50	—	—
1211	沱海	散货船	日本	1984	8232.00	47711.00	—
1212	玉兰海	散货船	韩国	1991	9753.00	67780.30	—

续 表

序号	船名	船型	建造国或地区	建造年	轻吨（LDT）	载重吨（DWT）	总吨（GT）
1213	腾飞海	散货船	中国	1995	12179.00	71763.70	—
1214	利山海	散货船	中国	1991	11926.00	66823.73	—
1215	福州海	散货船	中国	1994	12011.00	71814.60	38712.00
1216	南昌海	散货船	中国	1998	6119.00	27635.00	16677.00
1217	珍河船	集装箱船	日本	1994	18974.00	51950.00	—
1218	沿河船	集装箱船	中国	1996	5111.70	13500.00	—
1219	泰河	集装箱船	英国	1989	15698.80	45987.00	—
1220	新英湾	集装箱船	韩国	1990	12670.00	44044.20	—
1221	联丰	集装箱船	日本	1985	3674.00	9586.00	—
1222	民河	集装箱船	德国	1989	13976.00	47630.00	—
1223	高河	集装箱船	德国	1990	13976.00	47630.00	37143.00
1224	柏安 9	集装箱船	日本	1985	3391.66	7804.00	—
1225	梅山岗 9	杂货船	罗马尼亚	1998	6645.67	16671.00	—
1226	中燃 53	油船	中国	1993	2494.00	5000.00	3785.00
1227	明丰 8	油船	芬兰	1989	3236.22	7980.00	4918.00
1228	锦顺油 6	油船	日本	1988	1025.52	2232.00	—
1229	富裕山	多用途船	日本	1985	6159.00	20225.00	—
1230	竹源	液化气船	日本	1991	2161.00	3422.00	—
1231	摩星岭	散货船	中国	1985	5944.35	20330.00	—
1232	中昌 68	散货船	中国	1986	8051.00	26807.00	18121.00
1233	中外运太仓船	集装箱船	德国	1991	6604.33	23596.00	—
1234	黑宝石	散货船	中国	1984	8040.00	39698.00	—
1235	安平 1	散货船	中国	1986	9453.35	38987.00	—
1236	鹏业	散货船	日本	1989	9570.87	27511.00	—
1237	盛河	散货船	中国	1994	5111.70	13290.00	—
1238	河北腾飞	散货船	韩国	1990	17962.00	149782.00	—
1239	广粤	散货船	日本	1986	9704.00	68641.00	—
1240	越秀海	散货船	韩国	1984	9165.00	45105.40	—
1241	海西	散货船	罗马尼亚	1991	13509.00	68687.00	—
1242	宝山海	散货船	中国	1991	12072.00	66676.38	35842.00
1243	振兴海	散货船	中国	1995	12203.00	71740.07	38603.00
1244	中河	集装箱船	德国	1994	19577.00	51280.00	—
1245	鹏伟	散货船	日本	1989	9570.87	68676.00	—
1246	鹏稳	散货船	日本	1985	8700.79	39940.00	—
1247	天丽海	散货船	中国	1999	23230.00	149527.00	—

续 表

序号	船名	船型	建造国或地区	建造年	轻吨（LDT）	载重吨（DWT）	总吨（GT）
1248	普河	集装箱船	英国	1990	15698.80	46136.00	—
1249	大河	集装箱船	日本	1994	19008.09	51950.00	—
1250	新锦州	集装箱船	日本	1982	12493.11	34589.00	—
1251	大庆 74	油船	中国	1994	8399.70	32500.00	—
1252	金浦	散货船	日本	1985	5761.00	26000.00	15786.00
1253	金海鹏	散货船	乌克兰	1989	13550.00	52580.00	31649.00
1254	金汇	散货船	中国	1994	4855.00	15619.00	10904.00
1255	金沧	散货船	中国	1995	4881.00	15630.00	10904.00
1256	威虎岭	散货船	中国	1991	6491.00	19882.00	13175.00
1257	银华	散货船	日本	1985	7655.00	42838.00	24942.00
1258	隆河	集装箱船	中国	1994	5111.00	13290.00	9951.00
1259	向滨	集装箱船	中国	1992	9507.00	20297.00	13263.00
1260	丰安山	杂货船	日本	1985	6308.00	18270.00	13367.00
1261	丰顺山	杂货船	日本	1985	6402.00	18277.00	13367.00
1262	丰康山	杂货船	日本	1985	6415.00	18264.00	13367.00
1263	安宁江	杂货船	日本	1985	5579.00	15837.00	11505.00
1264	腾翔 2 号	油船	日本	1989	3362.00	9000.00	5926.00
1265	安达江	油船	中国	1986	2400.00	4242.00	3943.00
1266	富达 302	油船	中国	1997	2500.00	4230.00	3824.00
1267	秦油 8 号	油船	中国	1988	459.00	1460.00	648.00
1268	大庆 223	油船	中国	1995	615.00	1174.00	910.00
1269	大庆 225	油船	中国	1996	615.00	1174.00	910.00
1270	连油 7	油船	日本	1988	1004.00	2049.00	1503.00
1271	金源 518	油船	中国	1992	2041.00	4510.00	3748.00
1272	北航 37	干散货船	日本	1989	7805.00	34400.00	20569.00
1273	德清	消防船	波兰	1985	1951.00	2430.00	1977.00
1274	明州 77	集装箱船	日本	1985	4180.00	9485.00	8282.00
1275	明州 56	集装箱船	日本	1985	3407.00	6000.00	6367.00
1276	东海 206	油船	日本	1985	891.00	2300.00	1436.00
1277	艾丁湖	油船	中国	1999	14108.00	66094.00	38381.00
1278	龙祥油 26	油船	日本	1988	1067.00	4350.00	1685.00
1279	飞翔 1	多用途船	中国	1989	2957.00	8450.00	5870.00
1280	天祥 13	集装箱船	日本	1985	1429.74	4253.00	2898.00
1281	金增 18	散货船	中国	1991	1797.00	4498.00	3358.00
1282	安康江	杂货船	日本	1985	5477.40	15851.80	11495.00

续 表

序号	船名	船型	建造国或地区	建造年	轻吨（LDT）	载重吨（DWT）	总吨（GT）
1283	富源山	杂货船	日本	1985	6159.00	20225.00	13482.00
1284	嘉航 29	杂货船	德国	1985	7045.70	28422.00	18568.00
1285	宁丰 3	杂货船	罗马尼亚	1986	5563.00	16400.00	10872.00
1286	天福 9	多用途船	德国	1988	4850.39	13068.00	10068.00
1287	金海油 7	油船	中国	1994	2000.00	4999.00	3673.00
1288	花都海	散货船	中国	1985	9375.00	54417.00	27589.00
1289	紫宝石	散货船	日本	1985	9083.00	62000.00	—
1290	振奋 10	散货船	中国	1990	5821.00	18900.00	—
1291	明州 75	集装箱船	日本	1985	3999.00	9464.00	8282.00
1292	金海联	化学品船	日本	1985	1505.00	3040.00	—
1293	冰河	集装箱船	日本	1985	9029.00	33370.00	23542.00
1294	松河	集装箱船	德国	1986	9497.00	33240.00	24458.00
1295	锦明油 58	油船	日本	1989	1000.00	2788.00	1599.00
1296	兴通油 19	油船	中国	1993	500.00	1399.00	870.00
1297	飞河	集装箱船	德国	1994	19577.00	51280.00	48942.00
1298	大庆 72	油船	中国	1995	8464.41	34748.00	21160.00
1299	欢乐海	散货船	日本	1990	9565.90	70742.00	36080.00
1300	鹏情	散货船	日本	1985	7094.00	47680.00	23410.00
1301	神头湾	集装箱船	韩国	1990	12670.00	44044.20	41811.00
1302	万润	多用途船	中国	1985	4968.50	13449.00	16394.00
1303	鹏捷	散货船	日本	1985	8716.54	39924.00	24950.00
1304	鹏年	散货船	日本	1987	9821.85	69347.00	37012.00
1305	奋进海	散货船	中国	1995	12221.00	69858.00	38603.00
1306	黄山海	散货船	中国	1998	11969.00	73596.48	39361.00
1307	嵩山海	散货船	中国	1998	11961.00	73604.00	39361.00
1308	鹏采	散货船	日本	1985	8940.94	46040.00	26951.00
1309	安平 3	散货船	中国	1987	9581.30	39924.00	24261.00
1310	振奋 17	散货船	中国	1992	7821.85	52014.00	18043.00
1311	华盛江	散货船	日本	1985	6870.00	69347.00	20114.00
1312	宁安 8	散货船	中国	1994	9643.50	69858.00	26448.00
1313	宁安 12	散货船	中国	1995	9747.74	73596.48	26358.00
1314	碧华山	散货船	中国	1989	10252.76	73604.00	26835.00
1315	泰顺海	散货船	中国	1991	8670.00	46040.00	27598.00
1316	登州海	散货船	中国	1995	12012.00	69952.00	38712.00
1317	北仑海 27	散货船	中国	1990	11436.00	65000.00	36433.00

续 表

序号	船名	船型	建造国或地区	建造年	轻吨（LDT）	载重吨（DWT）	总吨（GT）
1318	万寿山	散货船	中国	1989	10252. 76	39837. 10	26835. 00
1319	华蓉山	散货船	中国	1989	10252. 76	39837. 10	26835. 00
1320	安平 5	散货船	中国	1986	9777. 84	38917. 00	24389. 00
1321	宁安 15	散货船	中国	1995	10032. 78	38245. 52	26420. 00
1322	鹏信	散货船	日本	1990	6626. 97	41869. 00	23307. 00
1323	宁安 16	散货船	中国	1995	10032. 78	38245. 50	26420. 00
1324	东平山	散货船	中国	1990	10252. 76	39837. 10	26835. 00
1325	太湖 6	散货船	南斯拉夫	1990	10006. 00	48315. 00	28300. 00
1326	鹏骅	散货船	日本	1994	9524. 00	67779. 00	36573. 00
1327	长白山	散货船	中国	1995	9547. 64	39000. 00	24008. 00
1328	北仑海 36	散货船	中国	1990	11390. 00	65702. 50	36438. 00
1329	天盛 16	散货船	日本	1991	16706. 50	90932. 00	53892. 00
1330	华润电力 16	散货船	中国	1991	9764. 37	38504. 00	26392. 00
1331	山河	集装箱船	日本	1994	18946. 00	52014. 00	49375. 00
1332	雅河	集装箱船	韩国	1993	8730. 00	33610. 00	22746. 00
1333	新北海	集装箱船	韩国	1990	12715. 65	44014. 94	36584. 00
1334	富安城	杂货船	中国	1993	8094. 00	23179. 00	16801. 00
1335	振驳 1	甲板驳	中国	1984	2608. 00	6930. 00	3832. 00
1336	宁安 11	散货船	中国	1995	9747. 74	38271. 00	26358. 00
1337	普陀岭	散货船	中国	1990	6025. 32	26430. 00	12827. 00
1338	德州海	散货船	中国	1995	12001. 00	69963. 00	38712. 00
1339	宁安 6	散货船	中国	1993	9643. 50	38640. 00	26488. 00
1340	宁安 10	散货船	中国	1995	9747. 74	38521. 00	26358. 00
1341	新祥宁	散货船	日本	1985	5542. 30	24698. 00	14158. 00
1342	振奋 15	散货船	中国	1992	6619. 27	19865. 00	13176. 00
1343	太湖三号	散货船	日本	2000	6776. 50	38784. 00	22091. 00
1344	国电 5	散货船	巴西	1987	9460. 04	40845. 50	22354. 00
1345	新湖州	集装箱船	德国	1992	12103. 35	42315. 20	34231. 00
1346	宁安 9	散货船	中国	1994	9747. 74	38271. 00	26392. 00
1347	新永安 1	散货船	韩国	1995	8187. 17	54542. 60	26748. 00
1348	玄武湖	油船	中国	2000	13894. 00	68429. 00	38999. 00
1349	永隆久	散货船	保加利亚	2001	9283. 00	36000. 00	23600. 00
1350	丰顺 1	多用途船	日本	2003	1423. 38	4774. 00	2903. 00
1351	宁安 2	散货船	中国	1993	9747. 74	48600. 00	26392. 00
1352	宁安 3	散货船	中国	1992	9643. 50	48437. 70	26448. 00

续 表

序号	船名	船型	建造国或地区	建造年	轻吨（LDT）	载重吨（DWT）	总吨（GT）
1353	宁安 4	散货船	中国	1993	9643. 50	48437. 70	26448. 00
1354	宁安 7	散货船	中国	1993	9643. 50	48437. 70	26448. 00
1355	国电 1	散货船	阿根廷	1986	11713. 00	62643. 00	35783. 00
1356	安平 6	散货船	中国	1987	9958. 29	48902. 20	24389. 00
1357	沂蒙山	散货船	中国	1990	10252. 76	50253. 90	26835. 00
1358	大别山	散货船	中国	1990	10250. 00	50253. 90	26835. 00
1359	荣誉山	散货船	中国	1991	10250. 00	50253. 90	26835. 00
1360	港海 696	散货船	日本	1986	6337. 30	34218. 70	19602. 00
1361	班公湖	油船	中国	2000	13919. 00	68408. 00	38999. 00
1362	北仑 1	散货船	日本	1985	7635. 00	40440. 00	25076. 00
1363	华舟	散货船	保加利亚	1987	7632. 87	24105. 00	16505. 00
1364	浙海 151	散货船	日本	1986	5481. 17	28924. 90	16608. 00
1365	宁化 401	油船	中国	1992	2658. 00	5991. 87	4440. 00
1366	滨海 512	特殊用途船	日本	1979	2034. 88	—	1964. 00
1367	天盛 17	散货船	日本	1991	18413. 29	92454. 00	60139. 00
1368	益佳	散货船	日本	1986	9213. 58	67395. 00	60139. 00
1369	新广州	散货船	丹麦	1983	11948. 82	64310. 00	31000. 00
1370	聚金源	散货船	巴西	1984	9839. 00	47826. 00	23604. 00
1371	聚福星	散货船	日本	1988	11909. 00	63000. 00	35252. 00
1372	振奋 22	散货船	韩国	1997	6578. 02	20365. 20	12948. 00
1373	广中	散货船	日本	1996	9259. 00	66598. 00	35128. 00
1374	和邦	散货船	日本	1997	16192. 00	92485. 00	53759. 00
1375	永续海	散货船	日本	1998	9571. 00	68676. 00	36120. 00
1376	秦发 8	散货船	日本	1991	11975. 41	69579. 00	37430. 00
1377	新九洲	集装箱船	韩国	1990	12715. 65	44014. 00	36584. 00
1378	寿宁海	散货船	日本	1985	8723. 00	45130. 00	27766. 00
1379	武陵山	散货船	中国	2002	9885. 53	40181. 30	27117. 00
1380	泰安城	多用途船	中国	1992	8114. 00	23158. 20	16703. 00
1381	仁建壹	集装箱船	韩国	1991	12725. 40	44005. 14	36627. 00
1382	百花山	散货船	日本	1984	11092. 52	64363. 00	34572. 00
1383	天富海	散货船	中国	1997	23230. 00	148609. 00	79480. 00
1384	大明山	散货船	中国	1989	10414. 00	62484. 00	26853. 00
1385	中外运虎门	集装箱船	韩国	1992	12793. 31	35944. 00	20871. 00
1386	吉利湖	油船	中国	2000	14108. 00	66094. 00	38381. 00

续 表

序号	船名	船型	建造国或地区	建造年	轻吨（LDT）	载重吨（DWT）	总吨（GT）
1387	华电 1 号	油船	中国	1993	427.00	—	488.00
1388	华电 2 号	油船	中国	1993	427.00	—	488.00
1389	华电 6 号	油船	中国	1994	567.00	—	952.00
1390	华电 8 号	油船	中国	1994	567.00	—	952.00
1391	富新山	杂货船	中国	1990	7071.00	17258.00	13823.00
1392	富文山	杂货船	中国	1987	7041.00	17122.00	13823.00
1393	安盛 15	集装箱船	中国	1987	909.77	3620.00	2304.00
1394	吉航 17	多用途船	日本	2004	1601.00	4428.00	2968.00
1395	泰华海	散货船	中国	1997	8670.00	47377.00	27598.00
1396	建设 52	油船	德国	1995	3759.00	13144.00	7894.00
1397	安丰清 19	油船	中国	1989	217.00	500.00	388.00
1398	秀河	集装箱船	韩国	1993	8702.00	33610.00	22746.00
1399	湛油 7	油船	中国	1996	558.00	1400.00	997.00
1400	建兴 57	化学品船	韩国	1993	630.00	1491.00	1126.00
1401	永安城	多用途船	中国	1991	8244.00	23158.20	16703.00
1402	滨海 521	科学调查船	日本	1993	697.00	622.00	700.00
1403	一海 722	散货船	西班牙	1999	4267.50	14950.00	9855.00
1404	华达山	散货船	中国	1996	9885.50	40181.00	27117.00

第九篇

职工书画摄影作品选

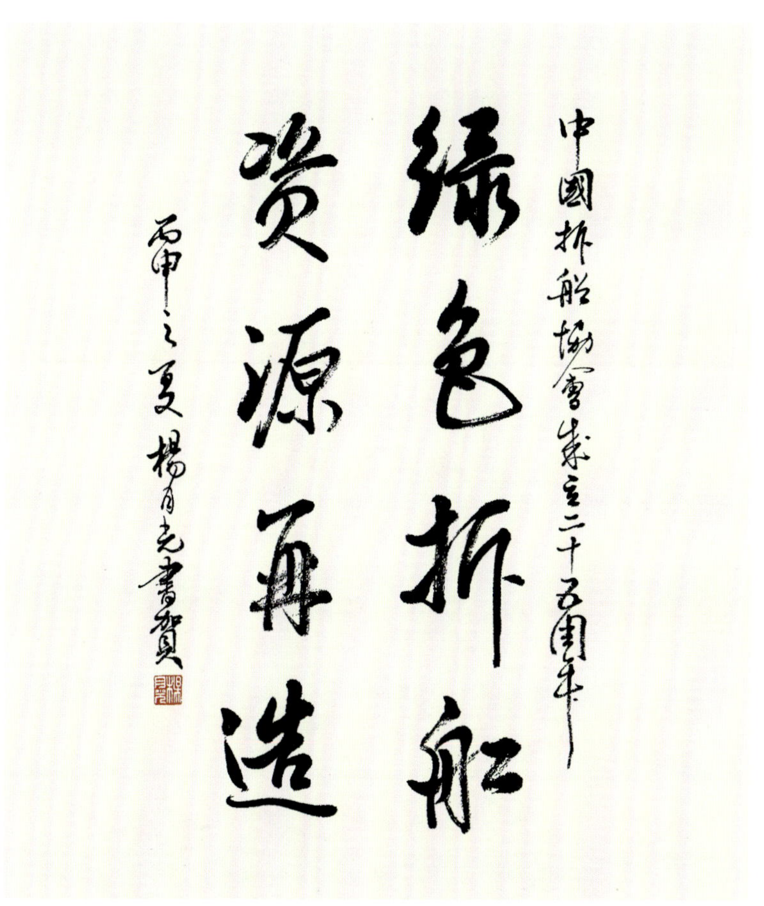

绿色拆船　资源再造（浙江宏鹰拆船有限公司　杨月光）

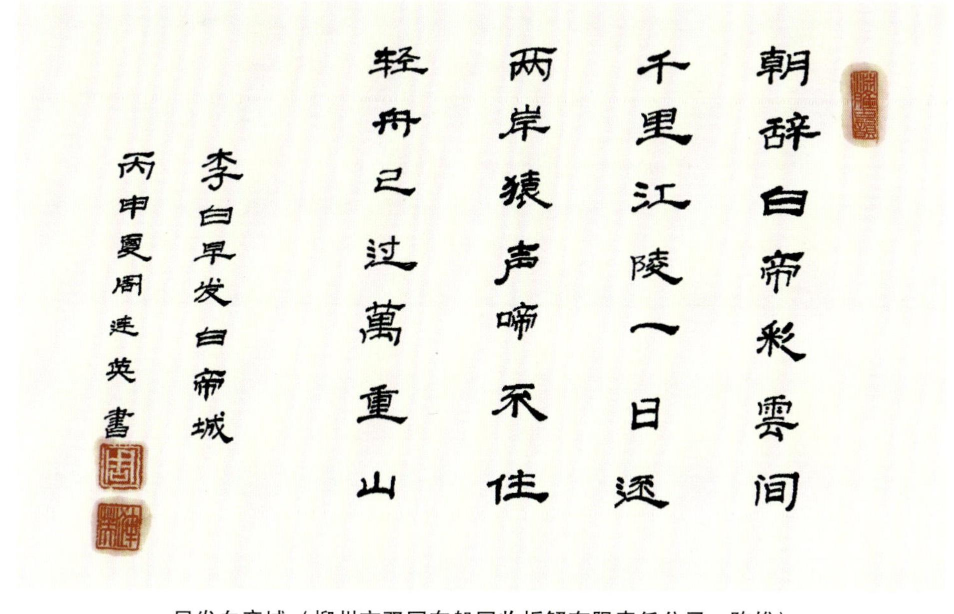

早发白帝城（柳州市双回车船回收拆解有限责任公司　陈雄）

清平乐·会昌（舟山长宏国际船舶再生利用有限公司　徐芳）

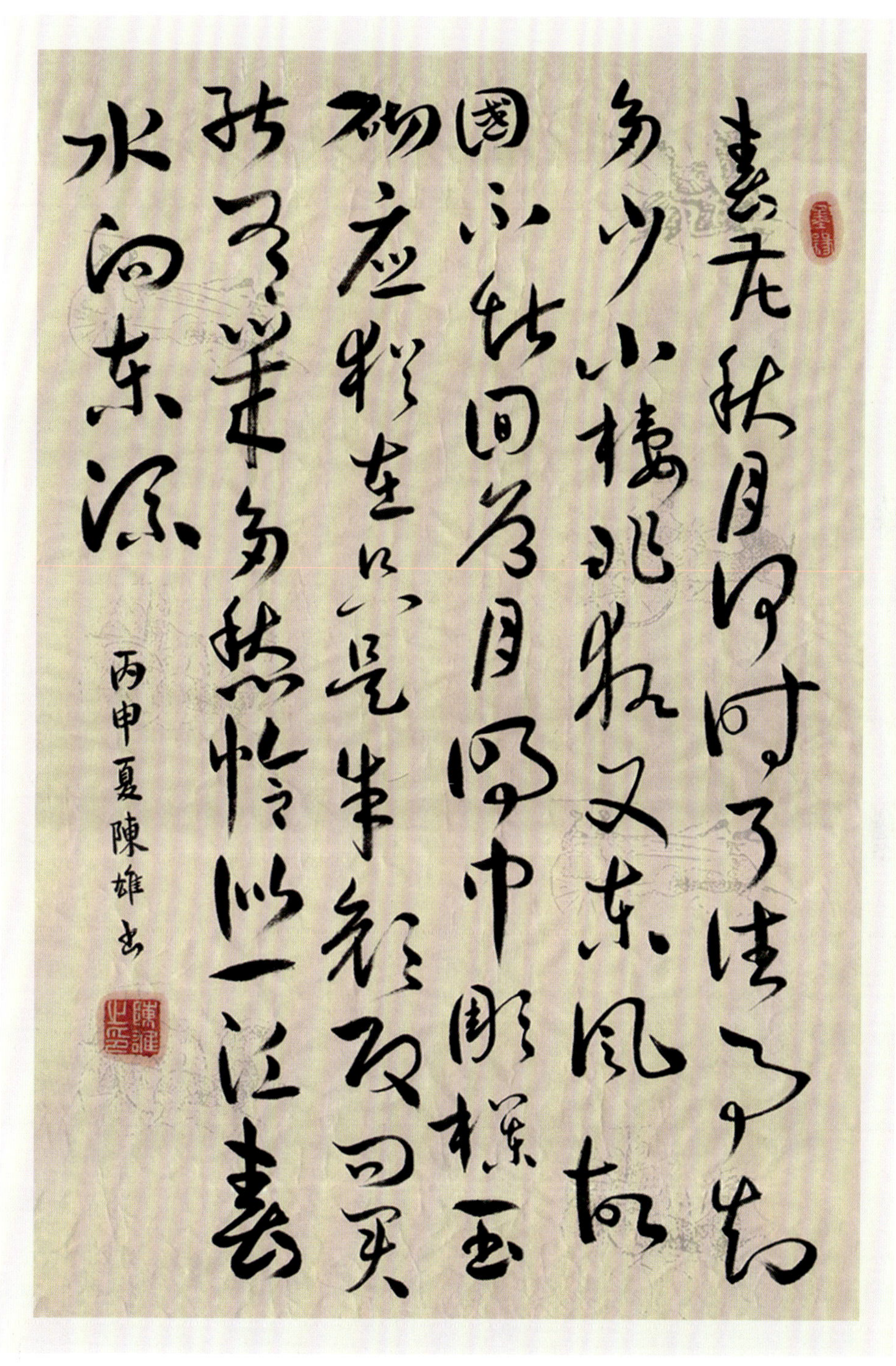

虞美人（柳州市双回车船回收拆解有限责任公司　陈雄）

晚霞下的吊机（舟山长宏国际船舶再生利用有限公司　陆海峰）

东港池全景（舟山长宏国际船舶再生利用有限公司　陆海峰）